职业教育·道路运输类专业教材

U0785476

公路工程识图

Road Engineering Drawing Recognition

申　莉▲主　编
阮志刚　赵凤杰▲副主编
张廷彪▲主　审

人民交通出版社
北京

内 容 提 要

本书为职业教育专业基础课程教材。全书共分为9个学习情境:学习情境一主要介绍了公路工程制图的基础知识;学习情境二针对投影的概念和特性展开介绍;学习情境三、四分别讨论了基本体和组合体的投影;学习情境五介绍了如何绘制剖面图和断面图;学习情境六介绍了标高投影及地形图的识读;学习情境七、八、九则重在阐述路线工程图、桥梁工程图与涵洞工程图的识读方法。

本书可作为高等职业院校道路与桥梁工程技术等专业的教材,亦可供相关工程技术人员参考。

图书在版编目(CIP)数据

公路工程识图 / 申莉主编. — 北京 : 人民交通出版社股份有限公司, 2025. 9. — ISBN 978-7-114-20483-8

Ⅰ. U412.5

中国国家版本馆 CIP 数据核字第 2025XA3783 号

职业教育 · 道路运输类专业教材

Gonglu Gongcheng Shitu

书　　名: 公路工程识图

著 作 者: 申　莉

责任编辑: 李　瑞　杜希铭

责任校对: 龙　雪

责任印制: 张　凯

出版发行: 人民交通出版社

地　　址: (100011)北京市朝阳区安定门外外馆斜街3号

网　　址: http://www.ccpcl.com.cn

销售电话: (010)85285911

总 经 销: 人民交通出版社发行部

经　　销: 各地新华书店

印　　刷: 北京印匠彩色印刷有限公司

开　　本: 787×1092　1/16

印　　张: 17

字　　数: 410千

版　　次: 2025年9月　第1版

印　　次: 2025年9月　第1次印刷

书　　号: ISBN 978-7-114-20483-8

定　　价: 50.00元

前·言

PREFACE

图纸作为工程界的一门特殊语言，是工程技术人员表达设计意图、交流技术思想、指导生产施工等的基本载体。制图与识图则是工程技术人员迈入工程界的第一扇大门，是工程技术人员、管理人员及施工人员都必须具备的基本技能。

本教材在编写过程中，紧密贴合公路工程实际需求与行业标准规范要求。在内容编排上，涵盖了工程制图和工程识图两大部分。教材开篇从工程制图的基础知识与点线面的投影入手，逐步深入到基本体、组合体的投影，绘制剖面图和断面图、标高投影及地形图识读，再到路线、桥梁、涵洞等各专业工程图纸的绘制与识读技巧，其中融入了多个领域的典型案例与应用实例，使读者在循序渐进的学习过程中，逐步构建起扎实的制图与识图能力体系。

本书按照"引导问题、拓展任务、情境小结、课后巩固"的教学步骤，遵循"任务驱动"及"工作过程系统化"的教学模式，通过分析公路工程制图的特点，以问题为引导，引出相关知识；以学习任务为依托，拓展学习任务。通过任务的学习和拓展逐步引导学生由浅入深、由易到难地学习。从而达到使学生掌握公路工程制图与识图的能力以及在项目实践中"学以致用"的目的。

全书共包含9个学习情景和35个具体任务，分别对公路工程制图基础知识、投影基本知识、基本体的投影、组合体的投影、绘制剖面图和断面图、标高投影及地形图识读、识读路线工程图、识读桥梁工程图、识读涵洞工程图等内容进行了系统全面的介绍。

本书由四川交通职业技术学院申莉主编，四川交通职业技术学院阮志刚、赵凤杰副主编，黄杰、李力、曹雪梅参编，四川省交通勘察设计研究院有限公司张廷彪主审。

在编写过程中，编者参考了许多专家学者的著作、教材、实训题、资源库等资料，在此对这些资料的作者表示衷心感谢！同时对所有帮助和支持本书出版的同事、领导表示衷心感谢！

由于作者水平有限，书中难免有疏漏和不当之处，敬请批评指正。

编　者

2025 年 5 月

目·录

CONTENTS

学习情境一

公路工程制图基础知识

学习情境描述

在日常生活中，人们表达自己的思想用的是语言或文字，而在道路桥梁工程领域，无论是道路的施工还是桥梁的施工都要依据设计图纸进行。可以说，“工程制图”是工程界的一门特殊语言，是研究工程图样的绘制和识读规律的一门学科，是工程技术人员表达设计意图、交流技术思想、指导生产施工等必须具备的基本知识和技能。制图基础是绘制工程图样的前提，只有掌握工程制图的基本要求，才能做到所绘制的工程图样准确、规范和满足工程需要。

学习目标

知识目标：(1)认识工程制图在公路工程行业各岗位工作中所起的作用；

(2)熟悉公路工程制图的基本表达方式和规定画法。

能力目标：(1)能按照《道路工程制图标准》(GB 50162—1992)(简称《标准》)中的规定正确绘制公路工程图样图幅及内部各要素；

(2)能在绘制公路工程图样过程中运用公路工程制图的基本表达方式和规定画法正确表达和理解设计思想及意图。

任务一　认识工程制图的作用

引导问题

1. 道路、桥梁、涵洞等工程构造物在图纸上是如何来表达的？

2. 工程施工、检测、监理的主要依据是什么？

3. 在工程实践中，工程技术人员为什么要用工程图样来表达设计意图、交流技术思想和指导生产施工？

小贴士——工程图样是一门专门的语言

工程图样包括图形、文字、表格、符号等，它是工程师相互交流的语言；它也是合同文件的重要组成部分和指导施工的法律性文件。

相关知识

绘制工程图是各相关工作岗位的必备技能；它是相关专业群不可或缺的专业基础课程；它是其他后续专业课程学习的必备基础。

任务二 道路工程制图的基本规格

引导问题

1. 图 1-1 为某拱形骨架内植草护坡一般设计图，它的图幅是否标准？要素是否完整？布图是否合理？

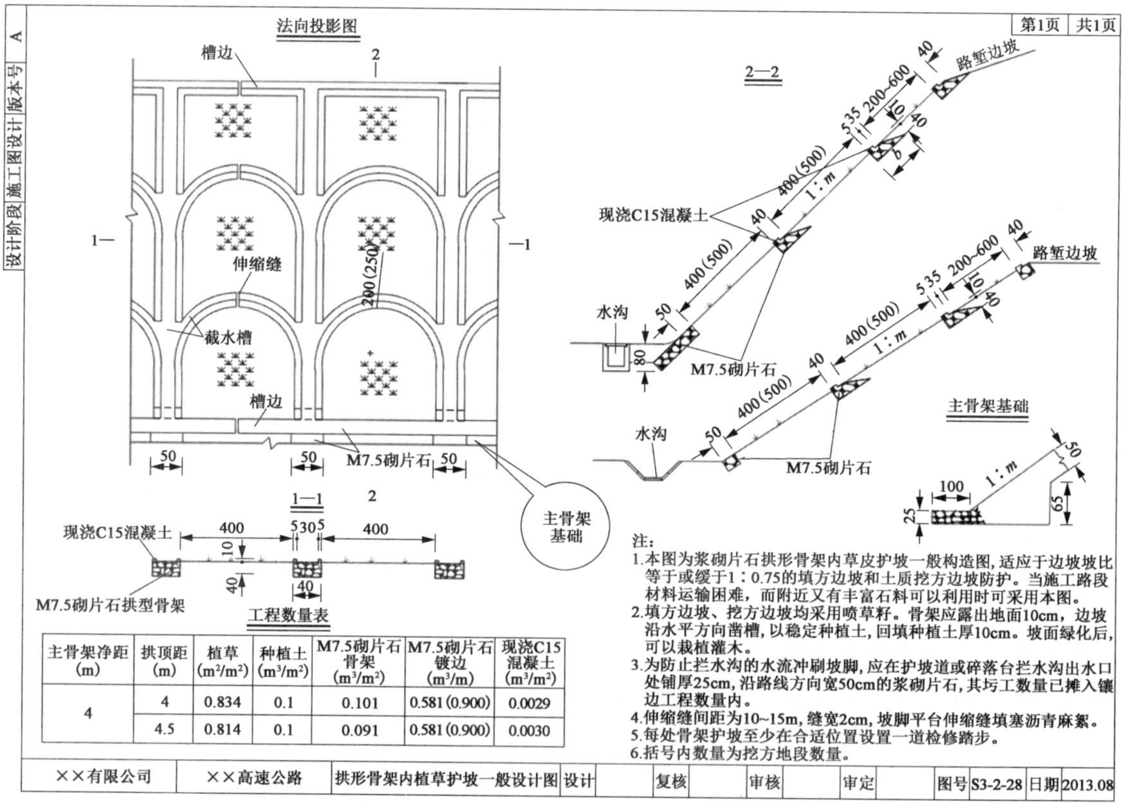

工程数量表

主骨架净距(m)	拱顶距(m)	植草(m^2/m^2)	种植土(m^3/m^2)	M7.5砌片石骨架(m^3/m^2)	M7.5砌片石镶边(m^3/m)	现浇C15混凝土(m^3/m^2)
4	4	0.834	0.1	0.101	0.581(0.900)	0.0029
	4.5	0.814	0.1	0.091	0.581(0.900)	0.0030

图 1-1 某拱形骨架内植草护坡一般设计图

2. 公路工程图样为什么要按照《道路工程制图标准》(GB 50162—1992)中的规定绘制?
3. 在绘制公路工程图样时还应该注意哪些问题?

小贴士——施工图设计文件编制办法

施工图设计文件是公路工程施工承包合同的重要组成部分,是公路施工、监理、检测、验收的重要依据,因此其编制必须遵守《公路工程基本建设项目设计文件编制办法》的相关规定,此办法适用于新建和改(扩)建的公路工程基本建设项目。对于公路养护的大、中修工程,可参照使用。

相关知识

一、图幅

图幅是指图纸的幅面大小。对于一整套的图纸,为了便于装订、保存和合理使用,《道路工程制图标准》(GB 50162—1992)对图纸幅面进行了规定,见表 1-1。尺寸代号如图 1-2 所示。在选用图幅时,应根据实际情况,以一种规格的图纸为主,尽量避免大小幅面掺杂使用。

图幅及图框尺寸(mm) 表 1-1

图幅代号		A0	A1	A2	A3	A4
尺寸	$B \times L$	841×1189	594×841	420×594	297×420	210×297
	a	35	35	35	30	25
	c	10				

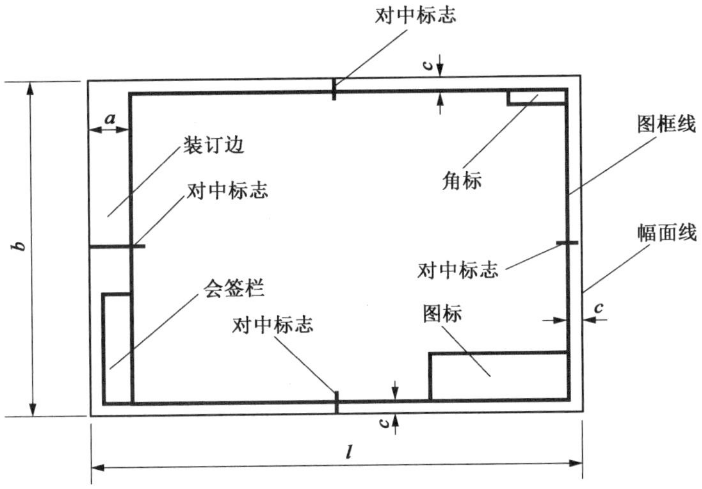

图 1-2 幅面格式

根据需要,图纸幅面尺寸中长边可以加长,但短边不得加长,长边加长的尺寸也可参考《技术制图图纸幅面和格式》(GB 14689—2008)的有关规定,如表 1-2、表 1-3 所示。长边加长时图幅 A0、A2、A4 通常应为 150mm 的整倍数,图幅 A1、A3 通常应为 210mm 的整倍数。

基本幅面(第一选择)(mm)　　表 1-2

幅面代号	尺寸 $B \times L$	幅面代号	尺寸 $B \times L$
A0	841×1189	A3	297×420
A1	594×841	A4	210×297
A2	420×594		

加长幅面(第二选择)(mm)　　表 1-3

幅面代号	尺寸 $B \times L$	幅面代号	尺寸 $B \times L$
A3×3	420×891	A4×4	297×841
A3×4	420×1189	A4×5	297×1051
A4×3	297×630		

特别提示

图纸幅面的长边是短边的$\sqrt{2}$倍,即 $L=\sqrt{2}B$,且 A0 幅面的面积为 $1m^2$。A1 幅面是沿 A0 幅面长边的对裁,A2 幅面是沿 A1 幅面长边的对裁,其他幅面以此类推。

二、图标栏

为了方便查阅图纸,图框内右下角应绘图纸图标栏,图标栏的格式和尺寸应按《道路工程制图标准》(GB 50162—1992)中有关规定绘制和填写;《道路工程制图标准》(GB 50162—1992)规定的图标栏格式有三种,如图 1-3 所示。图标栏外框线线宽宜为 0.7mm,内分格线线宽宜为 0.25mm。

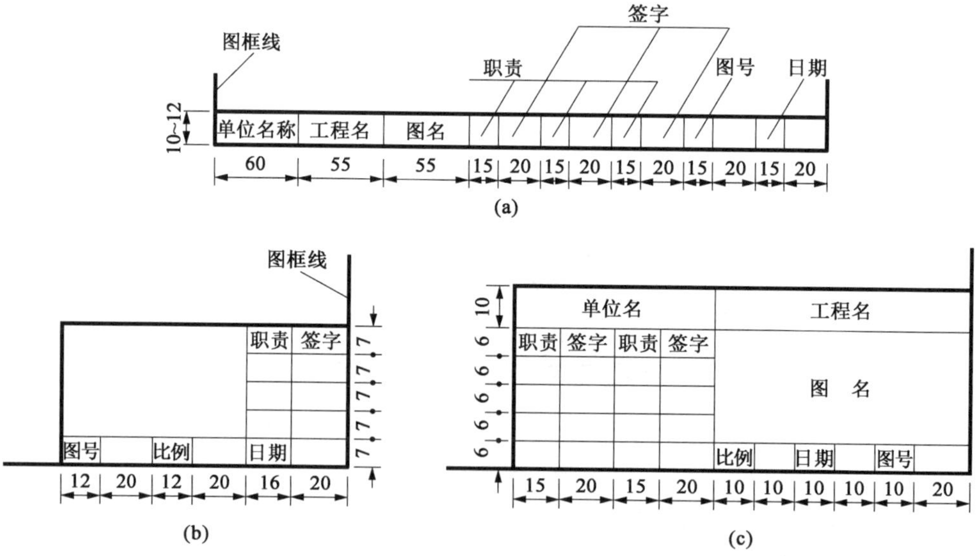

图 1-3　图标栏(尺寸单位:mm)

特别提示

在实际绘制道路工程图样时，图 1-3(a)所示图标栏格式应用最为广泛。

三、会签栏

设计中使用了新技术、新工艺、新材料需要会签的图纸，在图框外左下角应绘制会签栏，格式如图 1-4 所示；学生作业不用画会签栏。会签栏外框线线宽宜为 0.5mm，内分格线线宽宜为 0.25mm。

四、角标栏

角标栏应该布置在图框内右上角，格式如图 1-5 所示，角标栏线宽宜为 0.25mm。

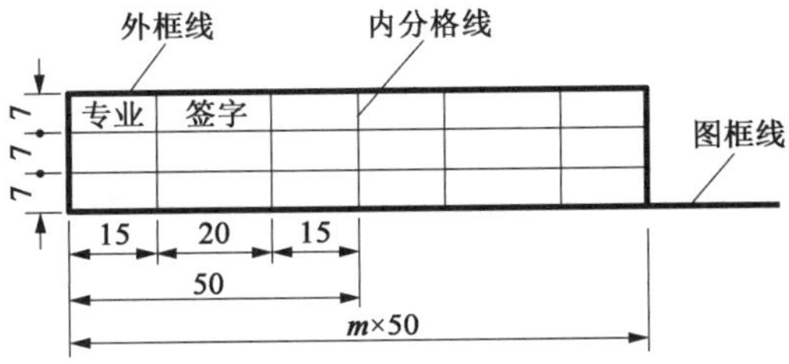

图 1-4　会签栏(尺寸单位:mm)

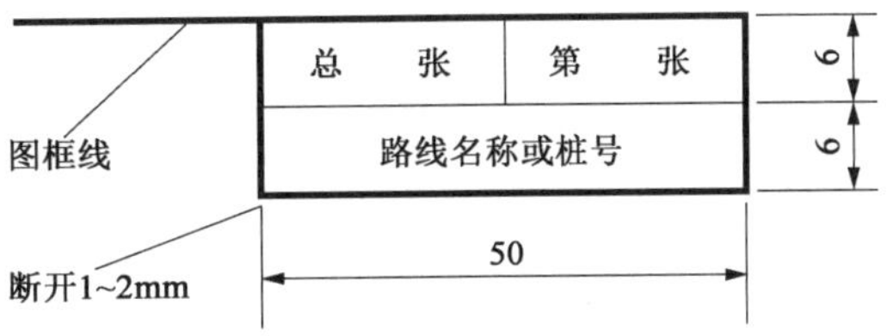

图 1-5　角标栏(尺寸单位:mm)

五、比例

比例是指图样中图形与实物相应线性尺寸之比。绘图过程中，一般应遵循布图合理、均匀、美观的原则，根据图形大小和图面复杂程度来选择相应的比例，常用比例见表 1-4。

绘图比例　　表 1-4

常用比例	1:1　1:2　1:5　1:10　1:20　1:50 1:100　1:200　1:500　1:1000 1:2000　1:5000　1:10000　1:20000 1:50000　1:100000　1:200000
可用比例	1:3　1:15　1:25　1:30　1:40　1:60 1:150　1:250　1:300　1:400　1:600 1:1500　1:2500　1:3000　1:4000 1:6000　1:15000　1:30000

比例应采用阿拉伯数字表示，且标注在视图图名的右侧或下方，字高可为视图图名字高的 0.7 倍，如图 1-6(a)、(b)所示。当一张图纸采用的比例相同时，可在图标中的比例一栏注明，也可以在图纸的适当位置采用标尺标注；当同一张图纸中各图比例不同时，则应分别标注，其位置应在各图名的下侧或右侧；当需要竖直方向与水平方向采用不同的比例时，可采用 V 表示竖直方向比例，用 H 表示水平方向比例，如图 1-6(c)所示。

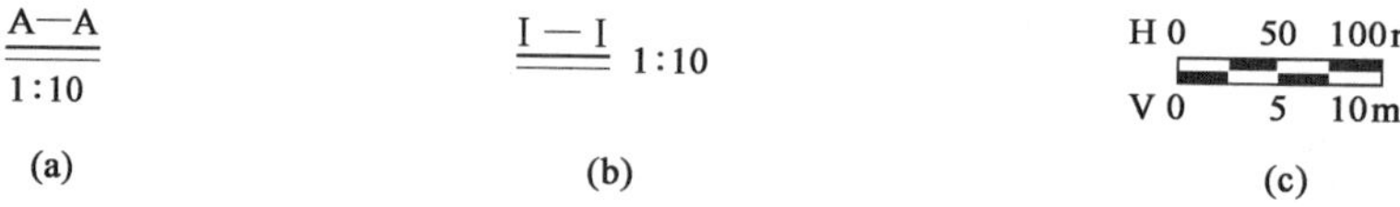

图 1-6 比例的标注

特别提示

图样不论采用放大或缩小比例，不论作图的精确程度如何，在标注尺寸时，均应按空间形体的实际尺寸和角度标注。

六、线型

工程图样由不同种类的线型所构成，这些图线可表达图样的不同内容，并可分清图中的主次，《道路工程制图标准》(GB 50162—1992)对线型及线宽作了规定。

图线的宽度应根据所绘工程图的复杂程度及比例大小，从《道路工程制图标准》规定的线宽系列中选取：0.13mm、0.18mm、0.25mm、0.35mm、0.5mm、0.7mm、1.0mm、1.4mm、2.0mm。每张图上的图线线宽不宜超过三种，即粗线(线宽为 b)、中粗线、细线，比例规定为 b:0.5b:0.25b。绘图时，应根据图样的不同情况，选用表 1-5 所示的线宽组合。

线宽组合(mm) 表 1-5

线宽比	线宽系列				
b	1.4	1.0	0.7	0.5	0.35
0.5b	0.7	0.5	0.35	0.25	0.25
0.25b	0.35	0.25	0.18 (0.2)	0.13 (0.15)	0.13 (0.15)

在同一张图纸内相同比例的各图形，应采用相同的线宽组合。工程图中的图线的线型、线宽和一般用途见表 1-6。

常用线型及线宽 表 1-6

名称	线型	线宽
加粗粗实线		1.4~2.0b
粗实线		b
中粗实线		0.5b
细实线		0.25b
粗虚线		b
中粗虚线		0.5b
细虚线		0.25b
粗点划线		b

续上表

名称	线型	线宽
中粗点划线	——·——·——·——	0.5b
细点划线	——·——·——·——	0.25b
粗双点划线	——··——··——	b
中粗双点划线	——··——··——	0.5b
细双点划线	——··——··——	0.25b
折断线	——∧/——	0.25b
波浪线	∽∽	0.25b

图样中图线相交是常有的现象，而相交图线的绘制则应符合下列规定：

(1)线条相交时要求整齐、准确，不得随意延长或缩短，如图1-7(a)所示。

(2)当虚线与虚线或虚线与实线相交时，相交处不应留空隙，如图1-7(b)~(d)所示。

(3)当实线的延长线为虚线时，应留空隙，如图1-7(e)、(f)所示。

(4)当点划线与点划线或点划线与其他线相交时，交点应设在线段处，如图1-7(g)所示。

(5)图线不得与文字、数字或符号重叠、交叉，不可避免时应首先保证文字、数字和符号的清晰。

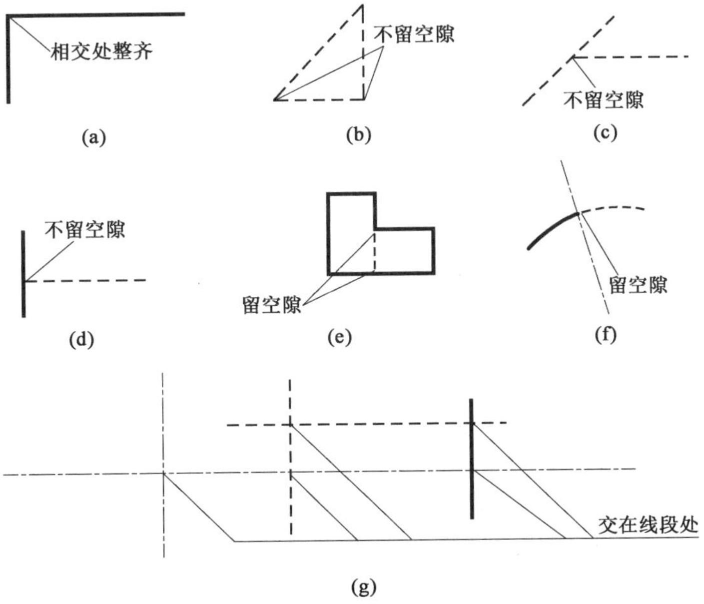

图1-7 图线相交的画法

特别提示

(1)在同一张图纸内，同类图线的宽度应基本一致。

(2)相互平行的图线(包括剖面线)，其间隙不宜小于其中的粗线宽度，且不宜小于

0.7mm。

(3)虚线、点划线及双点划线的线段长度和间隔应大致相等。

(4)图形的对称中心线、回转体轴线等的细点划线，一般要超出图形外约2～5mm；绘制圆的对称中心线时，圆心应为点划线中的线段的交点；单点划线和双点划线的首末两端应是点划线中的线段而不是点；在较小的图形上绘制点划线或双点划线有困难时，可用细实线代替。

七、字体

文字、数字、字母或符号是工程图的重要组成部分。若字体潦草，会影响图面整洁美观，导致辨认困难，或引起读图错误，造成工程事故，给国家和社会带来巨大损失。因此要求工程图中字体端正、笔画清晰、排列整齐、标点符号清楚正确；而且要求采用规定的字体和按规定的大小书写。

1. 汉字

《道路工程制图标准》规定工程图中汉字应采用长仿宋体字，又称工程字，并采用国家正式公布的简化字，除有特殊要求外，不得采用繁体字。汉字的宽度与高度的比例为$1:\sqrt{2}$，见表1-7。字体的高度（用h表示，单位为mm）即为字号，如10、7、5号字，说明它们的字高分别是10mm、7mm和5mm。常用的有3.5、5、7、10、14、20等6种字号；如需要书写更大的字，其字体高度应按$\sqrt{2}$的比例递增。汉字书写要求采用从左向右、横向书写的格式，且汉字高度最小不宜小于3.5mm。

长仿宋体字的高宽关系(mm)　　表1-7

字高(即字号)	20	14	10	7	5	3.5
字宽	14	10	7	5	3.5	2.5

初学者书写时可先按字号打好方格，然后再写，保证字体的大小一致和整齐美观。长仿宋体的基本笔画有：点、横、竖、撇、捺、提、折、钩等。书写长仿宋体的要领是：横平竖直，起落分明，排列匀称，填满方格。

2. 数字和字母

图纸中所涉及的阿拉伯数字、外文字母、汉语拼音字母笔划宽度宜为字高的1/10。大写字母的宽度宜为字高的2/3，小写字母的字宽宜为字高的1/2。

数字与字母的字体有直体或斜体两种形式，直体笔划的横与竖笔划夹角应为90°；斜体的字头向右倾斜，与水平线应成75°。同一册图纸中的数字和字母一般应保持一致，数字与字母若与汉字同行书写，其字高应比汉字的高小一号。数字与字母示例如图1-8所示。

特别提示

当图纸中有需要说明的事项时，宜在每张图纸的右下角图标上方处加以注释。该部分文字应采用“注”字表明，“注”写在叙述事项的左上角，每条注释的结尾应标以句号。如果说明事项需要划分层次时,第一、二、三层次的编号应分别用阿拉伯数字、带括号的阿拉伯数字及带圆圈的阿拉伯数字标注。当表示数量时,应采用阿拉伯数字书写,如五千零五十毫米应写成5050mm,二十四小时应写成24h。分数不得用数字与汉字混合表示,如:三分之一应写成1/3,不得写成3分之1。不够整数位的小数数字,小数点前应加0定位。

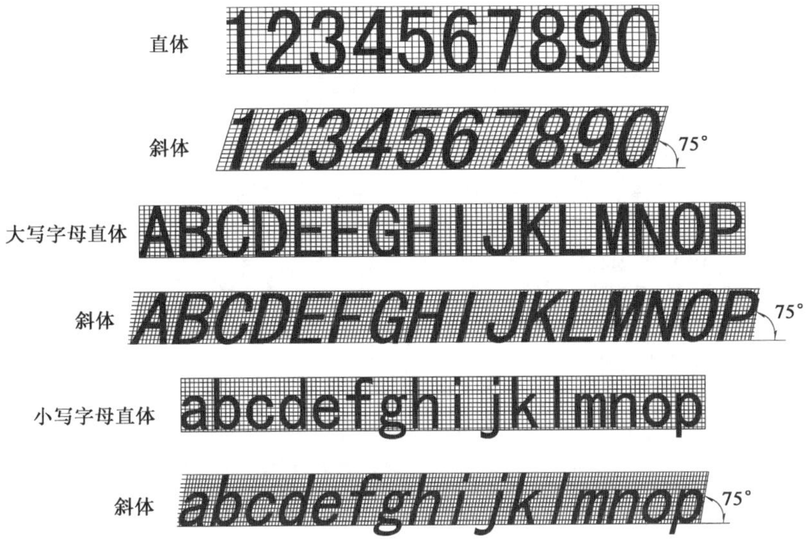

图1-8 数字和字母示例

八、尺寸标注

工程图上除了要画出构造物的形状外,还必须准确、完整、清晰地标注出构造物的实际尺寸,以作为施工的依据。如果尺寸有遗漏和错误,就会给生产带来困难和损失,因此,尺寸标注是图样必不可少的组成部分。《道路工程制图标准》(GB 50162—1992)规定了尺寸标注的基本规则和方法,绘图和识图时必须遵守。表1-8中列出了标注尺寸的基本规则。

尺寸标注的基本规则 表1-8

	说明	图例
总则	1. 完整的尺寸,由下列内容组成: (1)尺寸线(细实线); (2)尺寸界线(细实线); (3)尺寸数字; (4)尺寸起止符号(中实线)。 2. 实物的真实大小,应以图上所注尺寸数据为依据,与图形的比例无关。 3. 除标高及总平面图以m为单位外,尺寸单位都是mm,不需要注明	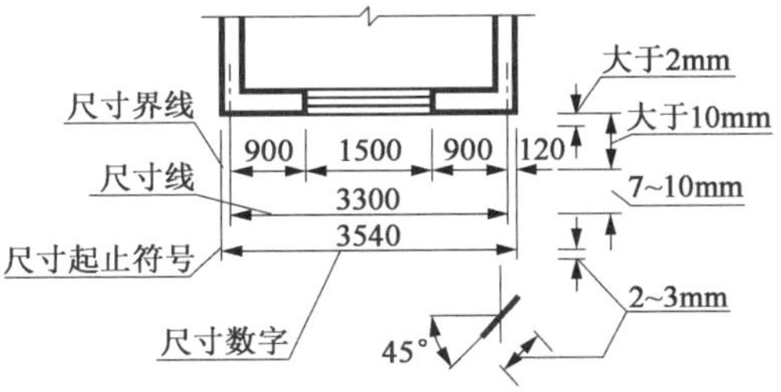

续上表

	说明	图例
尺寸数字	1. 尺寸的数字应按图(a)所示的方向填写和识读，并尽量避免在图示30°范围内标注尺寸，当无法避免时可按图(b)的形式标注	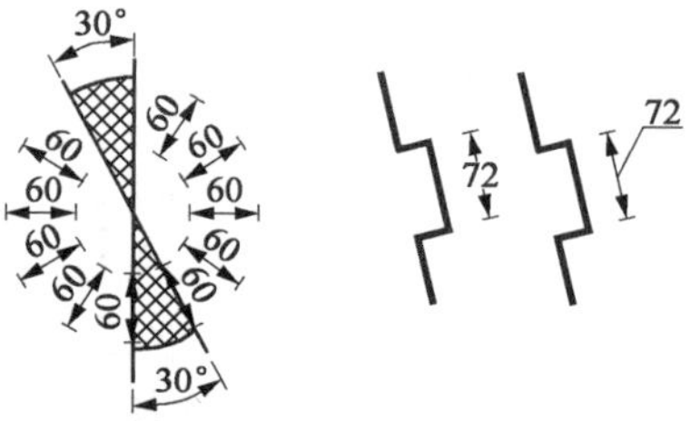 (a) (b)
	2. 线性尺寸的数字应依据读数方向注写在尺寸线的上方中部，如没有足够的注写位置，最外边的可注在尺寸界线的外侧。中间相邻的尺寸数字可错开注写，也可引出注写	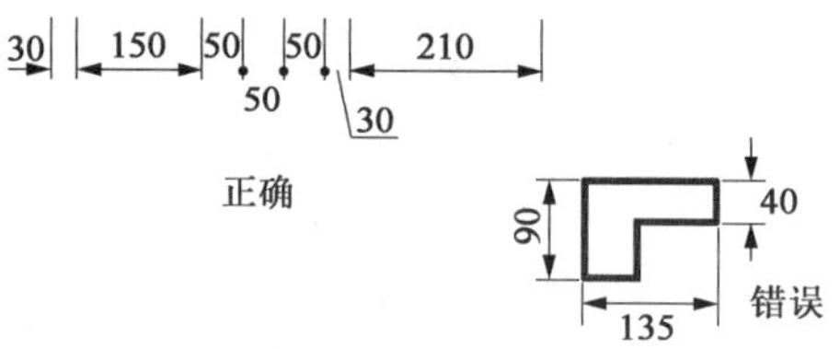
	3. 任何图线不得与尺寸数字相交，无法避免时，应将图线断开	
尺寸线	尺寸线应用细实线绘制，应与被注长度平行，轮廓线、中心线等不能作尺寸线	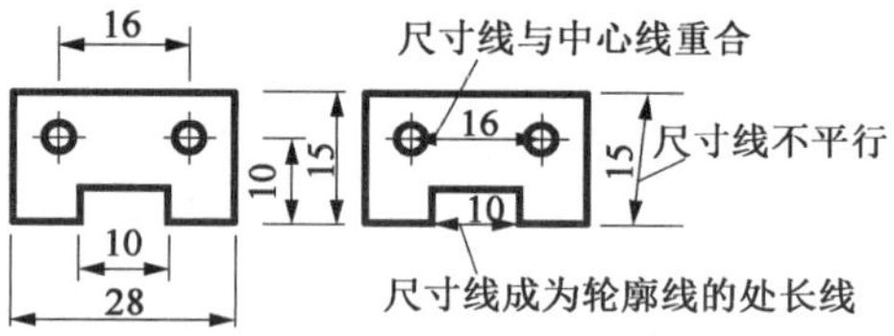
尺寸界线	轮廓线、中心线可作尺寸界线	
直径与半径	1. 标注直径尺寸时应在尺寸数字前加注符号“ϕ”，标注半径尺寸时，加注符号“R”。 2. 半径的尺寸线，一端从圆心开始，另一端画箭头指至圆弧；直径的尺寸线应通过圆心，两端箭头指至圆弧。 3. 较大或较小的半径、直径尺寸按图示标注	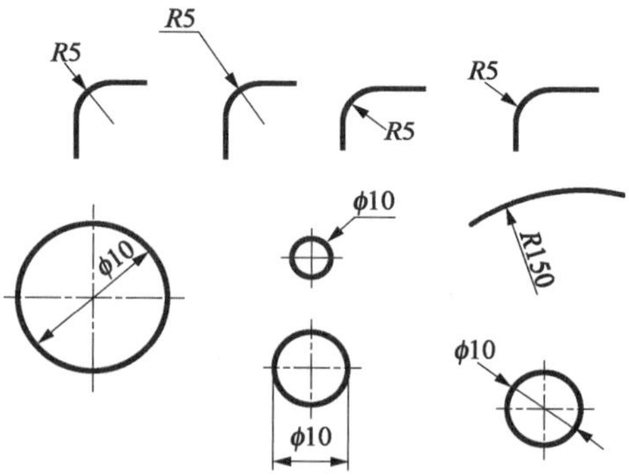

续上表

	说明	图例
角度、弧长、弦长	1. 角度的尺寸线应以圆弧线表示，角的两个边为尺寸界线，起止符号用箭头表示，如没有足够的位置，可用圆点代替，角度数字应水平方向注写。 2. 圆弧的尺寸线为该圆弧同心的圆弧，尺寸界线应垂直该圆弧的弦，起止符号用箭头表示，在弧长数字上方加注“⌒”。 3. 弦长的尺寸线应与弦长平行，尺寸界线与弦垂直，起止符号用45°斜短划线	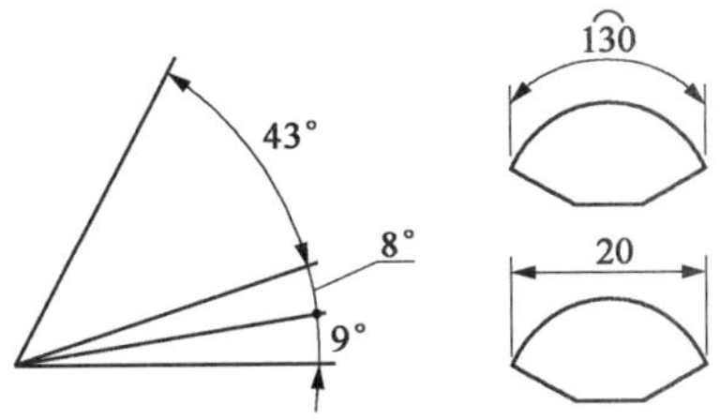

学习任务

一、图幅

1. 图纸幅面是指图纸本身的大小规格。工程中常用的 A3 图纸的图幅 $B \times l =$ ________，图框线与图幅之间的间隔 a 为____mm，c 为____mm。

2. A0 图纸的幅面尺寸为______________。

3. 图纸幅面的长边尺寸是短边的____倍。

4. 根据需要，图纸幅面的____边可以往____侧加长，但____边不得加长。长边加长的长度，图幅 A0、A2、A4 应为____mm 的整数倍，图幅 A1、A3 应为____mm 的整数倍。

5. 图标栏应绘制在图框的______方，我国《道路工程制图标准》(GB 50162—1992)规定共有______种格式，其中最常用的是格式________，其高度为____________，每一格的宽度必须是__________的倍数。

6. 角标栏应绘制在图框的______方，上下分为________栏，每栏高度为__________，宽度共为______________，上格又从正中分为两格，书写内容为________________，下格书写内容为__________________。

二、比例与字体

1. 某构造物的长度是 60m，而在图纸上相应长度为 0.6m，则该图所采用的比例为(　　)。

A. 1/100　　B. 0.01　　C. 1/10　　D. 0.6/60

2. 比例应采用阿拉伯数字表示，通常标注在视图图名的________或________。

3. 请判断：同一张图纸，水平方向与竖直方向不得采用不同的比例。(　　)

4.《道路工程制图标准》(GB 50162—1992)规定，道路工程图中汉字应采用(　　)。

A. 宋体　　B. 长仿宋体　　C. 黑体　　D. 自定，统一即可

三、线型

1. 请判断:虚线与虚线或虚线与实线相交时,相交处可以留空隙。(　　)
2. 请判断:点划线与点划线或点划线与其他线相交时,交点应设在线段处。(　　)
3. 请判断:图线可以与文字、数字或符号重叠、交叉。(　　)
4. 请判断:图纸中不可见轮廓线通常用虚线表示。(　　)
5. 道路工程图样中细点划线表示________________。

四、标注

1. 尺寸由______、______、______、______组成。

2. 相互平行的尺寸线应从被标注的轮廓线由____向____排列,并且小尺寸在____,大尺寸在____。

3. 尺寸起止符可以采用下列哪些符号表示?(　　)

A. 单边箭头　　B. 双边箭头　　C. 中粗短线　　D. 黑圆点

4. 请判断:任何图线不得穿过尺寸数字。(　　)

5. 请判断:道路工程图上标注的尺寸数字大小与图的比例有关。(　　)

6. 坡度值较小时,坡度标注宜用______表示;坡度值较大时,宜用______的形式表示。

7. 尺寸数字应该书写在尺寸线的______方或____方,字头朝______或朝______。

8. 圆的尺寸起止符只能用________,球体的直径或半径应在直径或半径的符号前加注字母______。

9. 请判断:在测量坐标系中,*X* 坐标的正方向是东方向,*Y* 坐标的正方向是北方向。(　　)

10. 请判断:圆的尺寸既可以标直径也可以标半径。(　　)

11. 请判断:标注标高直接在要标注的点或面上书写标高数字即可。(　　)

12. 请判断:标高数字可以为正也可以为负,正标高可以省略正号,负标高一定不能省略负号。(　　)

13. 请判断:坡度的标注应该顺着被标注平面的方向书写。(　　)

14. 请判断:所有平行尺寸线间的间距一般在 5mm 至 15mm,同一张图纸上这种间距应当保持一致。(　　)

15. 请判断:尺寸界线一端应靠近所注图形轮廓线,另一端应超出尺寸线 2mm 至 3mm。(　　)

16. 请判断:图形轮廓线、中心线也可作为尺寸界线。(　　)

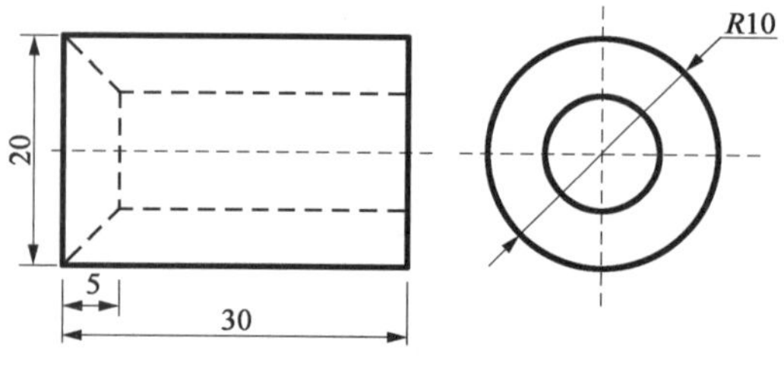

图 1-9　学习任务第 19 题图

17. 请判断:在道路工程图中,标高、坡长和曲线要素均以 m 为单位。(　　)

18. 请判断:图上标注的尺寸数字后面应该加注单位。(　　)

19. 如图 1-9 所示的尺寸标注中,错误的标注共有(　　)处。

A. 1　　B. 2

C. 3　　D. 4

拓展任务

请指出并改正图 1-10 中的标注错误。

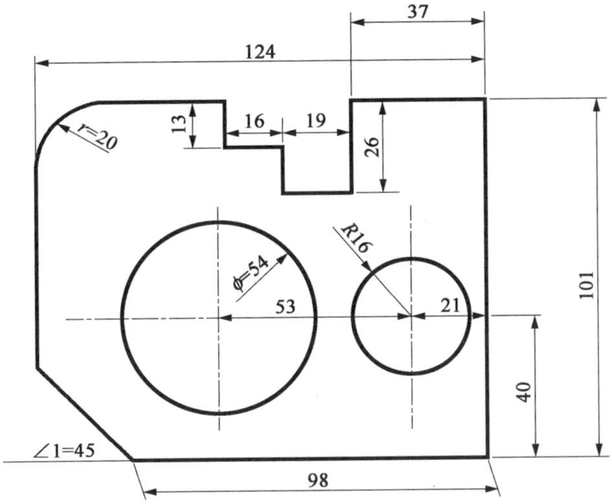

图 1-10 拓展任务图

学习情境小结

制图基础是绘制工程图样的前提，只有掌握工程制图的基本要求，才能做到所绘制的工程图样准确、规范和满足工程需要。

复习思考题

1. 国家为什么如此重视制图的基本规范？
2. 道路工程制图基本规则遵循的是哪个国家标准？
3. 想想在工程实践中如果不遵守制图标准的规定会有哪些危害？

学习情境二

投影基本知识

学习情境描述

在绘制道路工程结构物的图样时，必须完整而准确地表达工程结构物的形状和大小。绘制这种图样，通常采用投影的原理和方法。本情境着重介绍正投影法的基本原理和三面投影图的形成及其基本规律，以及点、直线、平面的投影绘制方法。

学习目标

知识目标：(1)认知投影形成的基本原理；
(2)掌握正投影法的基本原理；
(3)掌握三面投影图的形成及其基本规律。

能力目标：(1)能运用投影的概念及正投影特性绘制简单形体的三面投影；
(2)能正确绘制点的投影图；
(3)能正确绘制直线的三面投影；
(4)能正确绘制平面的三面投影。

任务一 投影的概念和正投影的特性

引导问题

1. 日常生活中，物体在光线（灯光和阳光）的照射下，就会在地面或墙面上产生影子，在工程实践中能不能用影子作为施工的依据？如果不能，该如何进行正确表达？
2. 工程上常用的图示方法可以分为哪几类？其各自有什么特点？
3. 为什么正投影成为了工程中应用最多的图示方法？

小贴士——桥台

桥台,位于桥梁两端,是支承桥梁上部结构并和路堤相衔接的构筑物,如图 2-1 所示。其功能除传递桥梁上部结构的荷载到基础外,还能抵挡台后的填土压力,稳定桥头路基,确保桥头路线和桥上路线可靠而平稳地连接。桥台一般是石砌或素混凝土结构,轻型桥台则采用钢筋混凝土结构。桥台具有多种形式,主要分为重力式桥台、轻型桥台、框架式桥台、组合式桥台、承拉桥台等。

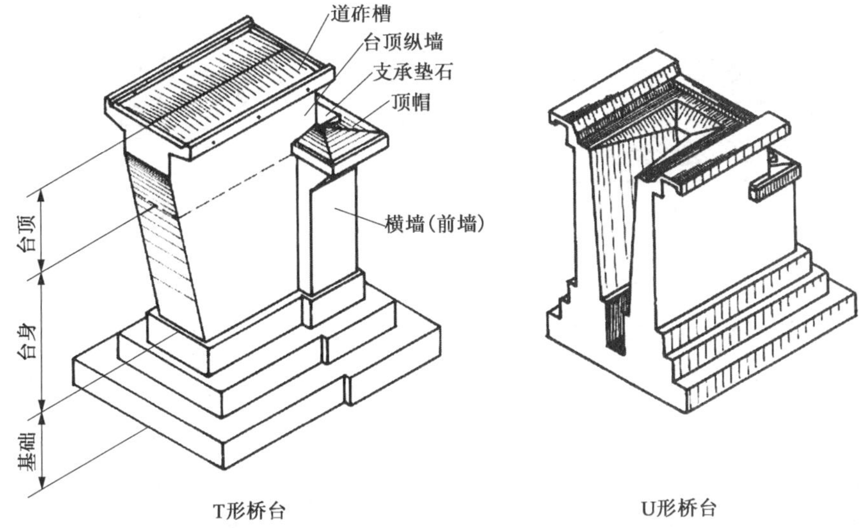

图 2-1 常见桥台图

相关知识

一、投影的形成与分类

(一) 投影的概念

日常生活中,物体在光线(灯光和阳光)的照射下,就会在地面或墙面上产生影子,这是常见的自然现象。当光线照射的角度或距离改变时,影子的位置、大小及形状也会随之改变,可见,光线、物体和影子三者之间,存在着一定的联系。

图 2-2(a)是光线从一点射出的情形,桥台模型在正上方的灯光照射下,产生影子;随着光源、物体和投影面之间距离的变化,影子会发生相应的变化。假想把光源移到无穷远处,此时光线互相平行且垂直于地面,影子的大小就会和基础底板一样大,如图 2-2(b)所示。

人们通过对这种现象进行科学的抽象,按照投影的方法,把形体的所有内外轮廓和内外表面交线全部表示出来,且依投影方向凡可见的轮廓线画实线,不可见的轮廓线画虚线,这样,形体的影子就成为能满足生产需要的投影图,简称投影,如图 2-2(c)所示。这种投影的方法满足了用二维平面表示三维形体的要求,称为投影法。这里把光线称为投射线,把承受投影的平面称为投影面。

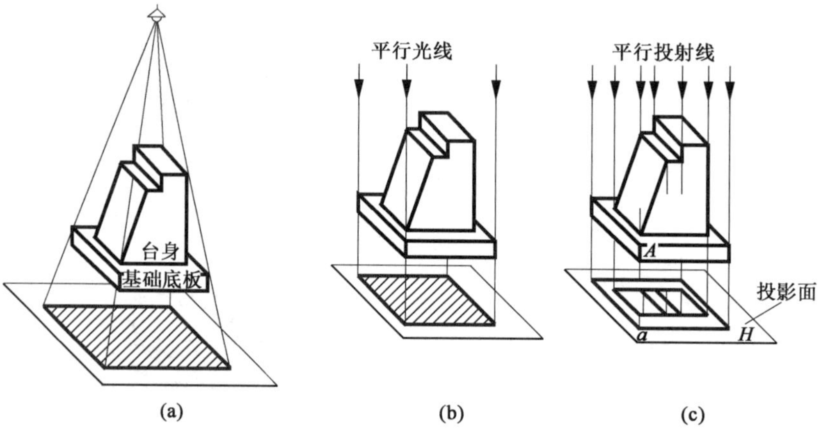

图 2-2　影子和投影

(二）投影的分类

按投射线的不同,投影可分为两大类:

1. 中心投影

所有投射线都从一点(投影中心)引出,则称为中心投影。如图 2-3 所示,若投影中心为 S,把投射线与投影面 H 的各交点相连,即得到三角板的中心投影。

2. 平行投影

所有投射线互相平行则称为平行投影。若投射线与投影面斜交,称为斜角投影或斜投影,如图 2-4(a)所示;若投射线与投影面垂直,则称为直角投影或正投影,如图 2-4(b)所示。

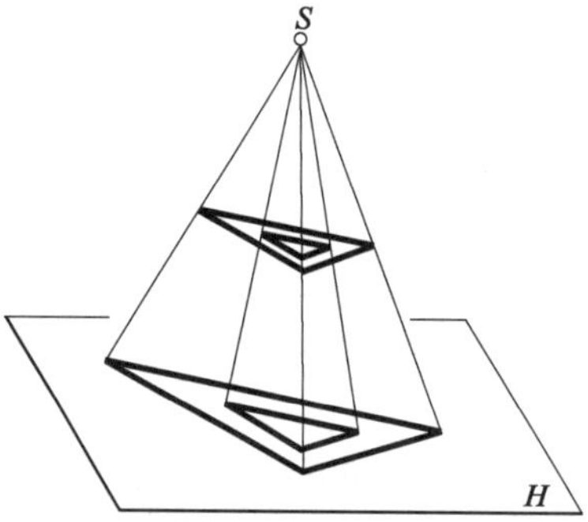

图 2-3　中心投影

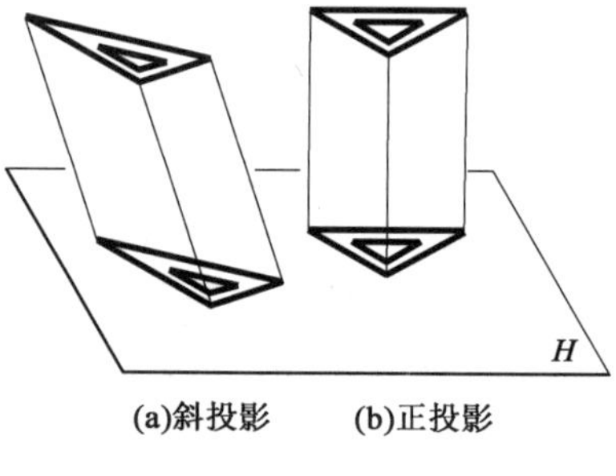

图 2-4　平行投影

大多数的工程图,都采用正投影法绘制。正投影法是本课程研究的主要内容,本书中凡未作特别说明的,都属正投影。

3. 工程上常用的投影图

根据被表达工程结构物的特征不同和实际需要,可采用不同的图示方法。常用的图示方法有：正投影法、轴测投影法、透视投影法和标高投影法。

(1)正投影法

正投影法是一种多面投影法。空间几何体在两个或两个以上互相垂直的投影面上进行正投影，然后将这些带有几何体投影图的投影面展开在一个平面上，从而得到几何体的多面正投影图，由这些投影便能完全确定该几何体的空间位置和形状。图 2-5 所示为台阶的三面正投影图。

正投影图的优点是作图较简便，而且采用正投影法时，常将几何体的主要平面放置成与相应的投影面相互平行的位置，这样画出的投影图能反映出这些平面的实形；因此，从图上可以直接量得空间几何体的较多尺寸，即正投影图有良好的度量性，所以在工程上应用最广。其缺点是无立体感，直观性较差。

(2)轴测投影

轴测投影采用单面投影，是平行投影的一种；它把物体按平行投影法投射至单一投影面上而得到投影图。图 2-6 所示为台阶的正等测轴测图。轴测投影的特点是在投影图上可以同时反映出长、宽、高三个方向上的形状，所以富有立体感，直观性较好，但不能完整地表达物体的形状，而且作图复杂、度量性差，一般只作为工程上的辅助图样。

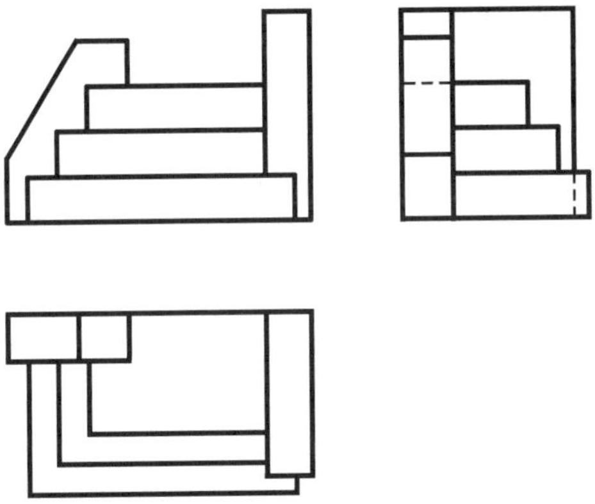

图 2-5 台阶的三面正投影图

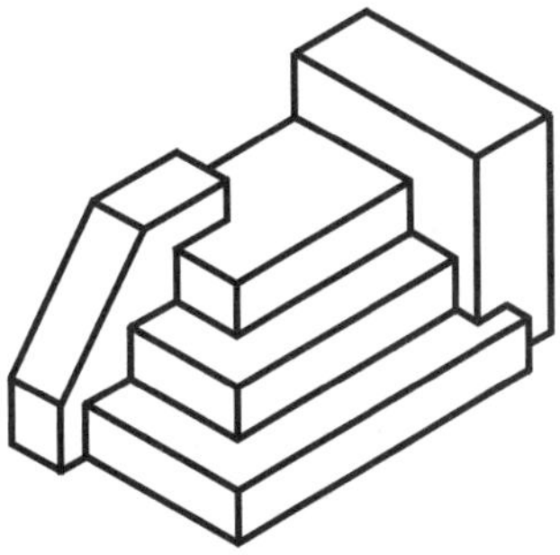

图 2-6 台阶的正等测轴测图

(3)透视投影

透视投影法即中心投影法。图 2-7 所示是按中心投影法画出的桥台的透视图。由于透视图和照相原理相似，它符合人们的视觉，图像接近于视觉映像，逼真、悦目，直观性很强，常用于设计方案比较、展览用的图样。但其绘制较复杂，且不能直接反映物体的真实大小，不便度量。

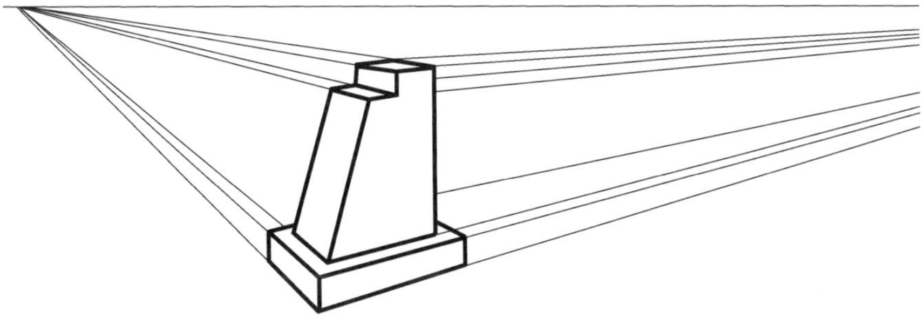

图 2-7 桥台透视图

(4)标高投影

标高投影是一种带有数字标记的单面正投影,常用来表示不规则曲面。假定某一山峰被一系列水平面所截割(图 2-8),用标有高程数字的截交线(等高线)来表示地面的起伏,这就是标高投影法。它具有一般正投影的优缺点。用这种方法表达地形所画出的图称为地形图,在工程中被广泛采用。

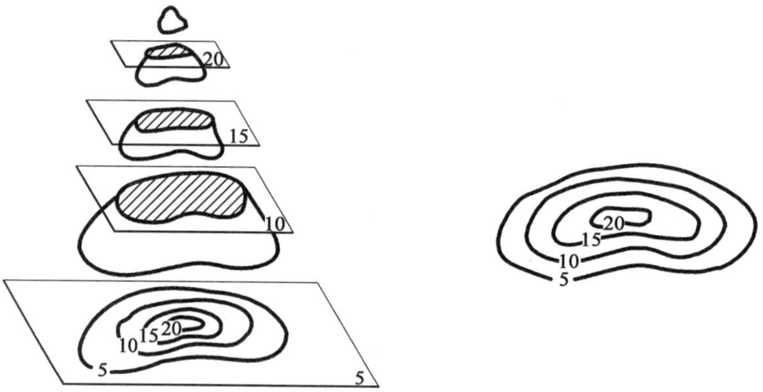

(a) (b)

图 2-8 山峰的标高投影

二、平行投影的特性

1. 实形性

平行于投影面的直线和平面,其投影反映实长和实形。

如图 2-9 所示,直线 AB 平行于投影面 H,其投影 $ab = AB$,即反映 AB 的真实长度;平面 $ABCD /\!/ H$,其投影 $abcd$ 反映 $ABCD$ 的真实大小。

2. 积聚性

垂直于投影面的直线,其投影积聚为一点;垂直于投影面的平面,其投影积聚为一条直线。如图 2-10 所示,直线 AB 垂直于投影面 H,其投影积聚成一点 $a(b)$;平面 $ABCD$ 垂直于投影面 H,其投影积聚成一直线 $ab(dc)$。

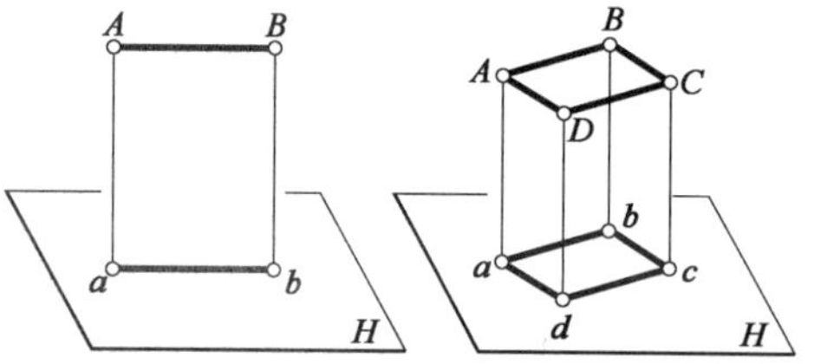

(a)直线平行投影面 (b)平面平行投影面图

图 2-9 投影的实形性

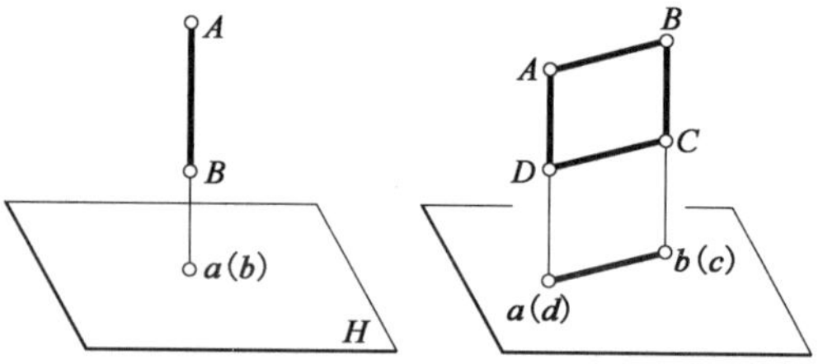

(a)直线的积聚投影 (b)平面的积聚投影

图 2-10 直线和平面的积聚性

3. 类似性

(1)点的投影仍是点,如图 2-11(a)所示。

(2)直线的投影在一般情况下仍为直线,当直线段倾斜于投影面时,其正投影短于实长,如图2-11(b)所示,通过直线 AB 上各点的投射线,形成一平面 $ABba$,它与投影面 H 的交线 ab 即为 AB 的投影。

(3)平面的投影在一般情况下仍为平面,当平面倾斜于投影面时,其正投影小于实形,如图2-11(c)所示。

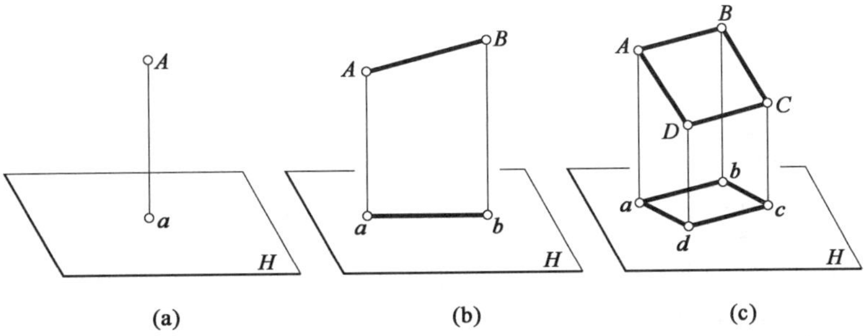

图2-11 点、线、面的投影

4. 从属性

若点在直线上,则点的投影必在该直线的投影上。如图2-12所示,点 K 在直线 AB 上,投射线 Kk 必与 Aa、Bb 在同一平面上,因此点 K 的投影 k 一定在 ab 上。

5. 定比性

直线上一点把该直线分成两段,该两段之比,等于其投影之比。如图2-12所示,由于 $Aa /\!/ Kk /\!/ Bb$,所以 $AK:KB = ak:kb$。

6. 平行不变性

两平行直线的投影仍互相平行,且其投影长度之比等于两平行线段长度之比。

如图2-13所示,$AB /\!/ CD$,其投影 $ab /\!/ cd$,且 $ab:cd = AB:CD$。

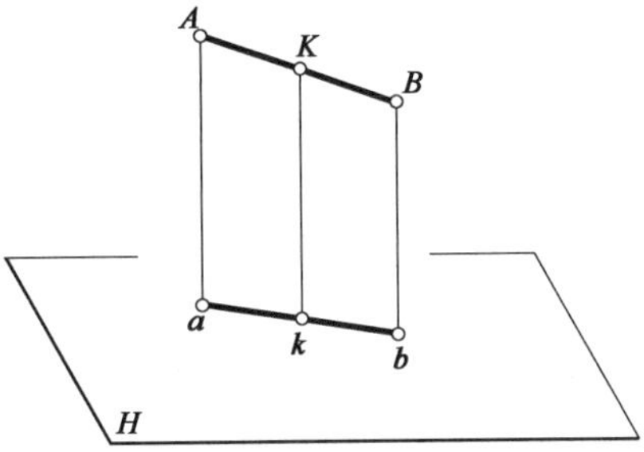

图2-12 直线的从属性和定比性

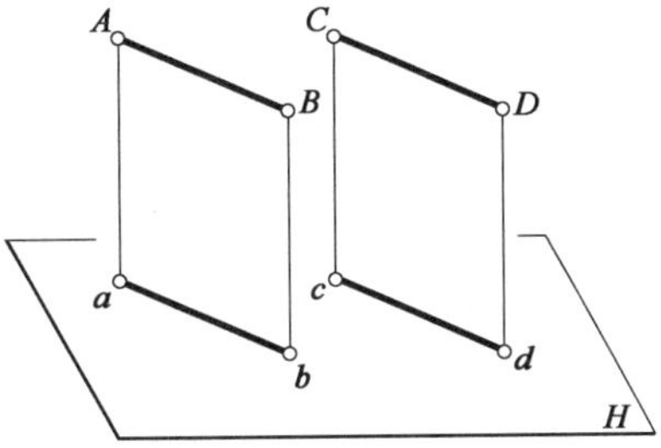

图2-13 两平行直线的投影

三、三面正投影

(一) 三面投影体系

如图2-14所示,根据平行投影,图中三个形状不同的形体,在同一投影面的投影却是相同的。这说明由形体的一个投影,不能准确地表示形体的形状,因此,需要多个投影面来反映形体的实形。一般把形体放在三个互相垂直的平面所组成的三面投影体系中进行投影，如图 2-15 所示。在三面投影体系中，水平放置的平面称为水平投影面，用字母“*H*”表示，简称为 *H* 面；正对观察者的平面称为正立投影面，用字母“*V*”表示，简称 *V* 面；观察者右侧的平面称为侧立投影面，用字母“*W*”表示，简称 *W* 面。三投影面两两相交，构成三条投影轴 *OX*、*OY* 和 *OZ*，三轴的交点 *O* 称为原点。只有在这个体系中，才能比较充分地表示出形体的空间形状。

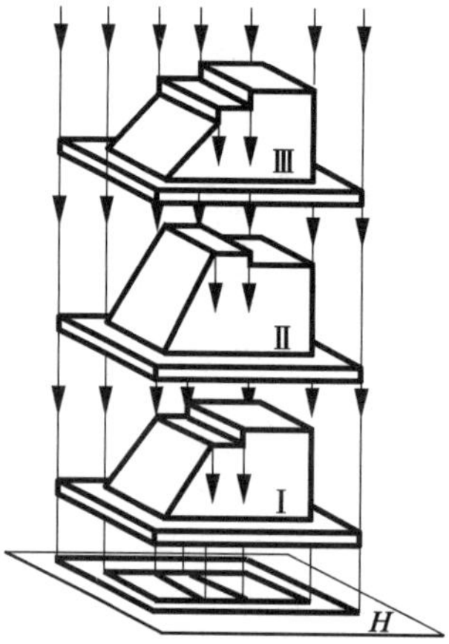

图 2-14　一个投影图不能确定形体的空间形状

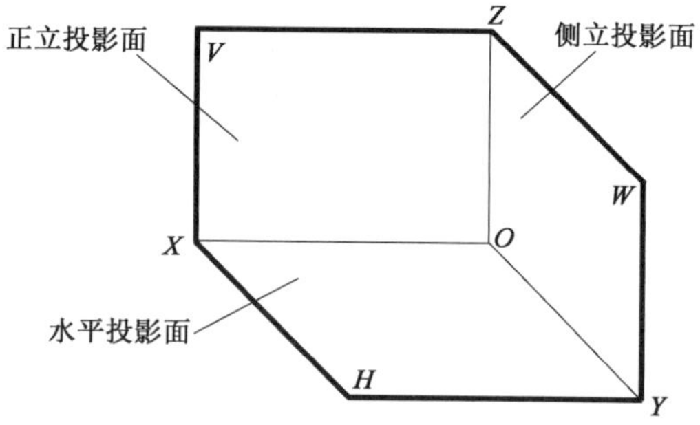

图 2-15　三面投影体系

（二）三面投影图的形成

将形体置于三面投影体系中，且形体在观察者和投影面之间，如图 2-16 所示。形体靠近观察者一面称为前面，反之称为后面。由观察者的角度，定出形体的左、右、上、下四个面。由安放位置可知，形体的前、后两面均与 *V* 面平行，顶底两面均与 *H* 面平行，左、右两面均与 *W* 面平行。用三组分别垂直于三个投影面的投射线对形体进行投影，就得到该形体在三个投影面上的投影。

（1）由上而下投影，在 *H* 面上所得的投影图，称为水平投影图，简称 *H* 面投影。

（2）由前向后投影，在 *V* 面上所得的投影图，称为正立面投影图，简称 *V* 面投影。

（3）由左向右投影，在 *W* 面上所得的投影图，称为（左）侧立面投影图，简称 *W* 面投影。

上述所得的 *H*、*V*、*W* 三个投影图就是形体最基本的三面投影图。

为了使三个投影图能画在一张图纸上，还必须把三个投影面展开，使之摊平在同一个平面上，完成从空间到平面的转换。国家标准规定：*V* 面不动，*H* 面绕 *OX* 轴向下旋转 90°，*W* 面绕 *OZ* 轴向右旋转 90°，使它们转至与 *V* 面同在一个平面上，如图 2-17 所示，这样就得到在同一平面上的三面投影图。

这时 *Y* 轴出现两次，一次是随 *H* 面旋转至下方，与 *Z* 轴在同一铅垂线上，标以 Y_H；另一次随 *W* 面转至右方，与 *X* 轴在同一水平线上，标以 Y_W。摊平后的三面投影图如图 2-18(a) 所示。为了使作图简化，在三面投影图中不画投影图的边框线，投影图之间的距离可根据需要确定，三条轴线也可省去，如图 2-18(b) 所示。

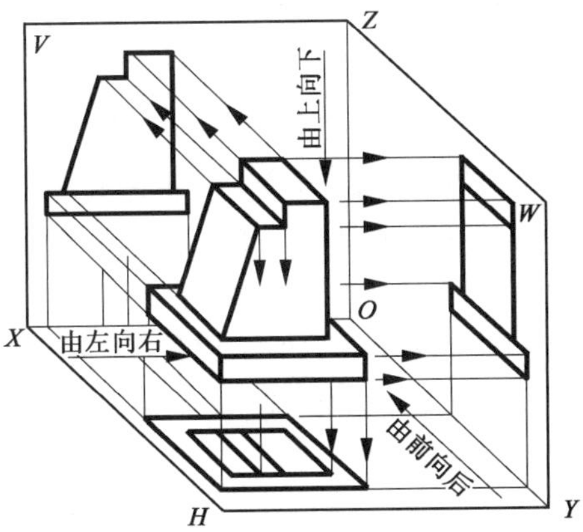

图 2-16 三面投影图的形成

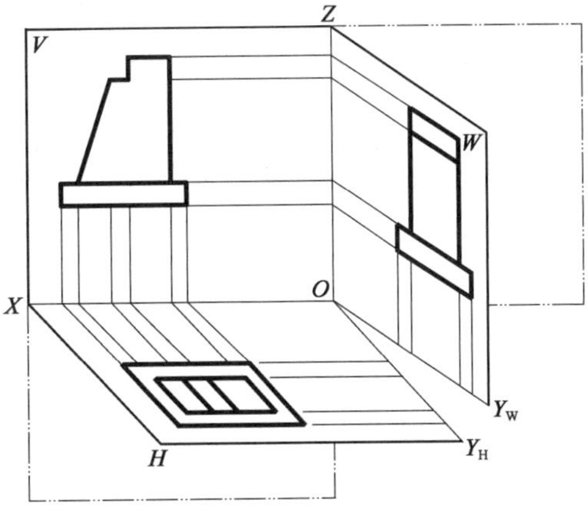

图 2-17 三面投影图的展开

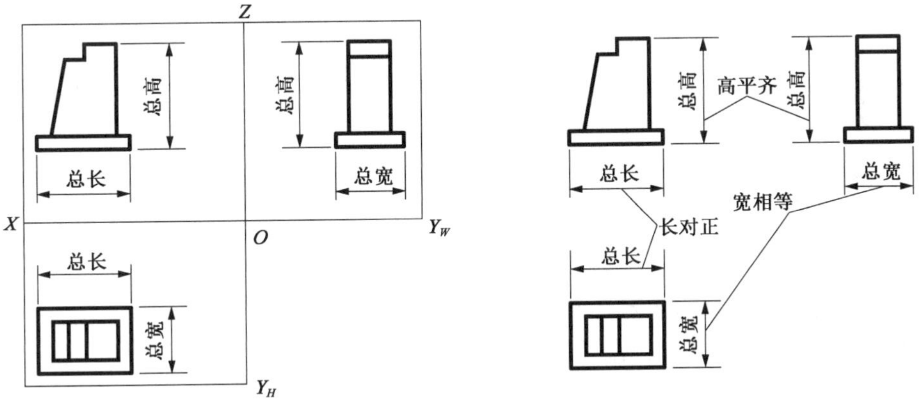

(a) (b)

图 2-18 三面投影图的形成和投影规律

（三）三面投影图的对应关系

三面投影图是从形体的三个方向投影得到的。三个投影图之间是密切相关的,它们的关系主要表现在它们的度量和相互位置上的联系。

1. 投影形成相互的顺序关系

在三面投影体系中:从前向后,以人→物→图的顺序形成 *V* 面投影;从上向下,以人→物→图的顺序形成 *H* 面投影;从左向右,以人→物→图的顺序形成 *W* 面投影。所以,投影形成相关的顺序关系是人→物→图。

2. 投影中的长、宽、高和方位关系

每个形体都有长度、宽度、高度或左右、前后、上下三个方向的形状和大小变化。形体左右两点之间平行于 *OX* 轴的距离称为长度;上下两点之间平行于 *OZ* 轴的距离称为高度;前后两点之间平行于 *OY* 轴的距离称为宽度。

每个投影图能反映其中两个方向关系:*H* 面投影反映形体的长度和宽度,同时也反映左右

和前后位置;V 面投影反映形体的长度和高度,同时也反映左右和上下位置;W 面投影反映形体的高度和宽度,同时也反映上下和前后位置。如图 2-18 所示。

3. 投影图的三等关系

三面投影图是在形体安放位置不变的情况下,从三个不同方向投影所得,它们共同表达同一形体,因此它们之间存在着紧密的关系:V、H 两面投影都反映形体的长度,展开后所反映形体的长度不变,因此画图时必须使它们左右对齐,即"长对正"的关系;同理,H、W 面投影都反映形体的宽度,有"宽相等"的关系;V、W 面投影都反映形体的高度,有"高平齐"的关系,总称为"三等关系"。"长对正、高平齐、宽相等"是三面投影图最基本的投影规律。绘图时,无论是形体总的轮廓还是局部细节,都必须符合这一基本规律。

特别提示

在所建立的三面投影体系中,无论尺寸的实际大小如何,X 方向的尺寸一律叫作长(向左为正),Y 方向的尺寸叫作宽(向前为正),Z 方向的尺寸叫作高(向上为正),这三个方向对应的叫法不能改变,以此区分三个尺寸的方向。

学习任务

1. 什么是投影?
2. 按投射线的不同,投影可分为哪两大类?
3. 工程上常用的图示方法有哪些?
4. 平行投影具有哪几个特性?
5. 投影图的三等关系是如何描述的?

拓展任务

1. 图中立体图的正确 V 面投影是(　　)。

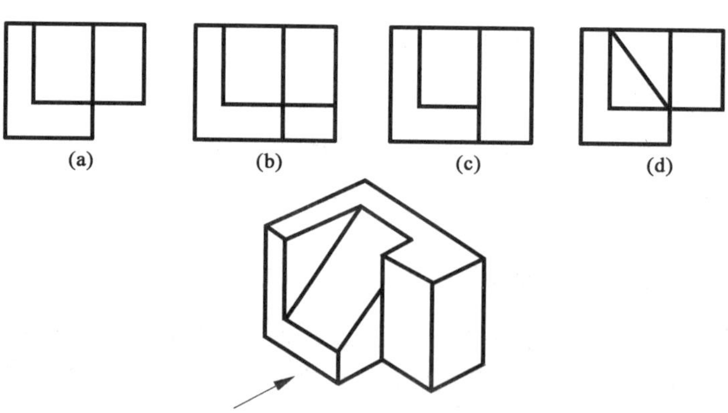

图 2-19　拓展任务第 1 题图

2. 请将立体图的编号写在其对应投影图右下方的括号内。

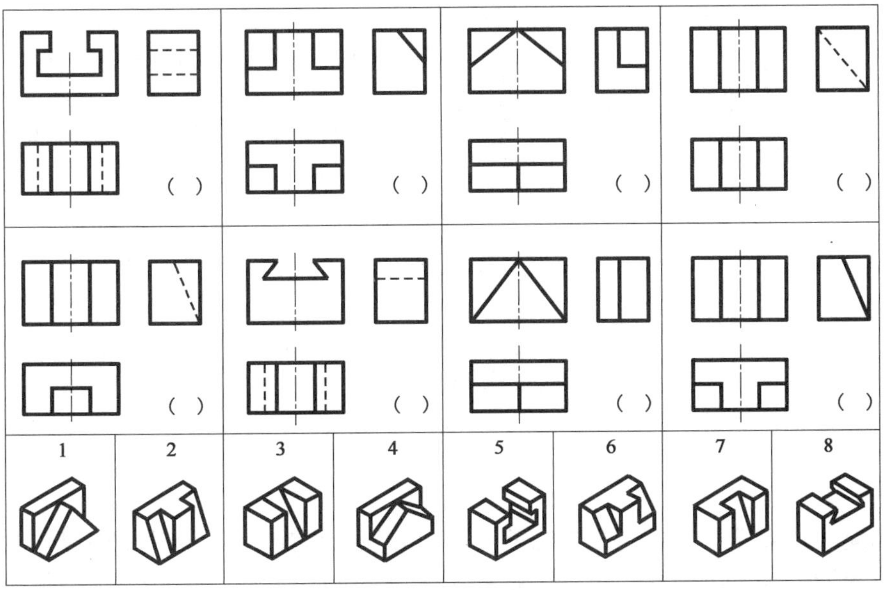

图 2-20　拓展任务第 2 题图

任务二　点的三面投影

引导问题

1. 在上一节课我们建立的三面投影体系中，一个点应该有几个坐标？
2. 在绘制点的投影时，是否需要遵循三等关系的投影规律？

相关知识

一、点的投影规律

（一）投影的形成

如图 2-21(a)所示，在三面投影体系中，有一个空间点 A，由 A 分别向三个投影面 V、H 和 W 作射线（垂线），交得的三个垂足 a'、a、a''即空间点 A 点的三面投影。空间点用大写字母表示，如 A、B、C……；H 面投影用相应的小写字母表示，如 a、b、c…；V 面投影用相应的小写字母加一撇表示，如 a'、b'、c'…；W 面投影用相应的小写字母加两撇表示，如 a''、b''、c''…。

如图 2-21(b)、(c)所示，按投影体系的展开方法，将三个投影面展平在一个平面上并去掉边框线后，即得到点的三面投影图。在投影图中，点用小圆圈表示。

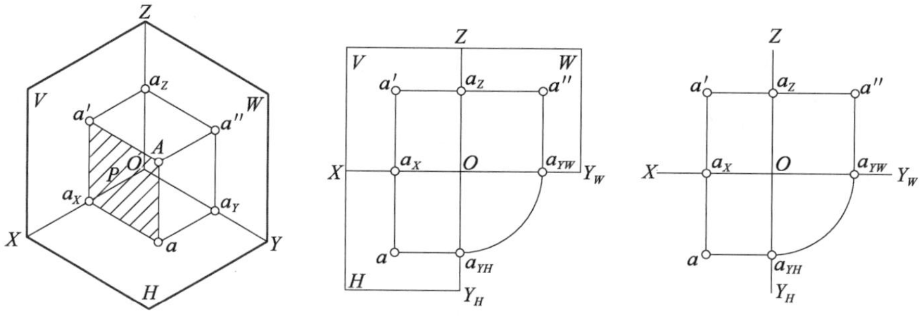

(a)立体图　(b)投影图　(c)去边框后的投影图

图 2-21　点的三面投影

（二）投影规律

1. 垂直规律

点在相应两投影面上的投影之连线垂直于相应的投影轴。即：点的 V 面投影和 H 面投影的连线垂直于 OX 轴（$a'a \perp OX$）；点的 V 面投影和 W 面投影的连线垂直于 OZ 轴（$a'a'' \perp OZ$）。证明如下：

如图 2-21（a）所示，由投射线 Aa'、Aa 所构成的投射平面 $P(Aa'a_xa)$ 与 OX 轴相交于 a_x 点，因 $P \perp V$、$P \perp H$，即 P、V、H 三面互相垂直，由立体几何可知，此三平面的交线必互相垂直，即 $a'a_x \perp OX$，$a_xa \perp OX$，$a'a_x \perp a_xa$，故 P 面为矩形。

当 H 面旋转至与 V 面重合时，a_x 不动，且 $a_xa \perp OX$ 的关系不变，所以 a'、a_x、a 三点共线，即 $a'a \perp OX$ 轴。同理亦可证得 $a'a'' \perp OZ$ 轴。

2. 等距规律

空间点的投影到相应的投影轴的距离，反映该点到相应的投影面的距离。如图 2-21（a）所示，即：

$Aa = a'a_x = a''a_y$，反映 A 点至 H 面的距离；

$Aa' = aa_x = a''a_z$，反映 A 点至 V 面的距离；

$Aa'' = a'a_z = aa_y$，反映 A 点至 W 面的距离。

根据上述投影规律，只要已知点的任意两面投影，即可求其第三面投影。为了能更直接地看到 a 和 a''之间的关系，经常用以 O 为圆心的圆弧把 a_{YH}和 a_{YW}联系起来［图 2-21（b）］，也可以自 O 点作 45°的辅助线来实现 a 和 a''的联系。

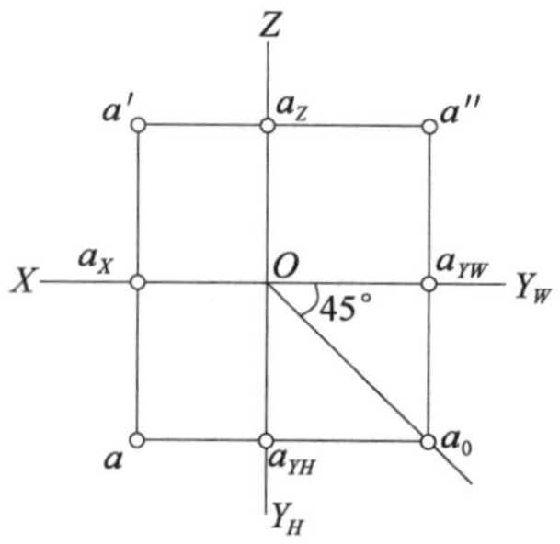

图 2-22　已知点的两面投影求第三投影

【例 2-1】　已知一点 A 的 V、W 面投影 a'、a''，求点 A 的 H 面投影 a（图 2-22）。

解题步骤如下：

（1）按第一条规律（即长对正），过 a' 作 OX 轴的垂线并与 OX 轴交于 a_x 点；

（2）按第二条规律（即宽相等）在所作垂线上量取 $aa_x =$

$a''a_z$ 得 a 点，即为所求。作图时，也可以借助于过 O 点作 45°斜线 Oa_o，因为 $Oa_{YH}a_oa_{YW}$ 是正方形，所以 $Oa_{YH}=Oa_{YW}$。

（三）各种位置点的投影

点的位置分为在空间、在投影面上、在投影轴上以及在原点上四种情况，各有不同的投影特征。

(1)在空间的点，点的三个投影都在相应的投影面上，不可能在轴及原点上，如图 2-21 所示。

(2)在投影面上的点，一个投影与空间点重合，另两个投影在相应的投影轴上。它们的投影仍完全符合上述两条基本投影规律。如图 2-23 所示，A 点在 V 面上，B 在 H 面上，C 点在 W 面上。

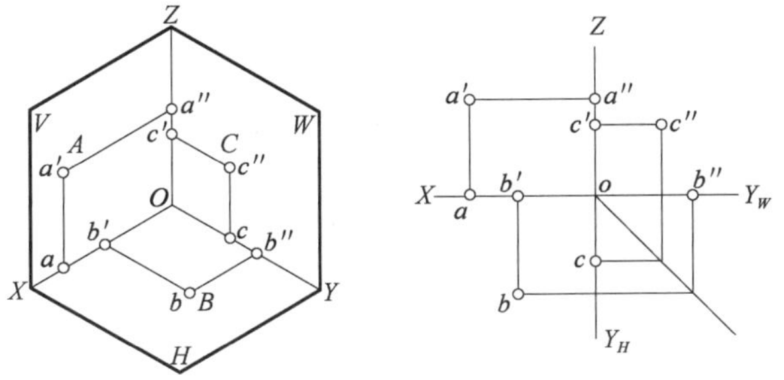

(a)立体图　　(b)投影

图 2-23　投影面上的点

(3)在投影轴上的点，两个投影与空间点重合，另一个投影在原点上。如图 2-24 所示，A 点在 OX 轴上，B 点在 OZ 轴上，C 点在 OY 轴上。

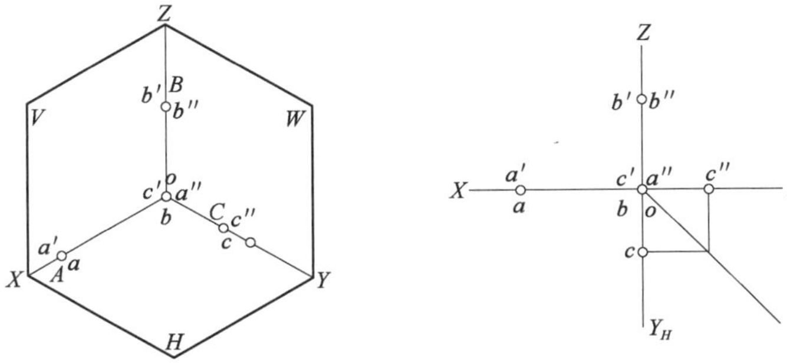

(a)立体图　　(b)投影图

图 2-24　投影轴上的点

(4)在原点上的点，点的三个投影与空间点都重合在原点上。

特别提示

点的三面投影规律的实质仍然是：长对正，宽相等，高平齐。

二、点的投影与坐标

如果把三投影面体系当作直角坐标系，则各投影面就是坐标面，各投影轴就是坐标轴，点到三个投影面的距离，就是相应的坐标数值。如图 2-21(a)所示：

A 点到 W 面的距离为其 X 坐标，即 $Aa''=aa_y=a'a_z=X$；

A 点到 V 面的距离为其 Y 坐标，即 $Aa'=aa_x=a''a_z=Y$；

A 点到 H 面的距离为其 Z 坐标，即 $Aa=a'a_x=a''a_y=Z$。

点在空间的位置可用坐标确定，如空间 A 点的坐标可表示为：$A(X,Y,Z)$；而点的每个投影只反映两个坐标，其投影与坐标的关系如下：

(1)A 点的 H 面投影 a 可反映该点的 X 和 Y 坐标；

(2)A 点的 V 面投影 a' 可反映该点的 X 和 Z 坐标；

(3)A 点的 W 面投影 a'' 可反映该点的 Y 和 Z 坐标。

因此，如果已知一点 A 的三投影 a、a' 和 a''，就可从图中量出该点的三个坐标；反之，如果已知 A 点的三个坐标，就能作出该点的三面投影。空间点的任意两个投影都具备了三个坐标，所以给出一个点的两面投影即可求得第三面投影。

【例 2-2】 已知 $A(4,6,5)$，求作 A 点的三面投影(图 2-25)。

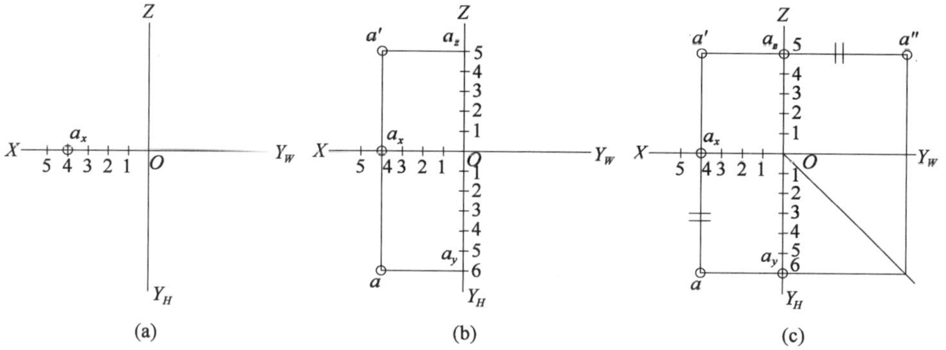

图 2-25 已知点的坐标求作点的三面投影

解题步骤如下：

(1)作出三个投影轴及原点 O，在 OX 轴是自 O 点向左量取 4 个单位，得到 a_x 点[图 2-25(a)]；

(2)过 a_x 点作 OX 轴的垂线，由 a_x 向上量取 $Z=5$ 单位，得 V 面投影 a'，在下量取 $Y=6$ 单位，得 H 面投影 a[图 2-25(b)]；

(3)过 a' 作线平行于 OX 轴，并与 OZ 轴相交于 a_z，量取 $a_za''=Y=a_xa$，得 W 面投影 a''，a、a'、a'' 即为所求[图 2-25(c)]。

三、两点的相对位置

(一) 两点的相对位置

空间每个点都具有前后、左右、上下六个方位。空间两点的相对位置是通过其中某一点对于另一点的前后、左右、上下的位置为基准来判断的,这可用点的坐标值的大小或两点的坐标差来判定。具体地说就是:X 坐标大者在左边,X 坐标小者在右边;Y 坐标大者在前边,Y 坐标小者在后边;Z 坐标大者在上边,Z 坐标小者在下边。

如图 2-26 所示,由于 A、B 两点坐标值的关系是:$X_B > X_A$,$Y_B > Y_A$,$Z_B < Z_A$,如以 A 点为基准,则可知 B 点在 A 点的左、前、下方。

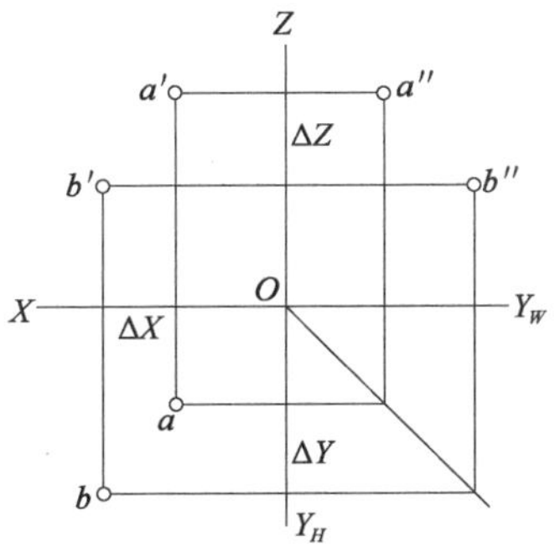

(a)投影图

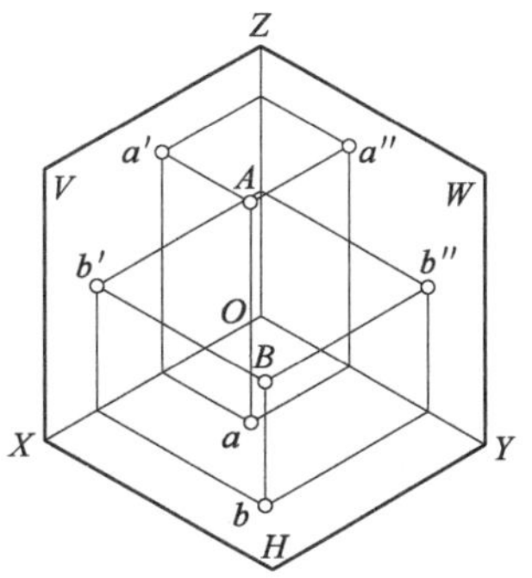

(b)立体图

图 2-26 两点的相对位置

(二)重影点及投影的可见性

当空间两点位于某一投影面的同一投射线上时,则此两点在该投影面上的投影重合,此两点称为对该投影面的重影点。

如图 2-27(a)所示,A、B 两点位于垂直于 H 面的同一投射线上,A 点在 B 点的正上方,B 点在 A 点的正下方;在 H 面上 A、B 两投影点 a、b 重合,为对 H 面的重影点;但在 V 面、W 面上投影不重合。至于 a、b 两点的可见性,可通过 V 面投影(或 W 面投影)进行判断;因为 a'高于 b'(或 a''高于 b''),所以在 H 面上 a 为可见,b 为不可见。此外,判别重影点的可见性时,也可以比较两点的不重影的同面投影的坐标值,坐标值大的点可见,坐标值小的点的投影被遮挡而不可见。为区别起见,凡不可见的投影其字母写在后面,并加括号表示。

同理,如图 2-27(b)所示,C 点在 D 点的正前方,位于 V 面的同一投射线上,c'、d'两投影重合,为对 V 面的重影点,c'可见,d'不可见;

如图 2-27(c)所示,E 点在 F 点的正左方,位于 W 面的同一投射线上,e''、f''两投影重合,为对 W 面的重影点,e''可见,f''不可见。

特别提示

虽然在三投影面展开的过程中,Y 轴被一分为二:一次是随 H 面旋转至 Z 轴下方(标以 Y_H),另一次随 W 面转至 X 轴右方(标以 Y_W);但不论是 Y_H还是 Y_W都始终指向前方。

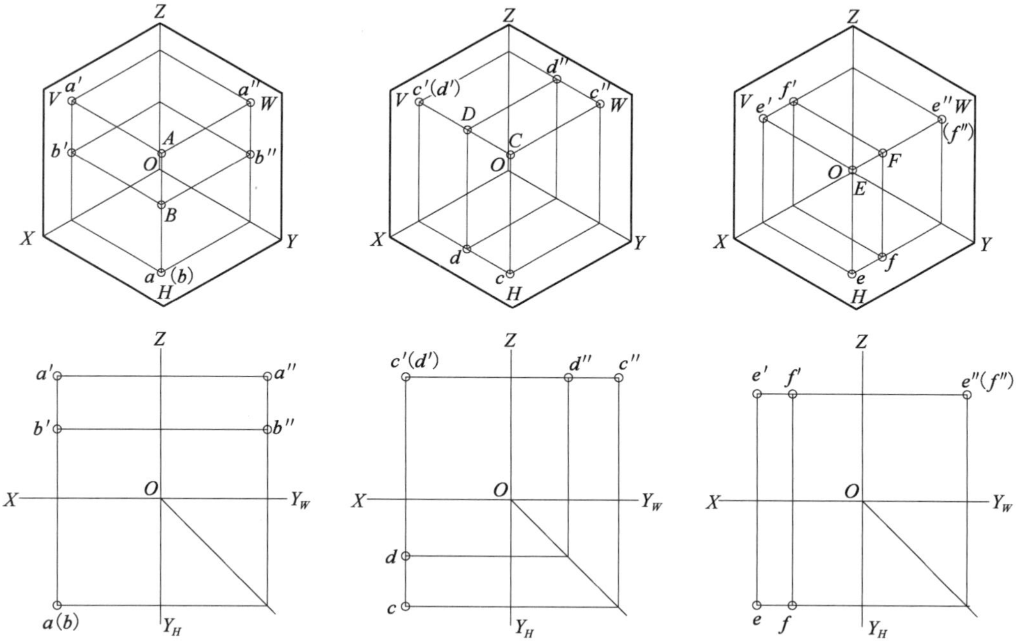

(a)H面的重影点　(b)V面的重影点　(c)W面的重影点

图 2-27　投影面的重影点

学习任务

1. 以 mm 为单位计，图 2-28 中点 A 的坐标是(　　)。

2. 已知点 T 的坐标为(20，15，20)，点 S 的坐标为(30，0，10)，请作它们的三面投影图(图 2-29)。

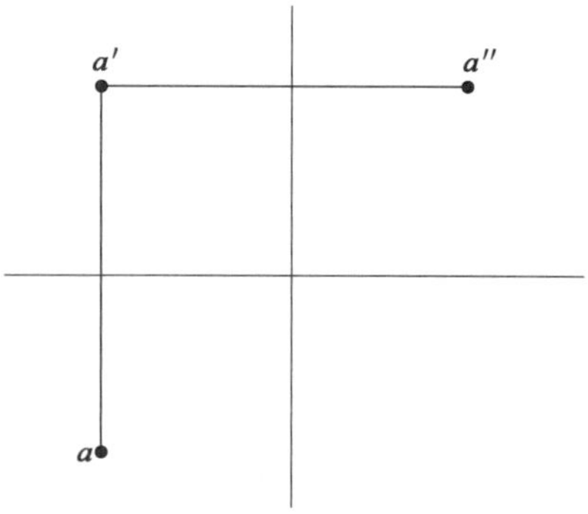

图 2-28　学习任务第 1 题图

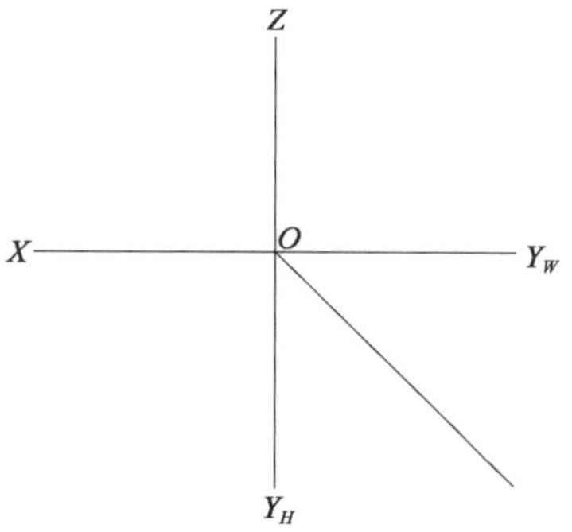

图 2-29　学习任务第 2 题图

拓展任务

1. 点 A 距 W 面 20mm，距 V 面 10mm，距 H 面 25mm，点 B 在点 A 正左方 12mm，点 C 在点 A 正前方 15mm，点 D 在点 A 正下方 20mm，请在下图中作出各点的三面投影(图 2-30)。

2. 已知 A 点在 B 点之前 5mm，之上 9mm，之右 8mm，求 A 点的投影（图 2-31）。

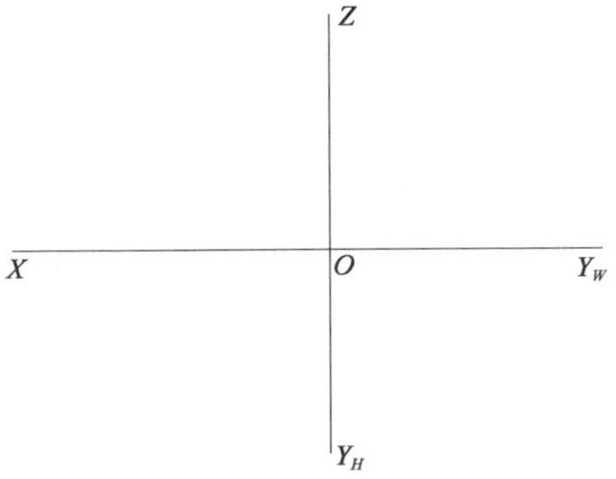

图 2-30 拓展任务第 1 题图

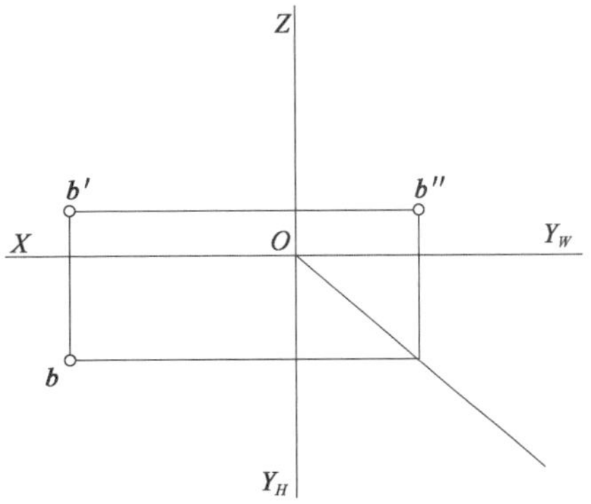

图 2-31 拓展任务第 2 题图

任务三 直线的三面投影

引导问题

1. 直线的投影跟点的投影有什么关系？
2. 确定直线的投影可否从点的投影开始？

相关知识

一、直线的投影规律

1. 直线投影的形成

两点确定一条直线，因此要作直线的投影，只需画出直线上任意两点的投影，连接其同面投影即为直线的投影。对直线段而言，一般用线段的两个端点的投影来确定直线的投影。图 2-32 为直线段 AB 的三面投影。

2. 直线的投影规律

一般情况下，直线的投影仍为直线；但当直线垂直于投影面时，其投影积聚为一个点。

3. 直线对投影面的倾角

直线与投影面的夹角（即直线和它在某一投影面上的投影间的夹角），称为直线对该投影面的倾角。

直线对 H 面的倾角为 α 角，α 角的大小等于 AB 与 ab 的夹角；直线对 V 面的倾角为 β 角，β 角的大小等于 AB 与 $a'b'$ 的夹角；直线对 W 面的倾角为 γ 角，γ 角的大小等于 AB 与 $a''b''$ 的夹角，如图 2-33 所示。

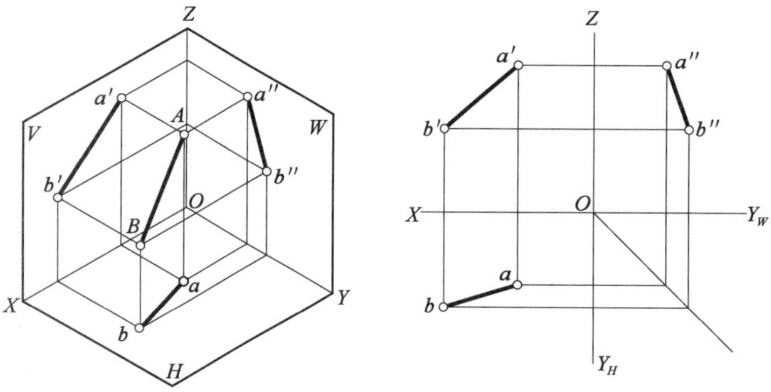

(a)立体图 (b)投影图

图 2-32 直线的投影

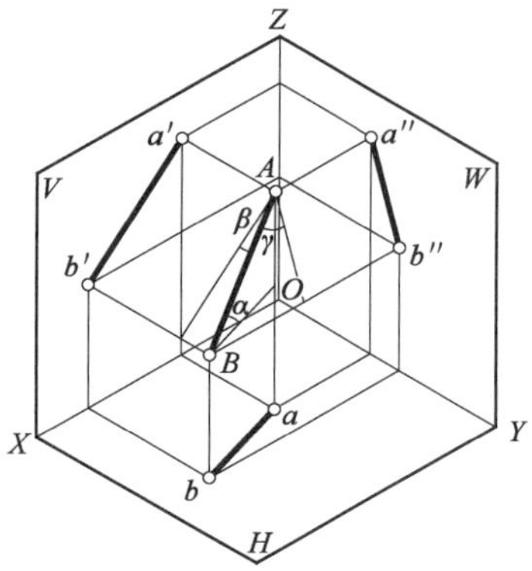

图 2-33 直线对投影面的倾角

二、各种位置直线的投影

在三投影面体系中，根据直线对投影面的相对位置，直线可分为一般位置直线和特殊位置直线；特殊位置直线有两种，即投影面的平行线和投影面的垂直线。

（一）一般位置直线

对三个投影面都倾斜（不平行也不垂直）的直线称为一般位置直线，简称一般线。如图 2-32（a）所示。

一般位置直线的投影特征：

（1）由图 2-33 可知，$ab = AB\cos\alpha$，$a'b' = AB\cos\beta$，$a''b'' = AB\cos\gamma$，对于一般位置直线，α、β、γ 均不为零，即 $\cos\alpha$、$\cos\beta$、$\cos\gamma$ 均小于 1，所有一般位置直线的三个投影都小于实长。

（2）一般位置直线的三面投影都倾斜于各投影轴，且各投影与相应的投影轴所成之夹角都不反映直线对各投影面的真实倾角。如 2-32（b）所示。

（二）投影面平行线

只平行于某一投影面而倾斜于另外两个投影面的直线称为投影面平行线。投影面平行线有三种情况：

与 V 面平行，倾斜于 H、W 面的直线称为正面平行线，简称正平线；

与 H 面平行，倾斜于 V、W 面的直线称为水平面平行线，简称水平线；

与 W 面平行，倾斜于 H、V 面的直线称为侧面平行线，简称侧平线。

如图 2-34（a）所示，现以正平线 AB 为例，讨论其投影特征：

（1）因为直线 $AB /\!/ V$ 面，所以 V 面投影反映实长，即 $a'b' = AB$；且 $a'b'$ 与 OX 轴的夹角，反映直线对 H 面的真实倾角 α；$a'b'$ 与 OZ 轴的夹角，反映直线对 W 面的真实倾角 γ。

（2）因为直线 AB 上各点到 V 面的距离都相等，所以 $ab /\!/ OX$ 轴；同理 $a''b'' /\!/ OZ$ 轴。

因此，可归纳出投影面平行线的投影特征：

（1）直线在所平行的投影面上的投影反映实长，且该投影与相应投影轴所成之夹角，反映直线对其他两投影面的倾角。

(2)直线其他两投影面上的投影均小于实长,且平行于相应的投影轴。

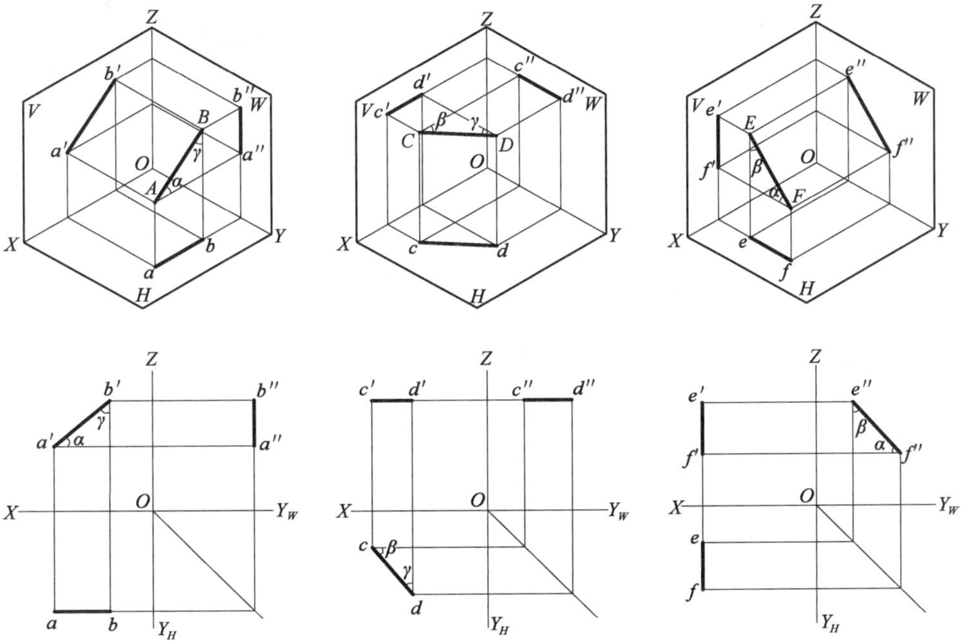

(a)正平线 (b)水平线 (c)侧平线

图2-34 投影面平行线

【例2-3】 如图2-35(a)所示,已知水平线 AB 的长度为15mm,$\beta=30°$,点 A 的 H、V 面投影 a、a',试求 AB 的三面投影。

解题步骤如图2-35(b)所示:

(1)过 a 作直线 $ab=15\text{mm}$,并与 OX 轴成30°。

(2)过 a' 作直线平行 OX 轴,与过 b 作 OX 轴的垂线相交于 b'。

(3)根据 ab 和 $a'b'$ 作出 $a''b''$。

(4)根据已知条件,B 点可以在 A 点的前、后、左、右四种位置,本题有四种答案。

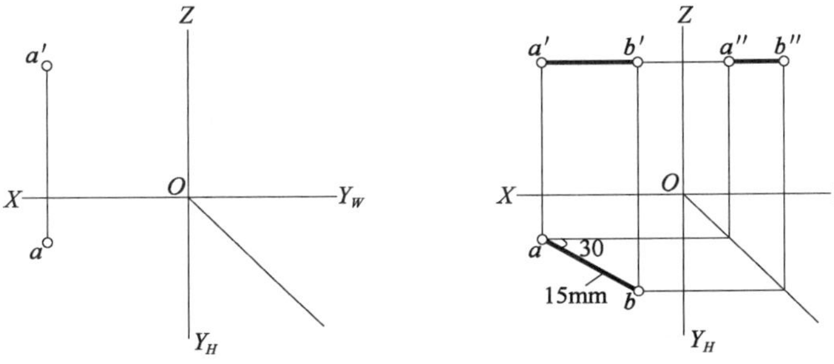

(a)已知 (b)作图

图2-35 求水平线

【例 2-4】 如图 2-36(a)所示,已知水平线 AB 的 H 面投影 ab,且 AB 距 H 面 20mm,请补全 AB 的三面投影。

解题步骤如下:

由于水平线 AB 平行于 H 面,所以 AB 线上的每一个点的 Z 坐标都为 20mm。

(1)根据长对正的投影规律,再根据 A、B 两点的 Z 坐标都为 20mm,求作 AB 的 V 面投影。如图 2-36(b)所示。

(2)根据高平齐、宽相等的投影规律,作出 AB 的 W 面投影。如图 2-36(c)所示。

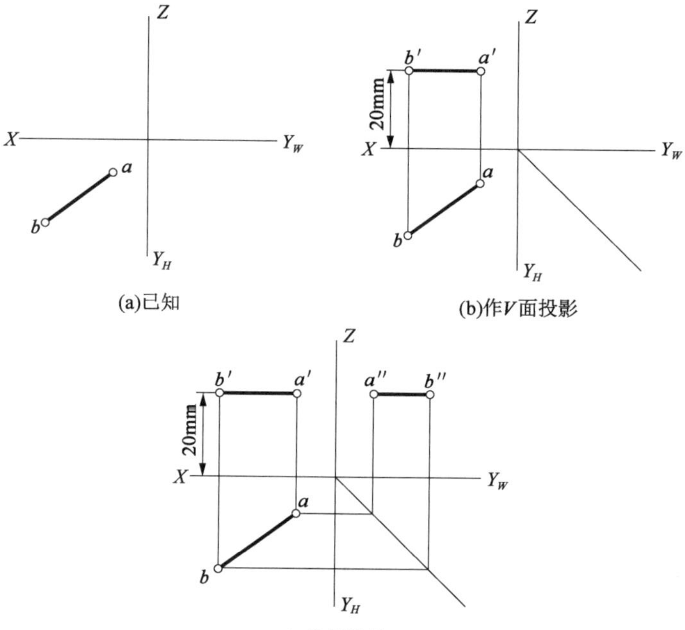

(a)已知 (b)作V面投影

(c)作图结果

图 2-36 求 AB 的三面投影

(三)投影面垂直线

垂直于一个投影面的直线称为投影面垂直线;垂直于一个投影面,必平行于另两个投影面。投影面垂直线有三种情况(图 2-37):

垂直于 H 面的称为水平面垂直线,简称铅垂线;垂直于 V 面的称为正面垂直线,简称正垂线;垂直于 W 面的称为侧面垂直线,简称侧垂线。

现以铅垂线 AB 为例[图 2-37(a)],讨论其投影特征:

(1)$AB \perp H$ 面,所以 H 面投影 ab 积聚为一点。

(2)$AB /\!/ V$、W 面,其 V、W 面投影反映实长,即 $a'b' = a''b'' = AB$。

(3)$a'b' \perp OX$ 轴,$a''b'' \perp OYW$ 轴。

可归纳出投影面垂直线的投影特征(图 2-38):

(1)投影面垂直线在所垂直的投影面上的投影积聚成一点;

(2)投影面垂直线其他两投影与相应的投影轴垂直,并都反映实长。

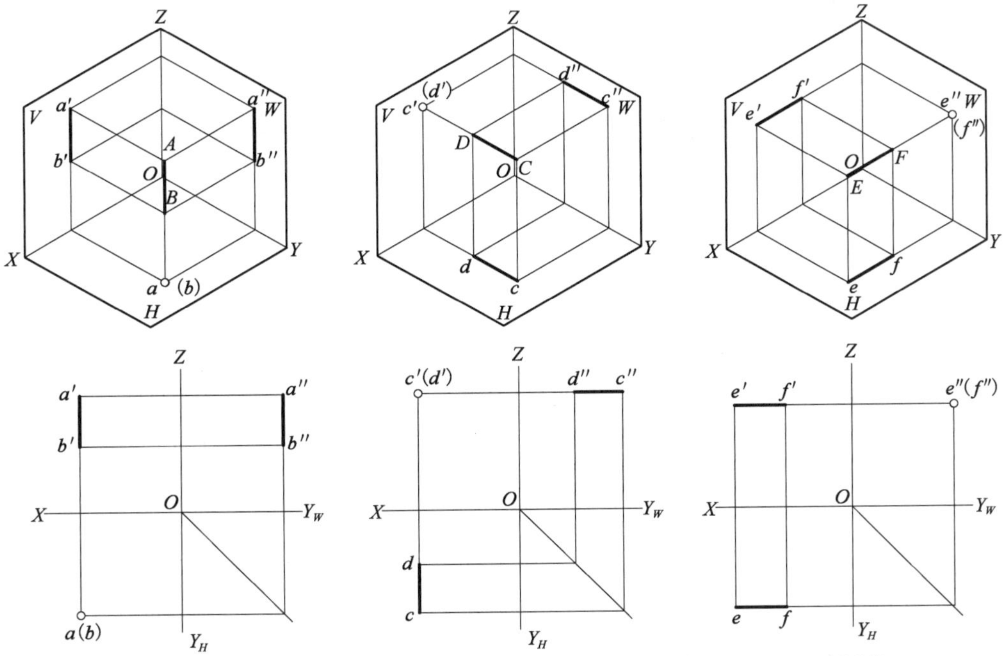

(a)铅垂线　(b)正垂线　(c)侧垂线

图 2-37　投影面垂直线

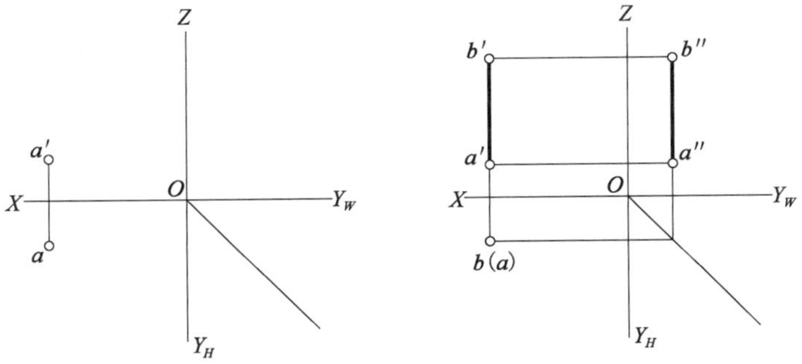

(a)已知　(b)作图

图 2-38　求铅垂线

【例 2-5】 如图 2-38(a)所示，已知铅垂线 AB 的长度为 15mm，A 的 H、V 面投影为 a、a'，并知 B 点在 A 点的正上方，试求 AB 的三面投影。

解题步骤如图 2-38(b)所示：

根据垂直线的投影特性，铅垂线 AB 在 H 面的投影积聚成点，铅垂线 AB 平行于 V、W 面，即 AB 直线在 V、W 面上的投影反映实长，且投影与相应的投影轴平行。

(1)过 a' 往正上方作直线并量取 $a'b'$ = 15mm，定出 b'，并用粗实线连接 $a'b'$。

(2)根据 ab 和 $a'b'$，利用高平齐、宽相等作出 $a''b''$。

（四）一般位置直线的实长和倾角

特殊位置直线如投影面的垂直线和投影面的平行线可由投影图直接定出直线段的实长和

对投影面的倾角。对于一般位置直线而言，其投影图既不反映实长，也不反映倾角，要想求得一般线的实长和倾角，可以采用直角三角形法。

如图2-39所示，在$ABba$所构成的投射平面内，延长直线AB和ab交于点C，则$\angle BCb$就是AB直线对H面的倾角α。过B点作$BA_1 /\!/ ab$，则$\angle ABA_1 = \alpha$且$BA_1 = ab$。所以只要在投影图上作出直角三角形ABA_1的实形，即可求出AB直线的实长和倾角α。

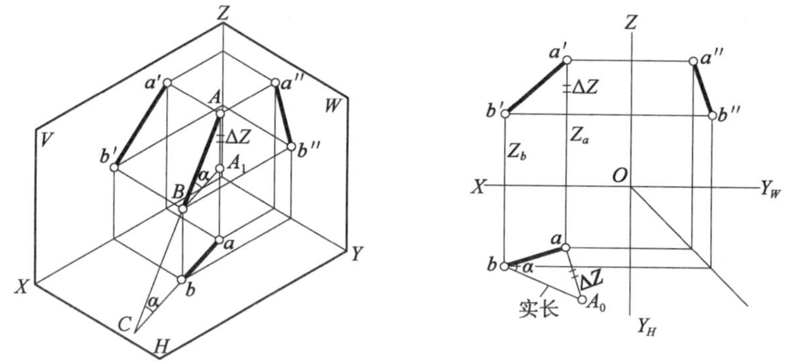

(a)立体图　(b)投影图

图2-39　求直线的实长与倾角α

在三角形ABA_1中，直角边$BA_1 = ab$，即BA_1为已知的H面投影；另一直角边AA_1，是直线两端点的Z坐标差，即$AA_1 = Z_A - Z_B$，可从V面投影图中量得，也是已知的，其斜边BA即为实长。

作图步骤为：

(1)过H面投影ab的任一端点a作直线垂直于ab。

(2)在所作垂线上截取$aA_0 = Z_A - Z_B$，得A_0点。

(3)连直角三角形的斜边bA_0，即为所求的实长，$\angle abA_0$即为倾角α。

如图2-40所示，需求作AB直线对V面的倾角β。作法是：以直线的V面投影$a'b'$为一条直角边，直线上两端点的Y坐标差为另一条直角边，组成一个直角三角形，就可求出直线的实长和直线对V面的倾角β。同理如图2-41所示，需求AB直线对W面的倾角γ。作法是：以直线的W面投影$a''b''$为一条直角边，直线上两端点的X坐标差为另一条直角边，组成一个直角三角形，就可求出直线的实长和直线对W面的倾角γ。

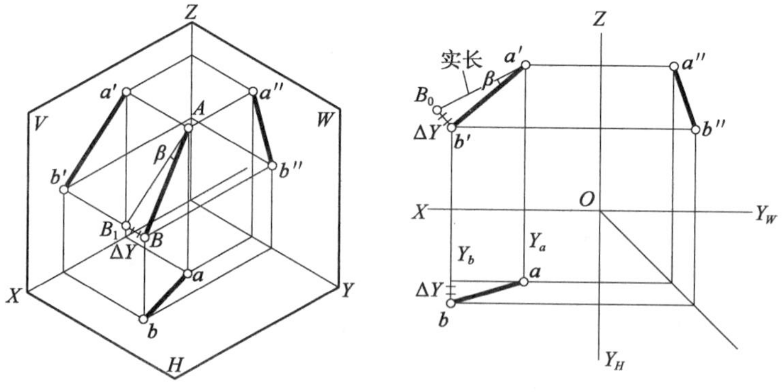

(a)立体图　(b)投影图

图2-40　求直线的实长与倾角β

综上所述，这种利用直角三角形求一般位置直线的实长及倾角的方法称为直角三角形法，其作图步骤如下：

(1)以直线段的一个投影为直角边。

(2)以直线段两端点相对于该投影面的坐标差为另一直角边。

(3)所构成的直角三角形的斜边即为直线段的空间实长。

(4)斜边与直线段该投影之间的夹角即为直线对该投影面的倾角。

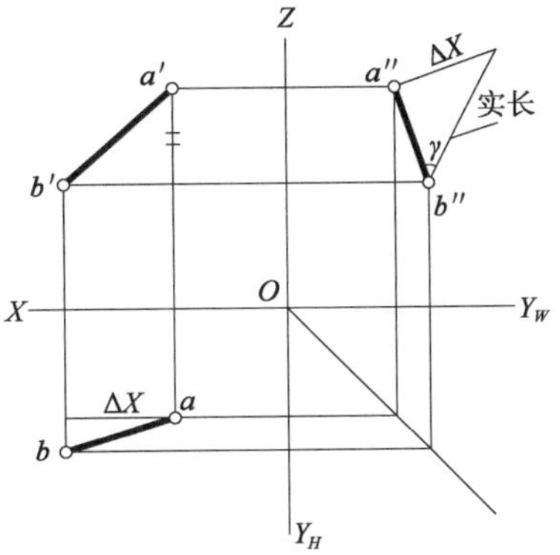

图 2-41 求直线的实长与倾角 γ

【例 2-6】 如图 2-42(a)所示，已知直线 AB 的部分投影 $a'b'$、a，AB 的实长为 20mm，求 b。

解题步骤如图 2-42(b)所示：

(1)过 $a'b'$的任一端点 a'作 $a'b'$的垂线，以 b'为圆心，$R=20$mm 画圆弧，与垂线相交于 A_0 点，得直角三角形 $A_0a'b'$。

(2)过 b'作 OX 轴的垂线，再过 a 作 OX 轴的平行线，两直线相交于 b_0，在 $b'b_0$线上截取 Y 坐标 $b_0b_1=a'A_0$，得 b_1点，边 ab_1即为所求。

(3)如果截取 $b_0b_2=a'A_0$，连 ab_2也为所求，所以本题有两解。

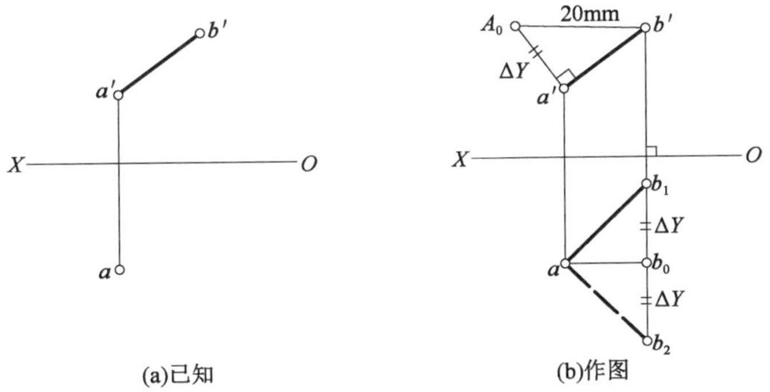

图 2-42 用直角三角形法求直线的投影

【例 2-7】 如图 2-43(a)所示，已知直线 AB 的部分投影 ab、a'及 $\alpha=30°$，B 点高于 A 点。求直线 AB 的实长及 b'。

解题步骤如图 2-43(b)所示：

(1)过 ab 的任一端点 a 作 ab 的垂线，再过 b 引斜线 bA_0与 ba 成 30°夹角，两线相交于 A_0，得一直角三角形，其中 bA_0之长即为 AB 的实长，aA_0之长为 A、B 两点的 Z 坐标之差。

(2)过 a'作 OX 轴的平行线，同时过 b 作 OX 轴的垂线，两直线相交于 B_0。

(3)延长 $b'B_0$并在其上截取 $B_0b'=aA_0$，得 b'点，连 $a'b'$即为所求。

特别提示

在直角三角形法中，涉及直线实长、直线的一个投影、直线与该投影所在投影面的倾角及另一投影两端点的坐标差四个参数，只要已知其中的两个，就可作出一个直角三角形，从而求得其余参数。

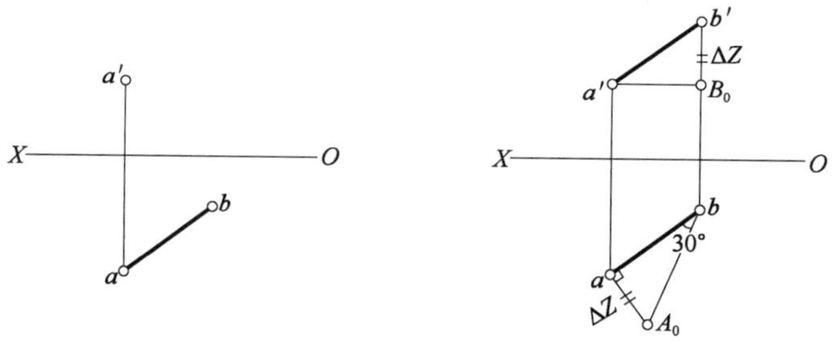

(a)已知　　(b)作图

图 2-43　用直角三角形法求直线的投影

三、直线上点的投影规律

如图 2-44 所示，点 C 在直线 AB 上，则其投影 c、c'、c''必在 AB 的相应投影 ab、$a'b'$、$a''b''$上；且 $AC:CB=ac:cb=a'c':c'b'=a''c'':c''b''$。

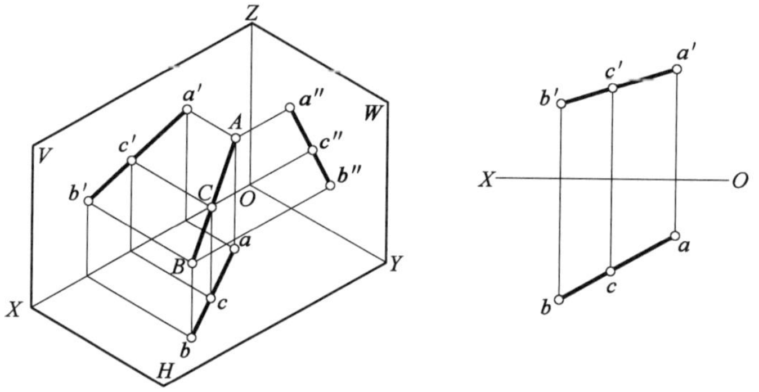

(a)立体图　　(b)投影图

图 2-44　直线上的点

由此可知，直线上的点除符合点的三面投影规律（垂直规律和等距规律）外，还具有如下的投影特征：

（1）从属性：点在直线上，则点的各个投影必在直线的同面投影上。

（2）定比性：点分割直线段成定比，其投影也分割线段的投影成相同的比例。

【例 2-8】 如图 2-45（a）所示，已知侧平线 AB 的两投影 ab 和 $a'b'$，并知 AB 线上一点 K 的 V 面投影 k'，求 k 的位置。

解题步骤如下：

作法一：从属性［图 2-45（b）］。根据 ab 和 $a'b'$求出 $a''b''$；再求 k''，即可作出 k。

作法二：定比性［图 2-45（c）］。因为 $AK:KB=a'k':k'b'=ak:kb$，所以可在 H 面投影中过 a 作任一辅助线 aB_0，并使它等于 $a'b'$，再取 $aK_0=a'k'$。连接 B_0b，过 K_0 作 $K_0k/\!/B_0b$ 交 ab 于 k，即为所求。

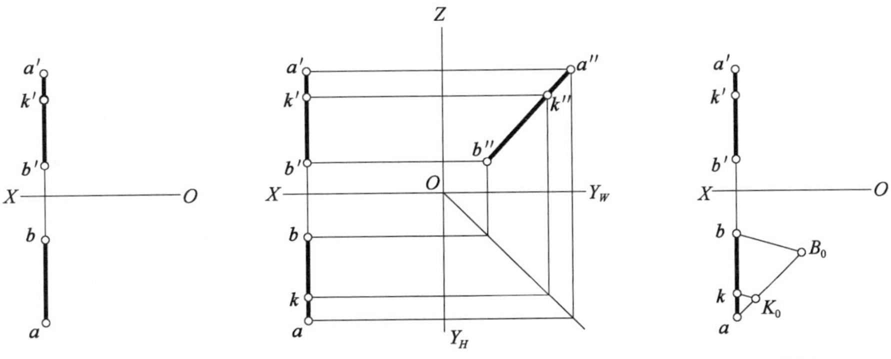

(a)已知　(b) 作图一　(c) 作图二

图 2-45　求直线上一点的投影

【例 2-9】 如图 2-46(a)所示，已知侧平线 CD 及点 M 的 V、H 面投影，试判定 M 点是否在侧平线 CD 上。

分析：判断点是否在直线上，一般只要观察两面投影即可，但对于特殊位置直线如本题中的侧平线 CD，只考虑 V、H 两面投影还不行，可作出 W 面投影来判定，或用定比性来判定。

解题步骤如下：

作法一：用从属性来判定，如图 2-46(b)所示。作出 CD 和 M 的 W 面投影，由作图结果可知：m''在 $c''d''$外面，因此 M 点不在直线 CD 上。

作法二：用定比性来判定，如图 2-46(c)所示。在任一投影中，过 c 任作一辅助线 cD_0，并在其上取 $cD_0=c'd'$，$cM_0=c'm'$，连 dD_0、mM_0。因 mM_0 不平行于 dD_0，说明 M 点不在直线 CD 上。

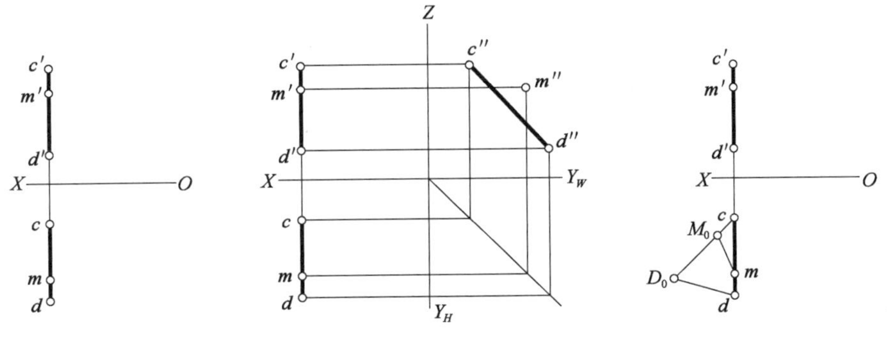

(a)已知　(b)作图一　(c)作图二

图 2-46　判断点是否在直线上

四、两直线的相对位置

空间两直线的相对位置分为三种情况：平行、相交和交叉；其中平行两直线和相交两直线称为共面直线，交叉两直线称为异面直线。如图 2-47 所示。

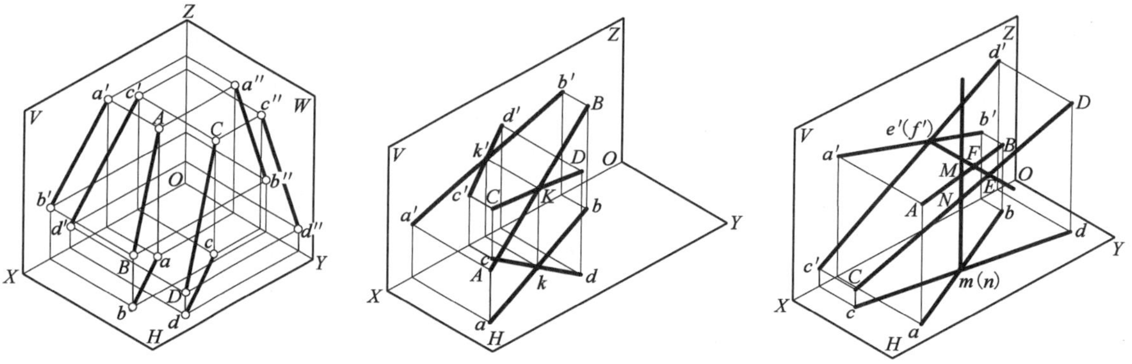

(a)平行　　(b)相交　　(c)交叉

图 2-47　两直线的相对位置

（一）两直线平行

1. 投影特征

两直线在空间互相平行，则其各同面投影互相平行且比值相等。

如图 2-48 所示，如果 $AB /\!/ CD$，则 $ab /\!/ cd$，$a'b' /\!/ c'd'$，$a''b'' /\!/ c''d''$ 且 $AB:CD = ab:cd = a'b':c'd' = a''b'':c''d''$。

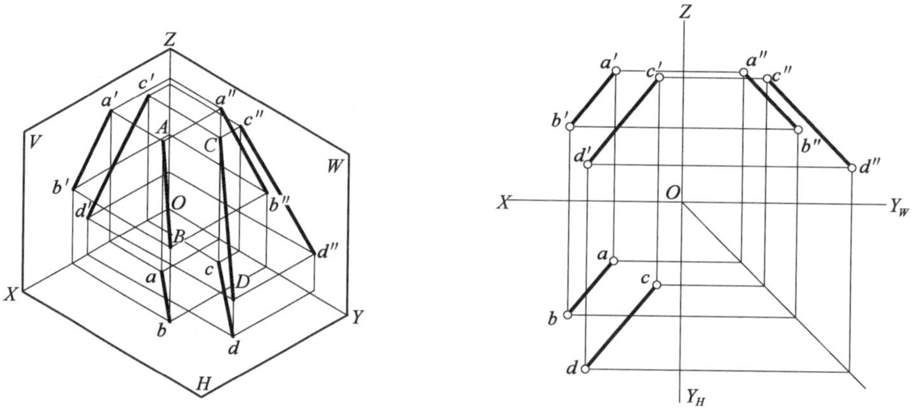

(a)立体图　　(b)投影图

图 2-48　平行两直线的投影

2. 两直线平行的判定

（1）若两直线的各同面投影都互相平行且比值相等，则此两直线在空间一定互相平行。

（2）若两直线为一般位置直线，则只要有两组同面投影互相平行，即可判定两直线在空间平行。

（3）若两直线为某一投影面的平行线，则要用两直线在该投影面上的投影来判定其是否在空间平行。

如图 2-49（a）所示，给出了两条直线 CD 和 EF，它们的 V、H 面投影平行，但是还不能确定它们是否平行,必须求出它们的侧面投影或通过判断比值是否相等才能最后确定。如图 2-49(b)所示,作出其侧面投影 $c''d''$ 和 $e''f''$,因它们不平行,则 CD 和 EF 两直线在空间不平行。

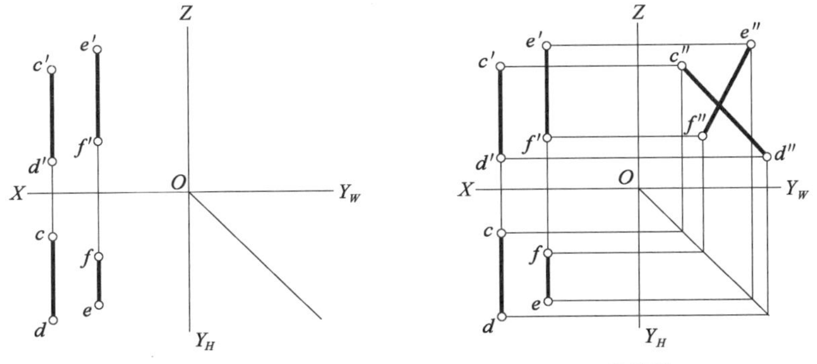

(a)已知 (b)作图

图 2-49 判定两直线的相对位置

(二)两直线相交

1. 投影特征

相交两直线,其各同面投影必相交;且交点符合点的投影规律,即各投影交点的连线必垂直于相应的投影轴。

如图 2-50 所示,AB 和 CD 为相交两直线,其交点 K 为两直线的共有点,即它既是 AB 上的一点,又是 CD 上的一点。由于线上的一点的投影必在该直线的同面投影上,因此 K 点的 H 面投影 k 既在 ab 上,又应在 cd 上。这样 k 必然是 ab 和 cd 的交点;k' 必然是 $a'b'$ 和 $c'd'$ 的交点;k'' 必然是 $a''b''$ 和 $c''d''$ 的交点。

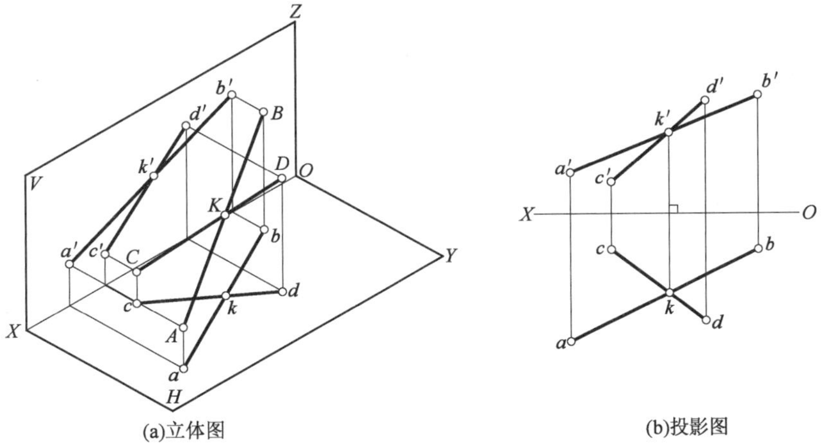

(a)立体图 (b)投影图

图 2-50 相交两直线的投影

2. 两直线相交的判定

(1)若两直线的各同面投影都相交且交点符合点的投影规律,则此两直线为相交直线。

(2)对两一般位置直线而言,只要根据任意两组同面投影即可判断两直线在空间是否相交。

(3)对两直线之一为投影面平行线时,则要看该直线在所平行的那个投影面上的投影是否满足相交的条件,才能判定两直线是否相交;也可以用定比性判断交点是否符合点的投影规律来判定两直线是否相交。

如图2-51所示,两直线AB和CD,因为$a''b''$和$c''d''$的交点与$a'b'$和$c'd'$的交点不符合点的投影规律,所以判定AB和CD不相交。

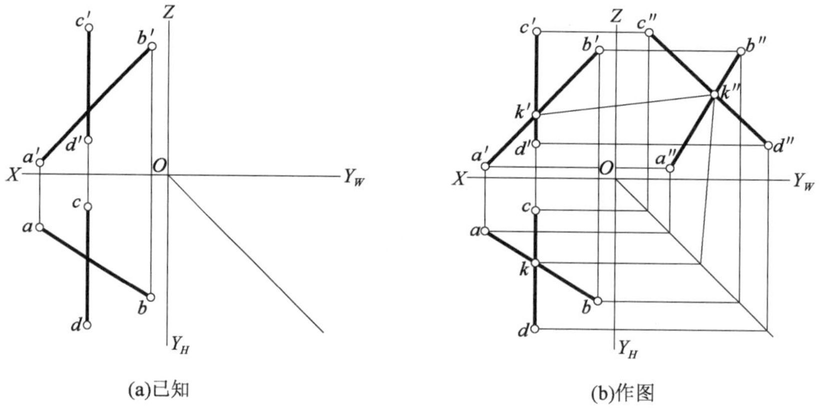

图2-51 判定两直线的相对位置

(三)两直线交叉

1.投影特征

两直线在空间既不平行也不相交称为交叉。其投影特征是,各面投影既不符合平行两直线的投影特征,也不符合相交直线的投影特征。

2.两直线交叉的判定

若两直线的同面投影不同时平行,或同面投影虽相交但交点连线不垂直于投影轴,则该两直线必交叉。它们的投影可能有一对或两对同面投影互相平行,但决不可能三对同面投影都互相平行。交叉两直线也可表现为一对、两对或三对在同一投影面上有交点,但这些交点的连线不可能符合点的三面投影规律。

3.交叉直线重影点可见性的判别

两直线交叉,其同面投影的交点为该投影面重影点的投影,可根据其他投影判别其可见性。

如图2-52所示,AB和CD是两交叉直线,其三面投影都相交,但其交点不符合点的投影规律,即ab和cd的交点不是一个点的投影,而是AB上的M点和CD上的N点在H面上的重影点;M点在上,m为可见;N点在下,n为不可见。同样$a'b'$和$c'd'$的交点是CD上的E点和AB上的F点在V面上的重影点;E点在前,e'为可见;F点在后,f'为不可见。W面投影$a'b'$和$c'd'$的交点也是重影点。

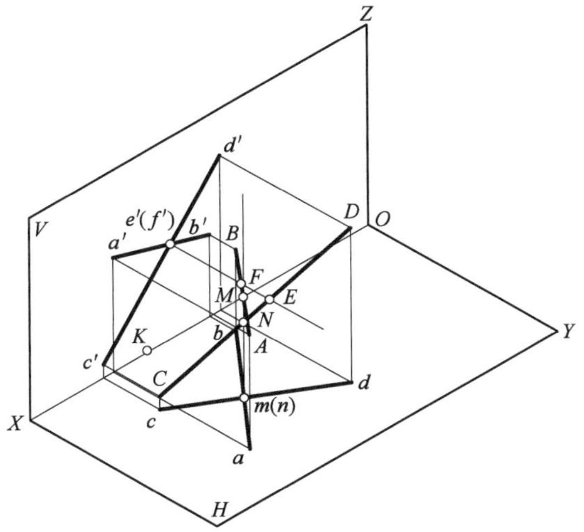

(a)立体图

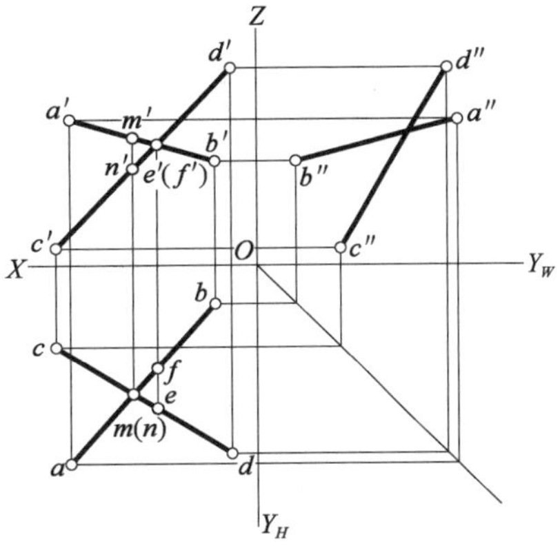

(b)投影图

图 2-52 交叉两直线的投影

学习任务

1. 请判断点 *K* 是不是直线 *AB* 上的点,点 *M* 是不是直线 *CD* 上的点(图 2-53)。

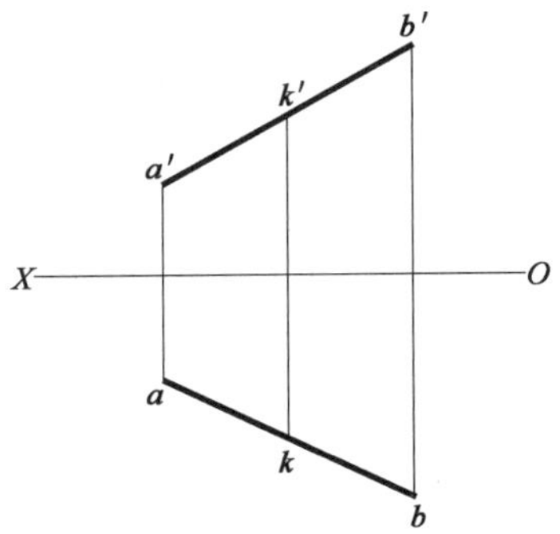

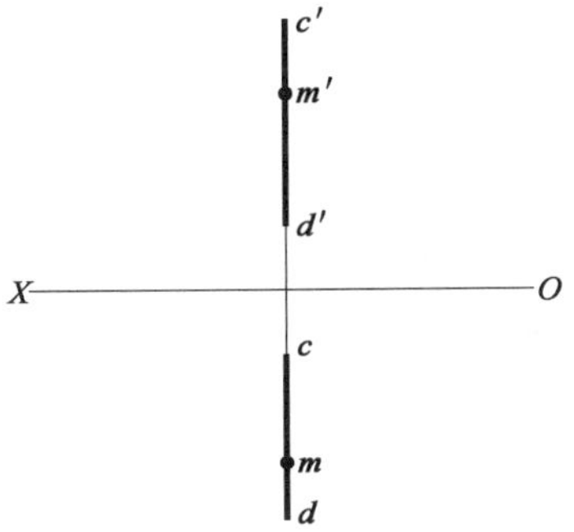

点*K*____直线*AB*上的点　　　　点*M*____直线*CD*上的点

图 2-53 学习任务第 1 题图

2. 请判断下列几组直线的相对位置关系(图 2-54)。

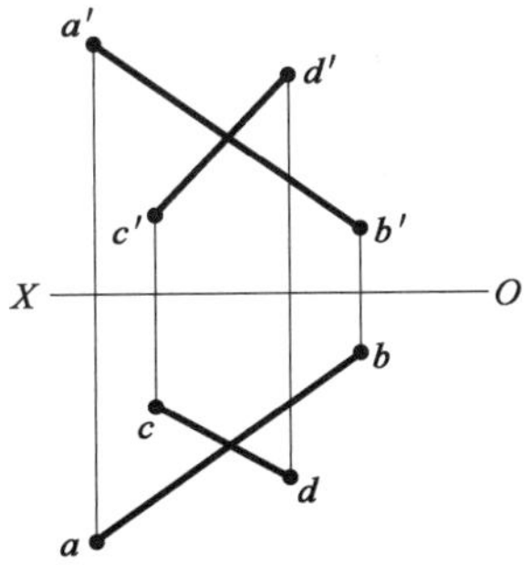

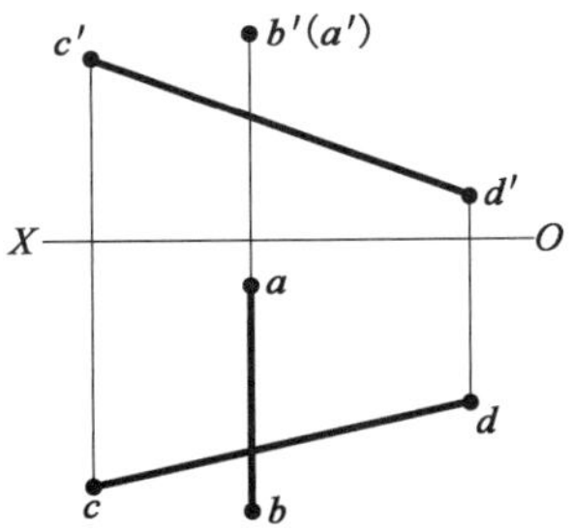

直线*AB*与*CD*__________　　　　直线*AB*与*CD*__________

图 2-54

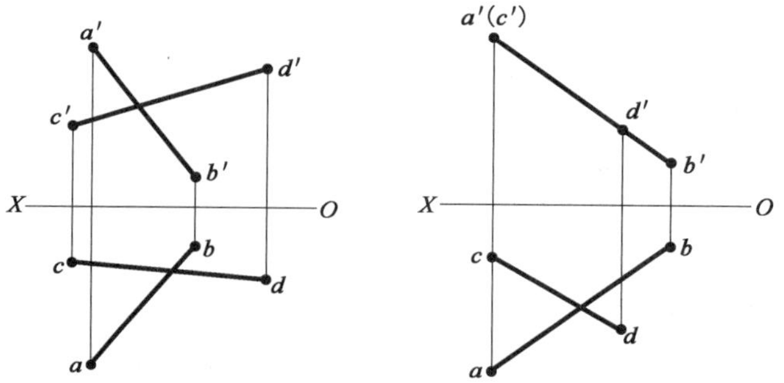

直线AB与CD________　　　　直线AB与CD________

图 2-54　学习任务第 2 题图

拓展任务

1. 按要求作出直线的三面投影(图 2-55)。(1)水平线 $AB=15\text{mm}$, $\beta=30°$, B 在 A 右后方。(2)正垂线 $CD=20\text{mm}$, D 在 C 前方。

2. 请过 A 点作一直线 AB,使直线 AB 与直线 CD、EF 均相交(图 2-56)。

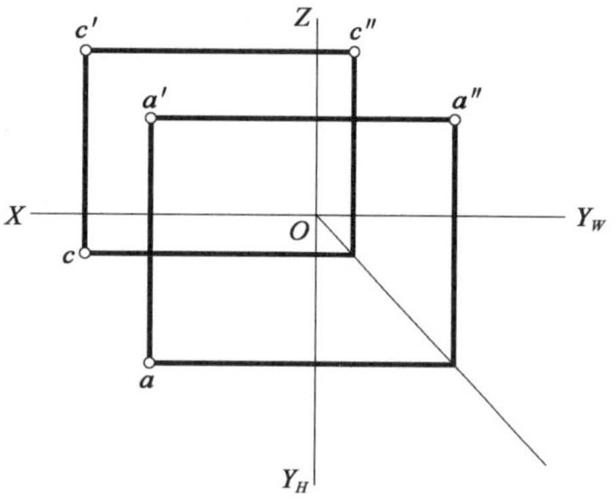

图 2-55　拓展任务第 1 题图

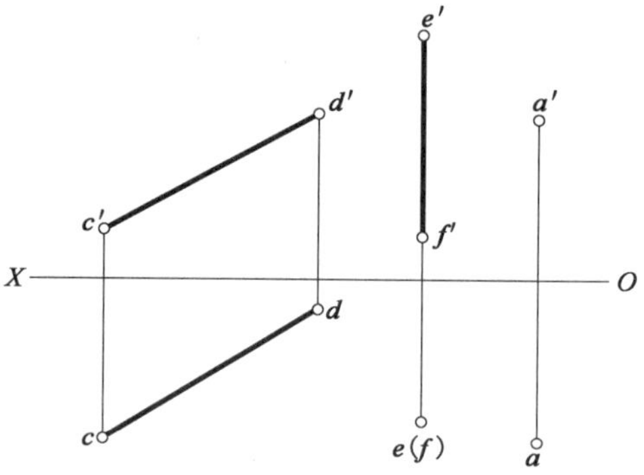

图 2-56　拓展任务第 2 题图

任务四　平面的三面投影

引导问题

1. 平面有几种表示方法?
2. 平面的投影有何特点?

相关知识

一、平面的投影

(一) 平面的表示法

平面的表示方法有两种,一种是用几何元素表示平面,另一种是用迹线表示平面。

1. 几何元素表示法

由几何学知识可知,以下任一组几何元素都可以确定一个平面,如图 2-57 所示:

(1)不在同一直线上的三点,如图 2-57(a)所示;

(2)一直线和直线外一点,如图 2-57(b)所示;

(3)相交两直线,如图 2-57(c)所示;

(4)平行两直线,如图 2-57(d)所示;

(5)任意平面图形,即平面的有限部分,如三角形、圆形和其他封闭平面图形,如图 2-57(e)所示。

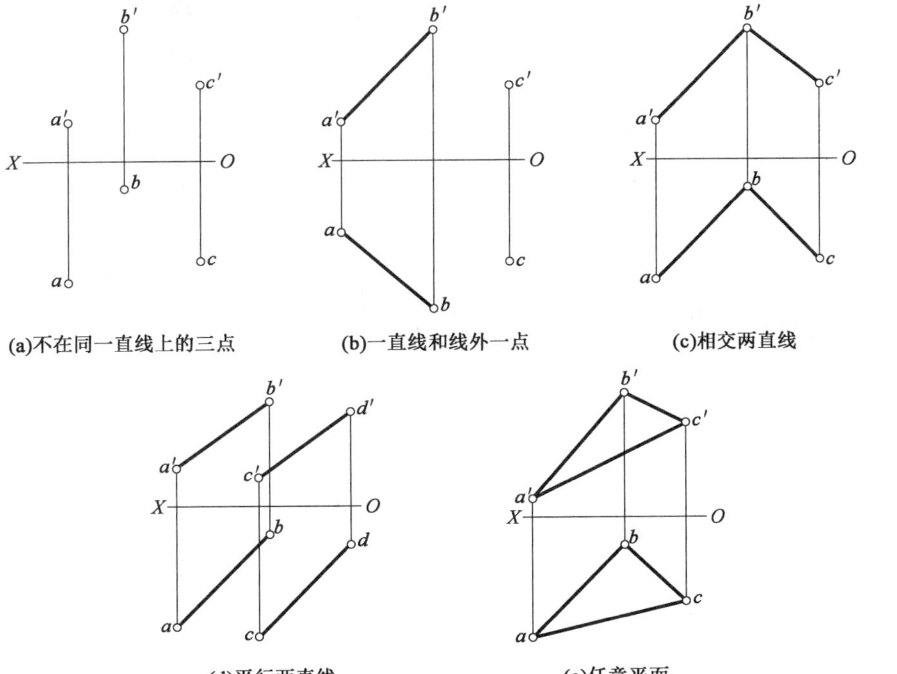

(a)不在同一直线上的三点 (b)一直线和线外一点 (c)相交两直线

(d)平行两直线 (e)任意平面

图 2-57 平面的五种表示方法

2. 迹线表示法

平面除上述五种表示方法外,还可以用迹线表示。迹线就是平面与投影面的交线。如图 2-58 所示,空间平面 Q 与 H、V、W 三个投影面相交,交线分别为 Q_H(水平迹线)、Q_V(正面迹线)、Q_W(侧面迹线)。迹线与投影轴的交点称集合点,分别以 Q_X、Q_Y和 Q_Z表示。

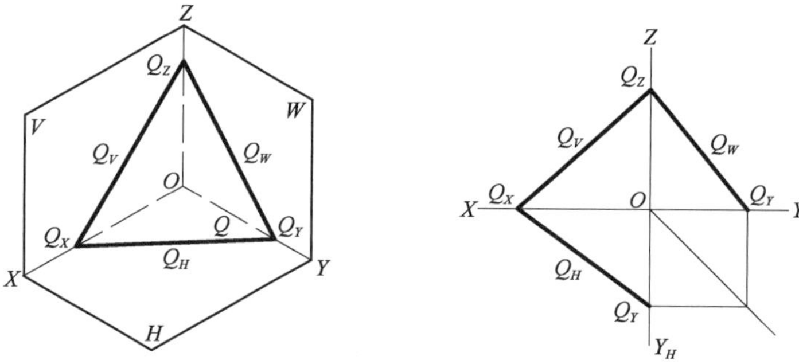

(a)立体图 (b)投影图

图 2-58 迹线表示平面

(二)各种位置平面的投影

在三投影面体系中,根据平面对投影面的相对位置,平面可分为一般位置平面和特殊位置平面。特殊位置平面有两种,即投影面平行面和投影面垂直面。

1. 投影面平行面的投影

平行于某一投影面,与另两个投影面都垂直的平面称为投影面平行面,简称平行面,如图 2-59 所示。投影面平行面有三种情况:

(1)平行于 H 面的称为水平面平行面,简称水平面。

(2)平行于 V 面的称为正面平行面,简称正平面。

(3)平行于 W 面的称为侧面平行面,简称侧平面。

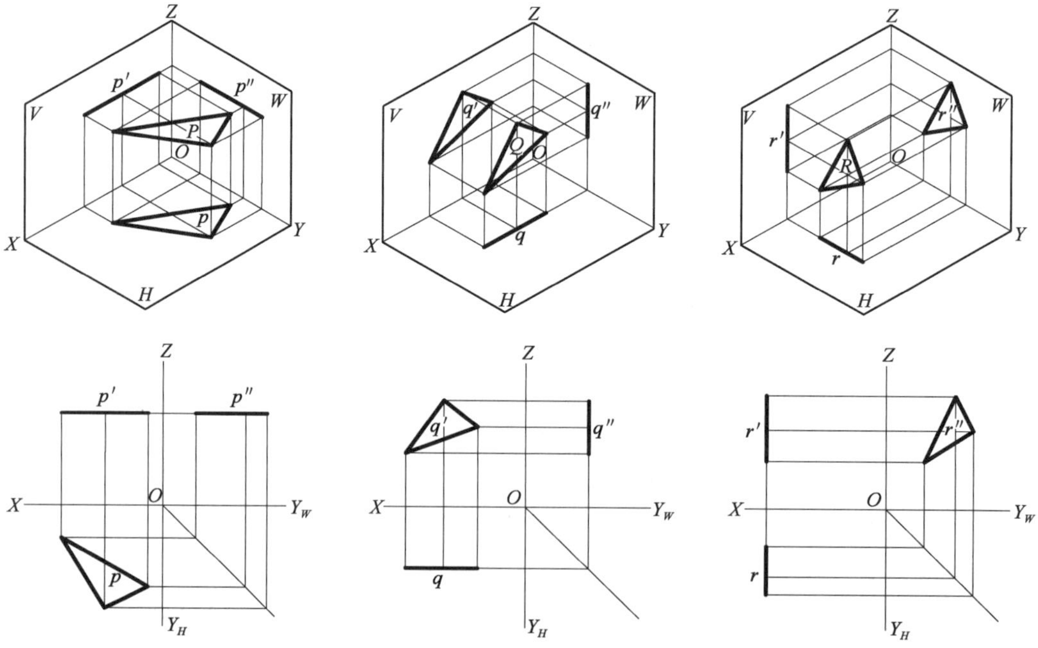

(a) 水平面 (b)正平面 (c)侧平面

图 2-59 投影面平行面

投影面平行面的投影特征为：平面在所平行的投影面上的投影反映实形，其他两个投影都积聚成与相应投影轴平行的直线。

2. 投影面垂直面的投影

垂直于一个投影面，与另两个投影面都倾斜的平面称为投影面垂直面，简称垂直面，如图 2-60 所示。投影面垂直面有三种情况。

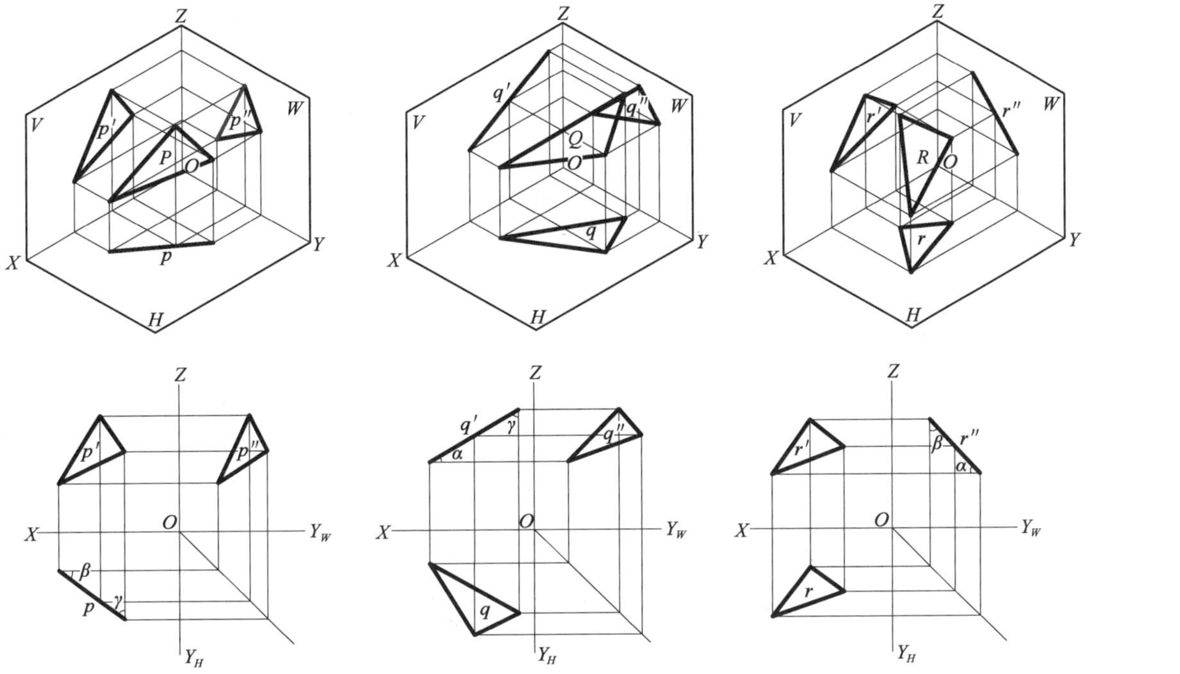

(a)铅垂面　　(b)正垂面　　(c)侧垂面

图 2-60　投影面垂直面

(1)垂直于 H 面的称为水平面垂直面，简称铅垂面。

(2)垂直于 V 面的称为正面垂直面，简称正垂面。

(3)垂直于 W 面的称为侧面垂直面，简称侧垂面。

投影面垂直面的投影特征为：平面在所垂直的投影面上的投影积聚成一直线，且它与相应投影轴所成的夹角即为该平面对其他两个投影面的倾角；另外两个投影为平面的类似图形且并小于平面实形。

【例 2-10】 如图 2-61(a)所示，过已知点 K 的两面投影 k'、k，作一铅垂面，使它与 V 面的倾角 $\beta=30°$。

解题步骤如图 2-61(b)所示：

(1)过 k 点作一条与 OX 轴成 30°的直线，这条直线就是所作铅垂面的 H 面投影。

(2)作平面的 V 面投影可以用任意平面图形表示，例如△$a'b'c'$。

(3)过 k 点可以作两个方向与 OX 轴成 30°角的直线，所以本题有两解。

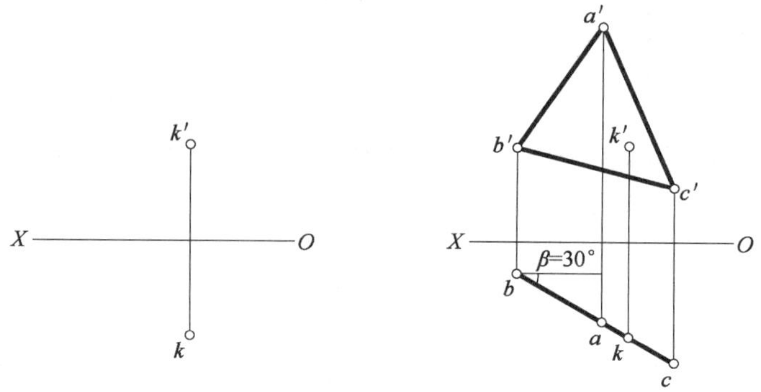

(a)已知　　(b)作图

图 2-61　过已知点求铅垂面的投影

3. 一般位置平面的投影

与三个投影面都倾斜(既不平行也不垂直)的平面称为一般位置平面,简称一般面。图 2-62 中所示的平面 *ABC* 即为一个一般位置平面。

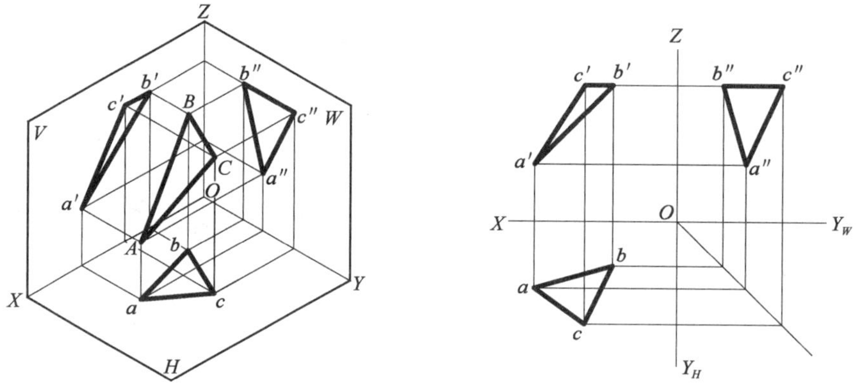

(a) 立体图　　(b)投影图

图 2-62　一般位置平面

一般位置平面的投影特征:三个投影都没有的积聚性,均为小于实形的类似形。

平面与投影面的夹角,称为平面的倾角;平面对投影面 *H*、*V* 和 *W* 面的倾角仍分别用 α、β、γ 表示。一般位置平面的倾角,也不能由平面的投影直接反映出来。

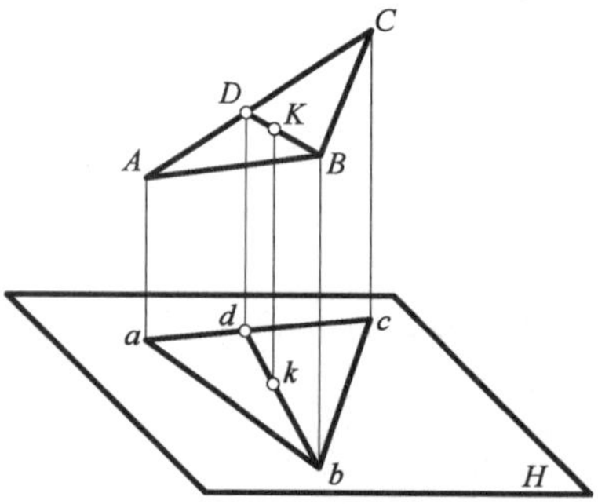

图 2-63　点属于平面图

二、平面内的点和直线

(一) 点属于平面的几何条件

若一点位于平面内的任一直线上,则该点位于平面上。换言之,若点的投影属于平面内某一直线的各同面投影,且符合点的投影规律,则点属于平面。如图 2-63 所示,点 *K*

位于平面△*ABC* 内的直线 *BD* 上,故 *K* 点位于△*ABC* 上。

(二) 直线属于平面的几何条件

(1)若一条直线上有两点位于一平面上,则该直线位于平面上。

如图 2-64(a)所示,在平面 *H* 上的两条直线 *AB* 和 *BC* 上各取一点 *D* 和 *E*,则过该两点的直线 *DE* 必在 *H* 面上。

(2)若一直线有一点位于平面上,且平行于该平面上的任一直线,则该直线位于平面上。

如图 2-64(b)所示,过 *H* 面上的 *C* 点,作 *CF*//*AB*,*AB* 是平面 *H* 内的一条直线,则直线 *CF* 必在 *H* 面上。

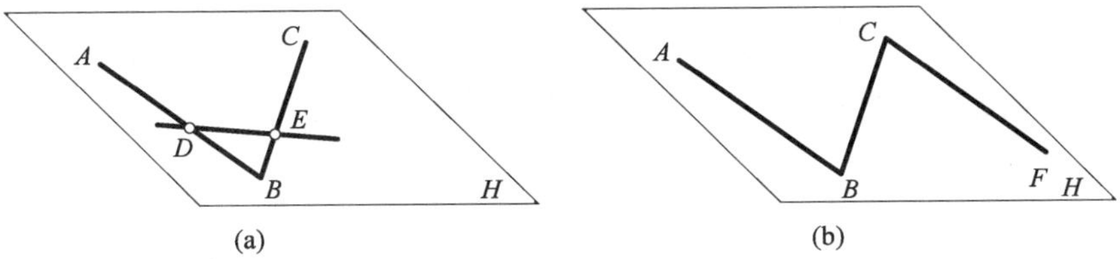

图 2-64 直线属于平面

(三) 平面上作点的方法

由点属于平面的几何条件可知,如果点在平面内的任一直线上,则此点一定在该平面上。因此在平面上取点的方法是:先在平面上取一辅助线,然后再在辅助线上取点,这样就能保证点属于平面。在平面上可作出无数条线,一般选取作图方便的辅助线为宜。

【例 2-11】 如图 2-65(a)所示,已知△*ABC* 的两面投影,及其上一点 *K* 的 *V* 面投影 k',求 *K* 点的 *H* 面投影 *k*。

解题步骤如图 2-65(b)所示:

(1)在 *V* 面投影上,过点 k'在平面上作辅助线 $b'e'$,点 *K* 在△*ABC* 上,则点 *E* 必在 *AC* 线上,据此在 *H* 面投影上再作出 *be*。

(2)因 *K* 点在 *BE* 线上,根据点线的从属性,点 *k* 必在 *be* 上,从而求得点 *K* 的 *H* 面投影 *k*。

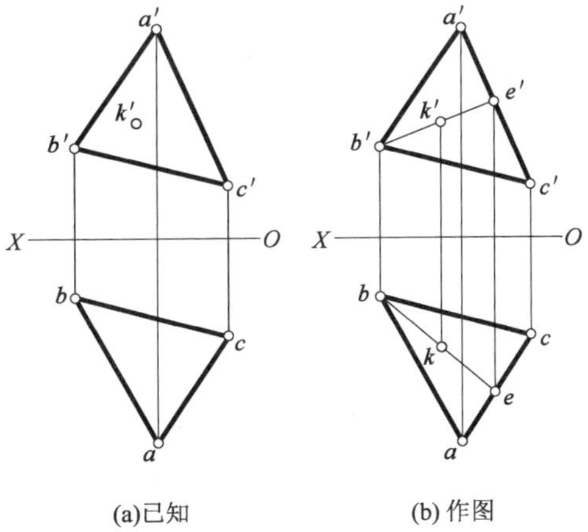

图 2-65 平面上取点

【例 2-12】 如图 2-66(a)所示,已知△*ABC* 和 *M* 点的 *V*、*H* 面投影,判别 *M* 点是否在平面上。

分析:如果能在△*ABC* 上作出一条通过 *M* 点的直线,则 *M* 点在该平面上,否则不在该平面上。

解题步骤如图 2-66(b)所示:

(1)连接 $a'm'$,交 $b'c'$于 d',求出 *d*。

(2)因为点 *m* 在 *ad* 上,则 *M* 点是在该平面上的点。

【例 2-13】 如图 2-67(a)所示,已知四边形 $ABCD$ 的 H 面投影和其中两边的 V 面投影,完成四边形的 V 面投影。

分析:已知的 A、B、C 三点决定一平面,而 D 点是该平面上的一点,已知 D 点的 H 面投影 d,求其 V 面投影,也就是在平面上取点。

解题步骤如图 2-67(b) ~ (e)所示:

(1)连接 bd 和 ac 交于点 m;

(2)连接 $a'c'$,根据点 m 可在 $a'c'$ 上作出点 m';

(3)连接 $b'm'$,过点 d 向 OX 轴作垂线,与 $b'm'$ 的延长线相交于 d';

(4)连接 $a'd'$和 $d'c'$,$a'b'c'd'$即为四边形的 V 面投影。

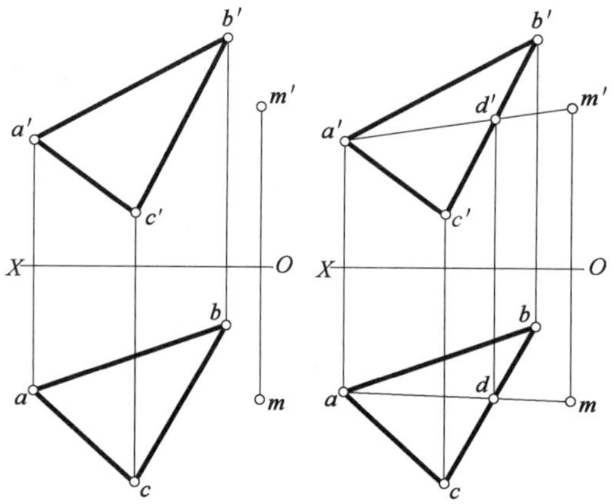

(a)已知 (b)作图

图 2-66 判断点是否属于平面

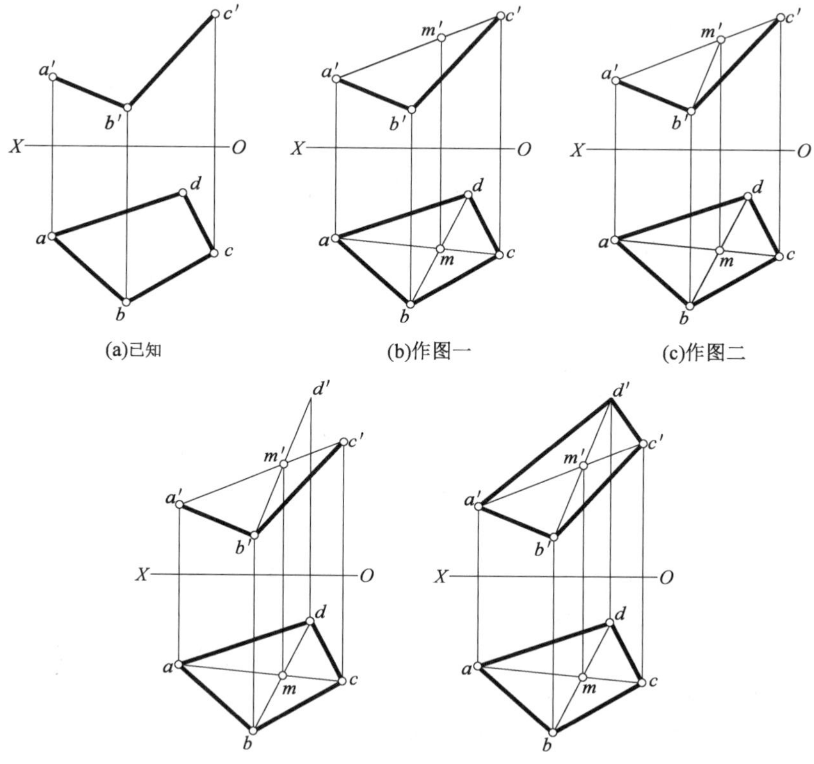

(a)已知 (b)作图一 (c)作图二

(d)作图三 (e)作图四

图 2-67 完成四边形的 V 面投影

(四) 平面上的投影面平行线和最大坡度线

1. 平面上作直线的方法

由直线属于平面的几何条件可知,平面上作直线的方法是:在平面内取直线应先在平面内取两个点,并保证直线通过平面上的两个点,或过平面上的一个点且与另一条平面内的直线平行。

如图 2-68 所示,要在△*ABC* 上任作一条直线 *MN*,可在此平面上的两条直线 *AB* 和 *CB* 上各取点 *M*(*m*,*m*′,*m*″)和(*n*,*n*′,*n*″),连接点 *M* 和点 *N* 的同面投影,则直线 *MN* 就是△*ABC* 上的一条直线。

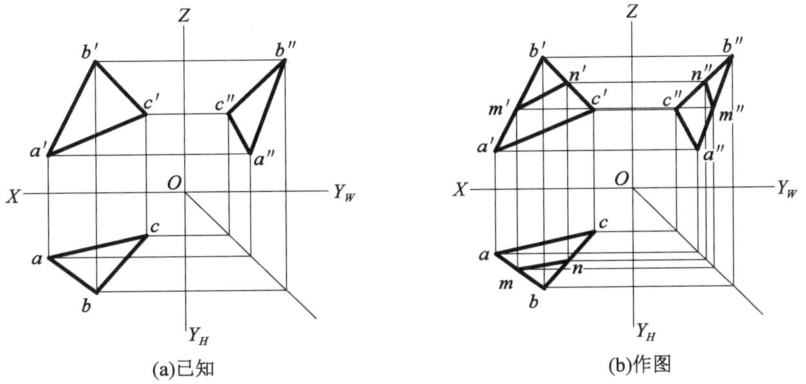

图 2-68 直线属于平面

2. 平面上的投影面平行线

既在平面上同时又平行于某一投影面的直线称为平面上的投影面平行线。平面上的投影面平行线有三种:

(1)平面上平行于 *H* 面的直线称为平面上的水平线。

(2)平面上平行于 *V* 面的直线称为平面上的正平线。

(3)平面上平行于 *W* 面的直线称为平面上的侧平线。

平面上的投影面平行线,既在平面上,又具有投影面平行线的一切投影特征;并且在平面上可作出无数条水平线、正平线和侧平线。

【例 2-14】 如图 2-69(a)所示,求作平面△*ABC* 上的水平线和正平线。

解题步骤如下:

(1)过 *a*′作 *a*′*m*′//*OX*,交 *b*′*c*′于 *m*′,求出 *m*。连接 *am*,*AM*(*am*,*a*′*m*′)即为平面上的水平线[图 2-69(b)]。

(2)过 *c* 作 *cn*//*OX*,交 *ab* 于 *n*,求出 *n*′。连接 *c*′*n*′,*CN*(*cn*,*c*′*n*′)即为平面上的正平线[图 2-69(c)]。

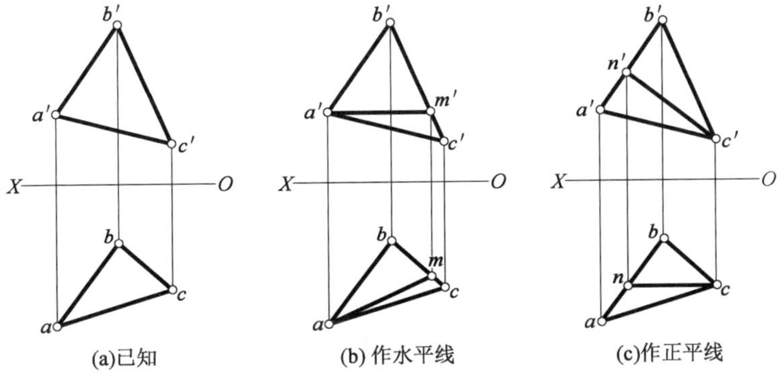

图 2-69 求作平面上的投影面平行线

学习任务

1. 请判断点 K 是不是直线 AB 上的点，点 M 是不是直线 CD 上的点(图 2-70)。

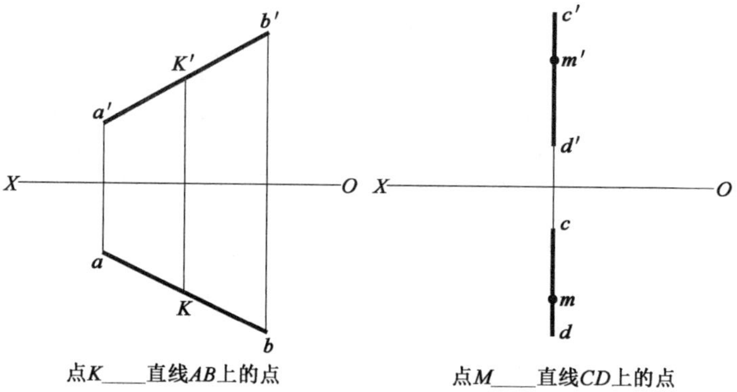

图 2-70 学习任务第 1 题图

2. 请判断下列几组直线的相对位置关系(图 2-71)。

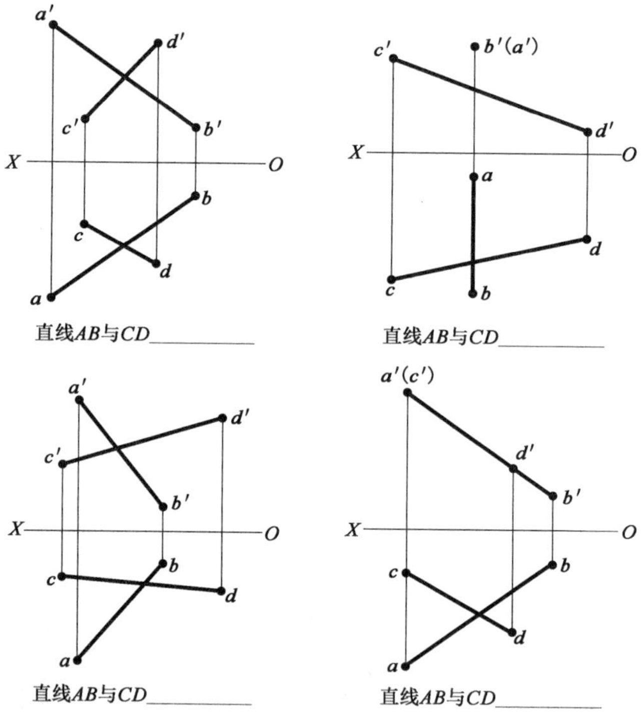

图 2-71 学习任务第 2 题图

拓展任务

1. 按要求作出直线的三面投影(图 2-72)。(1)水平线 $AB = 15\text{mm}$，$\beta = 30°$，B 在 A 右后方。(2)正垂线 $CD = 20\text{mm}$，D 在 C 前方。

2. 请过 A 点作一直线 AB，使直线 AB 与直线 CD、EF 均相交(图 2-73)。

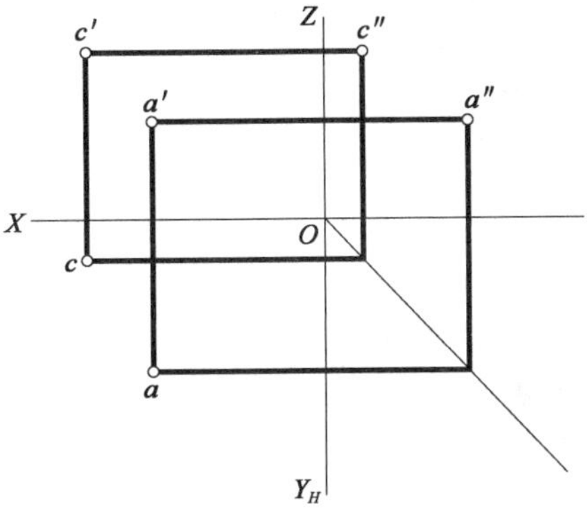

图 2-72 拓展任务第 1 题图

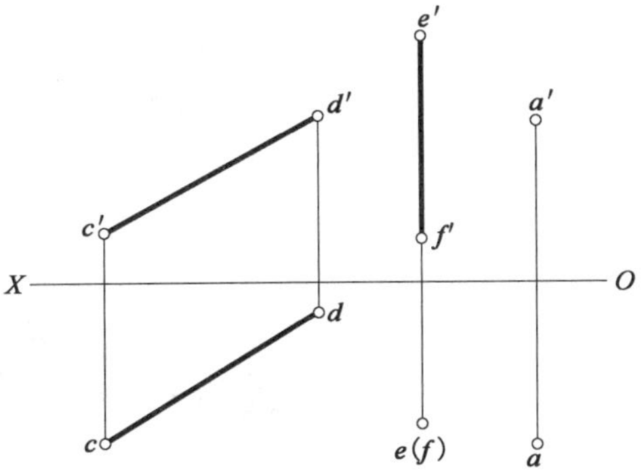

图 2-73 拓展任务第 2 题图

学习情境小结

掌握投影的基本概念及形成原理是理解画法几何思维方式和建立空间立体感的第一步，而在工程实践和专业学习中，几种常见图示方法都有其适用范围，掌握了其各自的表达特点对以后识读各种专业图有很大帮助。

点、线、面是组成复杂立体图形的基本元素，因此掌握他们的投影形成、投影原理及规律是为之后学习复杂立体的三面投影打下基础。不管是点、线、面还是复杂立体，都必须遵守投影的三等关系，即“长对正、高平齐、宽相等”。

复习思考题

1. 投影图怎么形成的？它和自然界的投影有什么不同？
2. 工程上常用的几种图示方法有哪些？对道路桥梁专业来说哪种应用最为广泛？
3. 绘制形体的三面正投影必须遵循什么样的等量关系？
4. 点的投影规律是怎样的？
5. 直线的投影规律是怎样的？
6. 两直线有几种相对位置关系？该如何判断？
7. 平面的投影规律是怎样的？如何判断点和直线是否在平面上？

学习情境三

基本体的投影

学习情境描述

本情境所讨论的是基本体投影图的绘制（三面投影图、轴测投影图）和识读。在学好点、线、面投影的基础上，来学习基本体投影图的绘制和识读，依然要遵循由简到难的步骤进行。先学习简单基本立体投影图的绘制，再学习基本体投影图的识读，为组合体投影图的绘制和识读做准备。本情境主要介绍基本体的分类、基本体投影图的绘制（三面投影图、轴测投影图）、截交线和相贯线的形成、基本体投影图的识读。

学习目标

知识目标：(1)熟悉基本体（平面立体、曲面立体）投影图的绘制和识读；

(2)了解截交线、相贯线的形成。

能力目标：(1)掌握基本体、组合体的投影特性；

(2)能绘制基本体的三面投影图和轴测投影图；

(3)能识读基本体的三面投影图。

任务一　基本体的概念

引导问题

如图 3-1 所示：桥墩和公里桩各是由几个基本体组成？这几个基本体各有什么特点？

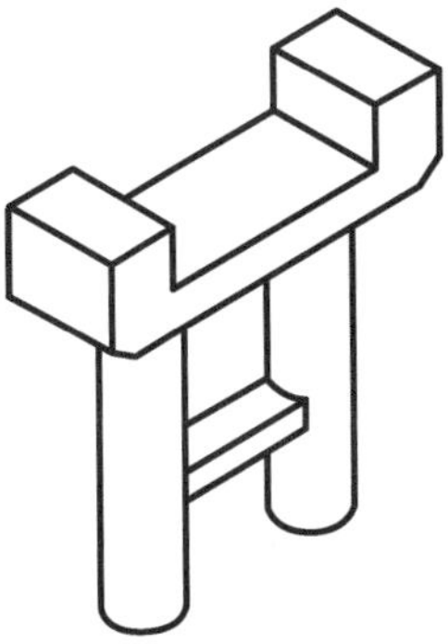

(a) 桥墩

(b) 公里桩

图 3-1 基本体实例

相关知识

一、基本体的分类

工程结构物不论简单还是复杂,都可以看成是由若干个形体叠加或切割而成,我们称这样的形体为基本体。

基本体的分类:基本体又称几何体,按其表面的几何性质可以分为平面立体和曲面立体。

平面立体——由平面多边形所围成的立体,如棱柱体和棱锥体等。

曲面立体——由曲面或曲面与平面所围成的立体,如圆柱体和圆锥体等。如图 3-2 所示。

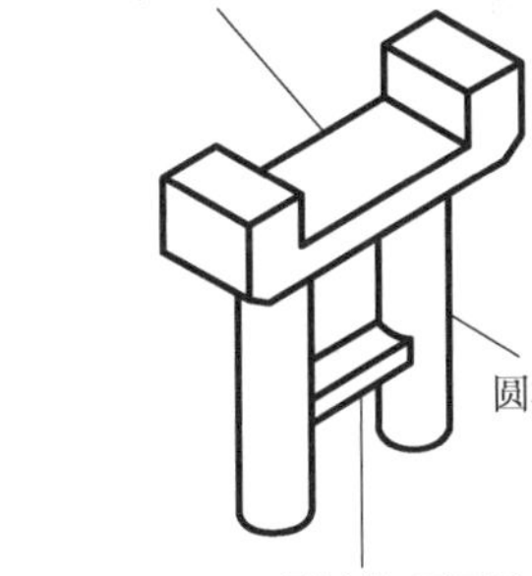

图 3-2 桥墩示例

二、基本体的特点

棱柱体的棱线相互平行,如图 3-3 所示。

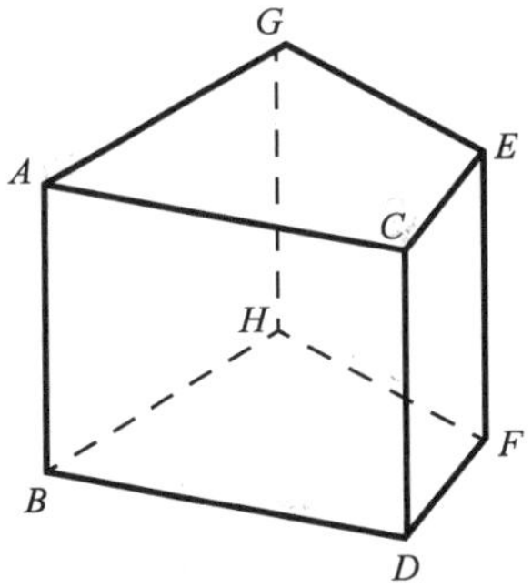

(a) 四棱柱

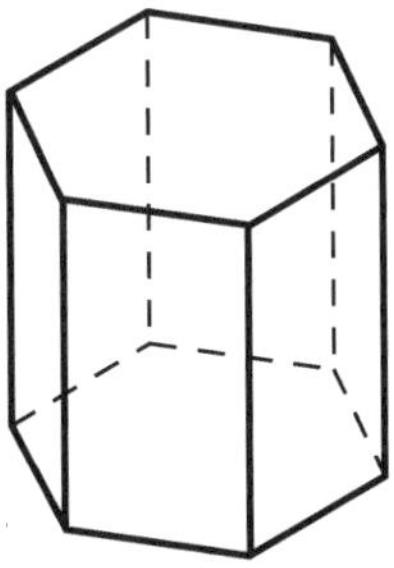

(b) 六棱柱

图 3-3 棱柱体的棱线

棱锥体的棱线汇交于一点,如图 3-4 所示。

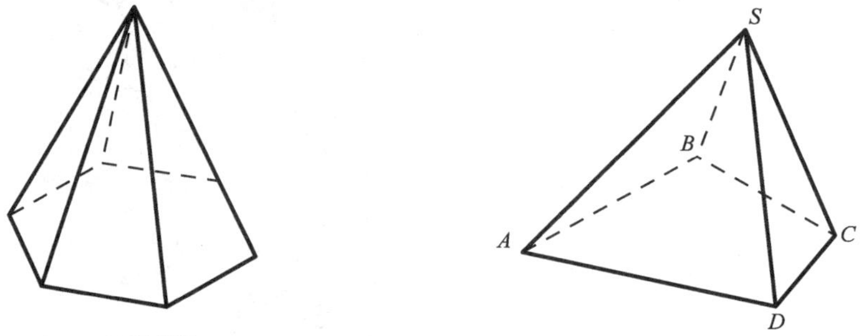

(a)四棱锥　　(b)六棱锥

图 3-4　棱锥体的棱线

圆柱体的素线相互平行,如图 3-5 所示。

曲面立体的曲面是由运动的母线(直线或曲线),绕着固定的导线做运动形成的。母线上任一点的运动轨迹形成的圆周称为纬圆。母线在曲面上的任一位置称素线。

圆锥体的素线汇交于一点,如图 3-6 所示。

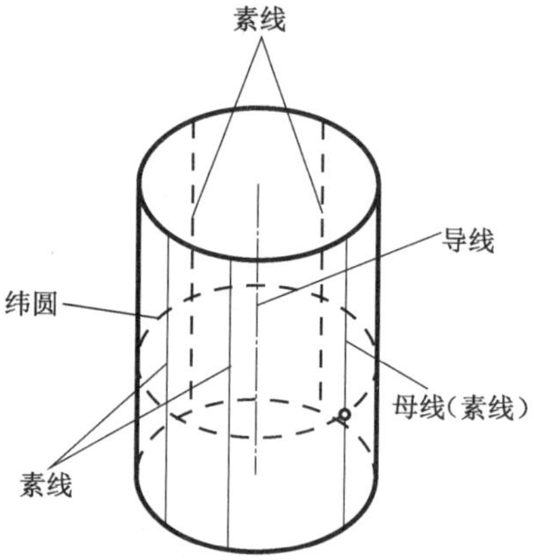

图 3-5　圆柱体的素线

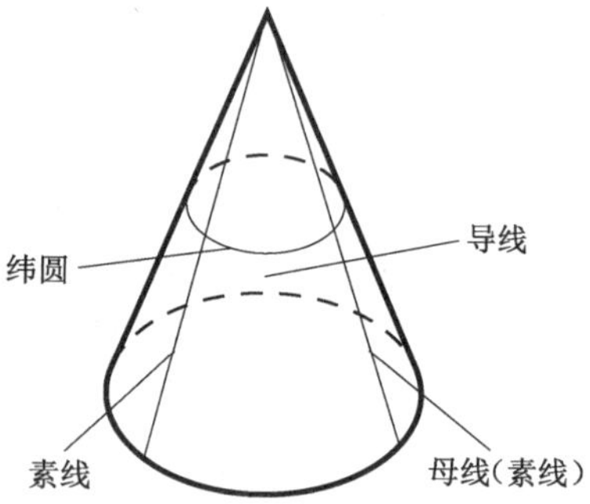

图 3-6　圆锥体的素线

特别提示

棱锥切掉锥顶可成棱台,所以,棱台是棱锥的特殊情况,如图 3-7 所示。

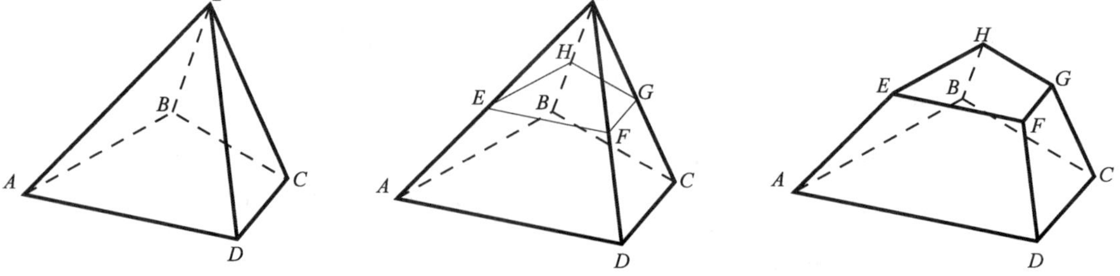

(a) 棱锥　　(b) 棱锥被截切　　(c) 棱台

图 3-7　棱锥与棱台

圆锥切掉锥顶可成圆台，所以，圆台是圆锥的特殊情况，如图 3-8 所示。

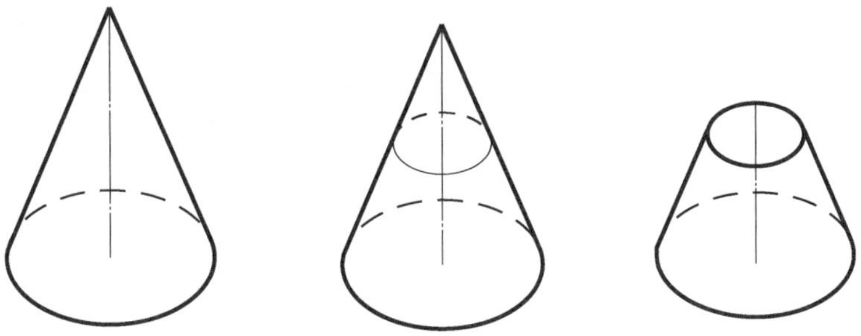

(a) 圆锥　　(b) 圆锥被截切　　(c) 圆台

图 3-8　圆锥与圆台

学习任务

1. 什么是棱柱体？什么是棱锥体？什么是圆柱体？什么是圆锥体？
2. 棱柱体与棱锥体有什么区别？圆柱体与圆锥体有什么区别？
3. 什么是导线？什么是母线？什么是素线？

任务二　平面立体的三面投影

引导问题

1. 图 3-9 所示桥台盖梁的三面投影图怎么画？

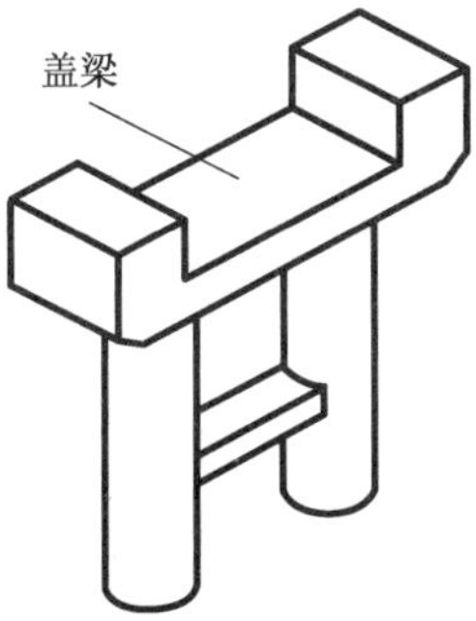

图 3-9　桥台盖梁示例

2. 图 3-10 所示公里桩的怎么绘制成三面投影图？

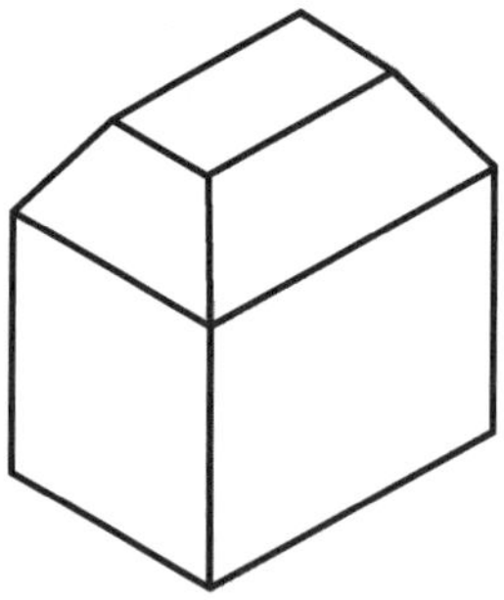

(a) 立体图(轴测投影图)

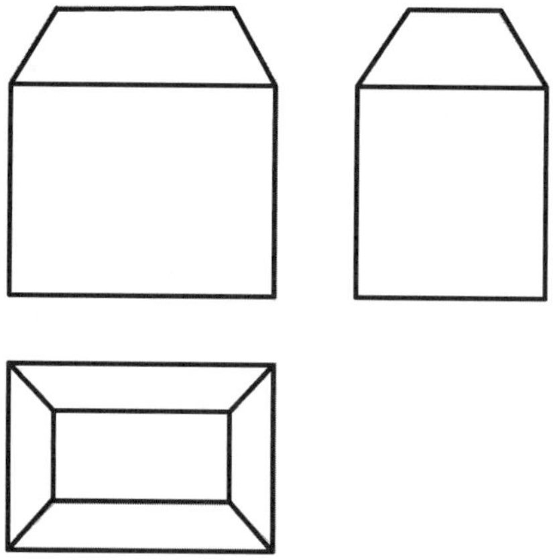

(b) 三面投影图

图 3-10 公里桩轴测投影图和三面投影图

相关知识

一、棱柱体的三面投影

棱柱的棱线(立体表面上面面相交的交线)互相平行,上下两底面互相平行且大小相等。

图 3-11 所示为一正五棱柱的三面投影。在图 3-11(b)中,五棱柱的 H 面投影是一个正五边形,它是上下两底面的重合投影,并且反映上下底面的实形;H 面投影中的五边形也是五棱柱五个棱面在 H 面上的积聚投影。在 V 面投影中,上、下两段水平线是顶面和底面的积聚投影;虚线围成的矩形是五棱柱最后棱面的投影,且反映最后棱面的实形;左边实线围成的矩形是五棱柱左边两个棱面的重合投影,它不能反映棱面的实形;右边实线围成的矩形是五棱柱右边两个棱面的重合投影,它不能反映棱面的实形。W 面投影中的两个矩形是五棱柱四个侧棱面的重合投影;最后的一条铅垂线是五棱柱最后棱面的积聚投影;上、下两条水平线是五棱柱顶面和底面的积聚投影。

二、棱锥体的三面投影

完整的棱锥由一多边形底面和具有一公共顶点的多个三角形平面所围成。棱锥的棱线汇交于一个点,该点称为锥顶。

图 3-12 所示为一三棱锥的三面投影。从图 3-12(a)可知:三棱锥的底面是水平面;最后棱面是侧垂面;其余两个棱面是一般位置平面。如图 3-12(b)所示,由于底面是水平面,所以在三棱锥的 H 面投影中 abc 反映三棱锥底面的实形;在 V 面和 W 面投影中底面积聚成直线。由于三棱锥的最后棱面是侧垂面,所以在 W 面投影中最后棱面积聚成直线,其余两个投影是三角形。三棱锥左、右棱面是一般位置平面,所以三个投影面上的投影都是三角形。

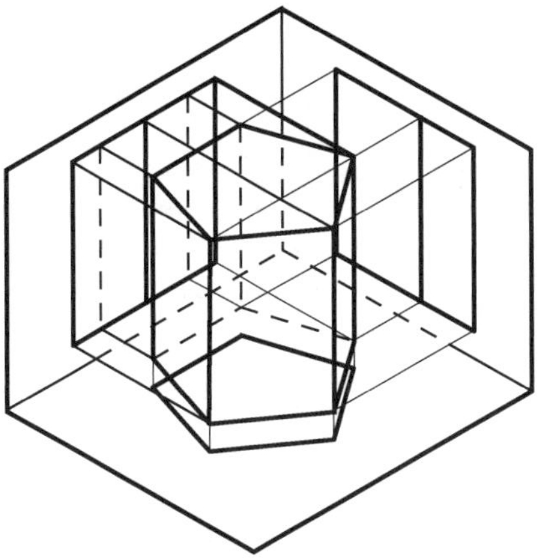

(a) 五棱柱的立体图

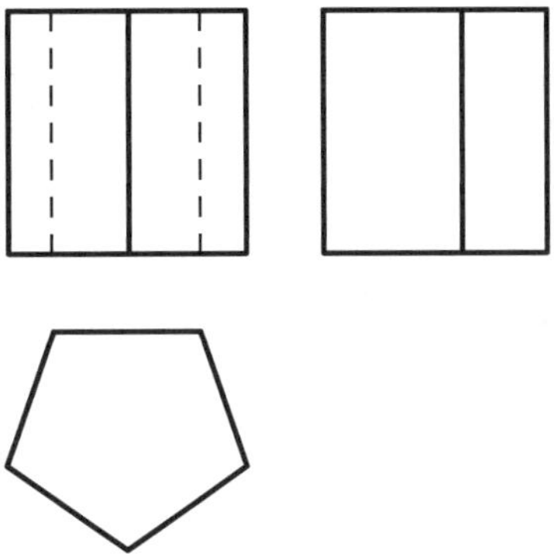

(b) 五棱柱的投影图

图 3-11　五棱柱的三面投影

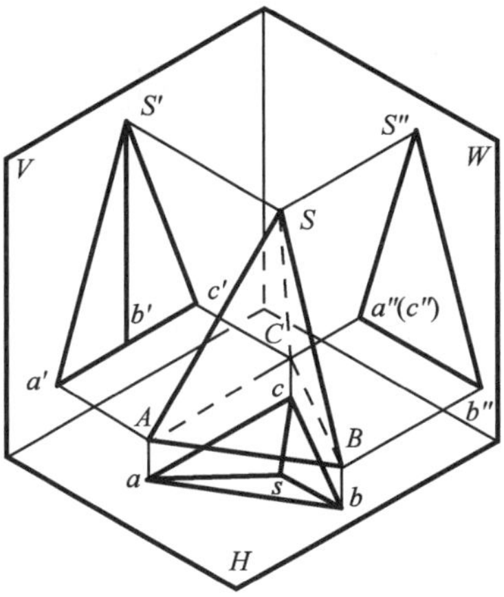

(a) 立体图

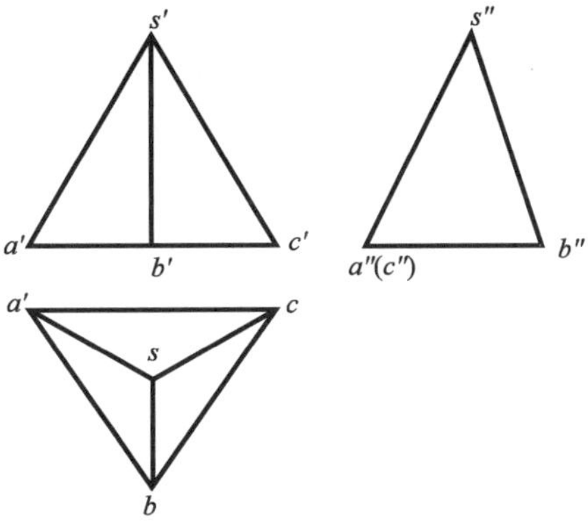

(b) 投影图

图 3-12　三棱锥的三面投影

学习任务

1. 根据图 3-13 所示棱柱体的 V 面、H 面投影图，补画棱柱体的 W 面投影图。

2. 根据图 3-14 所示棱锥、棱台的 V 面、H 面投影图，补画棱锥、棱台的 W 面投影图。

拓展任务

1. 补全图 3-15 所示棱锥体表面上点的投影。

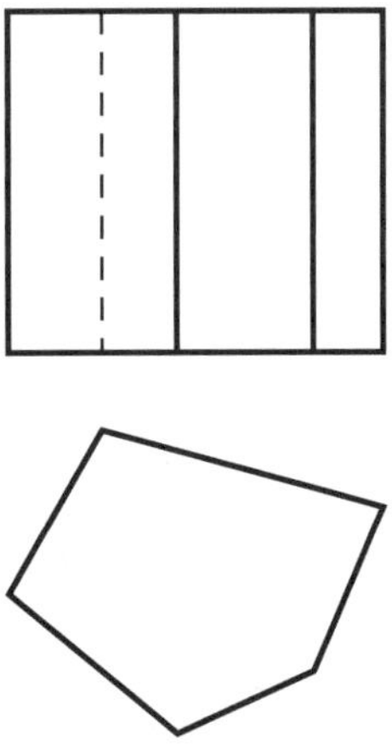

图 3-13　学习任务第 1 题图

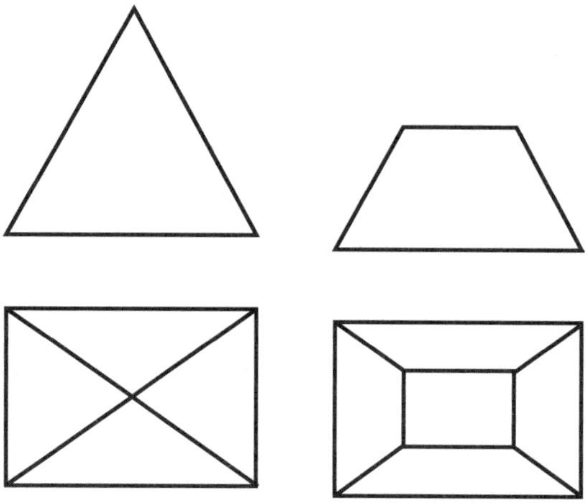

(a) 棱锥　　(b) 棱台

图 3-14　学习任务第 2 题图

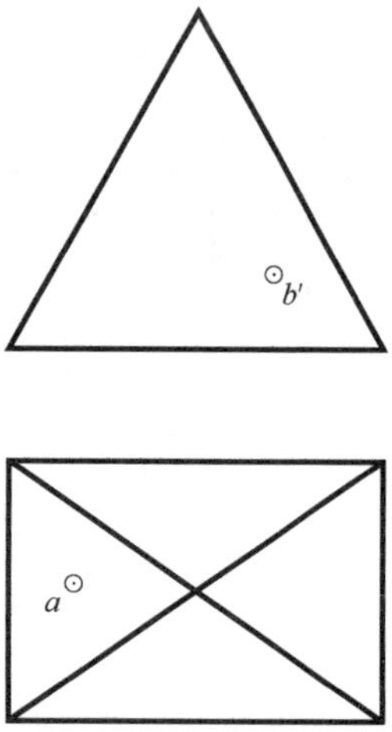

图 3-15　拓展任务第 1 题图

任务三　曲面立体的三面投影

引导问题

图 3-16 所示桥台立柱的三面投影图怎么画？

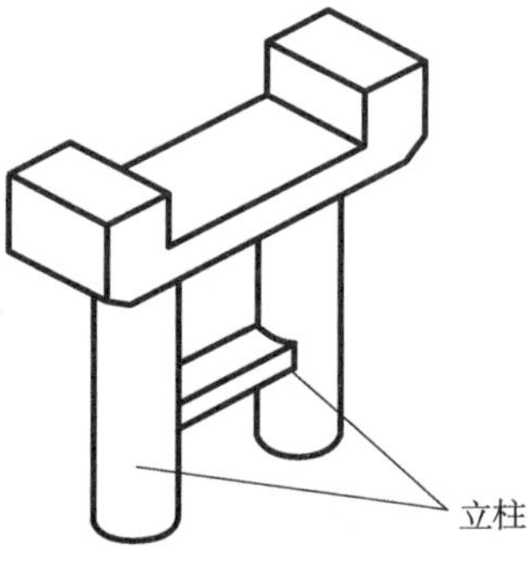

图 3-16　桥台立柱示例

相关知识

一、圆柱体的形成及投影

圆柱是由母线(直线)绕一定轴旋转一周形成。圆柱面上的所有素线都相互平行。如

图 3-17(a)所示。

如图 3-17(c)所示,*H* 面投影为一圆面,是上、下底面的重合投影,且反映上、下底面的实形;*H* 面投影中的圆周线是圆柱面的积聚投影。*V* 面投影为一矩形,上、下两条直线为圆柱上、下底面的积聚投影;左、右两条直线是圆柱最左素线和最右素线的投影。*W* 面投影也是一个矩形,上、下两条直线是圆柱上、下底面的积聚投影;前、后两条直线是圆柱最前、最后素线的投影。

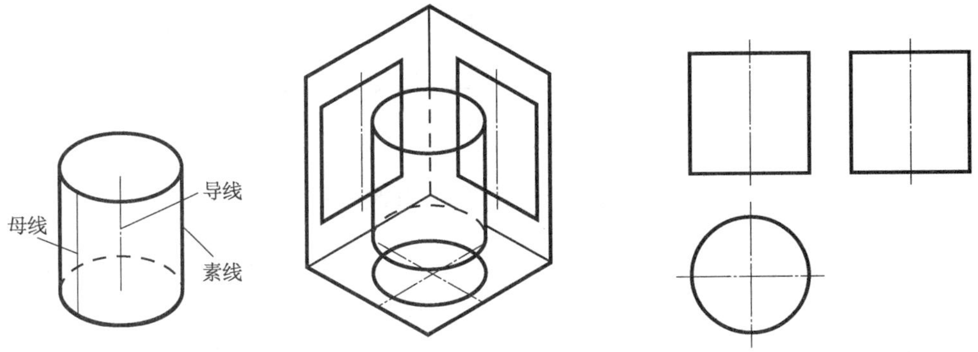

(a) 圆柱的形成　(b) 立体图　(c) 投影图

图 3-17　圆柱体的形成及投影

二、圆锥体的形成及投影

圆锥是由母线(直线)绕一定轴旋转(在旋转时母线与定轴相交一点)一周形成. 。圆锥表面上的素线都汇交于一点。如图 3-18(a)所示。

如图 3-18(c)所示,圆锥的 *H* 面投影是圆,它是圆锥底面和圆锥表面的重合投影,且反映底面的实形。圆锥的 *V* 面和 *W* 面投影都是三角形,三角形的底边是圆锥底面的积聚投影,三角形的两条腰分别是圆锥最左、最右素线和最前、最后素线的投影。

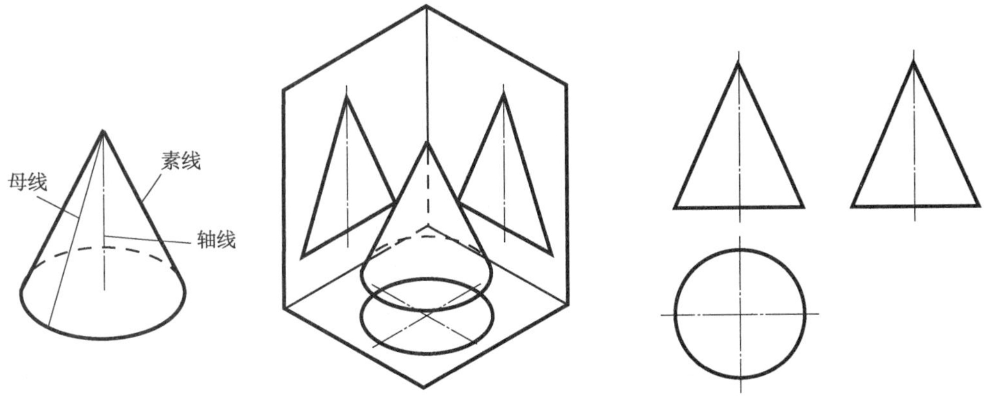

(a) 圆锥的形成　(b) 立体图　(c) 投影图

图 3-18　圆锥体的形成及投影

学习任务

1. 根据图 3-19 所示圆柱体的 V 面、W 面投影图,补画棱柱体的 H 面投影图。

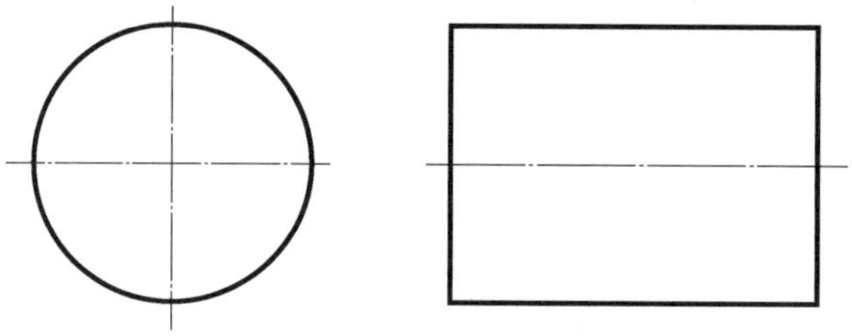

图 3-19　学习任务第 1 题图

2. 根据图 3-20 所示圆锥体的 V 面、W 面投影图,补画圆锥体的 H 面投影图。

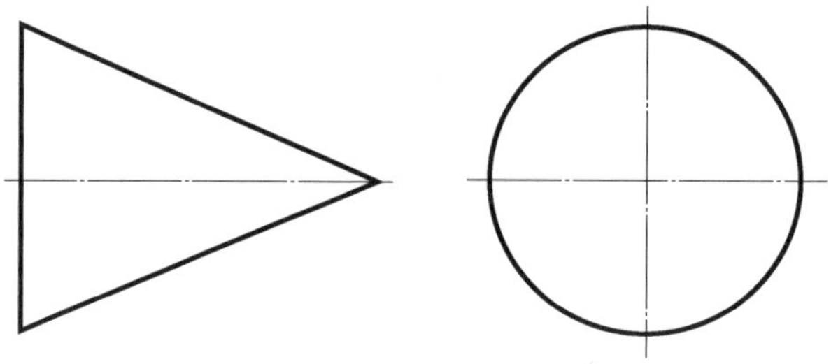

图 3-20　学习任务第 2 题图

拓展任务

补全图 3-21 所示圆柱、圆锥表面点的投影图。

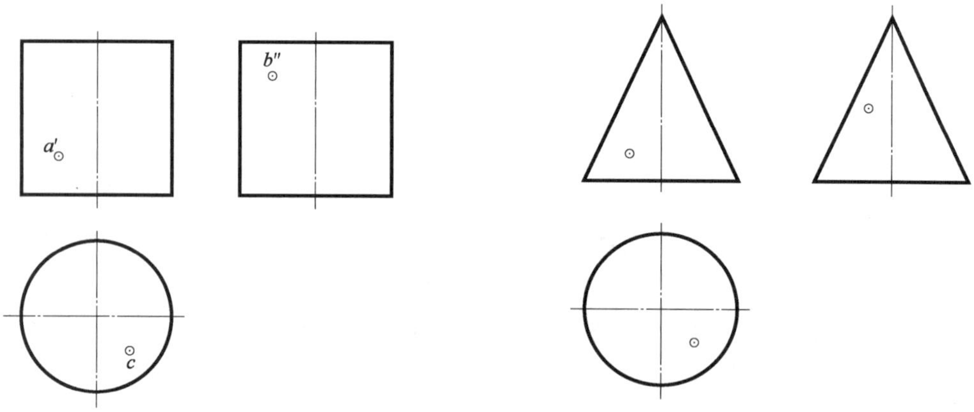

(a) 圆柱表面上的点　　(b) 圆锥表面上的点

图 3-21　拓展任务图

任务四 基本形体的表面交线

引导问题

1. 图 3-22 所示带缺口三棱锥表面的交线是怎么形成的？

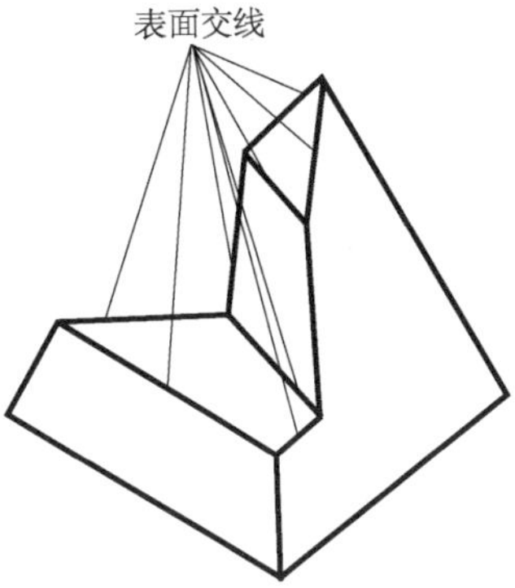

(a) 立体图

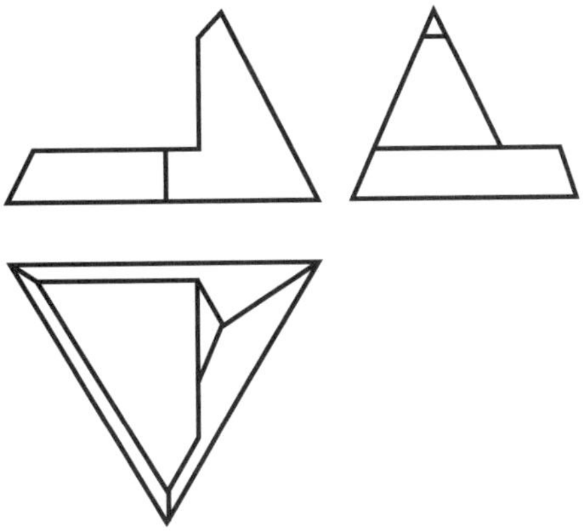

(b) 三面投影图

图 3-22 带缺口三棱锥

2. 图 3-23 所示三棱锥与四棱柱相交，表面的交线是怎么形成的？

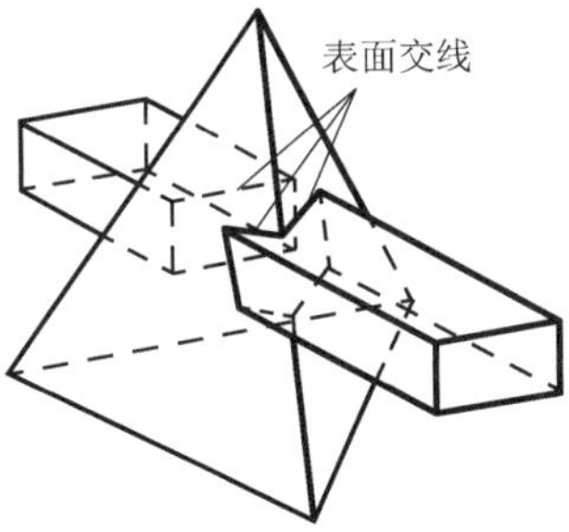

(a) 立体图

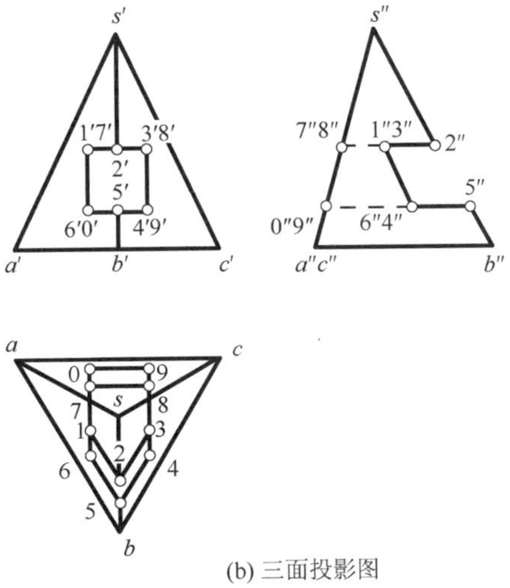

(b) 三面投影图

图 3-23 三棱锥与四棱柱

相关知识

一、截交线的形成

（一）基本概念

平面与立体相交，可看作是立体被平面所截。与立体相交的平面称为截平面，截平面与立体表面的交线称为截交线，由截交线围成的断面称为截断面。如图 3-24 所示。

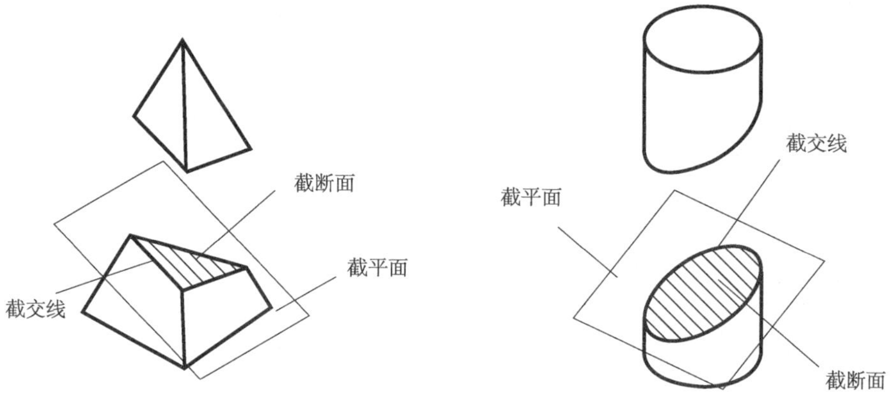

(a) 平面截切平面立体　　(b) 平面截切曲面立体

图 3-24　截交线的形成

（二）平面与平面立体相交

平面与平面立体相交，产生的截交线是由截交点连接而成。截交点是截平面与平面立体棱线的交点或是截平面与截平面交线的端点。如图 3-25 所示。

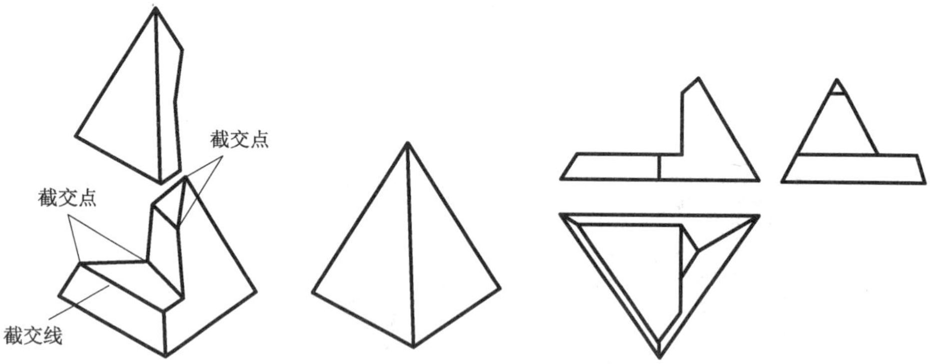

(a) 三个截平面截切三棱锥后的立体图　(b)截切前完整的三棱锥　(c) 三个截平面截切三棱锥后的投影图

图 3-25　平面截切三棱锥

（三）平面与曲面立体相交

平面与曲面立体相交，产生的截交线一般情况下是平面曲线。截交线的形状取决于曲面体表面的性质及其与截平面的相对位置。如图 3-26、图 3-27 所示。

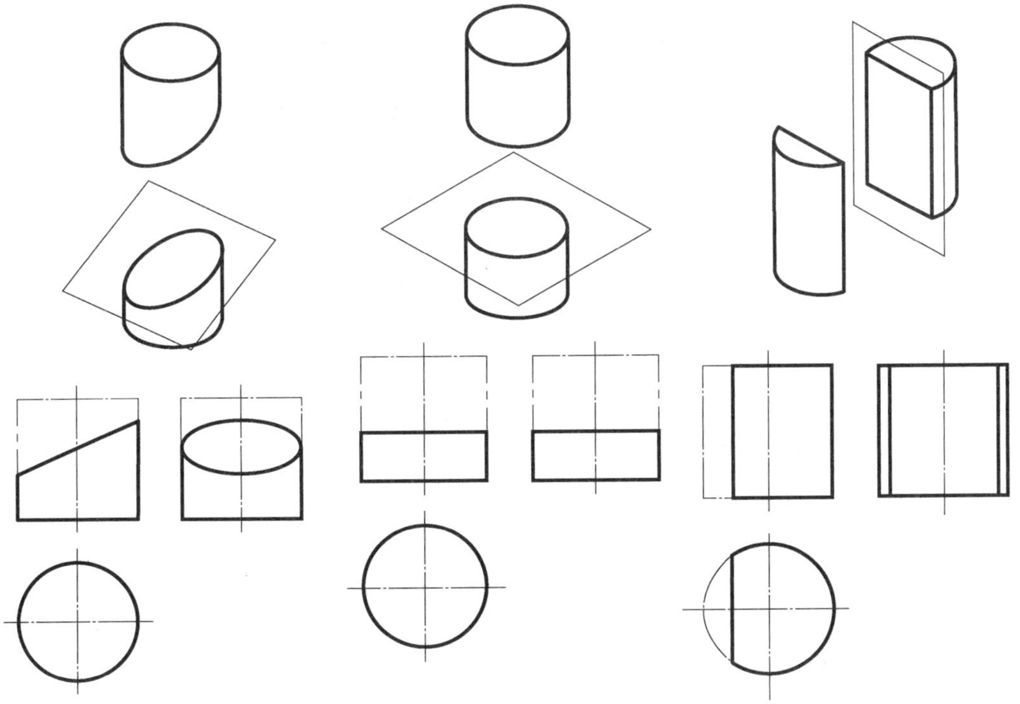

(a) 截平面与圆柱的轴线倾斜（截交线是椭圆）
(b) 截平面与圆柱的轴线垂直（截交线是圆）
(c) 截平面与圆柱的轴线平行（截交线是直线）

图 3-26　平面与圆柱相交的三种情况

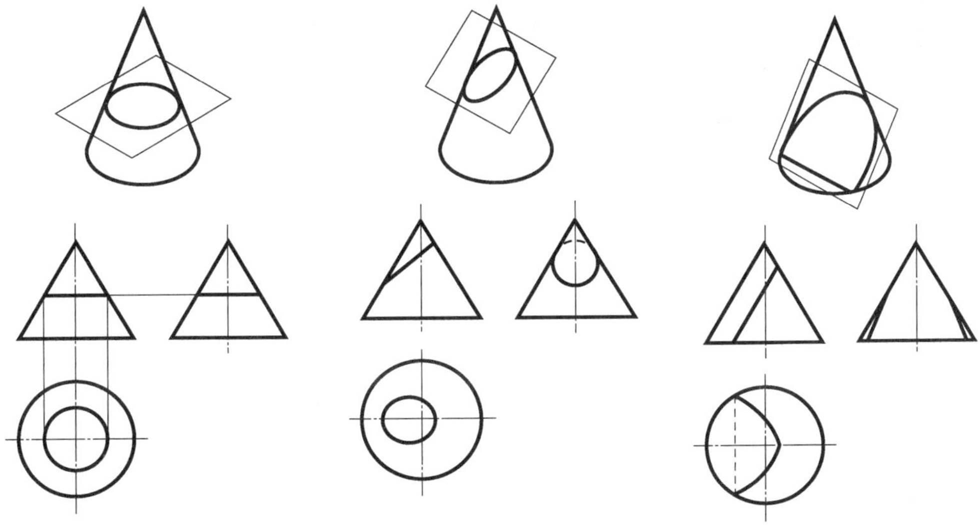

(a)截平面与圆锥的轴线垂直（截交线是圆）
(b)截平面与圆锥的轴线倾斜且与圆锥的所有素线相交（截交线是椭圆）
(c)截平面与圆锥的轴线倾斜且与圆锥的一条素线平行（截交线是抛物线）

图　3-27

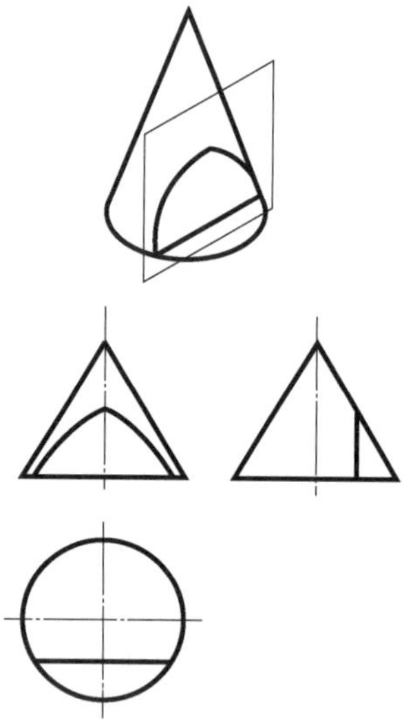

(d)截平面与圆锥的轴线平行
（截交线是双曲线）

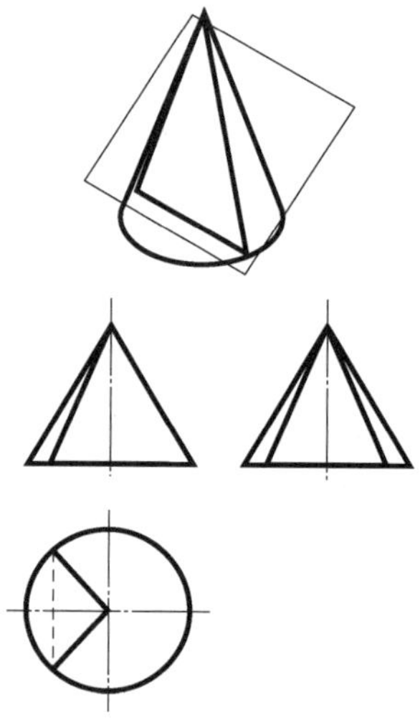

(e)截平面通过圆锥的锥顶
（截交线是直线）

图 3-27　平面与圆锥相交的五种情况

二、相贯线的形成

两立体相交又称为两立体相贯。相交的两立体成为一个整体称为相贯体。它们表面的交线称为相贯线，相贯线是两立体表面的共有线，相贯线是由贯穿点连接而成。贯穿点是两立体表面的共有点。如图 3-28 所示。

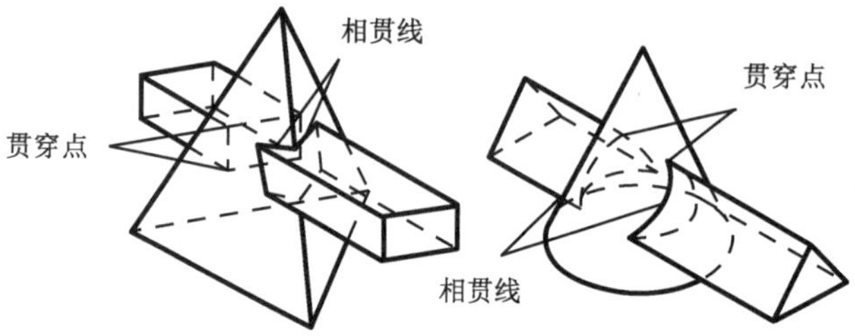

(a) 全贯

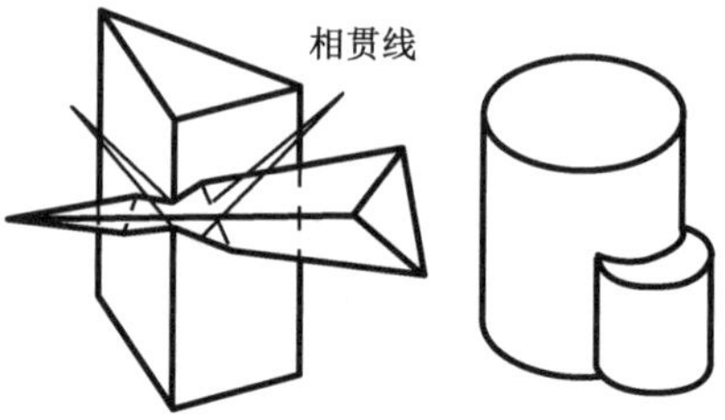

(b) 互贯

图 3-28　相贯线的形成

相贯线的形状随立体形状和两立体的相对位置不同而异，一般分为全贯和互贯两种类型。当一个立体全部穿过别一个立体时，产生两组相贯线，称为全贯[图 3-28(a)]；当两个立体相互贯穿，产生一组相贯线，称为互贯[图 3-28(b)]。

学习任务

1. 指出图 3-29 所示中截平面、截断面、截交线的位置。

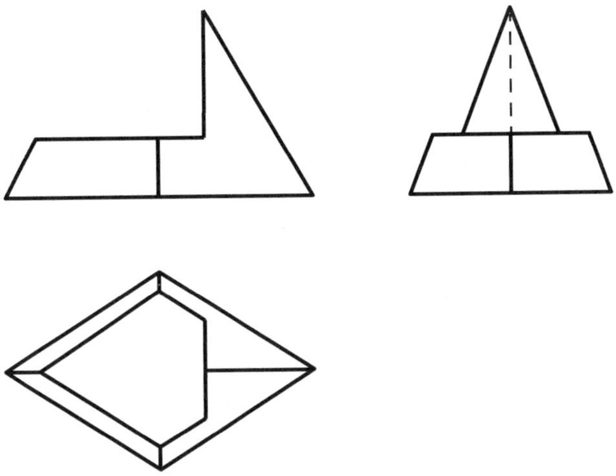

图 3-29　学习任务第 1 题图

2. 图 3-30 中体与体相贯,哪是全贯？哪是互贯？

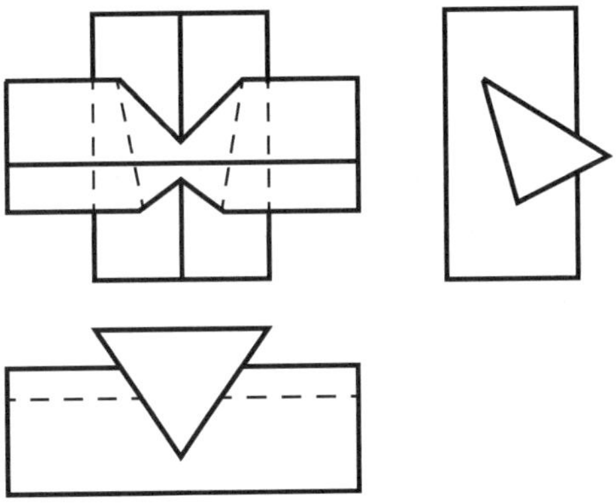

(a) 两三棱柱相贯

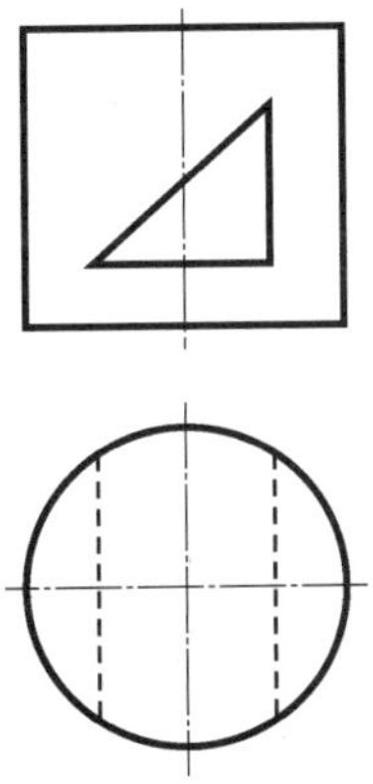

(b) 圆柱与三棱柱相贯

图 3-30　学习任务第 2 题图

任务五　基本形体投影图的识读

引导问题

根据图 3-31 所示基本体的投影图怎么识读基本体的空间形状？

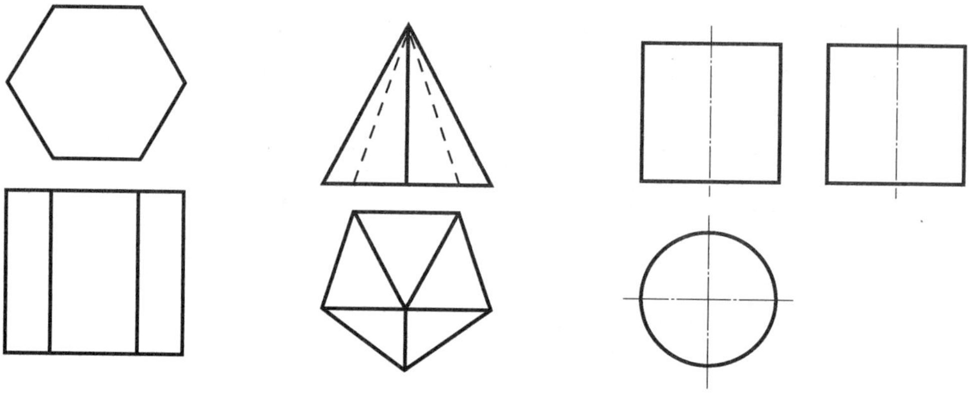

(a) 六棱柱的投影图　(b) 五棱锥的投影图　(c) 圆柱的投影图

图 3-31　基本体的投影图

相关知识

一、基本体的识读

拉伸法是识读基本体投影图的主要方法，拉伸法读图是投影的逆向思维，即是把反映物体形状特征的投影图沿一定的投影方向从投影面拉回空间，完成物体的投影图识读。

如图 3-32 所示，对照棱柱的三面投影图用拉伸法识读棱柱时，把 V 面投影中的六边形沿 Y 轴方向拉回空间(拉伸的长度是六棱柱的长)，完成六棱柱的读图。

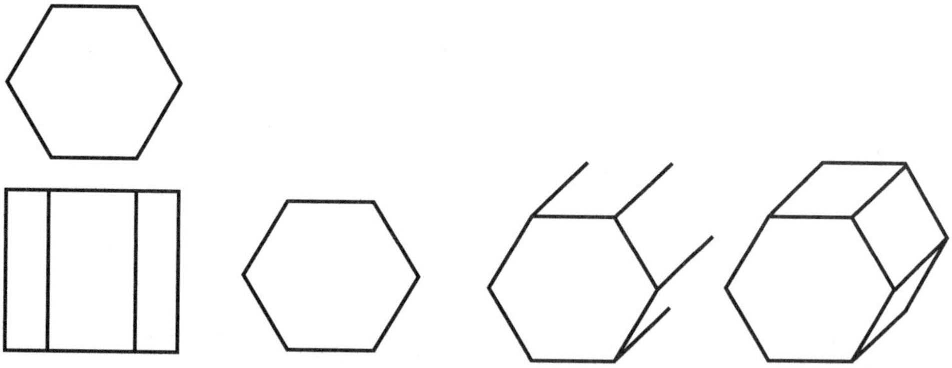

(a) 投影图　(b) 拉伸的过程

图 3-32　拉伸法读棱柱

把 H 面的圆沿 Z 轴方向拉回空间(拉伸的高度是圆柱的高)，完成圆柱的读图，如图 3-33 所示。

如图 3-34、图 3-35 所示，用拉伸的方法识读棱锥和圆锥时，是在反映底面实形的投影中，把锥顶拉回空间即可完成读图。

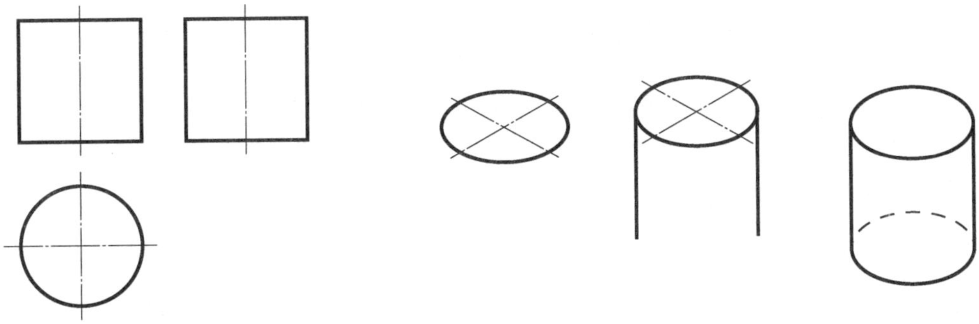

(a) 投影图　　(b) 拉伸的过程

图 3-33　拉伸法读圆柱

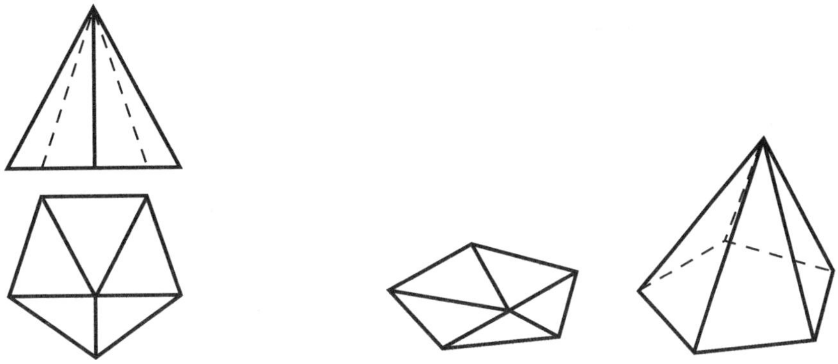

(a) 投影图　　(b) 拉伸的过程

图 3-34　拉伸法读棱锥

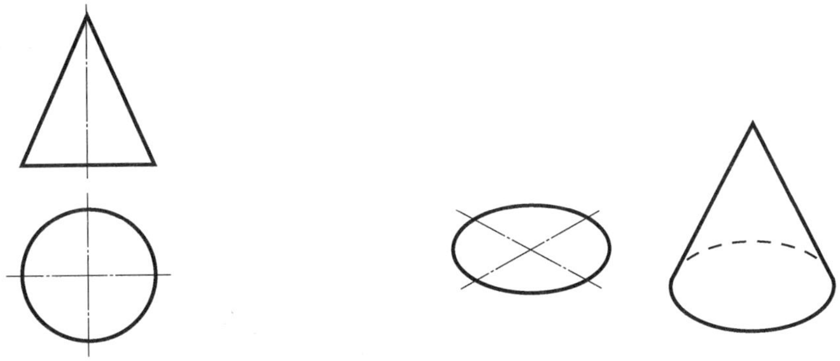

(a) 投影图　　(b) 拉伸的过程

图 3-35　拉伸法读圆锥

二、截交线的识读

截交线的识读，其主要任务是识读带缺口基本立体的投影图。读图关键是根据截交点确定截交线。

（一）平面截切五棱柱投影图的识读

如图3-36(a)所示，根据已知的三面投影图，识读带缺口平面立体的投影图。

解题步骤如下：

1. 在三面投影图中确定截交点

因为截交点是截平面与平面立体棱线的交点，根据两个截平面在 *V* 面上的投影积聚，可在 *V* 面上判断出两个截平面与五棱柱三条棱线相交产生的三个截交点，即1′、2′、5′三个点，如图3-36(b)所示。

在 *V* 面投影图中可看出两个截平面的交线是正垂线（在 *V* 面投影图中积聚成一个点），它们交线上的两个端点在 *V* 面投影图中重合，即3′点和4′点[图3-36(b)]。

正垂截平面与五棱柱顶面的交线也是一条正垂线，交线上的端点在 *V* 面投影图中也重合，即6′点和7′点，如图3-36(b)所示。

根据长对正、宽相等、高平齐的投影规律可确定七个截交点的 *H* 面、*W* 面投影，如图3-36(b)所示。

2. 用绘制轴测图的方法来识读投影图

绘制完整五棱柱的轴测投影图，如图3-36(c)所示。

根据各截交点的坐标，完成截交点的轴测投影图。也可根据截交点与五棱柱上已知点、线的相对位置来确定截交点，如图3-36(d)所示。

连截交点成截交线，如图3-36(e)所示。

去掉被截切的图线和作图线，加深最后的成图线，如图3-36(f)所示。

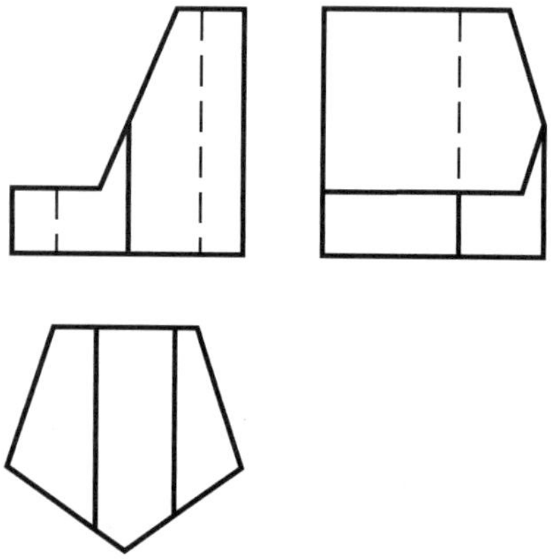

(a) 五棱柱被两个平面截切后的投影图

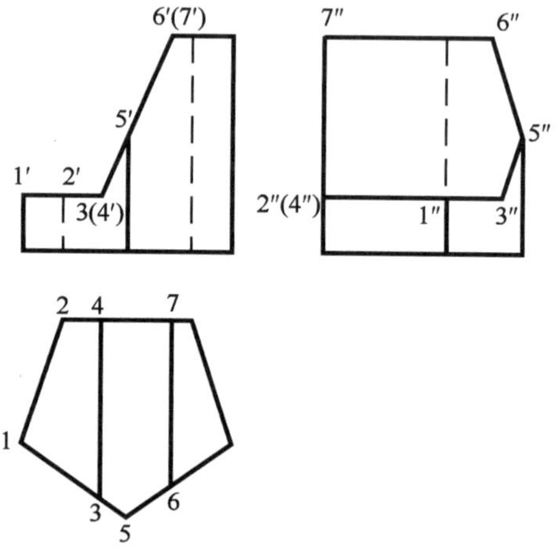

(b) 在投影图上确定截切点

图 3-36

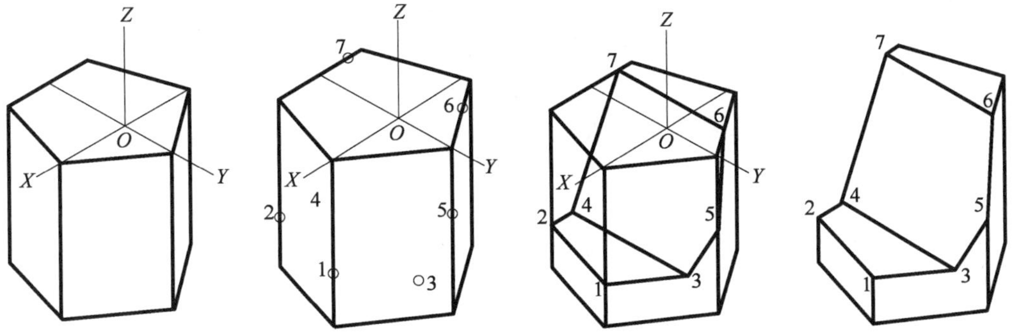

(c) 绘制完整五棱柱的轴测图　(d) 确定坐截交点　(e) 连截交点成截交线　(f) 去掉被截切的图线

图 3-36　平面截切五棱柱的投影图

(二) 平面截切圆柱投影图的识读

如图 3-37(a)所示,识读下列三面投影图。

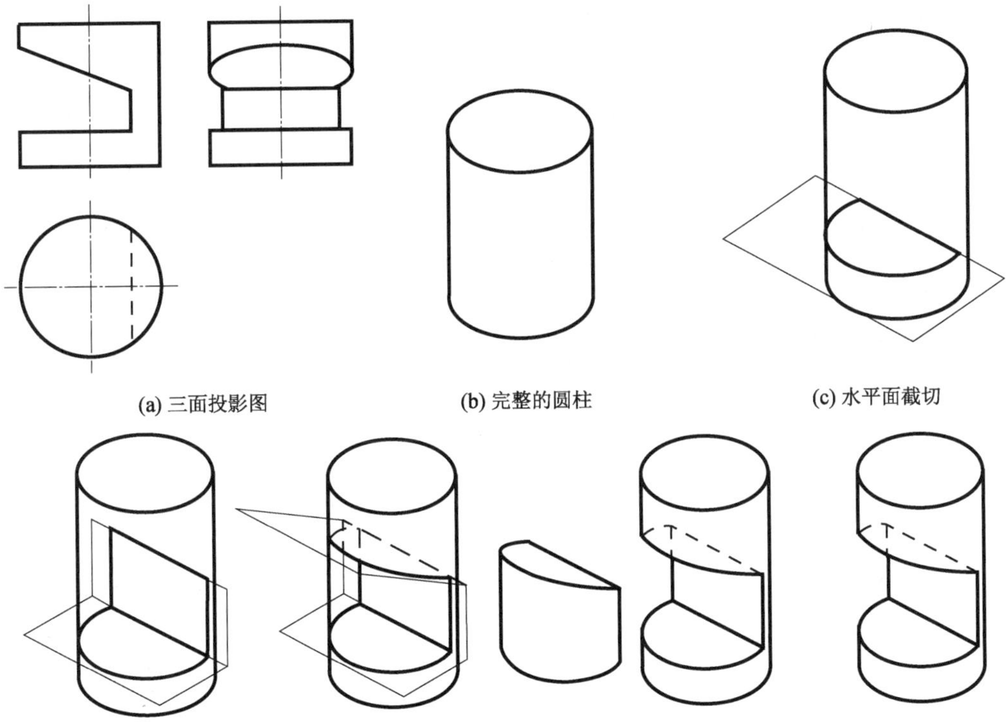

(a) 三面投影图　(b) 完整的圆柱　(c) 水平面截切

(d) 侧平面截切　(e) 正垂面截切　(f) 去掉被截切部分　(g) 立体图

图 3-37　平面截切圆柱投影图

解题步骤如下:

从 V 面投影图可知圆柱被三个截平面截切,这三个截平面相对投影面的位置分别是:水平面、侧平面、正垂面,如图 3-37(a)所示。

水平截切面与圆柱的轴线垂直，截交线是部分圆曲线，如图 3-37(c)所示。

侧面截切面与圆柱的轴线平行，截交线是直线，截断面是矩形，如图 3-37(d)所示。

正垂截切面与圆柱的轴线倾斜，截交线是部分椭圆线，如图 3-37(e)所示。

去掉被截切部分的图线，就可完成读图，如图 3-37(f)、(g)所示。

（三）平面截切圆锥投影图的识别

如图 3-38(a)所示，识读下列三面投影图。

解题步骤如下：

从 *V* 面投影图可知圆锥被三个截平面截切，这三个截平面相对投影面的位置分别是：侧平面、水平面、正垂面，如图 3-38(a)所示。

侧平截切面与圆锥的轴线平行，截交线是抛物线，如图 3-38(c)、(d)所示。

水平面截切面与圆锥的轴线垂直，截交线是部分圆曲线，如图 3-38(e)、(f)所示。

正垂截切面通过了圆锥的锥顶，截交线是直线，截断面是三角形，如图 3-38(e)、(f)所示。

去掉被截切部分的图线，就可完成读图，如图 3-38(g)所示。

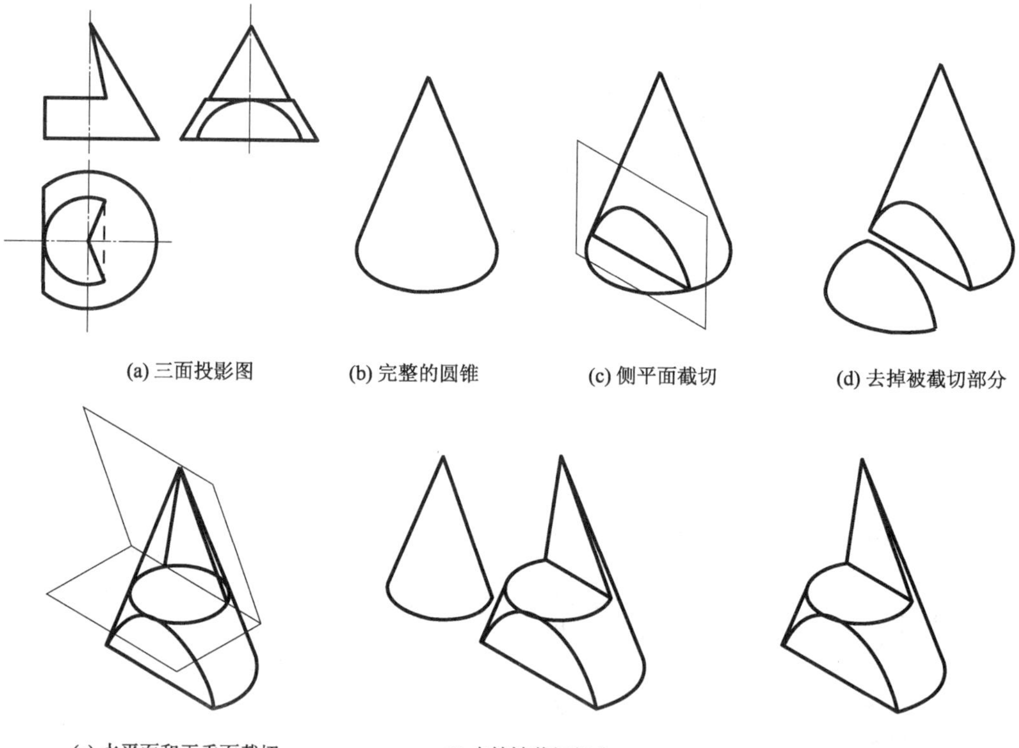

(a) 三面投影图　(b) 完整的圆锥　(c) 侧平面截切　(d) 去掉被截切部分

(e) 水平面和正垂面截切　(f) 去掉被截切部分　(g) 立体图

图 3-38　平面截切圆锥投影图

学习任务

1. 选择图 3-39 所示带缺口四棱柱正确的 *W* 面投影图。

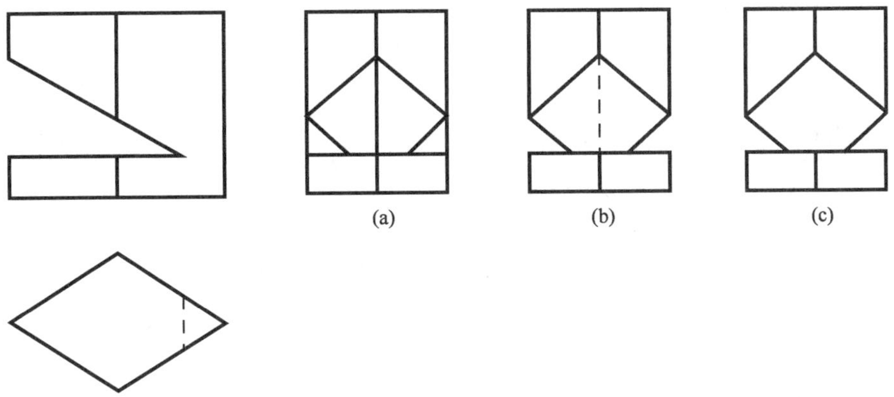

图 3-39 学习任务第 1 题图

2. 选择图 3-40 所示带缺口四棱锥正确的 *W* 面投影图。

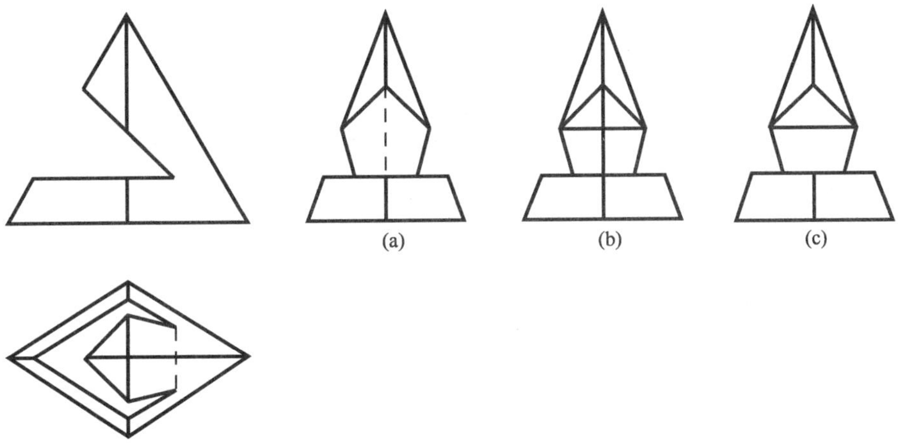

图 3-40 学习任务第 2 题图

3. 选择图 3-41 所示带缺口圆柱正确的 *W* 面投影图。

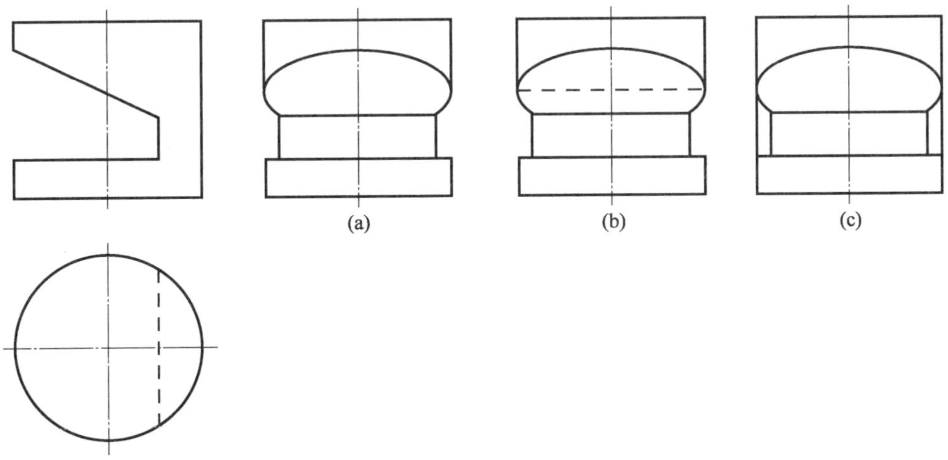

图 3-41 学习任务第 3 题图

4. 选择图 3-42 所示带缺口圆锥正确的 *W* 面投影图。

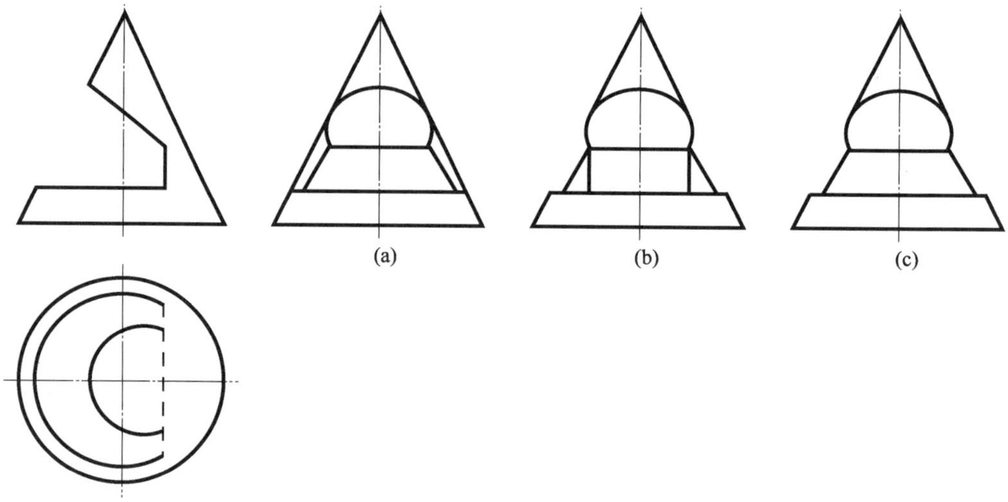

图 3-42　学习任务第 4 题图

5. 如图 3-43 所示：选择四棱柱与三棱锥相贯正确的 *W* 面投影。

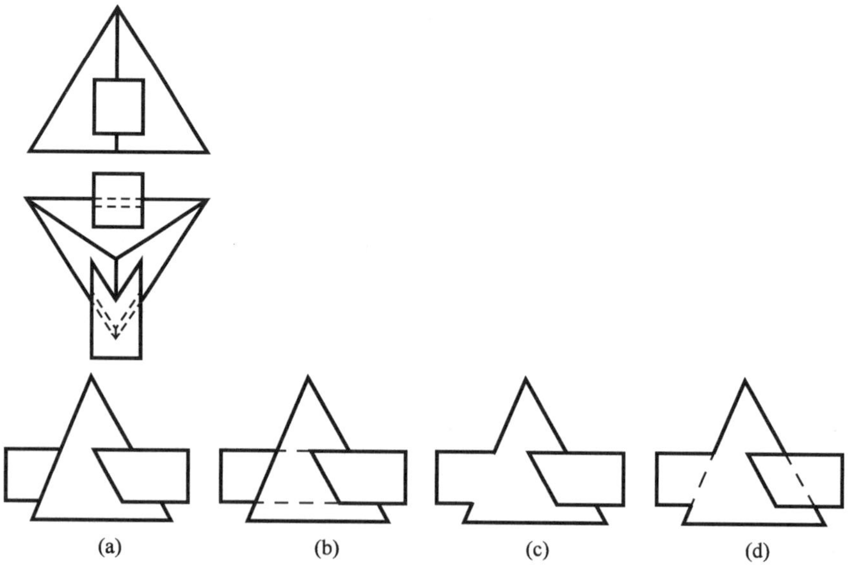

图 3-43　学习任务第 5 题图

6. 选择图 3-44 所示圆柱穿孔正确的 W 面投影。

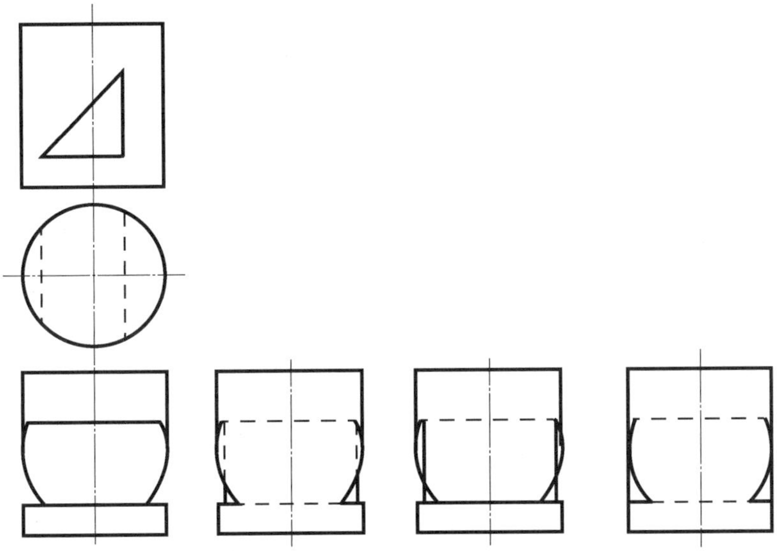

(a) (b) (c) (d)

图 3-44 学习任务 6 图

任务六 轴测投影

引导问题

1. 如图 3-45 所示,T 梁的三面投影图,怎么完成 T 梁的立体图(轴测投影图)?

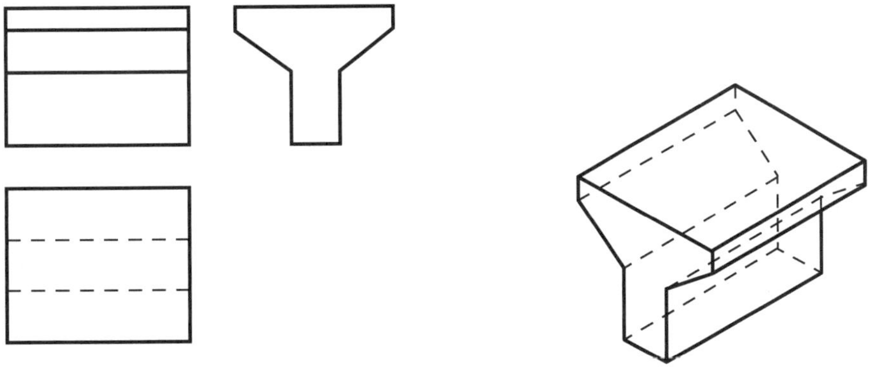

(a) 三面投影图 (b) 立体图

图 3-45 T 梁的三面投影图

2. 根据图 3-46 所示柱头的三面投影图可画出不同的立体图(轴测投影图),图中哪个立体图更能反映柱头的空间结构?为什么?两个立体图在画法上有什么不同?

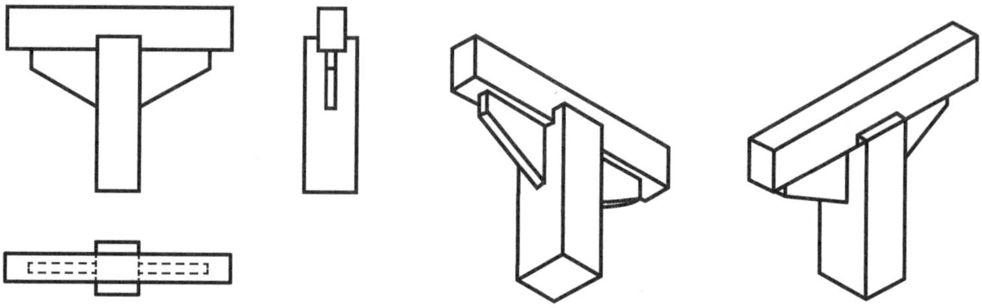

(a) 柱头三面投影图　(b) 柱头立体图 1　(c) 柱头立体图 2

图 3-46　柱头示例

相关知识

一、轴测投影的基本知识

工程施工图,主要是用三面正投影图来表达物体的形状和大小。三面投影图能完整、准确地表达形体的形状与大小,且作图简便,度量性好,是工程上常用的图样;但是每一个投影只能反映两向尺度,所以缺乏立体感,读图时需三个投影结合起来看,才能想像出立体的空间形状。为了便于识读出形体的空间形状,工程图样中还常用一种富有立体感的投影图作为辅助图样,这种较直观的立体图形称为轴测投影图,简称轴测图。

轴测图是采用平行投影方法绘制的一种能同时反映物体三个方向形状的单面投影图,具有较强的立体感。但因轴测图度量性较差,作图复杂,所以在工程上只作为辅助图样。同时,依据三视图绘制轴测图也是发展空间思维能力的手段之一。通过轴测图的绘制练习,能使空间感增强,从而对识读、复核或完善组合体三面投影图有所帮助。

二、正等轴测投影和斜二轴测投影

(一) 正等轴测投影图、斜二轴测投影图的形成

将形体连同确定它空间位置的直角坐标系一起,用平行投影法,沿不平行坐标轴的方向 S 投射到一个投影面 P 上,所得的投影称为轴测投影,如图 3-47 所示。用这种方法画出的图称为轴测投影图,简称轴测图,俗称立体图。我们把接受轴测投影的投影面 P 称为轴测投影面,把直角坐标轴 OX、OY、OZ 在轴测投影面上的投影 O_1X_1、O_1Y_1、O_1Z_1 称为轴测投影轴,简称轴测轴;轴测轴间的夹角称为轴间角,轴测轴上的单位长度与坐标轴上的单位长度的比值称为轴向伸缩系数(OX 轴向伸缩系数 $p_1 = O_1X_1/OX$;OY 轴向伸缩系数 $q_1 = O_1Y_1/OY$;OZ 轴向伸缩系数 $r_1 = O_1Z_1/OZ$)。

根据投射方向 S 与轴测投影面 P 的相对位置关系,轴测图可分为两大类:

正轴测图:投射方向 S 与轴测投影面 P 垂直,所得的投影图称正轴测图。

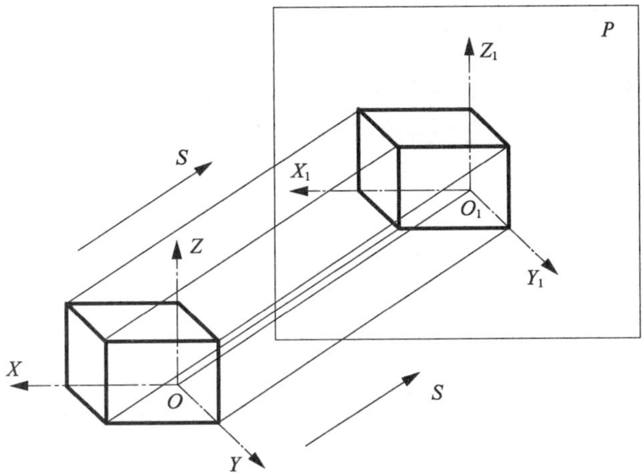

图 3-47　轴测投影图的形成

斜轴测图：投射方向 S 与轴测投影面 P 倾斜，所得的投影图称斜轴测图。

正等轴测投影图（简称正等测）：投射方向 S 与轴测投影面 P 垂直，三个轴向伸缩系数相等，即 $p_1=q_1=r_1$。

斜二轴测投影图（简称斜二测）：投射方向 S 与轴测投影面 P 倾斜，两个轴向伸缩系数相等，即 $p_1=q_1\neq r_1$。

（二）正等轴测投影图、斜二轴测投影图的轴间角、轴向伸缩系数

轴测投影图的轴间角是画轴测投影图时建立坐标系的依据，轴向伸缩系数是画轴测投影图时量取尺寸的依据。

正等轴测投影图的三个轴间角均为 120°。三个轴向伸缩系数均约为 0.82，为了便于作图，采用简化伸缩系数，即 $p_1=q_1=r_1=1$。作图时，O_1Z_1 轴一般画成铅垂线，O_1X_1、O_1Y_1 轴与水平方向成 30°角，如图 3-48 所示。

斜二轴测投影的轴间角：$\angle X_1O_1Z_1=90°$，$\angle X_1O_1Y_1=\angle Y_1O_1Z_1=135°$。轴向伸缩系数：$p_1=r_1=1$，$q_1=0.5$。作图时，$O_1Z_1$ 轴一般画成铅垂线，O_1X_1 轴与 O_1Z_1 轴垂直画成求平线，O_1Y_1 轴画成与水平方向成 45°角。如图 3-49 所示。

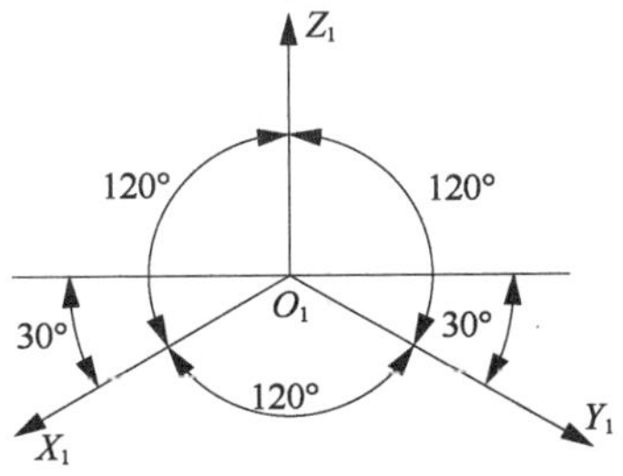

图 3-48　正等轴测投影的轴间角

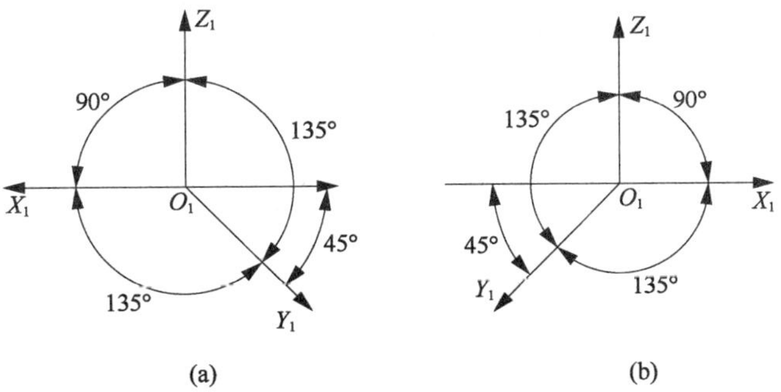

图 3-49　斜二轴测投影的轴间角

（三）正等轴测投影图、斜二轴测投影图的画法

画轴测投影图的基本方法是坐标法，即按坐标系画出形体上各点，然后按照点连线，线围面，面围体的方法完成形体轴测投影图的绘制。但在作图时，还应根据物体的形状特点灵活采用其他不同的方法。

此外，在画轴测投影图时，为了使图形清晰，一般不画不可见轮廓线（虚线）。

特别提示

画轴测投影图时还应注意，只有平行于轴向的线段才能直接量取尺寸，不平行于轴向的线段可由该线段的两端点的位置来确定。

轴测投影图是按平行投影的原理得到的，所以作图时要遵循平行投影的一切特性：相互平行的直线的轴测投影仍相互平行（因此，形体上平行于坐标轴的线段，其轴测投影必然平行于相应的轴测轴，且其伸缩系数与相应的轴向伸缩系数相同）；两平行直线或同一直线上的两线段的长度之比，轴测投影后保持不变（因此，形体上平行于坐标轴的线段，其轴测投影长度与实长之比，等于相应的轴向伸缩系数）。

1. 平面立体轴测投影图的画法

为了使作图简便，图形清晰，作图时应分析清楚立体的特点，灵活应用坐标法。一般先从可见部分作图。

正等轴测投影图和斜二轴测投影图的画法基本一样，只是画图时根据轴间角建立的坐标系不同，轴向伸缩系数不同，量取尺寸时的比例不同。

(1) 根据五棱柱的三面投影图，完成其正等轴测投影图[图 3-50(a)]。

分析：棱柱体由于上、下底面的大小形状相等且棱线互相平行，所以在作图时，先用坐标法把棱柱的顶面画出，再过顶面上的每一个点作互相平行的棱线，最后完成底面的作图。

解题步骤如下：

①分析立体，在三面投影中确定坐标原点，如图 3-50(b) 所示。

②根据正等轴测投影图的轴间角建立画图坐标系，如图 3-50(c) 所示。

③根据正等轴测投影图的轴向伸缩系数，用坐标法完成棱柱体顶面五个点的轴测投影（三面投影图中 1 点与 2 点、3 点与 5 点、O 点与 4 点、O 点与 K 之间的距离同轴测投影图中 1 点与 2 点、3 点与 5 点、O 点与 4 点、O 点与 K 之间的距离相等），依次连接 1、2、3、4、5 五个点，完成棱柱体顶面的轴测投影，如图 3-50(d) 所示。

④过顶面上的五个点作互相平行的五条棱线（三面投影图中的棱线高同轴测投影图中的棱线高相等），由于过 2 点作的棱线不可见，所以不作，如图 3-50(e) 所示。

⑤绘制底面：如图 3-50(f) 所示。

⑥去掉作图线：如图 3-50(g) 所示。

⑦加深图线：如图 3-50(h) 所示。

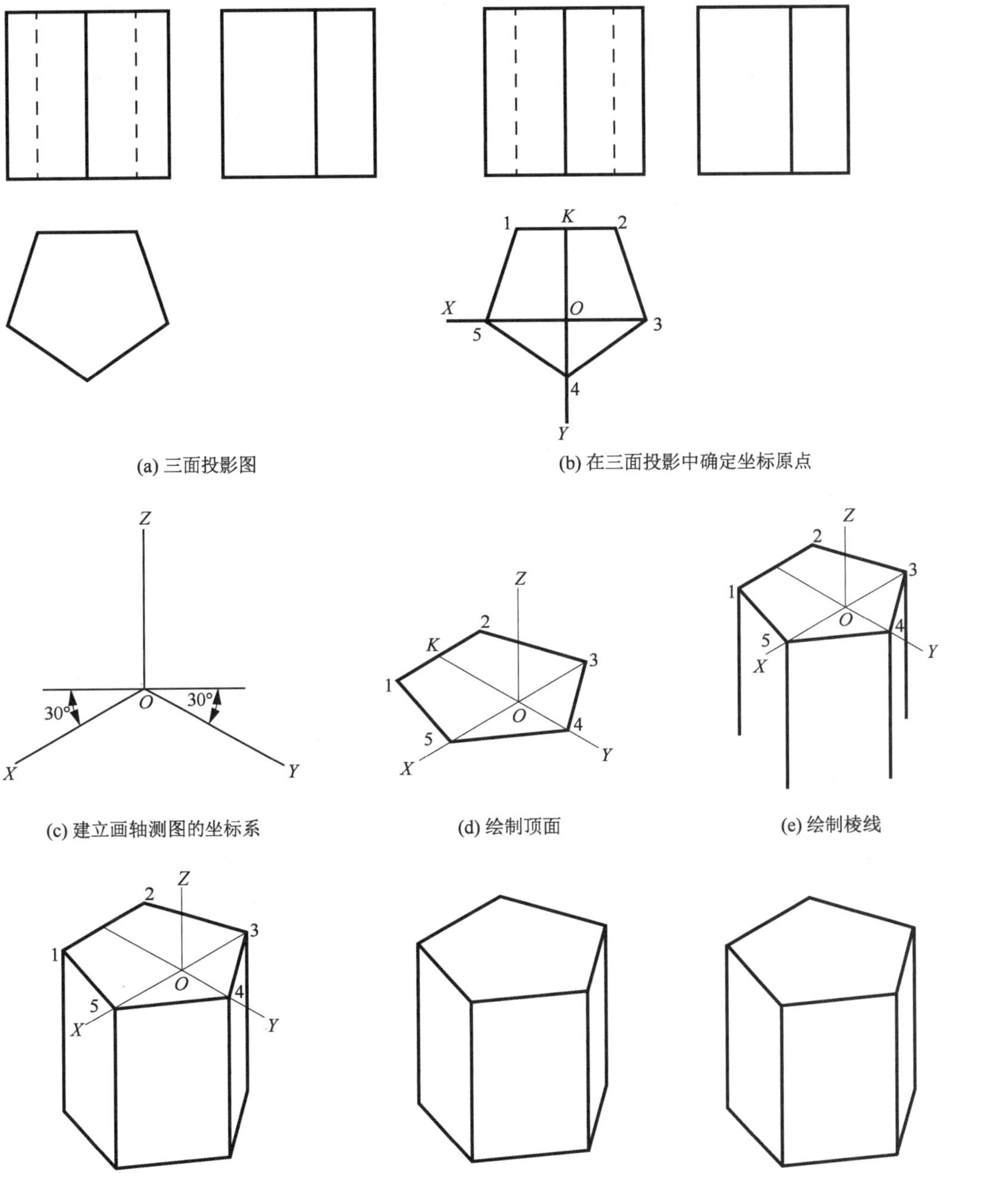

(a) 三面投影图　(b) 在三面投影中确定坐标原点

(c) 建立画轴测图的坐标系　(d) 绘制顶面　(e) 绘制棱线

(f) 绘制底面　(g) 去掉作图线　(h) 加深图线

图 3-50　绘制五棱柱的正等轴测投影图

(2)根据五棱锥的三面投影图,完成其斜二轴测投影图[图 3-51(a)]。

绘制棱柱体的轴测投影图时,应先用坐标法完成棱锥的底面,再用坐标法完成锥顶,最后把锥顶与底面的各点连接完成棱线。

解题步骤如下:

①分析立体,在三面投影中确定坐标原点,如图 3-51(b)所示。

②根据正等轴测投影图的轴间角建立画图坐标系,如图 3-51(c)所示。

③根据正等轴测投影图的轴向伸缩系数,用坐标法完成棱锥底面五个点的轴测投影(三面投影图中 1 点与 2 点、3 点与 5 点之间的距离同轴测投影图中 1 点与 2 点、3 点与 5 点之间的距离相等;轴测投影图中 O 点与 4 点、O 点与 K 点之间的距离是三面投影图中 O 点与 4 点、O 点与 K 点之间的距离的一半),依次连接 1、2、3、4、5 五个点,完成棱锥底面的轴测投影,如图 3-51(d)所示。

④用坐标法作锥顶的轴测投影(三面投影图中的 $O'S'$ 同轴测投影图中的 OS 相等),如图 3-51(e)所示。

⑤把锥顶与底面的各点连接完成棱线,S 与 2 连接不可见,所以不作,如图 3-51(f)所示。

⑥去掉作图线和不可见图线,如图 3-51(g)所示。

⑦加深图线,如图 3-51(h)所示。

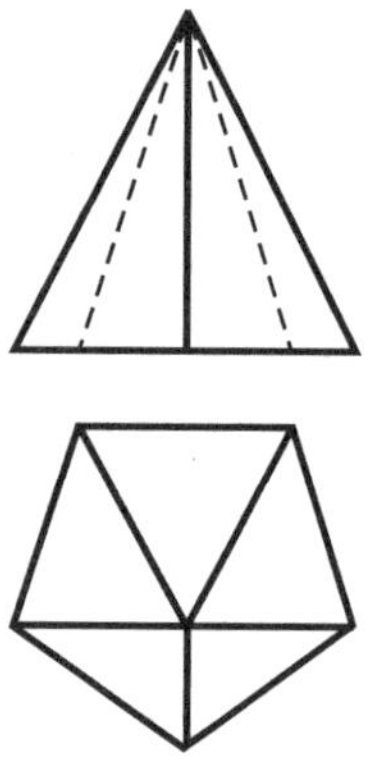

(a) 三面投影图

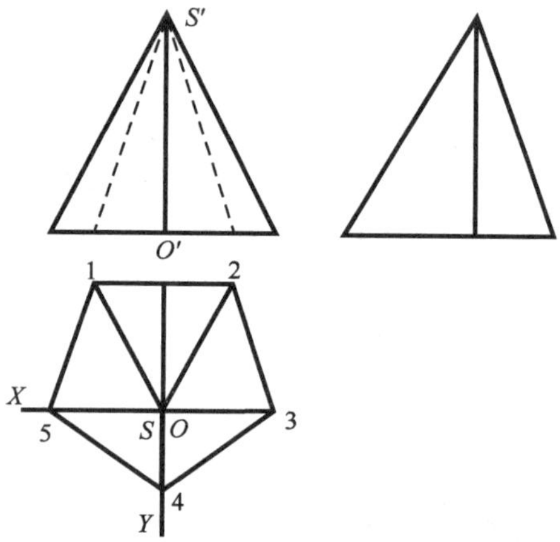

(b) 在三面投影中确定坐标原点

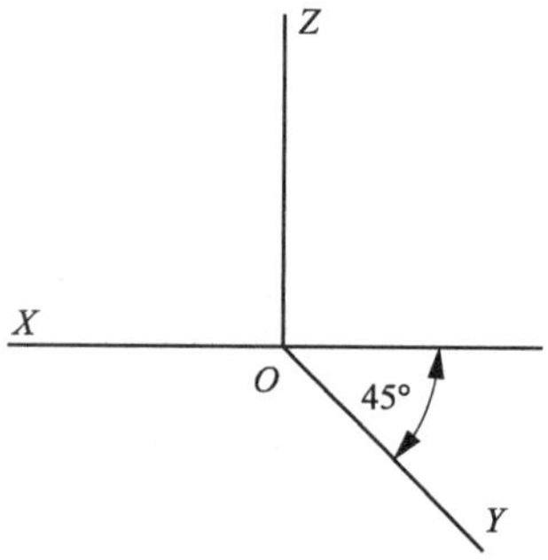

(c) 建立画轴测图的坐标系

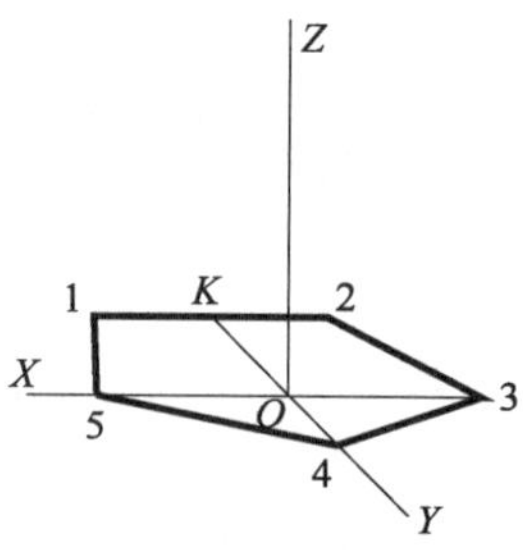

(d) 绘制底面

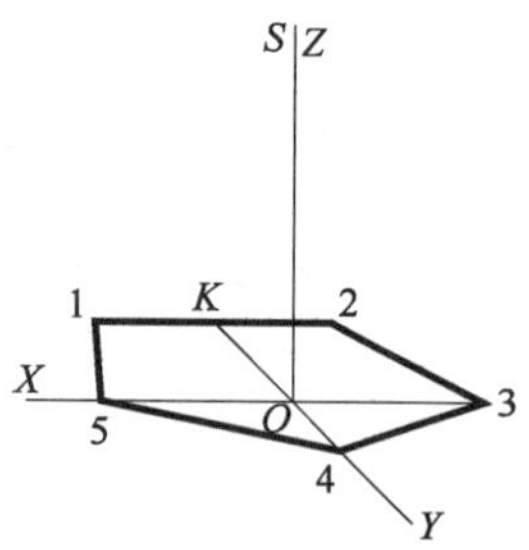

(e) 绘制锥顶

图 3-51

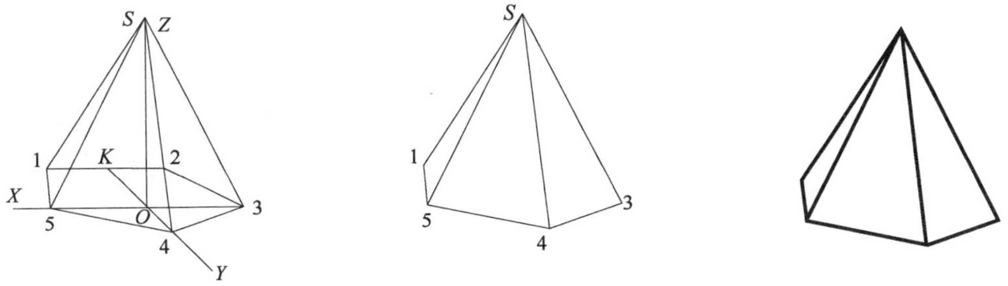

(f) 绘制棱线　(g) 去掉作图线和不可见图线　(h) 加深图线

图 3-51　绘制五棱锥的斜二轴测投影图

2. 曲面立体轴测投影图的画法

曲面立体,不可避免地会遇到圆与圆弧的轴测投影画法。为简化作图,在绘图中,一般使圆所在的平面平行于坐标面,从而可以得到其正等轴测投影为椭圆。作图时,一般以圆的外接正方形为辅助线,先画出正方形的轴测投影,再用四心圆法近似画出椭圆具体绘制如下。

(1)根据圆柱的两面投影图,完成其正等轴测投影图[图 3-52(a)]。

解题步骤:

①建立绘制轴测图的坐标系,并在 X 轴和 Y 轴上根据圆柱底面圆的半径确定四个点(圆柱底面圆外接正方形各边的中点),如图 3-52(b)所示。

②过 X 轴上的两个点向 Y 轴作平行线,过 Y 轴上的两个点向 X 轴作平行线,两组平行线围成一个四边形(圆柱底面圆外接正方形的轴测投影),如图 3-52(c)所示。

③确定四个圆心,即过四边形对角线短的两个顶点向其对边的中点相连接,连线的四个交点就是四个圆心,如图 3-52(d)所示。

④过四个圆心作四段圆弧,完成圆柱顶面的投影,如图 3-52(e)所示。

⑤用画顶面圆的方法,完成底面圆的轴测投影,如图 3-52(f)所示。

⑥作顶面、底面圆的公切线,如图 3-52(g)所示。

⑦去掉作图线和看不见的图线,如图 3-52(h)所示。

⑧加深图线,如图 3-52(i)所示。

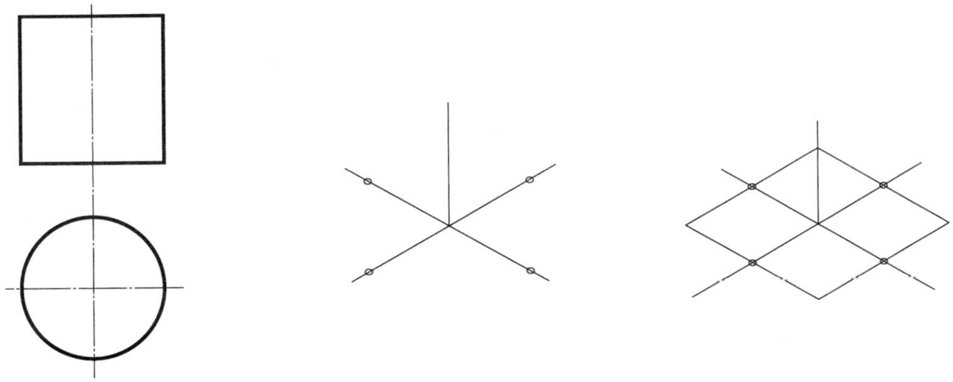

(a) 两面投影图　(b) 建立坐标系确定直径上的四个点　(c) 过直径上的点向对应的坐标轴作平行线

图 3-52

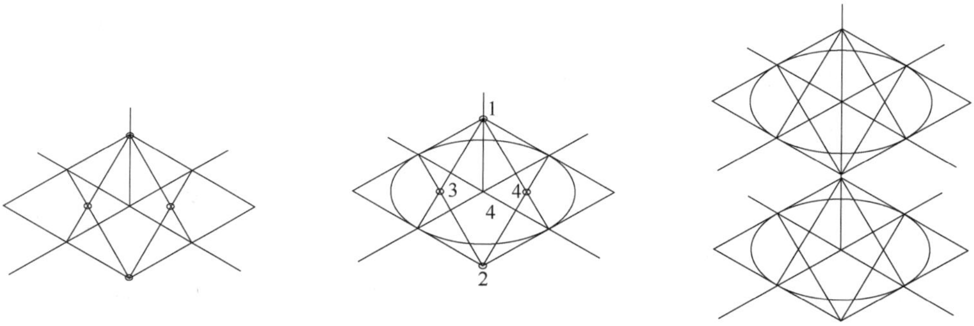

(d) 确定四个圆心　　(e) 过四个圆心作四段圆弧　　(f) 作底面圆

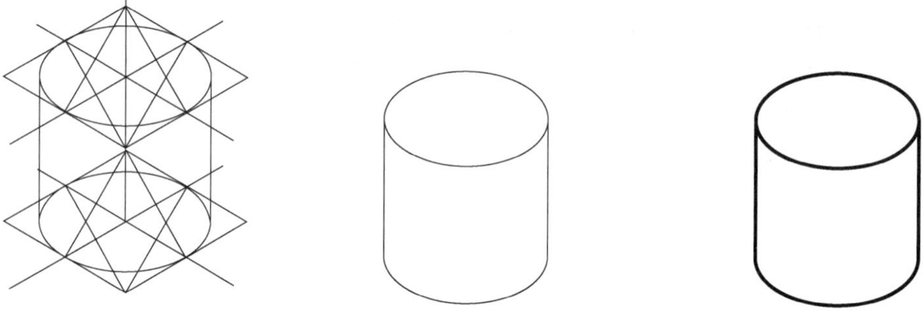

(g) 作顶面、底面圆的公切线　　(h) 去掉作图线和看不见的图线　　(i) 加深图线

图 3-52　绘制圆柱的正等轴测投影图

当曲面立体上的圆或圆弧所在平面平行于坐标平面 *XOZ* 时，用斜二轴测投影作曲面立体的轴测投影图，就会简便很多。

(2)根据立体的两面投影，完成其斜二轴测投影图[图 3-53(a)]。

解题步骤如下：

①建立坐标系，如图 3-53(b)所示；

②画前端面(由于前端面平行于坐标平面 *XOZ*，所以前端面的轴测投影与立体前端面在 *V* 面投影上的形状一样，大小相等)，如图 3-53(c)所示；

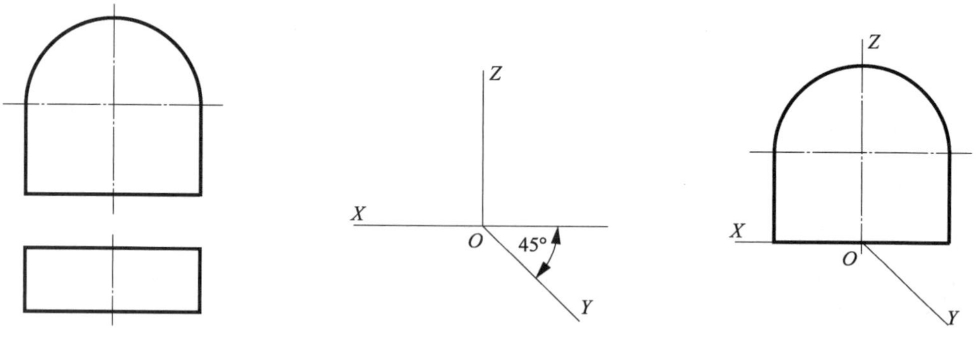

(a)立体的两面投影图画　　(b)建立坐标系　　(c)画前端面的轴测投影图

图　3-53

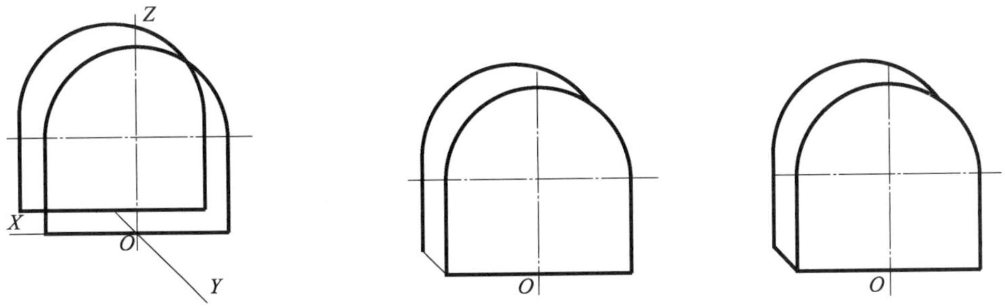

(d)画后端面的轴测投影　(e)画棱线和半圆柱的公切线　(f)去掉作图线加深图线

图 3-53　立体斜二轴测投影图绘制

③画后端面(由于前后端面平行,所以只需把前端面沿 Y 轴方向,向后平移立体宽度的一半即可),如图 3-53(d)所示;

④画棱线和半圆柱的公切线,如图 3-53(e)所示;

⑤去掉作图线加深图线,如图 3-53(f)所示。

学习任务

1. 完成图 3-54 所示六棱柱的正等轴测投影图。
2. 完成图 3-55 所示圆柱的正等轴测投影图。

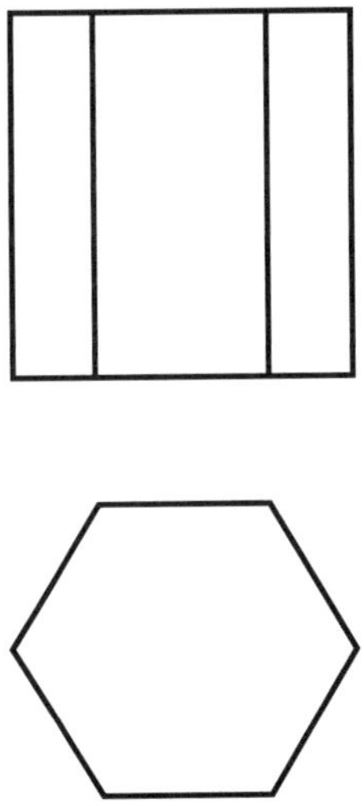

图 3-54　学习任务第 1 题图

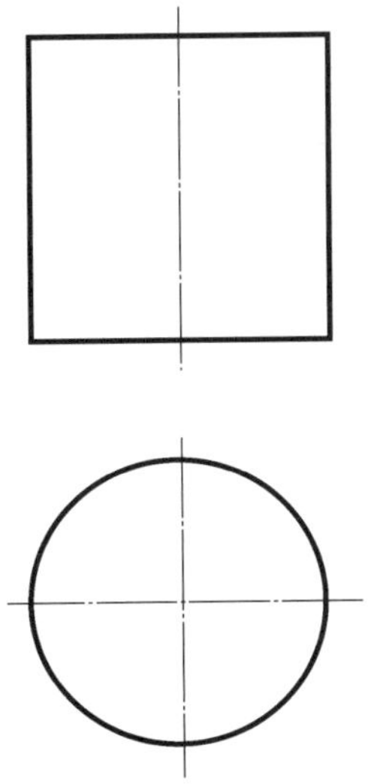

图 3-55　学习任务第 2 题图

3. 完成图 3-56 所示形体的斜二轴测投影图。
4. 完成图 3-57 所示半圆柱的斜二轴测投影图。
5. 自选轴测投影类型,完成如图 3-58 所示形体的轴测投影图。

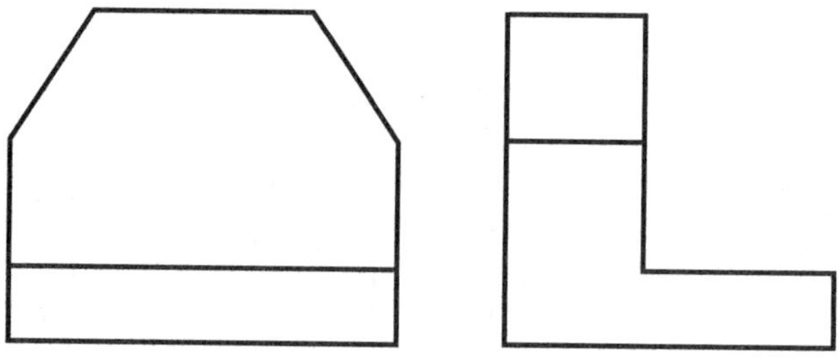

图 3-56 学习任务第 3 题图

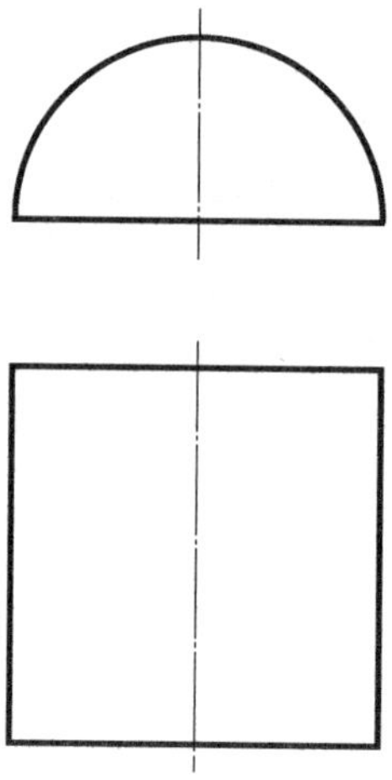

图 3-57 学习任务第 4 题图

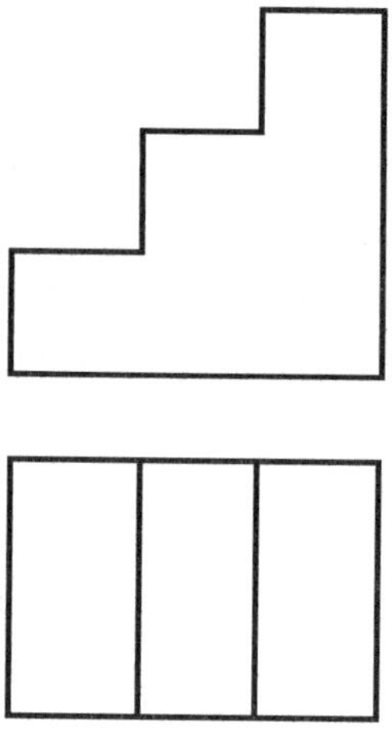

图 3-58 学习任务第 5 题图

学习情境四

组合体的投影

学习情境描述

结构物的形状是点连线、线围面、面围体形成的，无论多么复杂的物体都可以拆分为简单的基本体，所以组合体是由基本体组合而成。本情境主要介绍组合体投影图的绘制(三面投影图、轴测投影图)和识读。本情境是点、线、面、基本体的综合应用，本情境的关键是学会形体分析。

学习目标

知识目标：(1)了解组合体的组合形式；

(2)熟悉形体分析的方法；

(3)了解不同形式组合体投影图(三面投影图、轴测投影图)的绘制和识读。

能力目标：(1)掌握形体分析的方法；

(2)能绘制组合体的三面投影图和轴测投影图；

(3)能识读组合体的三面投影图。

任务一 形体分析

引导问题

图 4-1 所示柱式桥墩和重力式桥墩分别由几个基本体组成？各有什么特点？

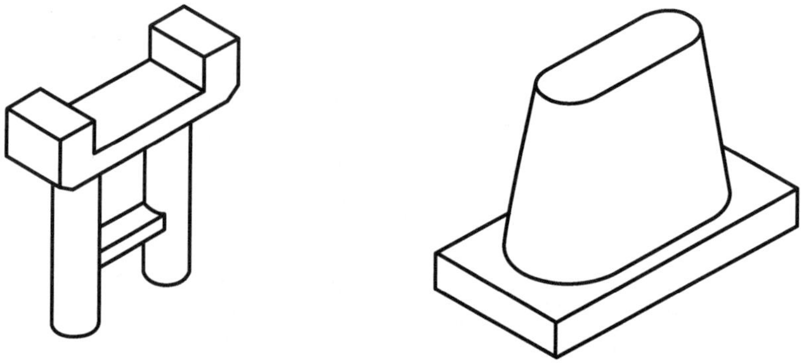

(a) 柱式桥墩　　(b) 重力式桥墩

图 4-1　柱式桥墩和重力式桥墩示例

相关知识

一、组合体的组合方式

组合体是由基本体组合而成。由基本体按不同的形式组合而成的形体称为组合体。

组合体的组合形式一般有:叠加式,如图 4-2(a)所示;截割式,如图 4-2(b)所示;综合式,如图 4-2(c)所示。

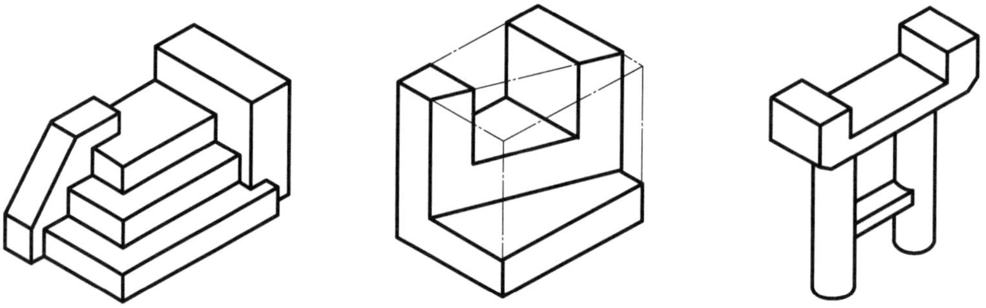

(a) 叠加式　　(b) 截割式　　(c) 综合式

图 4-2　组合体组合方式

二、组合体的形体分析

无论形状多么复杂的工程形体,从几何学的观点来看,都可视为是由若干基本几何体(柱、锥等)组合而成的。我们在研究组合体时,无论组合体多么复杂,通常可把一个组合体分解成若干个基本体,然后分析每个基本体的形状特征及其相互间的相对位置关系,便可分析出组合体的整体形状和空间位置。这种分析组合体的方法称为形体分析法。

如图 4-3 所示,要完成台阶的三面投影图绘制,就要先对照台阶的轴测投影图进行形体分析;在形体分析的基础上,完成各基本体的三面投影图;最后根据基本体之间的相对位置组合完成组合体的三面投影图。

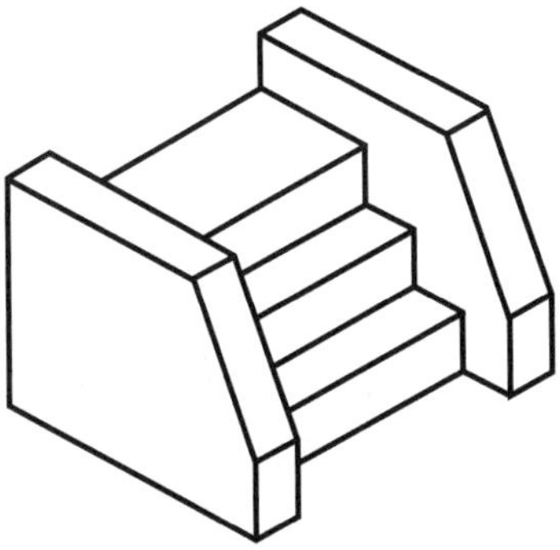

(a) 台阶立体图

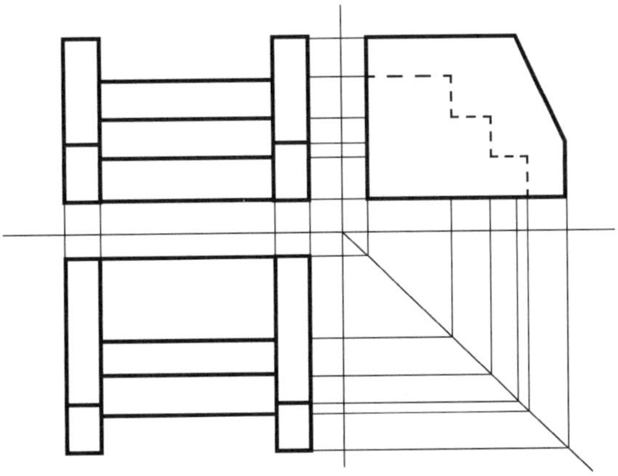

(b) 台阶三面投影图

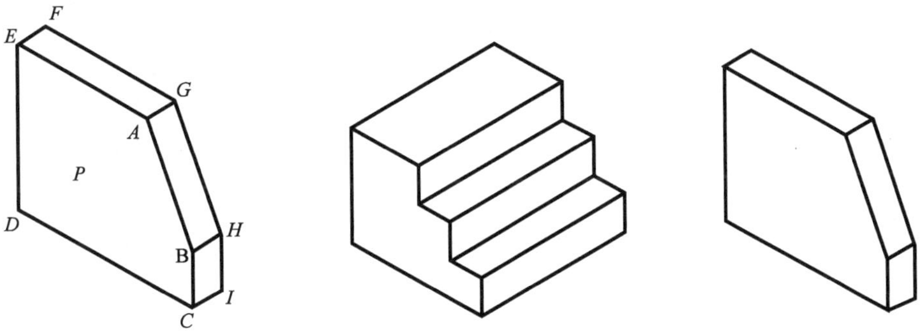

形体一　形体二　形体三

(c) 分解台阶立体图

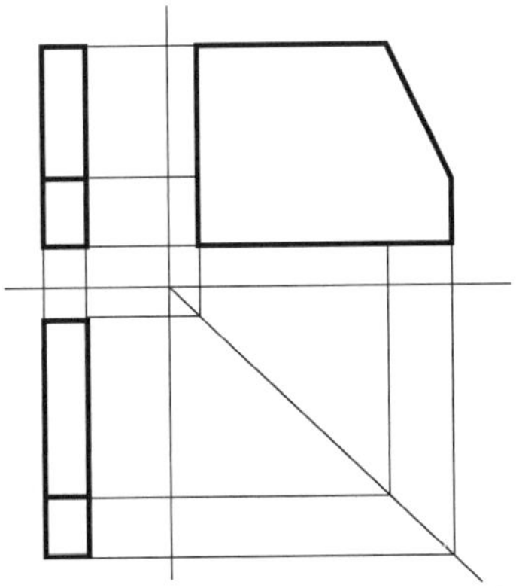

形体一、形体三的三面投影图

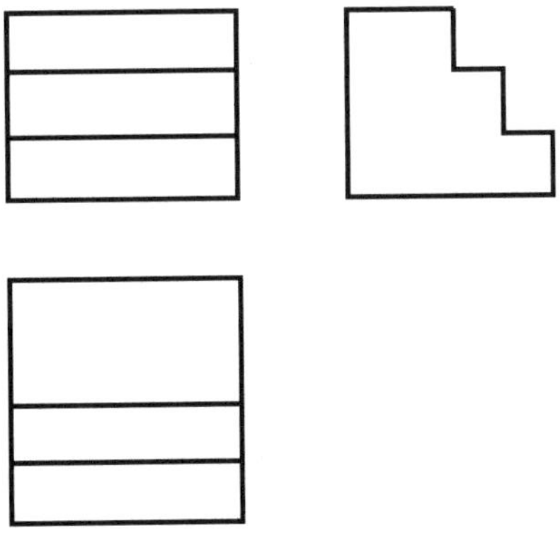

形体二的三面投影图

(d) 分解后台阶各基本体三面投影图

图 4-3　叠加式组合体形体分析

切割式组合体的形体分析，是在完整形体基础上，分析截平面的位置和截切基本体的形状，删除被切部分，完成组合体的形体分析。

如图4-4所示，该切割式组合体，是在四棱柱的基础上，由5个切平面，经两次切割，切去两个四棱柱，形成的切割式组合体。

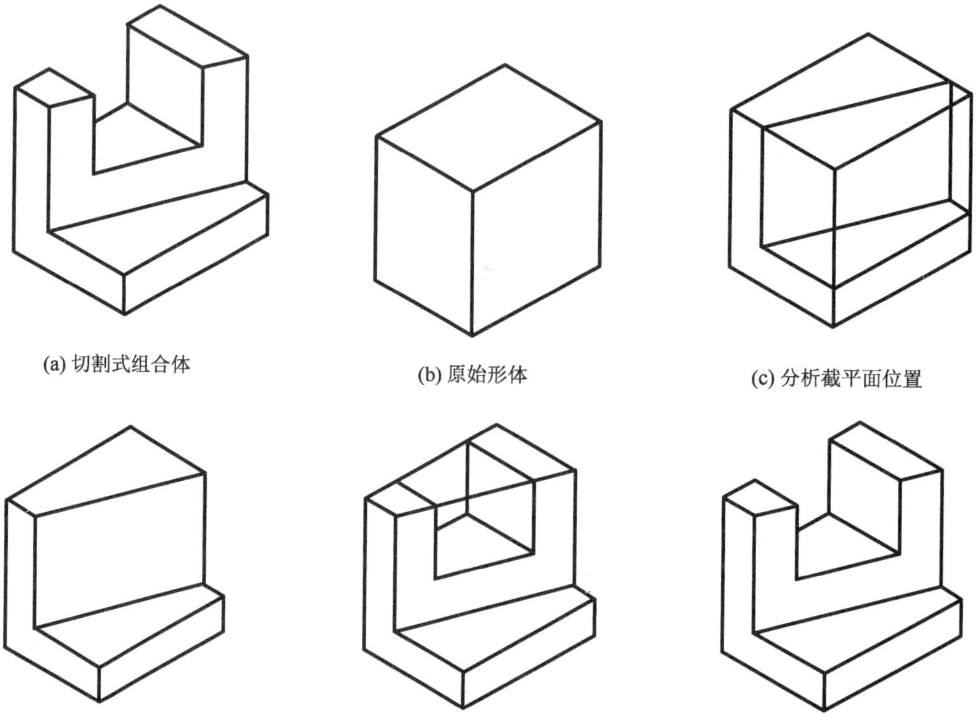

(a) 切割式组合体　(b) 原始形体　(c) 分析截平面位置

(d) 完成第一次切割　(e) 分析截平面位置　(f) 完成第二次切割

图4-4　切割式组合体形体分析

学习任务

1. 组合体的组合形式有哪几种？
2. 什么是形体分析法？
3. 叠加式组合体与切割式组合体在形体分析时有什么不同？

任务二　绘制组合体投影图

引导问题

1. 图4-5所示柱式桥墩和重力式桥墩的立体，怎么完成它们的三面投影图？

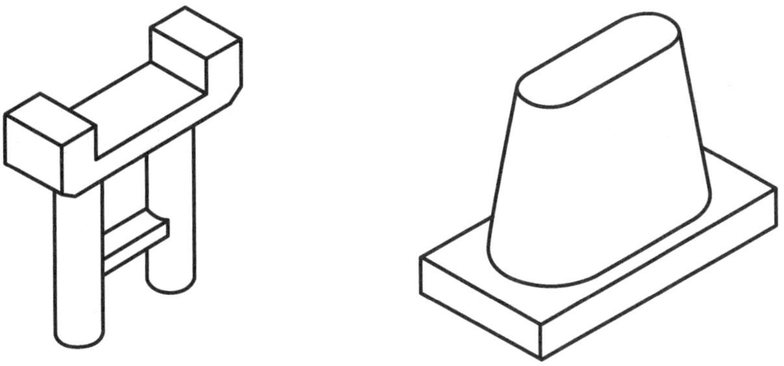

(a) 柱式桥墩　　(b) 重力式桥墩

图 4-5　柱式桥墩和重力式桥墩示例

2. 图 4-6 所示重力式桥墩的投影图,怎么完成其立体图(轴测投影图)?

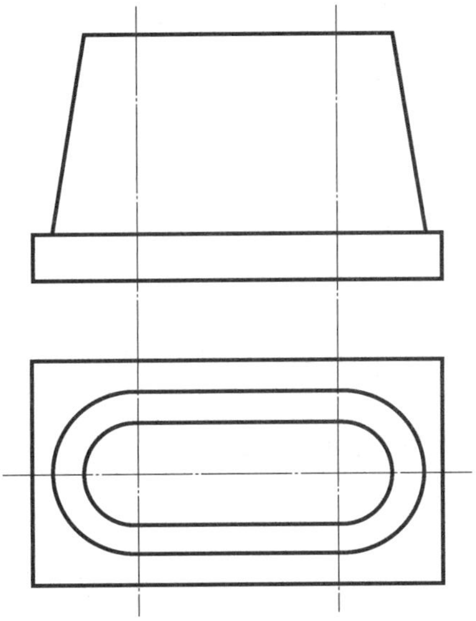

图 4-6　重力式桥墩示例

相关知识

一、组合体三面投影绘制

形体分析法是完成组合体投影图绘制的基本方法,即将组合体分解为几个基本体,分别画出各基本体的投影图,分析出各基本体之间的相对位置关系,然后根据它们的相对位置进行组合,这样就可以完成组合体投影图的绘制。

特别提示

因为叠加式组合体和切割式组合体的组合形式不同，那么叠加式组合体和切割式组合体投影图绘制的方法也会不同。

（一）叠加式组合体投影图绘制

绘制叠加式组合体投影图时，在形体分析的基础上，分析各基本体之间的相对位置是关键。对各基本体进行组合时，要注意基本体间平面平齐时，表面无接缝。如图 4-7 所示。

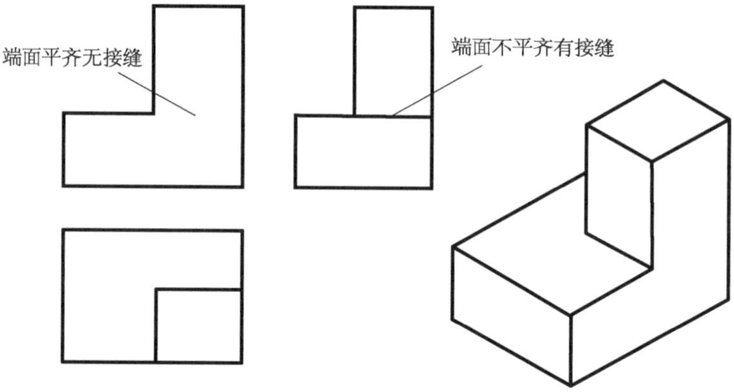

图 4-7 叠加式组合体投影

如图 4-8 所示，根据台阶的立体图，完成台阶的三面投影图。

解题步骤如下：

(1)形体分析：根据已知立体图可以判断，该形体是由五个基本体叠加而成。如图 4-9 所示。

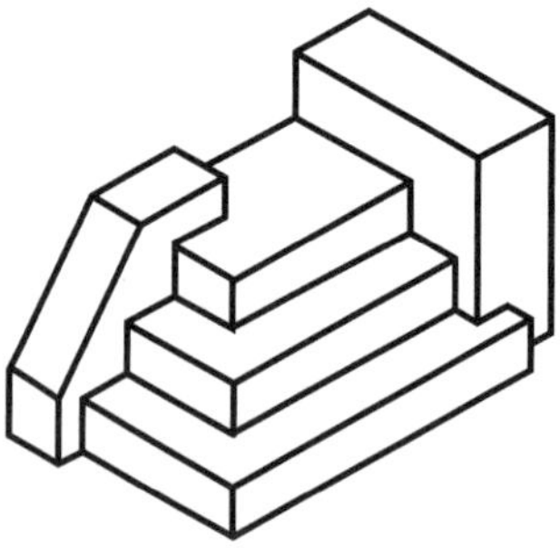

图 4-8 台级立体图

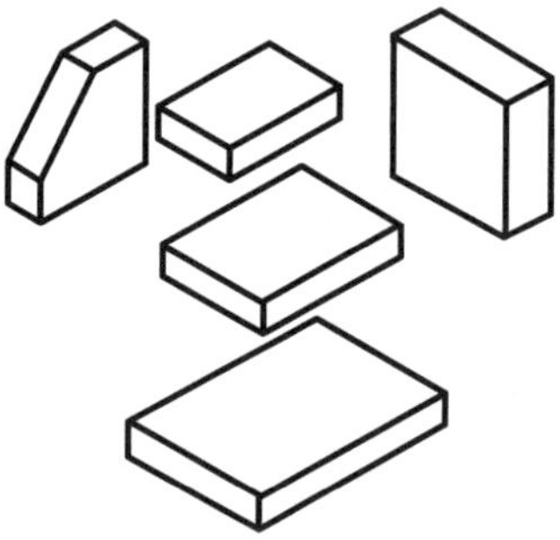

图 4-9 形体分析

(2)选择投影图数量和投影方向，如图 4-10(a)所示。

特别提示

为了用较少的投影图把组合体的形状完整清晰地表达出来，在形体分析的基础上，还要选择合适的投影方向和投影图数量。

选择 V 面投影方向的原则是：让 V 面投影图能明显地反映组合体的形状特征；同时还应考虑尽量减少其他投影图中的虚线和合理地使用图纸。

（3）选比例、定图幅。

（4）布置投影图，如图 4-10（b）所示。

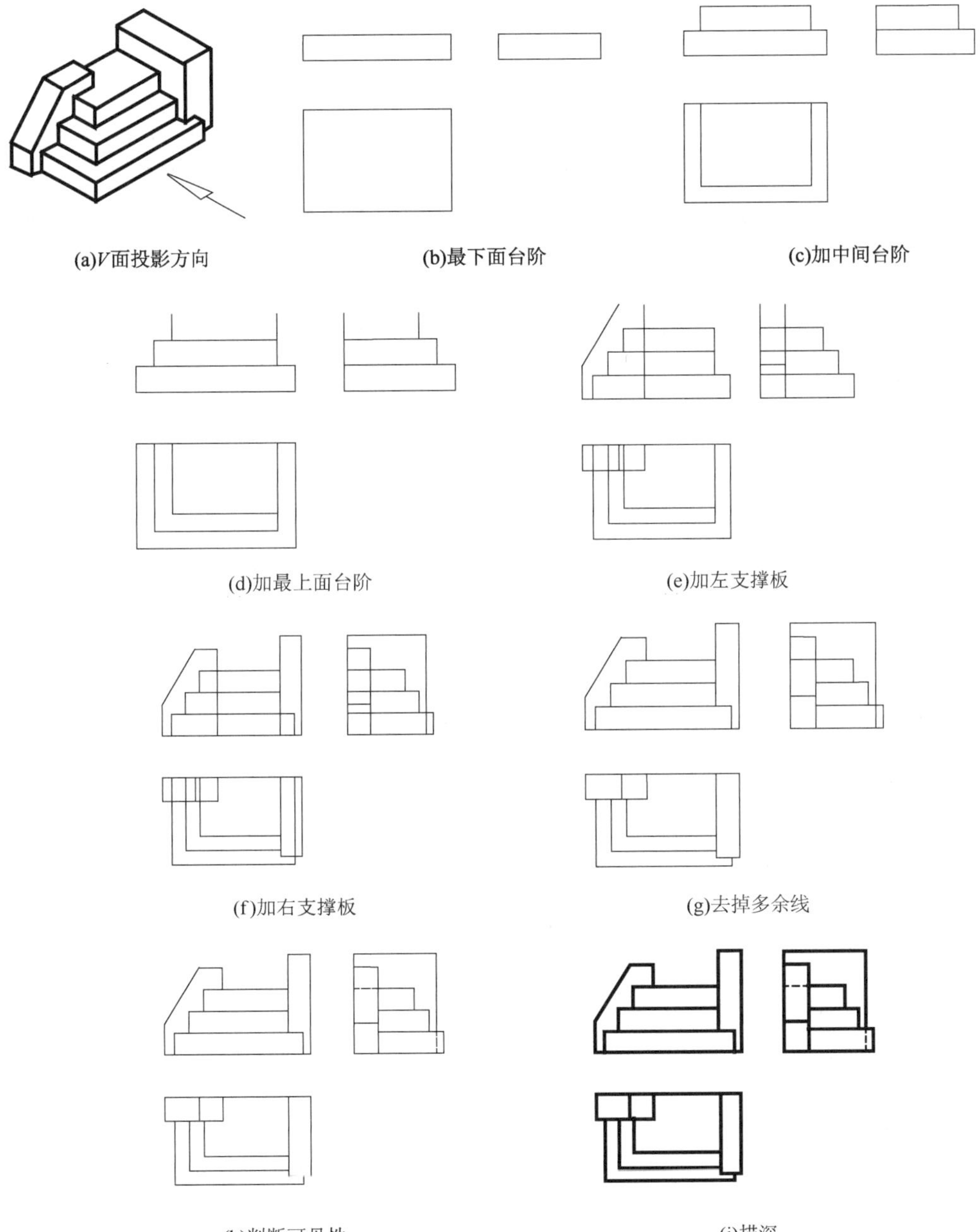

(a)V面投影方向　(b)最下面台阶　(c)加中间台阶

(d)加最上面台阶　(e)加左支撑板

(f)加右支撑板　(g)去掉多余线

(h)判断可见性　(i)描深

图 4-10　绘图步骤

特别提示

布图时，根据选定比例和组合体的总体尺寸，可粗略算出各基本体投影范围大小，并布置匀称图面。一般定出形体的对称线、主要端面轮廓线，作为作图的基线。

(5)绘制底图(图4-10)。

画最下面台阶的三面投影图，如图4-10(b)所示。

画中间台阶的三面投影图并与最下面台阶组合，如图4-10(c)所示。

画最上面台阶的三面投影图并与中间台阶和最下面台阶组合，如图4-10(d)所示。

画左侧支撑板的三面投影图并与三个台阶组合，如图4-10(e)所示。

画右支撑板的三面投影图并与其余四个基本体组合，如图4-10(f)所示。

去掉多余图线(去掉两端面平齐的连接线、去掉相贯两基本体内部的交线)，如图4-10(g)所示。

判断可见性，如图4-10(h)所示。

特别提示

画底图时，力求作图准确并用细线轻画。在画图时，注意以下几点：

画图的先后顺序，一般应从形状特征明显的投影图入手，先画主要部分，后画次要部分；先画可见轮廓线，后画不可见轮廓线。

画图时，对组合体的每一组成部分的三面投影，最好根据对应的投影关系同时画出；不要先把某一投影全部画好后，再画另外的投影，以免漏画线条。

(6)检查和描深，如图4-10(i)所示。

特别提示

底图画完后，检查确认无误后按《工程制图标准》规定的线型加深轮廓线。

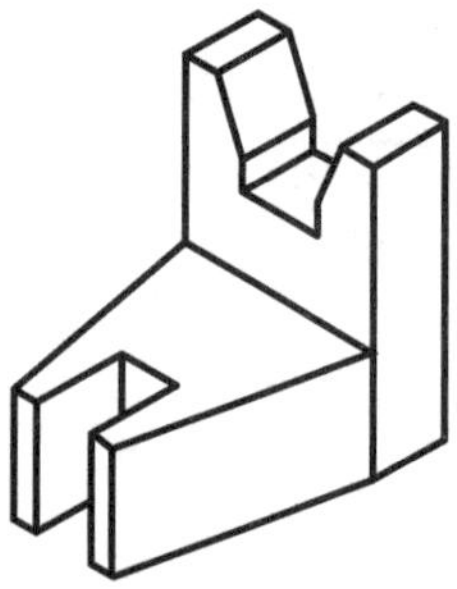

图4-11 切割式组合体立体图

(二) 切割式组合体投影图的绘制

如果组合体是切割式，完成其三面投影图时，应先画原始基本体的三面投影图，然后根据切平面的位置，逐个完成切平面与基本体的截交线，最后综合完成组合体的三面投影图。

如图4-11所示，根据组合体的立体图，完成组合体的三面投影图。

解题步骤如下：

(1)形体分析:组合体是在四棱柱的基础上经五次切割而成。如图 4-12 所示。

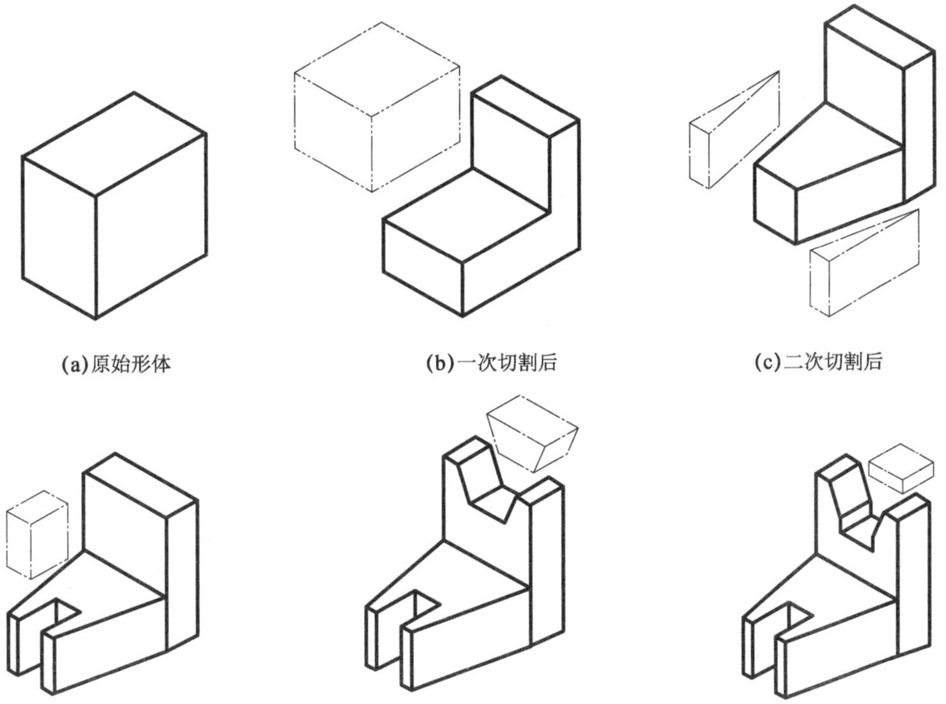

(a)原始形体 (b)一次切割后 (c)二次切割后

(d)三次切割后 (e)四次切割后 (f)五次切割后

图 4-12 形体分析

(2)选择投影图数量和投影方向:如图 4-13 所示。

(3)选比例、定图幅。

(4)布置投影图。

(5)绘制底图(图 4-14):

画原始四棱柱的三面投影图,如图 4-14(a)所示。

画第一次切割后形体的三面投影图,如图 4-14(b)所示。

画第二次切割后形体的三面投影图,如图 4-14(c)所示。

画第三次切割后形体的三面投影图,如图 4-14(d)所示。

画第四次切割后形体的三面投影图,如图 4-14(e)所示。

画第五次切割后形体的三面投影图,如图 4-14(f)所示。

(6)检查和描深,如图 4-14(f)所示。

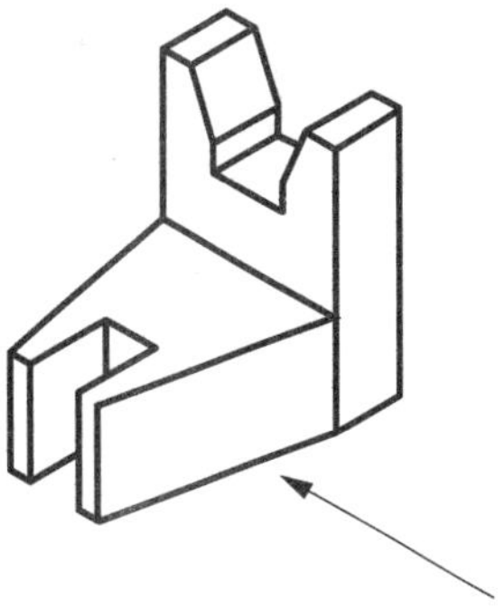

图 4-13 *V* 面投影方向

二、组合体轴测投影绘制

在画组合体的轴测图之前,应先通过形体分析了解组合体的组合方式和各组成部分的形状和相对位置,再选择适当的画图方法。一般绘制组合体轴测投影的方法有:叠加法;切割法。

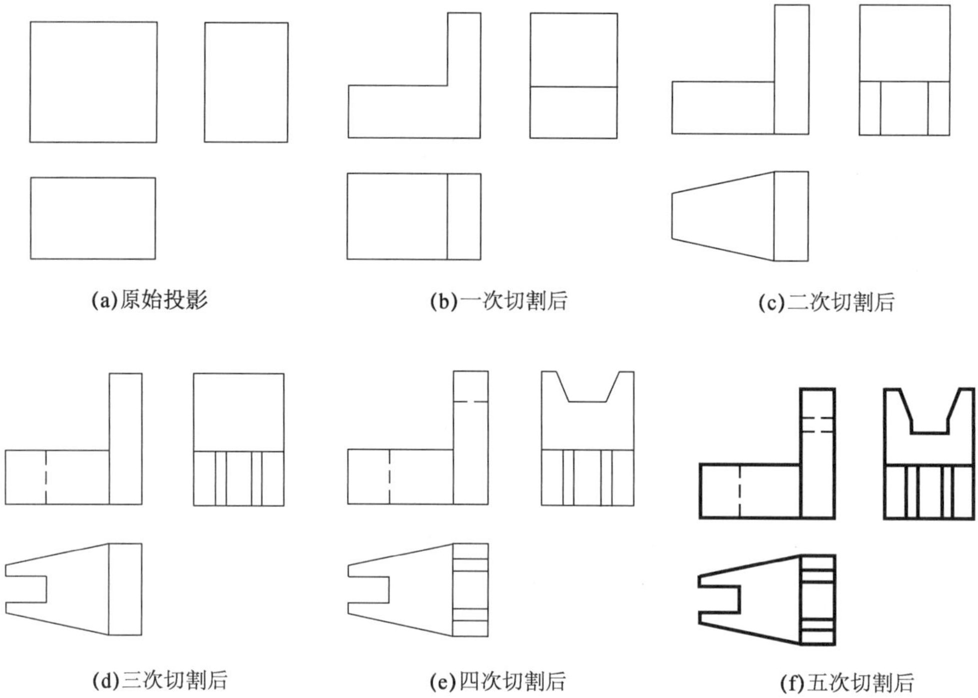

图 4-14 绘图步骤

(一) 叠加法

当组合体是由基本体叠加而成时,先将组合体分解为若干个基本体,然后按各基本体的相对位置逐个画出各基本体的轴测图,经组合后完成整个组合体的轴测图。这种绘制组合体轴测图的方法叫叠加法。

求作图 4-15(a)组合体的正等轴测投影图。

解题步骤如下:

(1)形体分析:由已知的三面投影图可知,该组合体由四个基本体叠加而成,所以,可用叠加法完成组合体的轴测投影图,如图 4-15(a)所示。

(2)建立坐标系:根据正等轴测图轴间角的要求建立坐标系,如图 4-15(b)所示。

(3)绘制各基本体的正等轴测投影图,根据各基本体的相对位置组合各基本体,完成组合体的正等轴测投影图:①绘制底板的轴测投影图,如图 4-15(c)所示。②绘制背板的轴测投影图,并与底板组合,如图 4-15(d)所示。③绘制两个侧板的轴测投影图,并与底板和背板组合,如图 4-15(e)所示。

(4)去掉多余的图线(基本体叠加后,端面平齐不应有接缝),如图 4-15(f)所示。

(5)校核、清理图面,加深图线,如图 4-15(g)所示。

(二) 切割法

当组合体是由基本体切割而成时,先画出完整的原始基本体的轴测投影图,然后按其切平面的位置，逐个切去多余部分，从而完成组合体的轴测投影图。这种绘制组合体轴测图的方法叫作切割法。

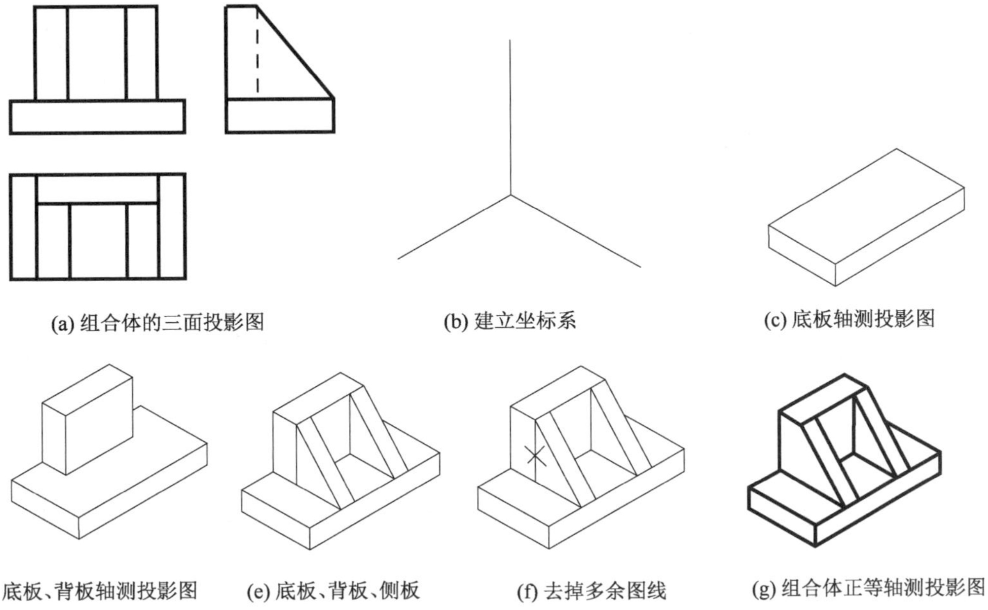

(a) 组合体的三面投影图　(b) 建立坐标系　(c) 底板轴测投影图

(d) 底板、背板轴测投影图　(e) 底板、背板、侧板　(f) 去掉多余图线　(g) 组合体正等轴测投影图

图 4-15　组合体轴测图的画法——叠加法

求作图 4-16(a)组合体的正等轴测投影图。

解题步骤如下：

(1)形体分析：由已知的三面投影图可知，该组合体是在四棱柱的基础上由八个切平面经三次切割而成，所以，可用切割法完成组合体的轴测投影图。

(2)建立坐标系：根据正等轴测投影图的要求建立坐标系，如图 4-16(b)所示。

(3)画完整四棱柱的正等轴测投影图，如图 4-16(c)所示。

(4)按切平面的位置逐个切去被切部分，如图 4-16(d) ~ (f)所示。

(5)校核、清理图面、加深图线，如图 4-16(g)所示。

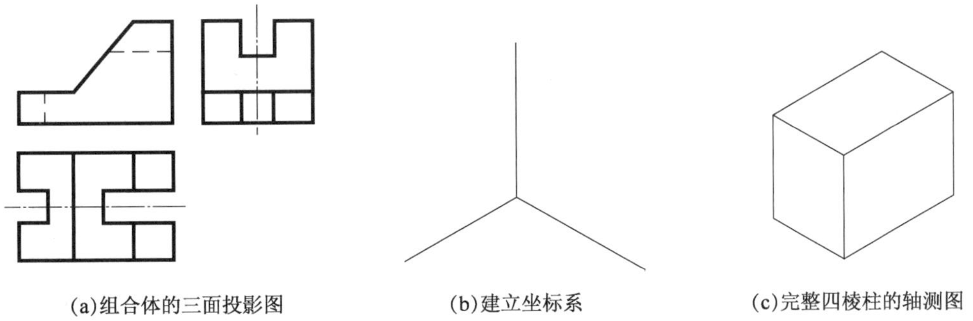

(a)组合体的三面投影图　(b)建立坐标系　(c)完整四棱柱的轴测图

图　4-16

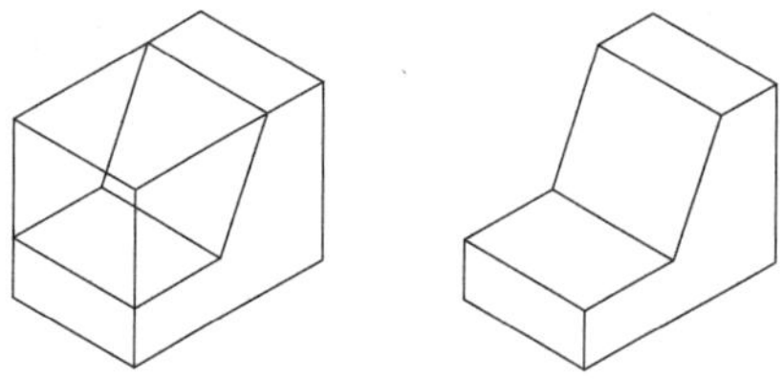

(d)第一次切割后轴测投影图

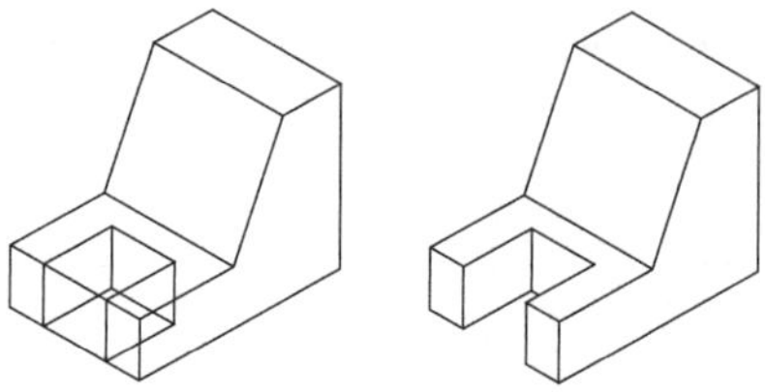

(e)第二次切割后轴测投影图

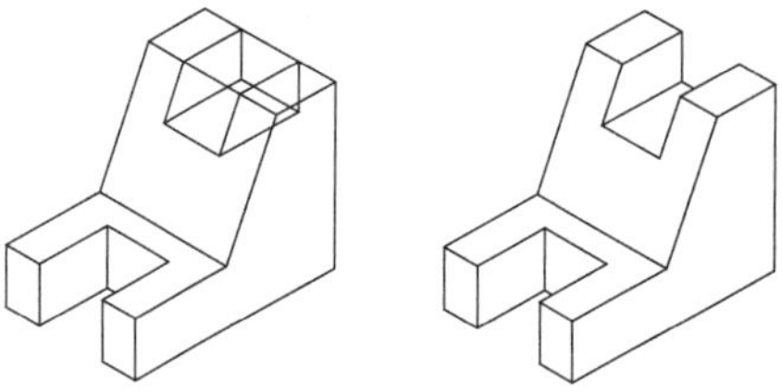

(f)第3次切割后轴测投影图

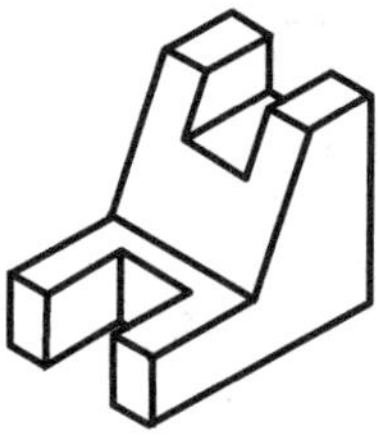

(g)组合体的正等轴测投影图

图4-16 组合体轴测图的画法——切割法

有些组合体俯视时主要部分被遮住不可见，用仰视画出组合体的轴测投影图，则直观效果较好。

如图4-17(a)所示，画出组合体的仰视斜二轴测投影图。

分析：观察图4-17(a)，可知组合体是由一个四棱柱和两个六棱柱叠加而成。

解题步骤：如图4-17(b)～(e)所示。

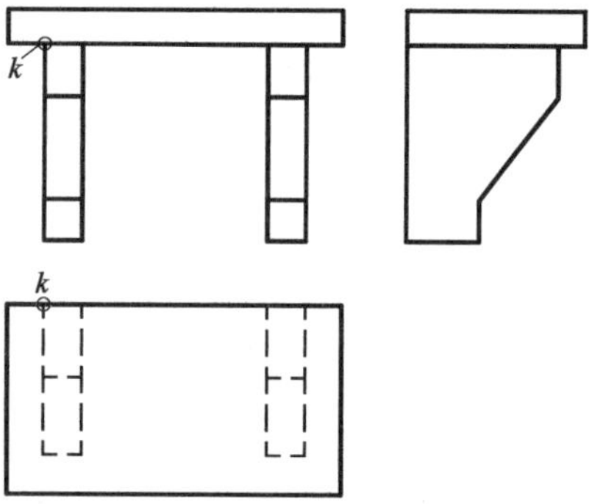

(a)组合体的三面投影图

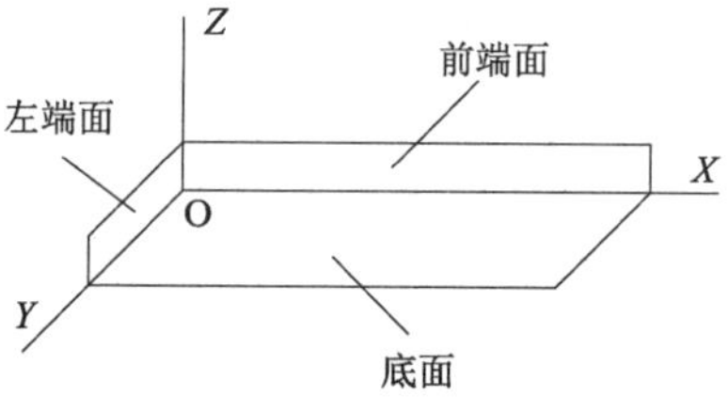

(b)画四棱柱的轴测投影图

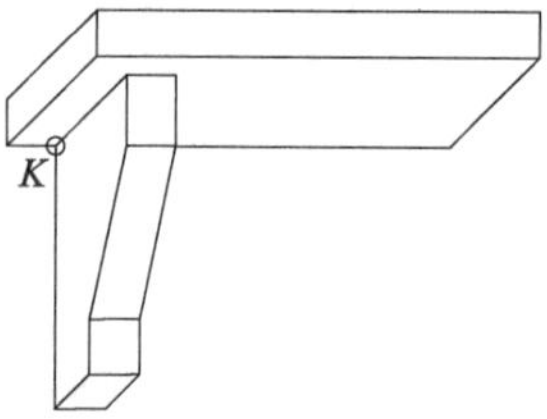

(c)画左边六棱柱的轴测投影图

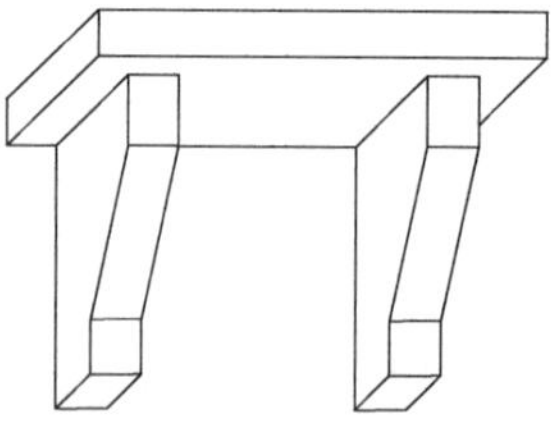

(d)画右边六棱柱的轴测投影图

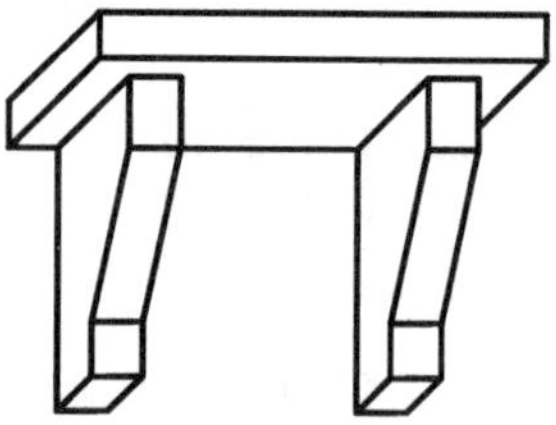

(e)整理加深图线

图4-17 组合体的仰视斜二轴测投影图画法

学习任务

1. 组合体三面投影的绘图步骤是什么？
2. 如何确定正立投影面的投影方向？
3. 叠加式组合体投影图绘制的步骤是什么？
4. 切割式组合体投影图绘制的方法是什么？
5. 完成如图 4-18 所示组合体的三面投影图。

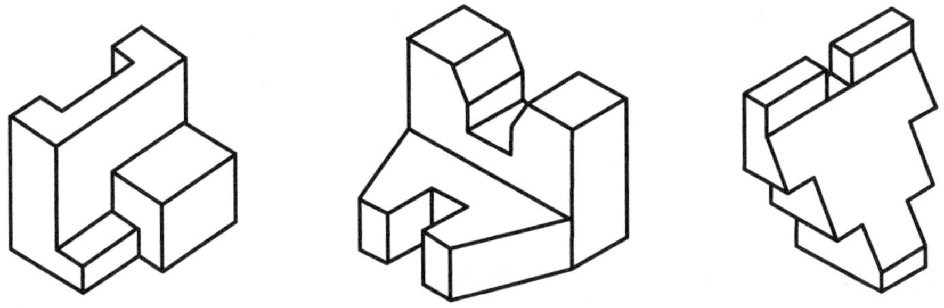

(a) (b) (c)

图 4-18 学习任务第 5 题图

6. 完成如图 4-19 所示组合体的正等轴测投影图。

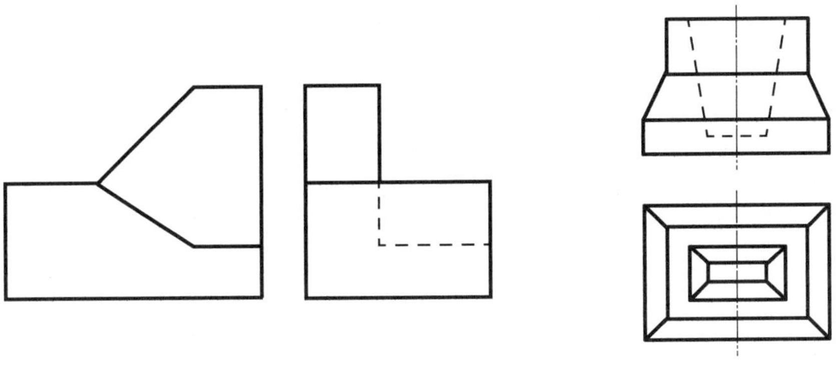

(a) (b)

图 4-19 学习任务第 6 题图

7. 完成如图 4-20 所示组合体的斜二轴测投影图。

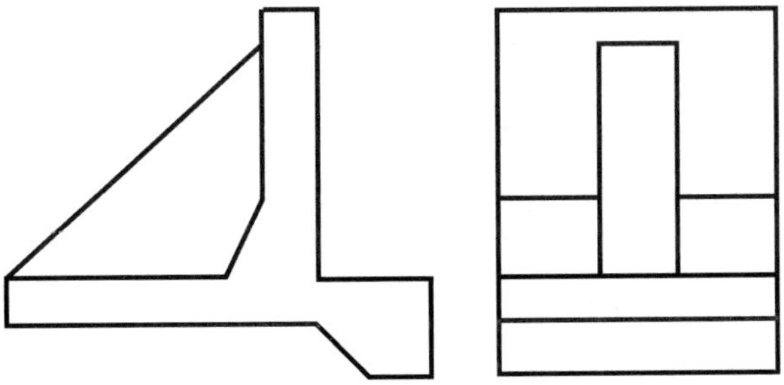

图 4-20 学习任务第 7 题图

8. 完成如图 4-21 所示组合体的轴测投影图(自选轴测类型)。

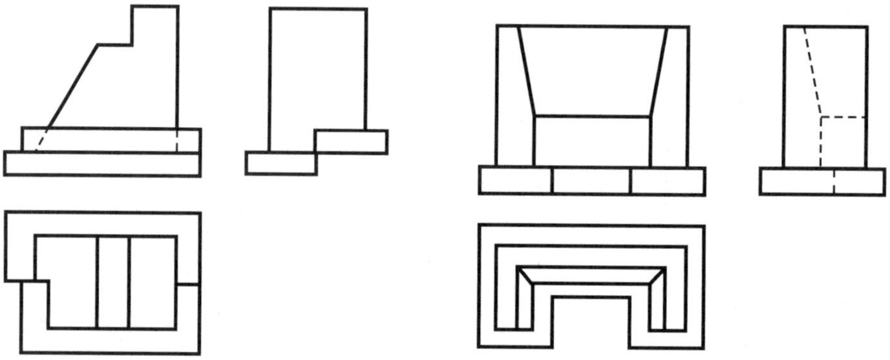

(a) (b)

图 4-21 学习任务第 8 题图

任务三 识读组合体投影图

引导问题

作为一名工程施工人员,你能读懂如图 4-22 所示桥台的空间结构吗?

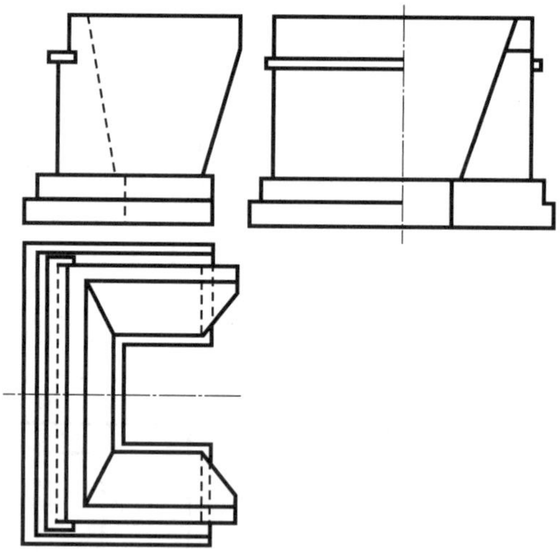

图 4-22 桥台三面投影图

相关知识

读图是根据形体的投影图想像形体的空间形状的过程,也是培养和发展空间想象能力、空间思维能力的过程。读图的方法一般有:拉伸法、形体分析法、线面分析法和轴测投影辅助读图法。识读组合体投影图时,一般以形体分析为主。

在识读组合体投影图时,除了熟练运用投影规律进行分析外,还应注意以下几点:

(1)熟悉各种位置的直线、平面、曲面以及基本体的投影特性。

(2)组合体的形状通常不能只根据一个投影图或两个投影图来确定。读图时必须把几个投影图联系起来思考,才能准确地确定组合体的空间形状。如图4-23所示,虽然(a)和(b)的 V、H 面投影图相同,但它们的 W 面投影图不同,因此,两个组合体的空间形状不相同。

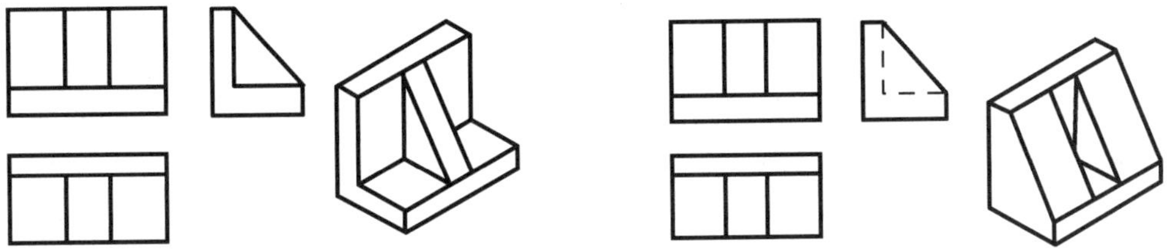

(a)组合体1　　(b)组合体2

图4-23　按三等关系读图

(3)注意投影图中线条和线框的意义。

投影图中的一个线条,除表示一条线的投影外,可以表示一个有积聚的面的投影;可以表示两个面的相交线;可以表示曲面的转向轮廓线。如图4-24(a)所示。

投影图中的一个线框除表示一个面的投影外,还可以表示一个基本体在某一投影面上的积聚投影。如图4-24(b)所示。

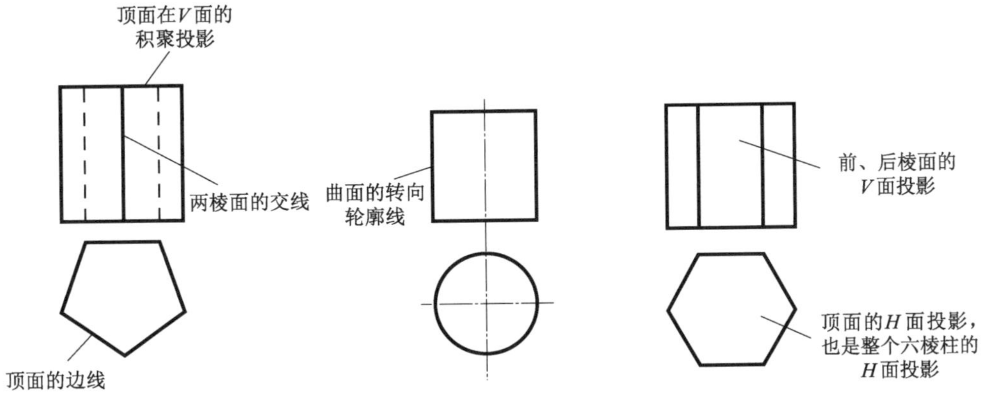

(a)投影图中线条的意义　　(b)投影图中线框的意义

图4-24　投影图中线条和线框的意义

一、拉伸法读图

拉伸法读图是投影的逆向思维,即是把反映物体形状特征的投影图沿一定的投影方向从投影面拉回空间,完成物体的投影图识读。拉伸法读图一般用于柱体或由平面切割立体而成的简单体。

运用拉伸法读图时,关键是在给定投影图中找出反映立体特征的线框。一般来讲,当立体的三个投影图中有两个投影图中的大多数线条互相平行,且都是平行同一投影轴,而另一投影图是一个几何线框时,该线框就是反映立体形状特征的线框。

识读如图 4-25(a)所示组合体的三面投影图。

解题步骤如下:

分析:在三面投影图中,*V* 面和 *W* 面投影图的大多数图线都平行 *Z* 坐标轴,而 *H* 面投影是一个几何图形,所以 *H* 面投影的几何图框就是反映立体形状特征的线框。如图 4-25(b)所示。

在读图时用拉伸的方法,把 *H* 面的图框沿 *Z* 坐标方向拉伸 *V* 面(或 *W* 面)的高度,完成组合体的识读。如图 4-25(c)、(d)所示。

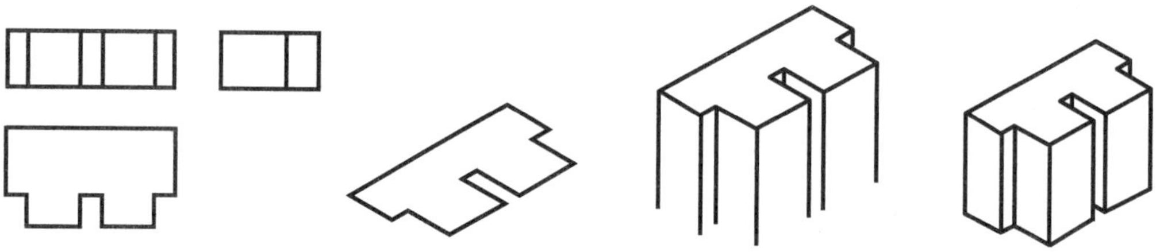

(a)组合体的三面投影图　(b)反映形状特征的面　(c)拉伸过程　(d)拉伸结果

图 4-25　拉伸法读图

二、形体分析法读图

形体分析法读图,就是先以特征比较明显的视图为主,根据视图间的投影关系,把组合体分解成一些基本体,并想像各基本体的形状,再按它们之间的相对位置,综合想像组合体的形状。此读图方法常用于叠加型组合体。

补画如图 4-26(a)所示立体的第三投影图。

解题步骤如下。

(1)分线框:在组合体的三投影图线框明显的视图中分线框(即从组合体中分解基本体),然后根据投影规律找出线框的对应关系。

在 *V* 面投影图中分出三个线框(即把组合体分解为三个基本体),如图 4-26(b)所示。

根据长对正的投影规律找出 *H* 面这三个线框的对应图线,如图 4-26(c)所示。

(2)读线框:结合基本体的特征,读懂各基本体的形状,并补画其第三投影图。

读线框 1(基本体 1),补画其 *W* 面投影图,如图 4-26(d)所示。

读线框 2(基本体 2),补画其 *W* 面投影图,并与基本体 1 组合,如图 4-26(e)、(f)所示。

读线框 3(基本体 3),补画其 *W* 面投影图,并与基本体 1、2 组合,如图 4-26(g)、(h)所示。

(3)检查校核,完成读图,如图 4-26(i)所示。

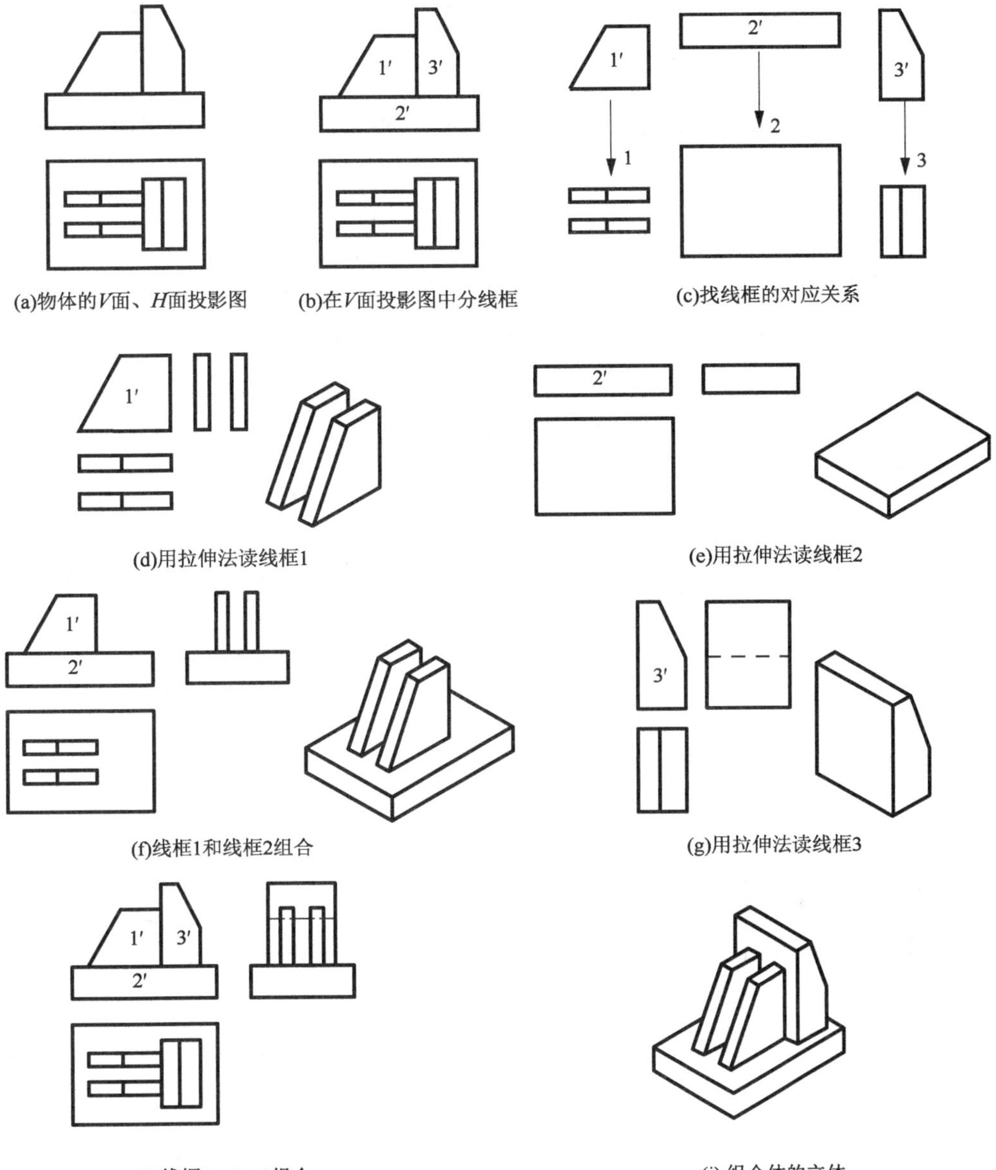

(a)物体的V面、H面投影图　(b)在V面投影图中分线框　(c)找线框的对应关系

(d)用拉伸法读线框1　(e)用拉伸法读线框2

(f)线框1和线框2组合　(g)用拉伸法读线框3

(h)线框1、2、3组合　(i) 组合体的立体

图 4-26　形体分析法读图

三、线面分析法读图

由于立体的表面由线、面等几何元素组成,所以在读图时就可以把立体分解为线、面等几何元素。运用线、面的投影特性,识别这些几何元素的空间位置和形状;再根据线连面、面围体的方法,想像出立体的形状。这种方法适用于切割式的组合体。

识读图 4-27(a)所示组合体的三面投影图。

解题步骤如下:

(1)分析:从已知的三面投影图可看出,V 面只有一个线框,所以不能用形体分析的方法识读。由于组合体的 V 面投影是一个封闭的五边形线框，说明组合体是由七个平面围成，如图 4-27(b)所示。

(2)确定各表面的形状和空间位置。

从已知的三面投影图可分析出平面 1(前端面)是侧垂面，平面 2(后端面)是正平面，如图 4-27(c) ~ (e)所示。

从已知三面投影图可知平面 3(左下侧面)是正垂面，平面 6(左上侧平面)是侧平面，如图 4-27(f) ~ (h)所示。

从已知三面投影图可知平面 4(右侧面)是正垂面，如图 4-27(i)、(j)所示。

从已知三面投影图可知平面 5(下底面)是水平面，平面 7(上顶面)是水平面，如图 4-27(k) ~ (m)所示。

(3)综合想象组合体的空间形状，如图 4-27(n)所示。

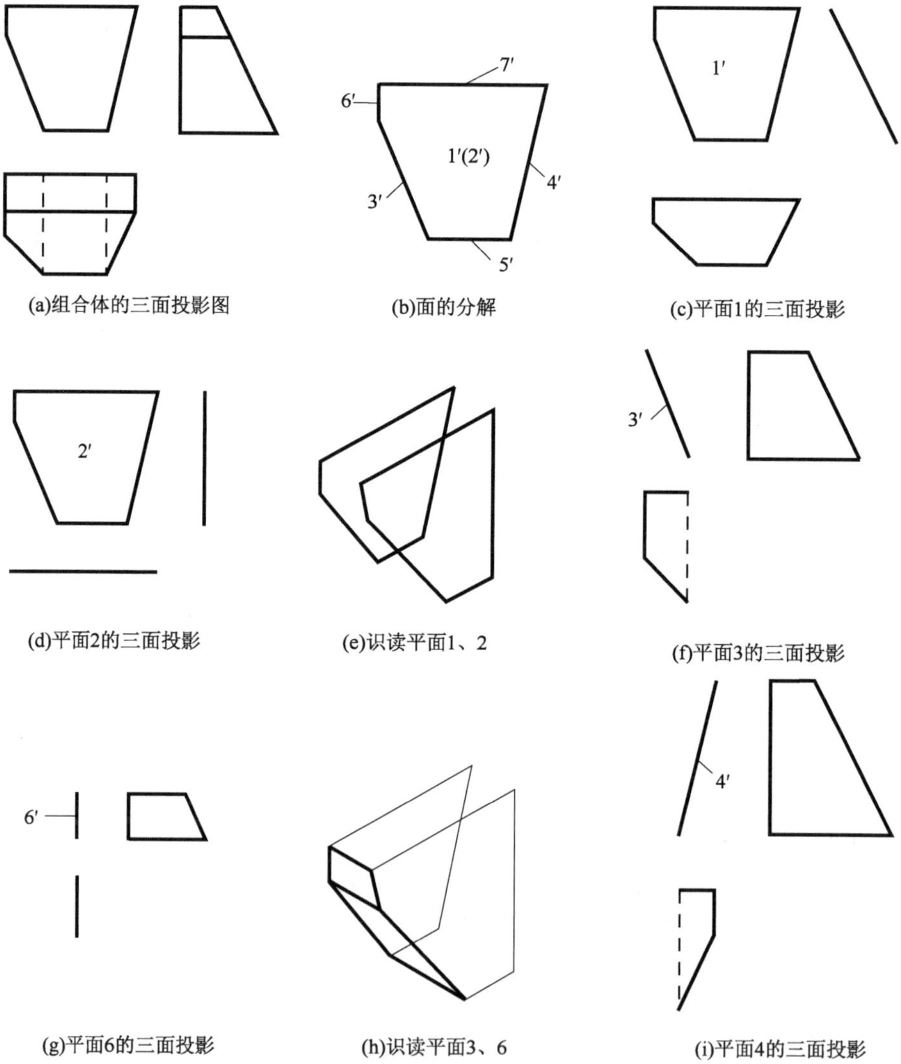

图 4-27

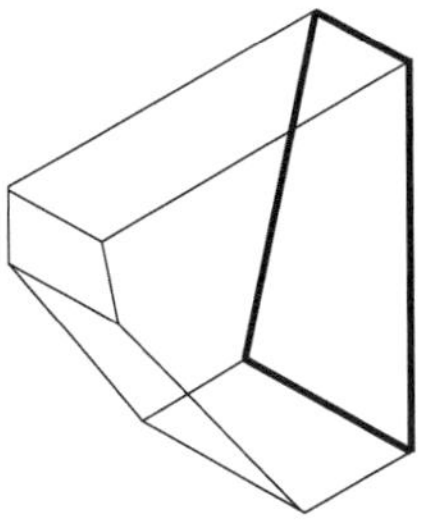

(j)识读平面4

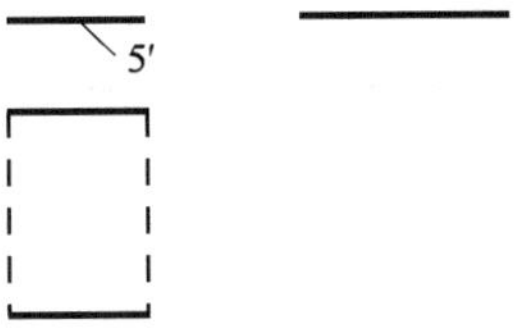

(k)平面5的三面投影

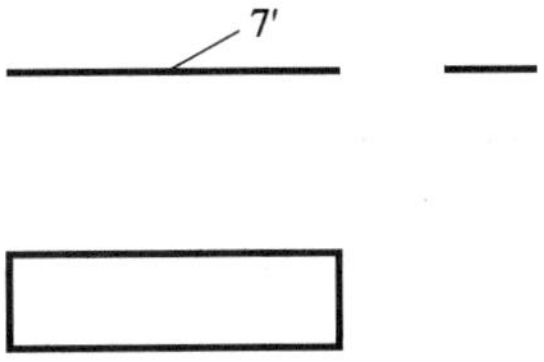

(l)平面7的三面投影

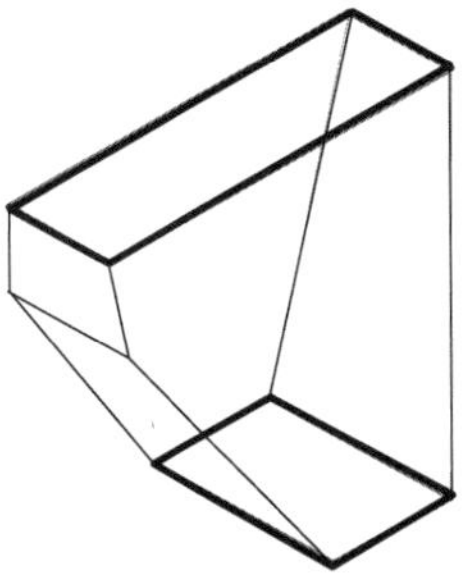

(m)识读线框5、7

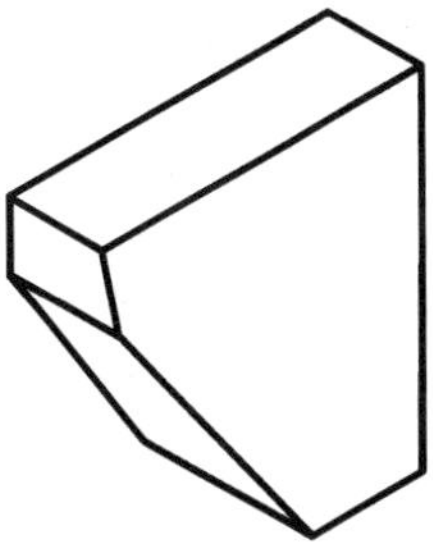

(n)组合体的立体图

图 4-27　线面分析法读图

四、轴测投影辅助读图

轴测投影的特点是在投影图上同时反映出几何体长、宽、高三个方向的形状，所以富有立体感，直观性较好。我们在进行组合体投影图阅读时就可以利用轴测投影的特点帮助读图。

如图 4-28(a)所示，补全三面投影图中所缺少的图线。

解题步骤如下：

(1)分析：从已知的三面投影图可以看出 *W* 面投影只有一个线框，即该形体是一个截割式的组合体，不能用形体分析的方法读图，如果用线、面分析的方法读图面又太多，不便分析，用拉伸的方法更不适合。我们就用画轴测图的方法来识读该形体的空间形状。

(2)想象原始基本体的形状。

补上投影图的外边线，就可以分析出原始基本体是一个四棱柱，如图 4-28(b)所示。

(3)分析切割过程，画轴测图。

先在有积聚的投影图上分析切平面的位置，再分析切割过程。

等一次切割：由切平面 1 和切平面 2 完成，如图 4-28(c)所示。

第二次切割：由切平面 3、4、5 完成，如图 4-28(d)所示。

(4)对照轴测图补画投影图中所缺少的图线，如图 4-28(e)所示。

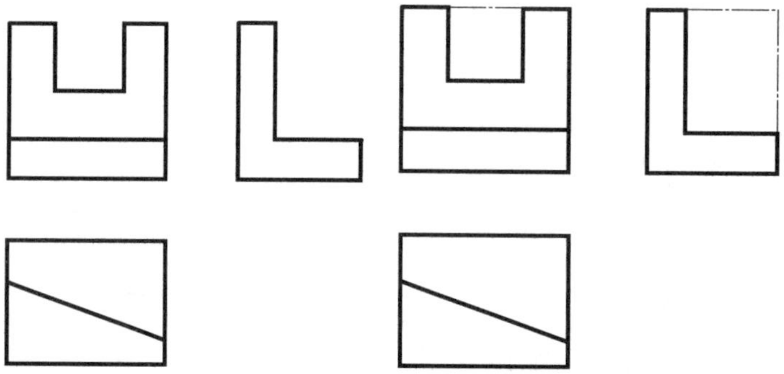

(a)组合体三面投影图的部分图线

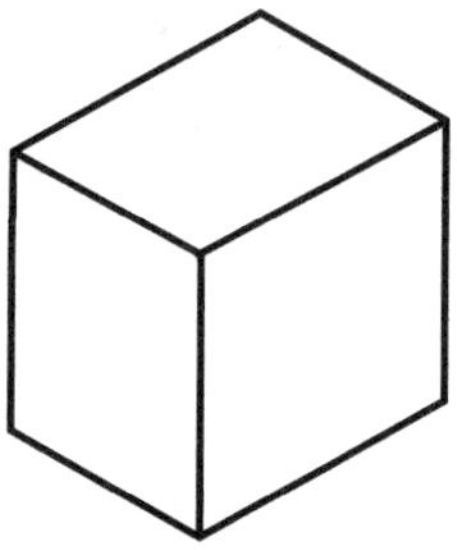

(b)想象原始基本体形状

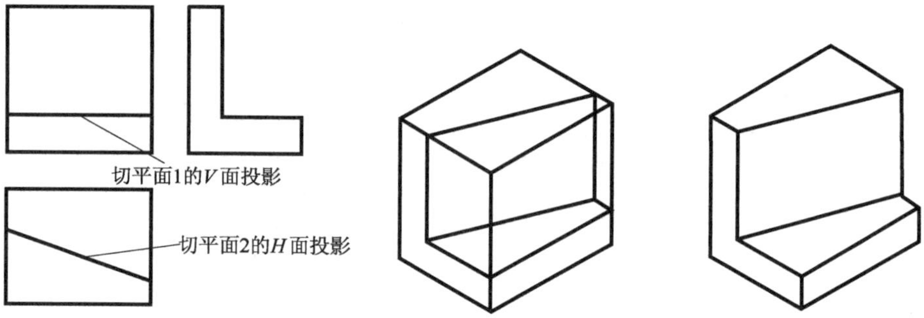

(c)第一次切割

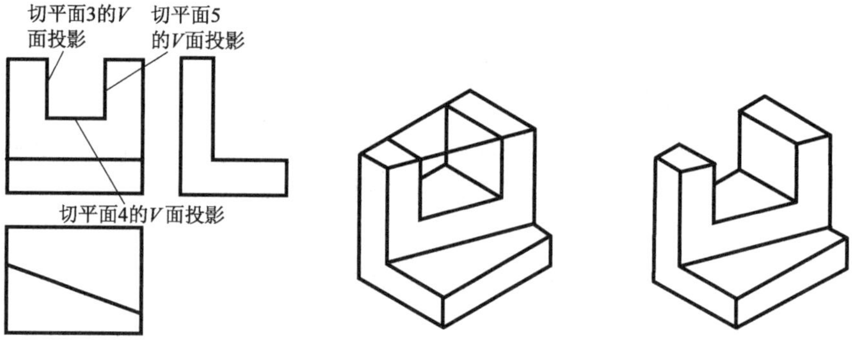

(d)第二次切割

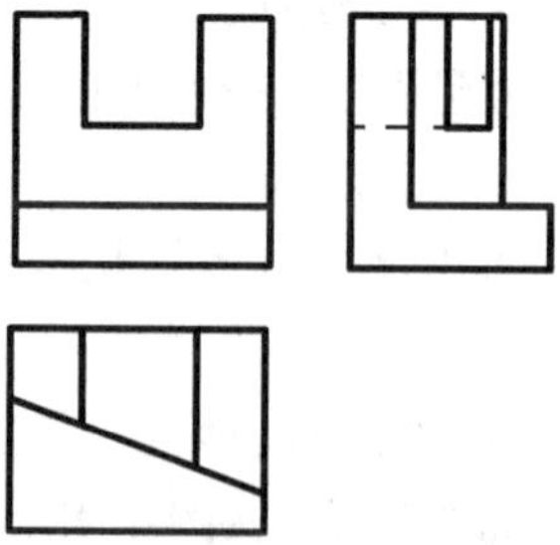

(e)组合体的三面投影图

图 4-28 轴测投影辅助读图

由于组合体组合方式的复杂性,在实际读图时,有时很难确定它的读图方法。一般以形体分析法为主,拉伸法、线面分析法、轴测投影辅助读图法为辅,根据不同的组合体,灵活应用。

学习任务

1. 识读组合体三面投影图有哪些注意事项?
2. 拉伸法读图适用于什么类型的形体?
3. 形体分析法读图适用于什么类型的形体?
4. 线面分析法读图适用于什么类型的形体?
5. 补画图 4-29 组合体的 *W* 面投影图。

(a) (b)

图 4-29 补画组合体的 *W* 面投影图

6. 补全图 4-30 的投影图中所缺的图线。

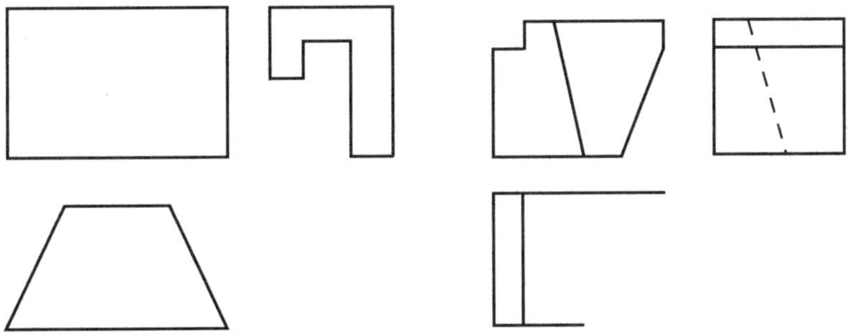

(a) (b)

图 4-30 补全投影图中所缺的图线

任务四 组合体的尺寸标注

引导问题

如图 4-31 所示,下列投影图表达了形体的空间形状,怎么正确标注尺寸来表达形体的大小?

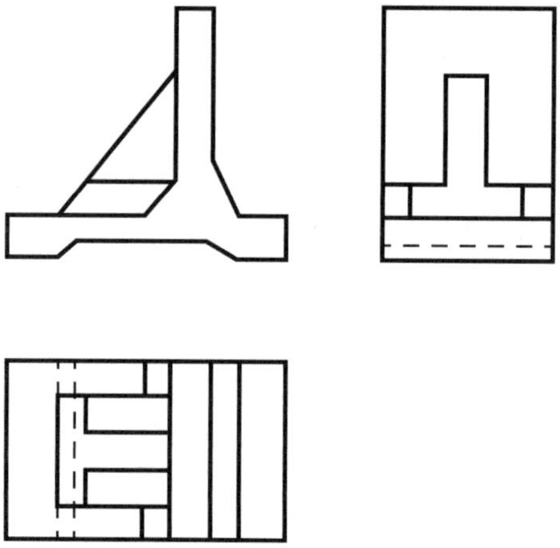

图 4-31　挡墙三面投影图

相关知识

投影图只能表达立体的形状，而要确定立体的大小，则需标注立体的尺寸，而且还应满足以下要求：

正确——要符合《道路工程制图标准》(GB 50162—1992)的要求。

完整——所标注的尺寸，必须能够完整、唯一地表达形体的形状大小。

清晰——尺寸的布置要整齐、清晰，便于识读。

合理——标注的尺寸要满足设计要求，并满足施工、测量和检验的要求。

一、尺寸的种类

组合体的尺寸一般有三种类型(图 4-32)。

(1)定形尺寸：确定组合体各组成部分形体大小的尺寸称为定形尺寸，如图 4-32(c)所示。

(2)定位尺寸：确定组合体各组成部分相对位置的尺寸称为定位尺寸，如图 4-32(d)所示。

(3)总体尺寸：确定组合体外形的总长、总宽、总高的尺寸，如图 4-32(e)所示。

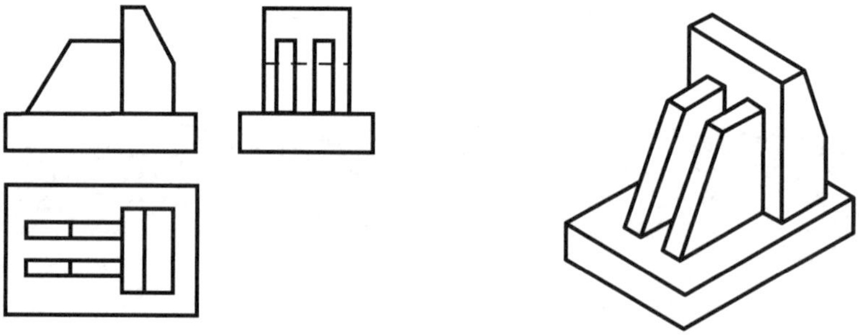

(a)投影图　　(b)立体图

图 4-32

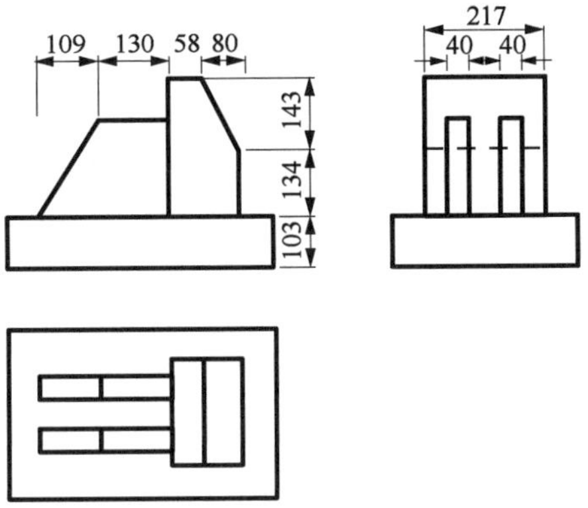

(c)定形尺寸标注

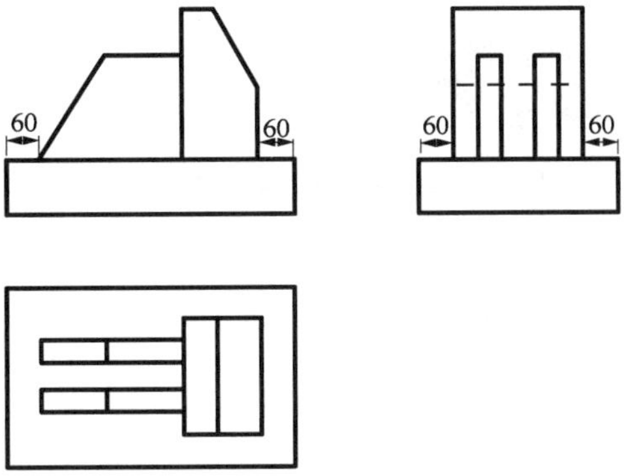

(d)定位尺寸标注

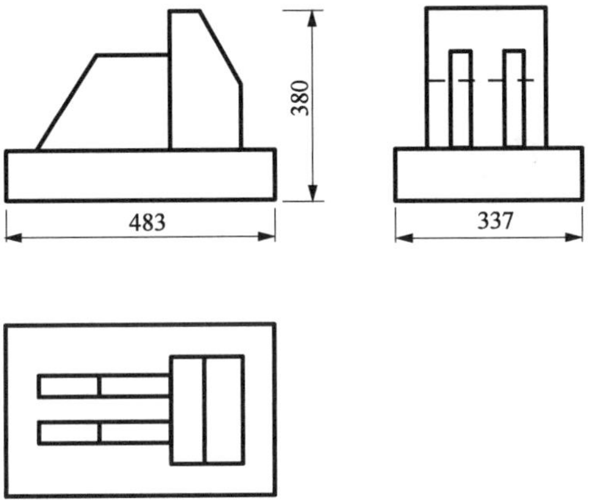

(e)总体尺寸标注

图4-32 尺寸标注

二、尺寸标注的基本要求

(一) 尺寸标注要完整

所为完整，即指所注尺寸能完全确定组合体的形状和大小。即组合体尺寸标注中定形尺寸、定位尺寸、总体尺寸都必须标注完整。

(二) 尺寸布置必须清晰

为了保证所注尺寸清晰，便于寻找、识读，应注意一下几点：

(1)尺寸应尽量注在投影图之外。与两投影图相关的尺寸，最好注在两投影图之间。

(2)各基本体的定形、定位尺寸尽可能不要分散，要集中标注在形状特征和位置特征明显的投影图上。

(3)同向尺寸应尽可能排列整齐，尺寸线对齐。

(4)避免在虚线上标注尺寸。

(5)为了便于加工制作,尺寸可采用封闭式,不得产生误差。

学习任务

1. 组合体尺寸标注的基本要求是什么?
2. 何为定形尺寸、定位尺寸、总体尺寸?
3. 标注图 4-33 所示组合体的尺寸,数字从图中按比例 1:10 度量(取整数)。

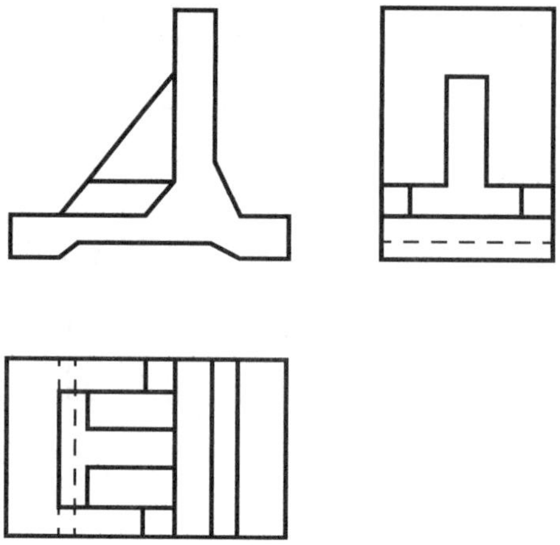

图 4-33 学习任务第 3 题图

学习情境五

绘制剖面图和断面图

学习情境描述

在工程实际中，形体的结构往往比较复杂，越复杂形体的投影，不可见的轮廓线就越多，投影图中的虚线也就越多，非常不利于了解结构的空间形状和尺寸标注。为了解决以上问题，在工程制图中通常采用剖面图和断面图的形式来表达复杂形体。本情境主要介绍剖面图和断面图的形成原理、分类和绘制方法，学习者可以了解如何识读剖面图和断面图以及如何根据实际需要灵活使用剖面图和断面图来表达工程结构物的内部结构和材料组成。

学习目标

知识目标：(1)认知剖面图、断面图的概念、形成、分类和用途；

(2)熟悉剖面图、断面图的绘制和识读。

能力目标：(1)能根据三面投影绘制剖面图、断面图；

(2)能合理运用剖面图、断面图表达形体及工程结构物的内部结构和材料。

任务一 绘制剖面图

引导问题

1. 如图 5-1 所示的某沉井三视图，它的内部是什么样的构造？该如何进行表达？

2. 剖面图除了能用来表达构造物内部的结构形式外，在工程制图中还可以起到什么作用？还有哪些表达方式？

3. 公路工程中，绘制剖面图有哪些规定？

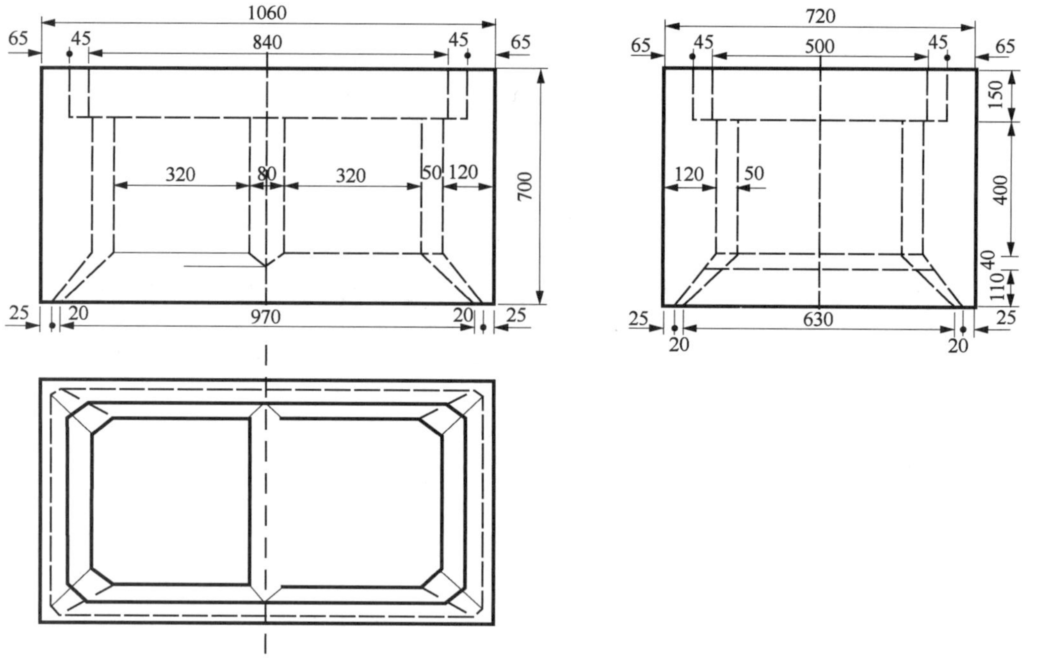

图 5-1　某沉井三视图(尺寸单位:mm)

小贴士——沉井

沉井是井筒状的结构物。施工时,通过井内挖土,依靠自身重力克服井壁摩阻力后下沉到设计标高,随后经过混凝土封底并填塞井孔,最终成为桥梁墩台或其他结构物的基础。一般在进行大型桥墩的基坑、污水泵站、大型设备基础、人防掩蔽所、盾构拼装井、地下车道与车站水工基础施工围护装置等施工时使用。沉井的类型很多,按平面形状可以分为圆形沉井、矩形沉井、圆端形沉井等;按立面形状可以分为柱形沉井、阶梯形沉井等;按沉井的建筑材料可以分为混凝土沉井、钢筋混凝土沉井和钢沉井等。图 5-2 为沪通长江大桥桥梁基础沉井施工现场。

图 5-2　沪通长江大桥桥梁基础沉井

相关知识

一、剖面图的形成

为了便于表达形体的内部构造,用假想的剖切平面将物体剖切开后,移去观察者和剖切平面之间的部分,画出剩余部分按垂直于剖切平面方向的投影,并在剖切到的实体部分画上相应的剖面材料图例(或剖面线),这样所画的图形称为剖面图。

如图 5-3 所示,将 U 形桥台用一个假想正平面剖开,可以得到其正面投影上的剖面图。

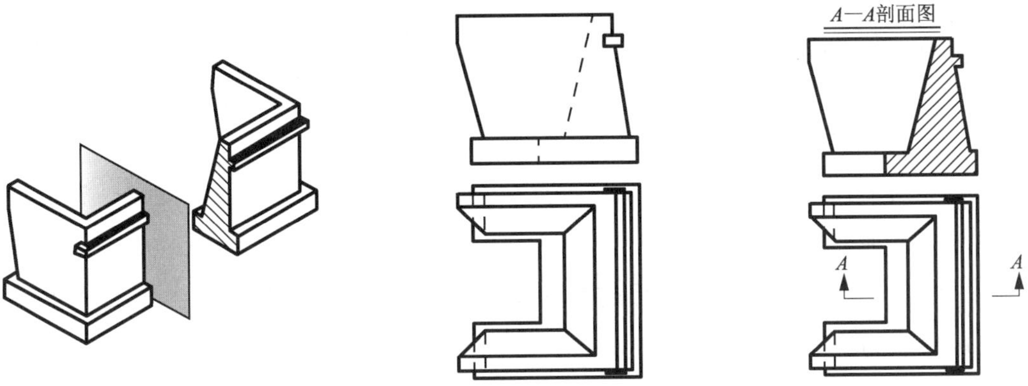

(a)桥台立体图剖切过程　(b)桥台两面投影图　(c)桥台剖面图

图 5-3 剖面图的形成

比较图 5-3(b)、(c)所示的立面图与剖面图,可以发现,立面图与剖面图的外轮廓线一致,剖面图是把立面图上所有的虚线画成了实线,并且在剖切到的实体部分绘制了剖面线。

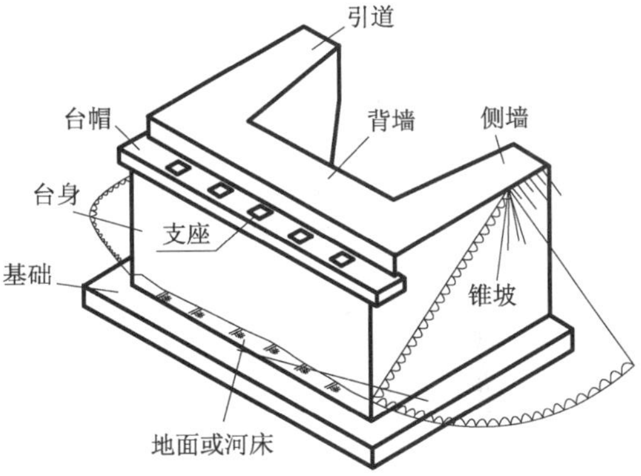

图 5-4 U 形桥台结构示意图

小贴士——U 形桥台

U 形桥台是公路桥梁一种常见的桥台形式(图 5-4、图 5-5),其前墙和两侧翼墙连成一体,在平面上呈 U 字形。U 形桥台一般为就地浇筑的整体式结构,主要靠自重平衡背后的土压力,多数为石砌圬工或混凝土结构。因其具有结构简单、基础底承压面积大、基地应力小等特点,被广泛应用于各式梁桥和拱桥的下部结构。

图 5-5 U 形桥台实例

二、剖面图的标注

在土建工程设计中，设计人员通过剖面图的形式形象地表达设计思想和意图，为了使阅图者能够直观地了解工程概况或局部的详细做法以及材料的使用，在绘制剖面图时，必须进行正确的标注。

（一）剖切位置

作剖面图和断面图时，一般使剖切平面平行于基本投影面，从而使断面反映实形。剖切平面即为投影面平行面，与之垂直的投影面上的投影则积聚成一条直线，这条直线表示剖切平面的剖切位置，称为剖切位置线，简称剖切线。在投影图中用断开的一对短粗实线表示，长度为 5 ~ 10mm。

（二）投影方向

画剖面图时，为表明剩余部分形体的投影方向，在剖切线两端的同侧各画一对带箭头的短粗实线，长度为 4 ~ 6mm，箭头方向即是投影方向。

（三）剖面图名称及编号

在表达一些复杂的结构时，可能不止使用一个剖切面。为了区分清楚不同的剖面图，对每一次剖切都要进行编号，《道路工程制图标准》（GB 50162—1992）规定，在剖切位置用一对英文字母（如 *A*）或阿拉伯数字（如 1）表示，写在表示投影方向的单边箭头一侧，并在所得相应的剖面图的上方居中写上对应的剖面编号名称。编号名称中的字母或数字中间用细短线间隔，如"*A*—*A* 剖面图"、"1—1 剖面图"等。所有视图名称应标注在视图上方中部，并在图名底部绘制与图名等长的粗实线和细实线，间距为净 0.5 ~ 1mm。

（四）剖面图例

假想用剖切平面将物体剖开后，在被切平面上要画上表示材料类型的图例。如果没有指明材料时，可在被切平面上画上与水平方向成 45°的细实线，如图 5-6、图 5-7 所示。

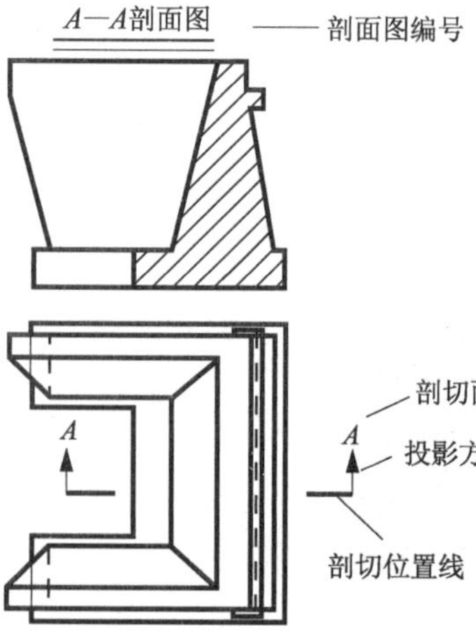

图 5-6 剖面图的标注

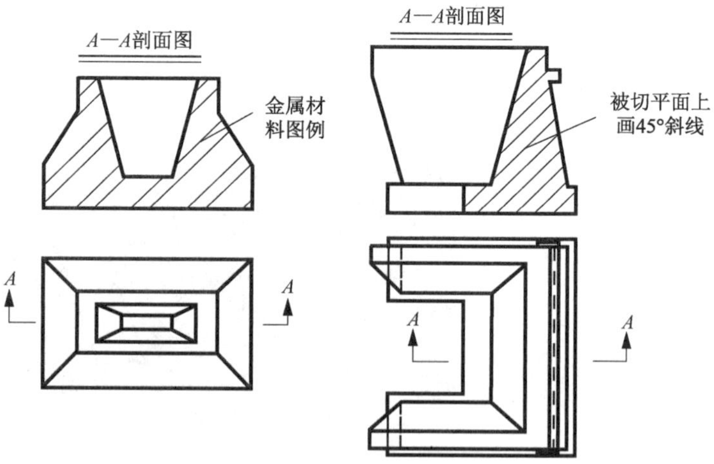

图 5-7 剖切面的标注示例

《道路工程制图标准》(GB 50162—1992)中规定的常用建筑材料图例见表 5-1。

道路工程图常用材料图例　　表 5-1

材料名称	图例	材料名称	图例	材料名称	图例
自然土壤		水泥稳定土	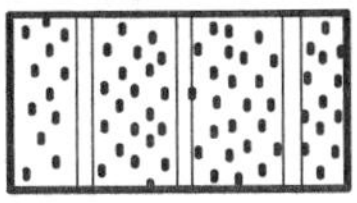	细粒式沥青混凝土	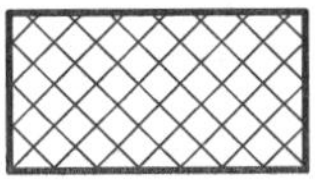
夯实土壤		水泥稳定砂砾	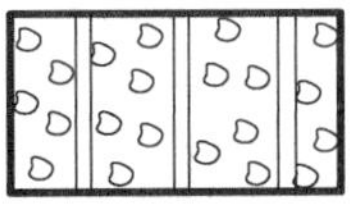	粗粒式沥青混凝土	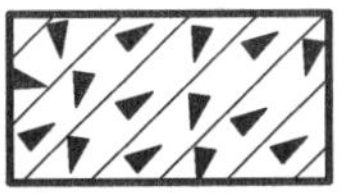
天然砂砾	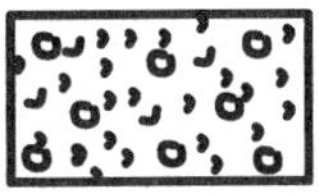	水泥稳定碎砂砾	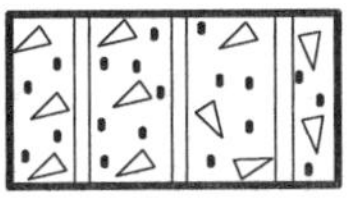	金属	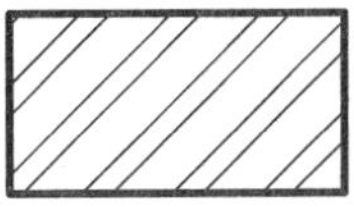
浆砌片石		钢筋混凝土	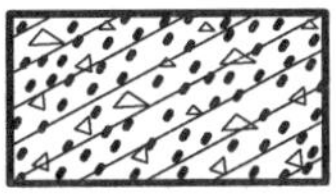	橡胶	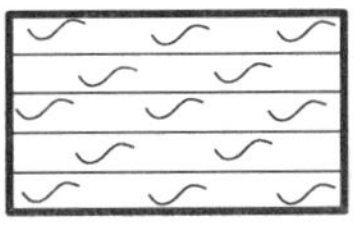
干砌片石	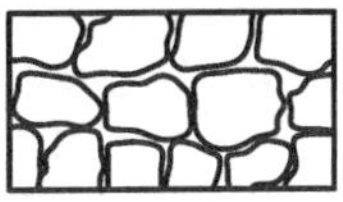	水泥混凝土	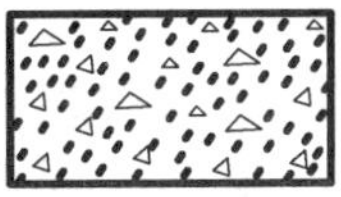	木材横断面	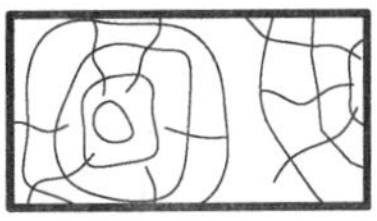
石灰土	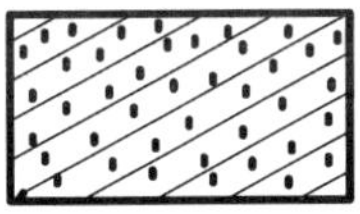	石灰粉煤灰	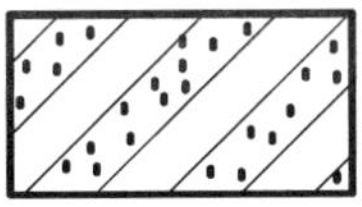	木材纵断面	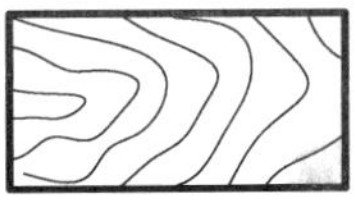

三、剖面图的分类

构造物的形状多种多样,需要根据形体的内部构造和外形构造选用适当的剖切方式。根据不同的剖切方式,剖面图可以分为以下几种主要类别。

(一) 全剖面图

假想用剖切平面把形体全部剖切开后,画出的剖面图称为全剖面图。图 5-8 所示蓄水池 *A*—*A* 剖面图即为全剖面图。

全剖面图适用于外形简单、内部结构比较复杂或不对称的形体。

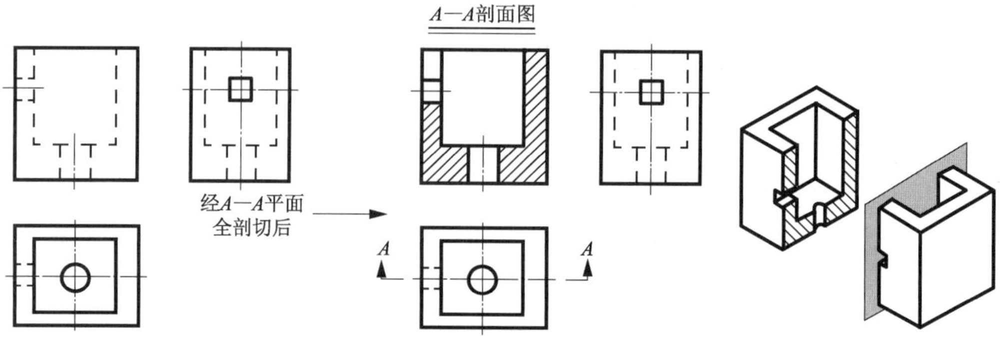

图 5-8 剖切面的标注示例

特别提示

在绘制结构物的全剖面图时，一定要仔细分析剖切位置，否则可能导致剖面图反映信息不完整。例如，图 5-8 所示蓄水池的 *W* 面投影也采用全剖面，虽然可以清楚表示形体的内部构造，但左壁上的穿孔就不能表示出来（图 5-9 的 *B*—*B* 剖面）。

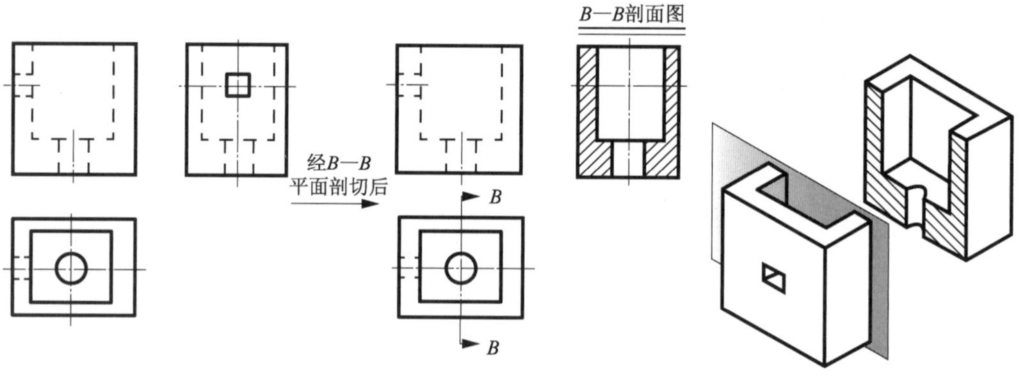

图 5-9 不合理的全剖面图

（二）半剖面图

当形体具有对称平面，而外形又比较复杂时，可以以对称中心线为界，将其投影的一半画成表示物体外部形状的正投影，另一半画成表示物体内部结构的剖面图，中间用点划线分隔。这种由一半正投影图和一半剖面图结合而成的投影图，叫作半剖面图。上述蓄水池的 *W* 面投影图改画为半剖面图，则可以完整表达其内外部的结构（图 5-10）。

（三）局部剖面图

如果形体外形复杂、内形简单，在绘图时要保留大部分外形、只表达局部内形。此时，用剖切平面局部地剖开物体来表达结构内部形状所得到的剖面图，称为局部剖面图。上述蓄水池的 *H* 面投影就可改画为局部剖面图（图 5-11）。

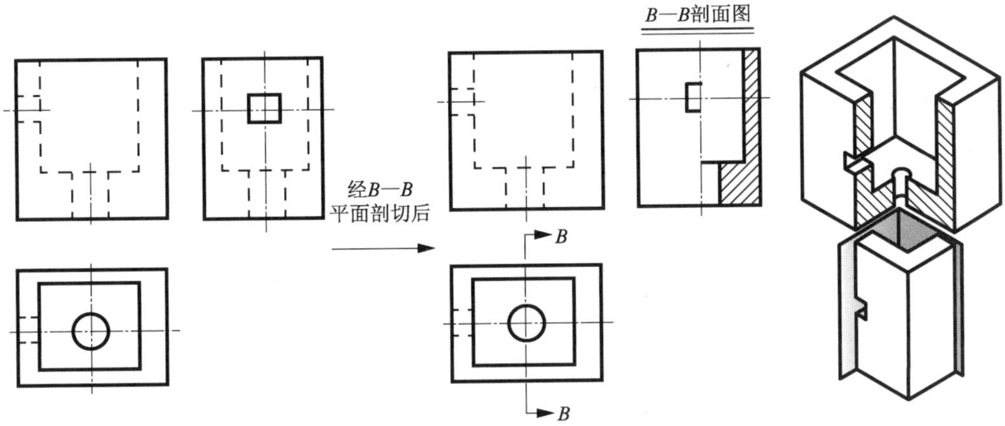

图 5-10 蓄水池的半剖面图

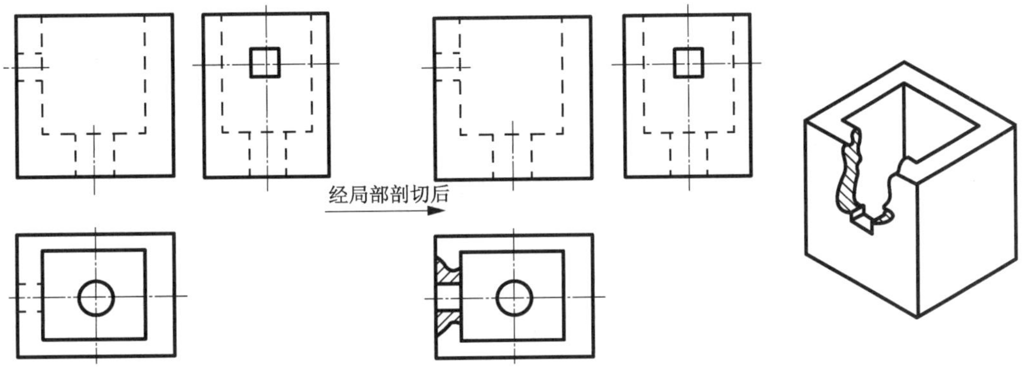

图 5-11 蓄水池的局部剖面图

局部剖面图适用于有局部的内部形状需要表达的情况,如果物体的轮廓线与对称轴线重合,不宜采用半剖或全剖时,也可采用局部剖切。局部剖切的位置与范围一般用波浪线来表示。

特别提示

在道路工程制图中,常用局部剖面图来表示多层结构所用的材料和构造,这时,按结构层次逐层用波浪线分开,这种表示法又称为分层揭示法。图 5-12 所示的某道路路面结构图(局部)就采用了这种方法。

(四) 阶梯剖面图

当物体内部结构层次较多,采用一个剖切平面不能把物体内部结构全部表达清楚时,可以假想用两个或两个以上相互平行的剖切平面来剖切物体,所得到的剖面图,称为阶梯剖面图。

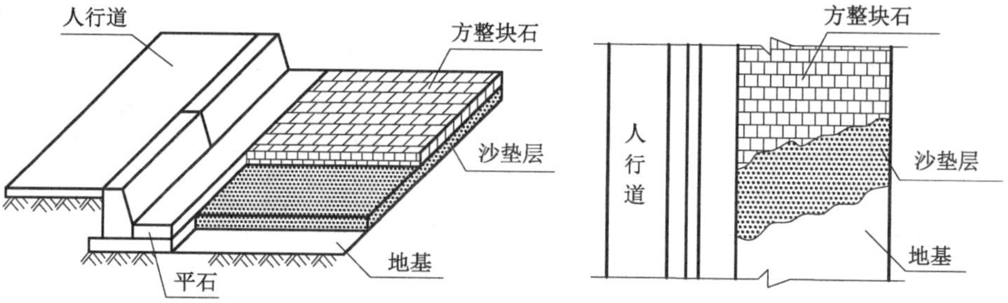

(a)路面结构立体图　　(b)局部剖面图

图 5-12　路面结构分层局部剖面图

如果上述蓄水池左壁上的方孔与底板上的圆孔不在同一正平面上，而是前后错位，则蓄水池的 V 面投影图就可以改画为如图 5-13 所示的阶梯剖面图。

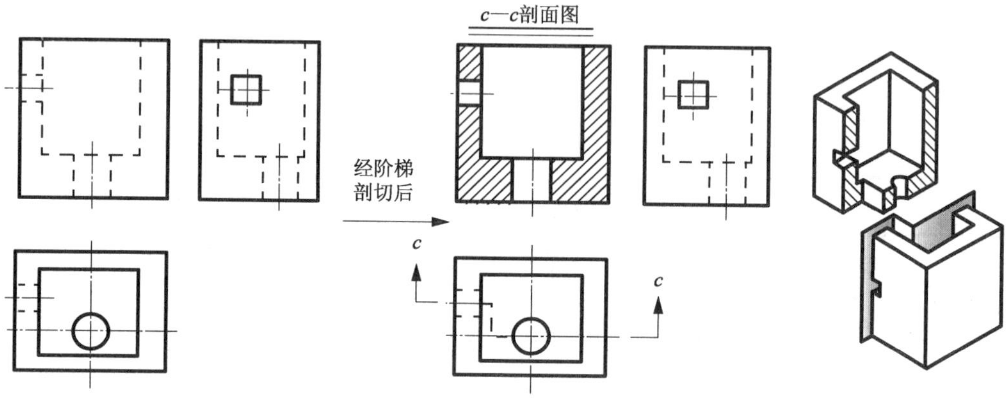

图 5-13　阶梯剖面图

（五）旋转剖面图

当物体具有旋转轴，且内部结构不在同一平面上时，用两个相交的剖切平面（交线垂直于某一基本面）剖切物体后，将倾斜于基本投影面的剖切面旋转到与选定的基本投影面平行的位置，再进行投影，这样可以使剖面图既得到实形又便于作图，这样的剖面图叫旋转剖面图。

图 5-14 所示的剖面图就是通过一个正平面和一个铅垂面分别通过两个圆柱孔轴线将其剖开，再将铅垂部分旋转到与 V 面平行后得到的。

四、剖面图的绘制

（一）绘制剖面图时应注意的问题

（1）剖切平面的位置一般选择在需要表达内部结构处，且为投影面平行面，故在剖面图中反映截断面的实形（图 5-15）。

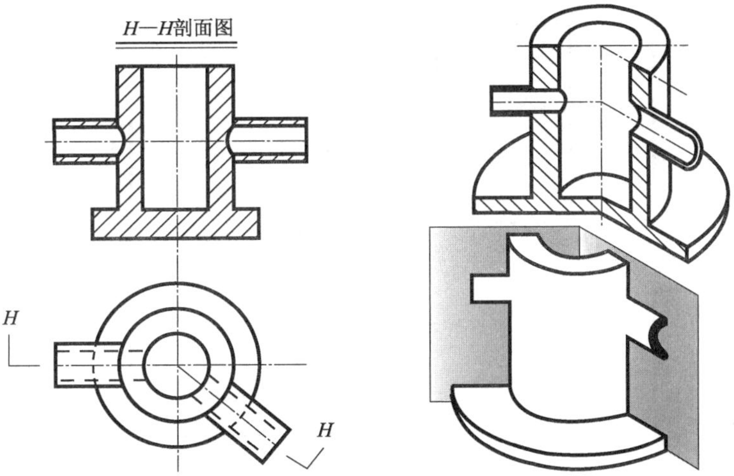

图 5-14 旋转剖面图

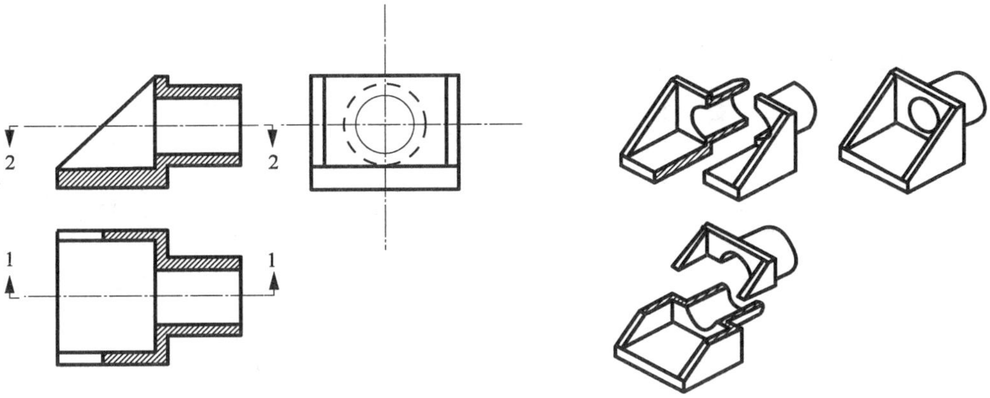

图 5-15 剖面图绘制应满足投影规律

(2)因剖切平面是假想的,除剖面图是剩余“体”的正投影,结构物的其他面投影不受剖视图的影响,仍然按完整的物体进行投影表达。即每次剖切都是独立的,各视图之间仍满足“长对正、高平齐、宽相等”的投影规律。

(3)剖面图中的截断面随剖面位置的不同而异,必须用剖切线(用粗实线表示,长划表示剖切位置,短划表示投影方向)注明剖切位置和投影方向,并用 *A—A* 等编号命名。

(4)在剖切平面后的可见轮廓线,应全部用实线画出,不要出现漏线或多画线。凡通过其他视图可以表达清楚的不可见轮廓线,均可省略,否则仍应画出。

(二) 绘制半剖面图时应注意的问题

(1)半外形图和半剖面图的分界线应画成点划线,不能画成实线。如果作为分界线的点划线刚好与轮廓线重合,则应该避免用半剖面图绘制(图 5-16)。

(2)当物体左右对称或前后时,将外形投影图绘在中心线左边,剖面图绘在中心线右边[图 5-17(a)];当物体上下对称时,将外形投影图画在中心线上方,剖面图绘在中心线下方[图 5-17(b)]。

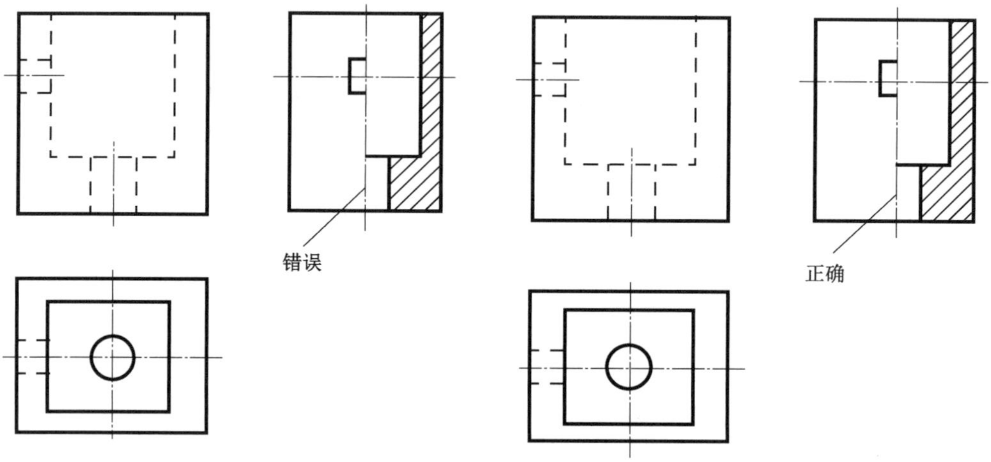

图 5-16 半剖面图分界线画法

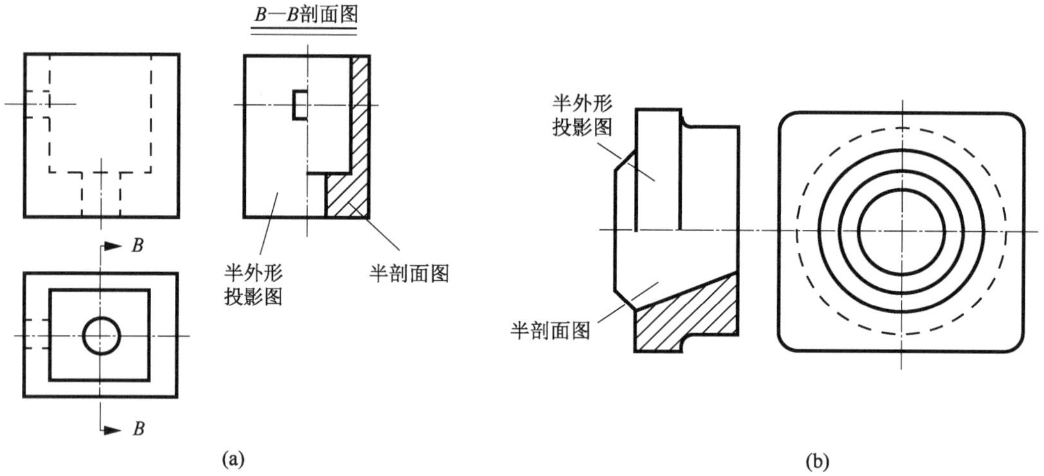

图 5-17 半剖面图位置

(3)绘制半剖面图时,在形体的半个剖面图中,内部结构已经表达清楚时,对称部分在投影图中的虚线可以省略不画(图 5-18)。

(4)在半剖面图中,剖切平面位置的标注与全剖切一样。若形体具有两个方向的对称平面,且半剖面又置于基本投影位置时,标注可以省略[图 5-18(a)]。但当形体只有一个方向的对称面时,半剖面图必须标注[图 5-18(b)]。

(三) 绘制局部剖面图时应注意的问题

(1)局部剖切比较灵活,但应考虑看图方便,不应过于零碎。

(2)用波浪线表示形体断裂痕迹,应画在实体部分,不能超过视图的轮廓线或画在中空部分,不能与视图中的其他图线重合。

(3)局部剖面图只是物体整个外形投影中的一个部分,无需标注。

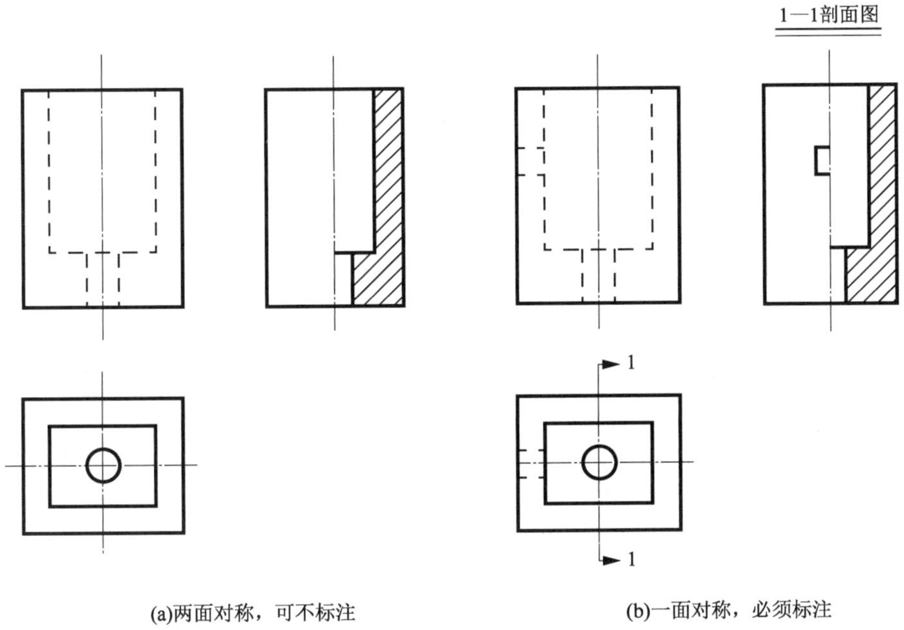

图 5-18　半剖面图的标注

（四）绘制阶梯剖面图时应注意的问题

（1）阶梯剖面图必须标注，为使转折处的剖切位置不与其他图线发生混淆，应在转角处标注转折符号"┓"［图 5-19（a）］。

（2）转折位置不应与图形轮廓线重合，也要避免出现不完整的要素，比如不应出现孔、槽的不完整投影［图 5-19（b）］。

（3）在剖面图上，由于剖切平面是假想的，不应画出两个剖切平面转折处交线的投影［图 5-19（c）］。

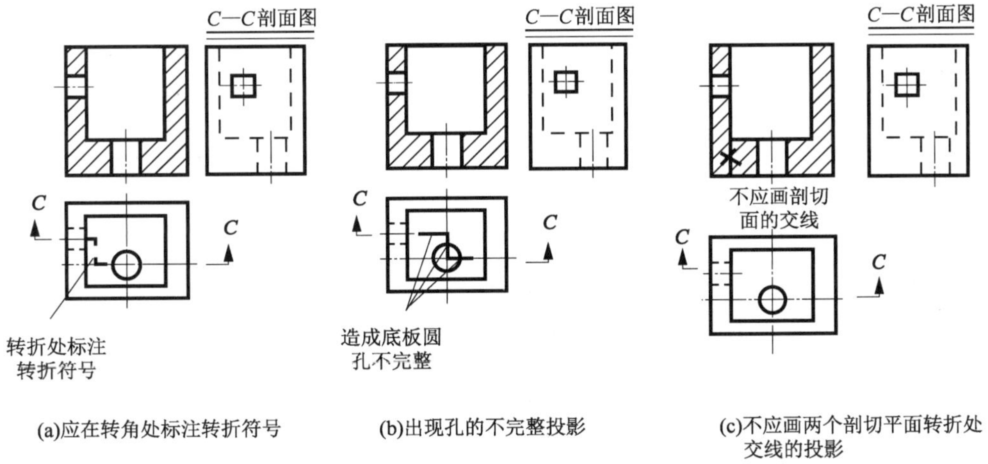

图 5-19　绘制阶梯剖面图应注意的问题

（五）绘制旋转剖面图时应注意的问题

(1)两剖切平面的交线一般应与所剖切的物体回转轴重合,并必须标注。

(2)在画旋转剖面图时,应当先剖切、后旋转、再投影。

学习任务

1. 识读图5-20所示沉井三视图,分析内部构造,并将其V面投影和W面投影分别用全剖面图和半剖面图绘制出来。

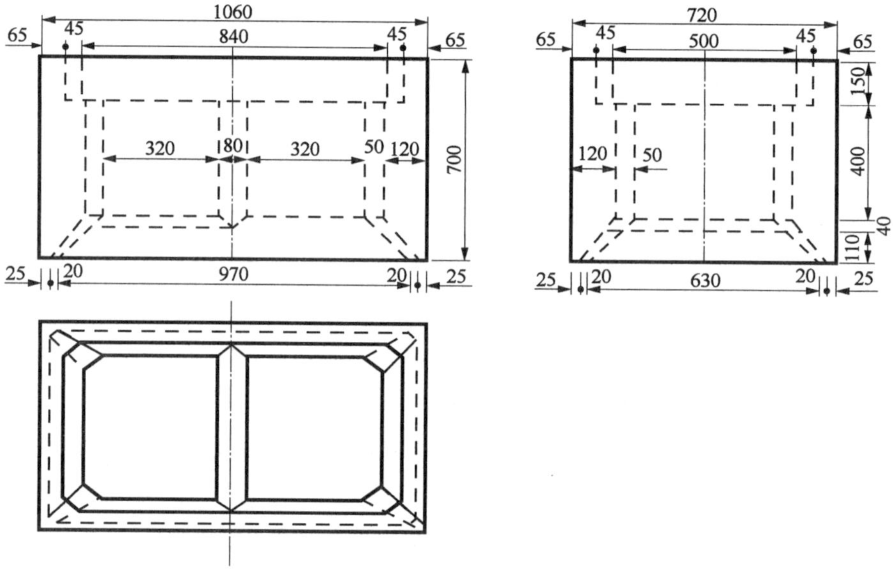

(a)三视图

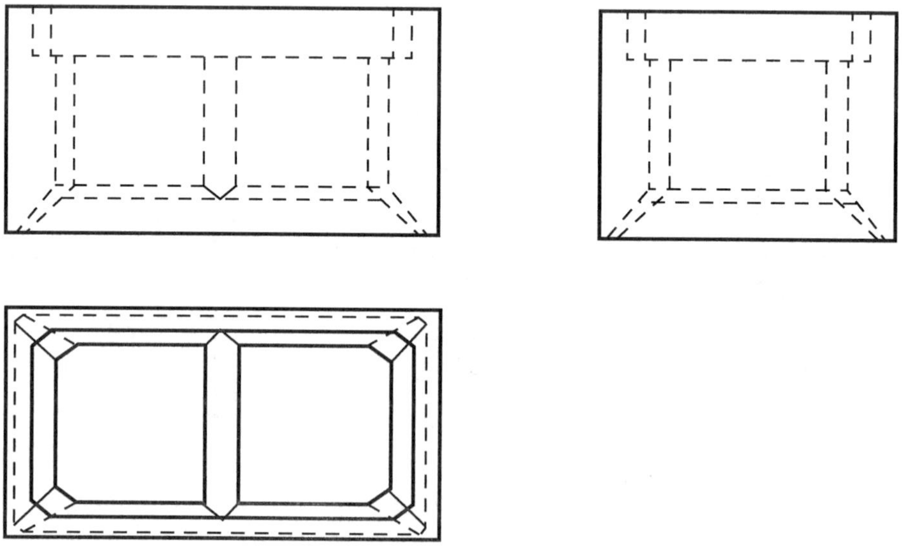

(b)补全V面投影全剖图和W面投影半剖图

图5-20 学习任务第1题图

2. 识读图 5-21 所示形体的 V 面投影图和 H 面投影图，结合轴测图分别绘制其 V 面投影的局部剖面图。

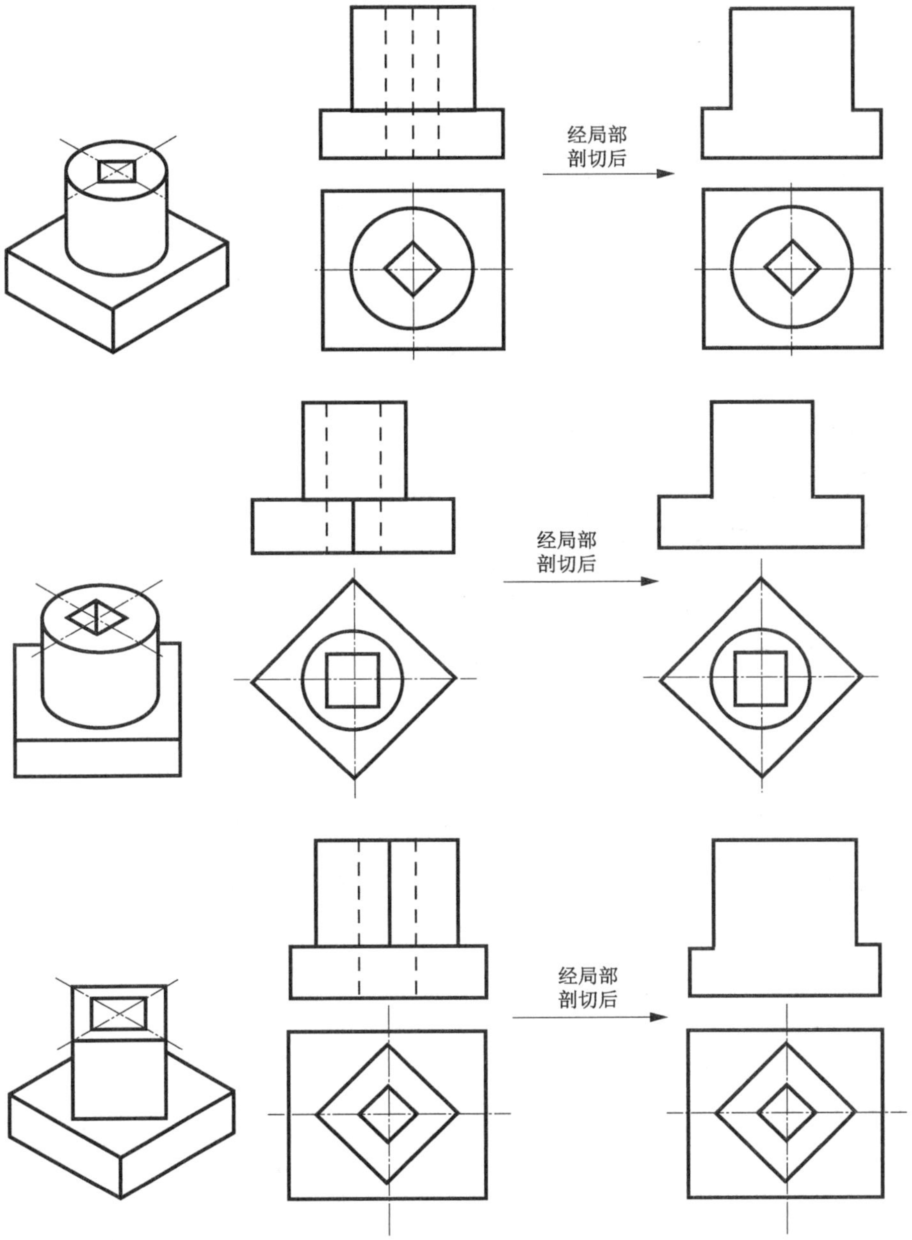

图 5-21 学习任务第 2 题图

拓展任务

识读图 5-22 所示 U 形桥台的三视图，将其 W 面投影图画成适当的剖面图，将正立面图一半画成正面立面图，另一半画成背面立面图。

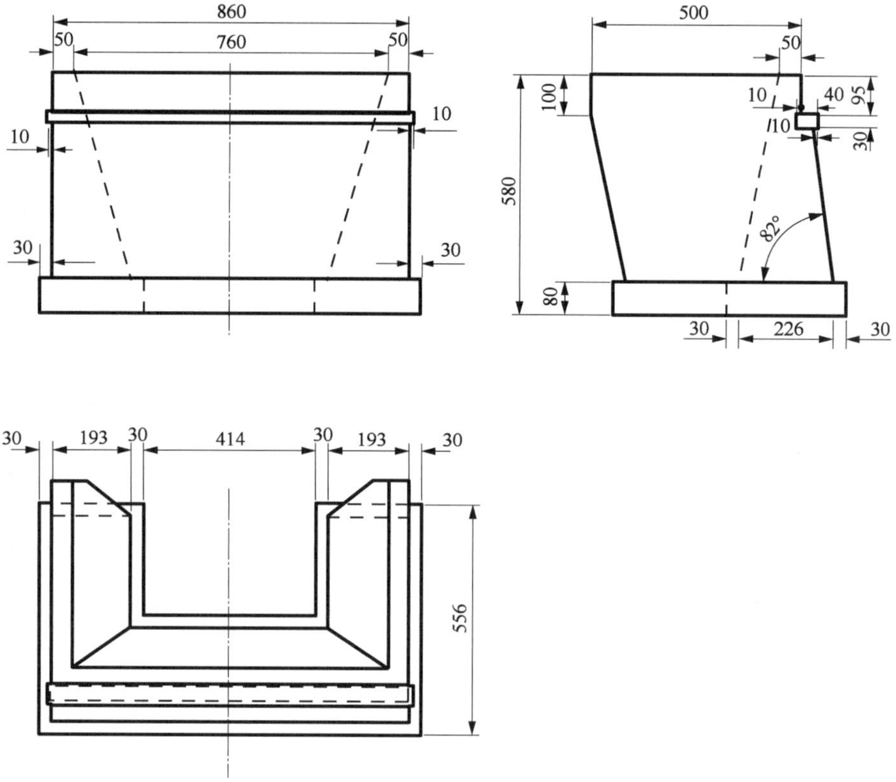

图 5-22　拓展任务图

任务二　绘制断面图

引导问题

1. 图中所示端头和中段截面有变化的 T 形梁在投影图中该如何表达(图 5-23、图 5-24)?

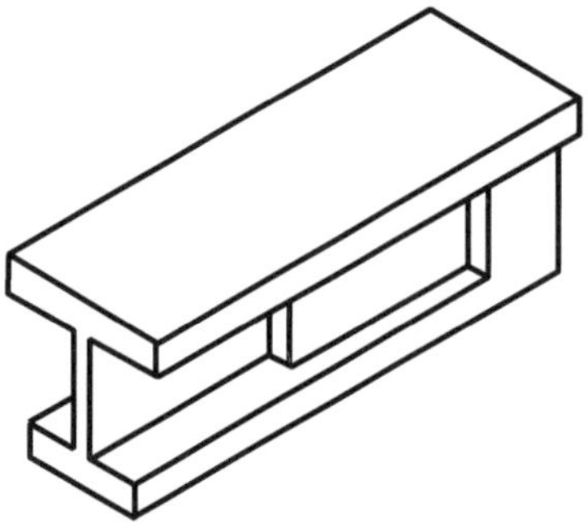

图 5-23　变截面 T 形梁轴测投影图

图 5-24　T 形梁

2. 断面图有什么特点？断面图与剖面图有什么区别？

相关知识

一、断面图的形成

假想用剖切平面将物体剖开后，只画出被剖切处断面的形状，并在断面内画材料图例（或剖面线），这种图形称为断面图。

如图5-25所示，将U形桥台用一个假想正平面剖开，可以得到其正面投影上的断面图。

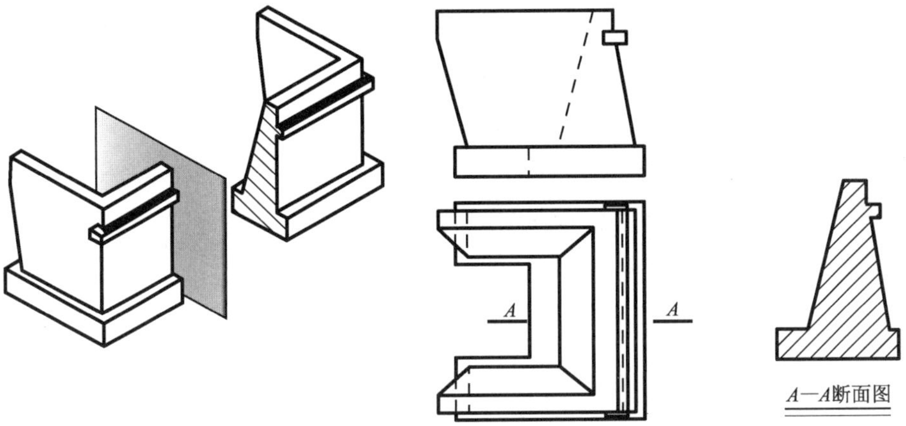

(a)桥台立体图剖切过程　(b)桥台两面投影图　(c)桥台断面图

图5-25　断面图的形成

特别提示

对比图5-3桥台剖面图的形成和图5-23桥台断面图的形成可知，剖面图是剖切后剩余物体的投影，而断面图是截断面的投影，因此，剖面图是"体"的投影，断面图是"面"的投影。

二、断面图的标注

断面图的剖切位置可以根据需要任意选定。当确定了剖切位置后，可在投影图上用剖切符号标明明剖切位置。与剖面图不同，断面图中的剖切符号仅由剖切位置线表达，无须标注投影方向线和箭头。剖切位置线用粗实线绘制，长度为6～10mm，如图5-26所示。

断面图的编号采用阿拉伯数字或英文字母依次编写。编号的数字要写在投影方向的一侧，即编号数字写在哪边就表示剖开后向哪边进行正投影。

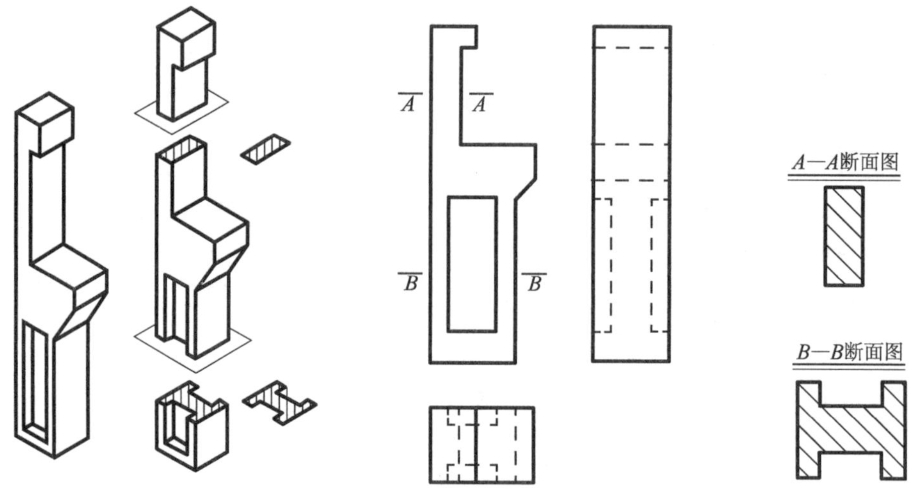

(a)立柱立体图的剖切过程　　(b)立柱的三面投影图　　(c)立柱的断面图

图 5-26　断面图的标注

特别提示

断面图与剖面图的区别(图 5-27):

(1)在画法上,断面图只画出物体被剖开后截面的投影,而剖面图除了要画出截面的投影,还要画出剖切面后物体可见部分的投影。

(2)在不省略标注的情况下,断面图只需标注剖切位置线,用编号所在一侧表示投射方向,而剖面图用投射方向线表示投射方向。

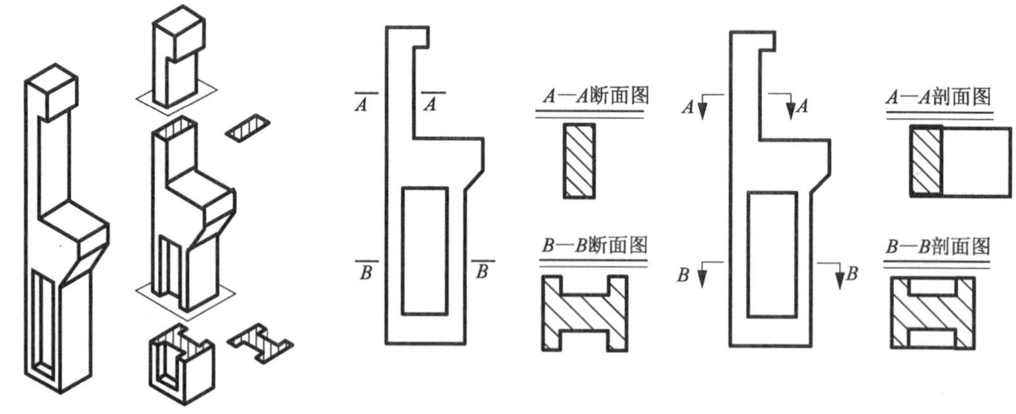

(a) 立柱立体图的剖切过程　　(b) 立柱的断面图　　(c) 立柱的剖面图

图 5-27　剖面图与断面图的区别

三、断面图的分类

断面图根据布置位置的不同,可以分为移出断面图、重合断面图和中断断面图等。

(一) 移出断面图

移出断面图就是把断面图绘制在投影图的外边,如图5-28所示的挡土墙设计图就是在不同位置进行剖切后,在右侧分别绘制两个断面的移出断面图。

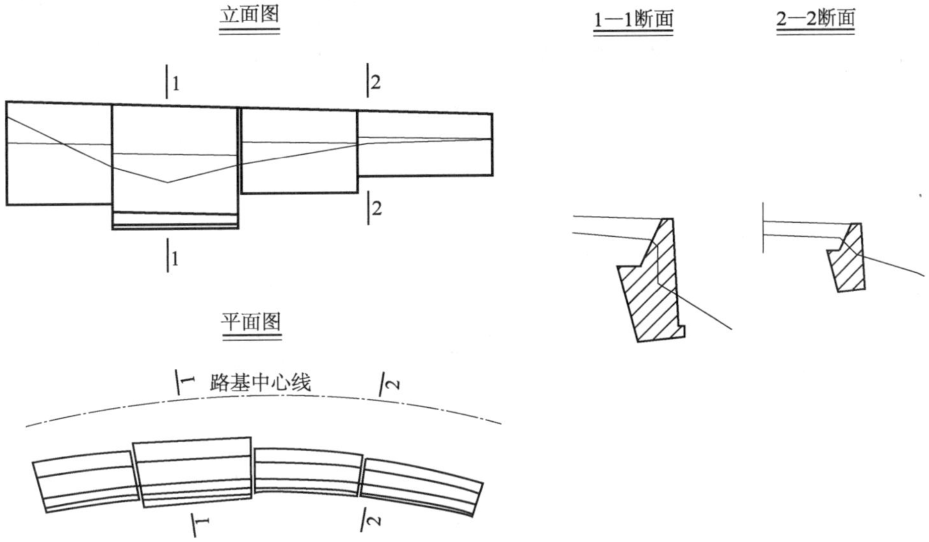

图5-28 挡土墙移出断面图

小贴士——挡土墙

挡土墙是指支承路基填土或山坡土体、防止填土或土体变形失稳的构造物。按照其结构特点一般可以分为重力式、衡重式、悬臂式、扶臂式、桩板式、加筋土式、锚杆式、锚定板式、土钉式等不同形式。公路中的挡土墙根据其设置的位置可以分为路肩墙、路堤墙和路堑墙。路肩墙或路堤墙[图5-29(a)]设置在高填土路堤或陡坡路堤的下方,可以防止路基边坡或基地滑动,确保路基稳定,同时可收缩填土坡脚,减少填土数量,减少拆迁和占地面积以及保护临近线路的既有建筑物。路堑墙[图5-29(b)]设置在路堑开挖深度较大,山坡陡峻或存在不良地质条件等路堑边坡下方,主要用于降低边坡高度,减少山坡开挖,避免破坏山体平衡等,也用于支挡可能坍滑的山坡土体或破碎岩层。

移出断面的轮廓线用标准实线绘制,一般只画出剖切后的断面形状,但剖切后出现完全分离的两个断面时,这些结构应按剖面图画出,如图5-30所示。

(二) 重合断面图

剖切后把断面图重叠在基本视图轮廓之内的断面图,称为重合断面图。图5-31所示桥台锥坡的断面图就是较为典型的重合断面图。

绘制重合断面图时,其比例应与基本视图一致。断面轮廓线规定用细实线,并不加任何标注。有时重合断面轮廓线内直接画出材料符号,可使视图表达更清晰。

(a)路堤墙

(b)路堑墙

图 5-29　公路中常见的挡土墙

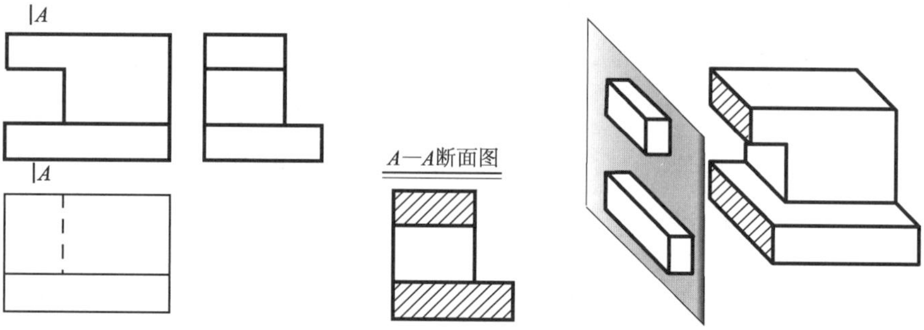

图 5-30　移出断面图的画法

小贴士——桥台锥坡

桥台锥坡又叫桥台护坡,是为保护桥与行道路基的稳定性,防止冲刷而在桥台两侧设置的锥坡(图 5-32),主要由坡体和坡面组成。坡体用填土、块石等填料分层夯实压密,坡面一般用片石、卵石或用混凝土预制块铺砌,也可铺植草皮形成。

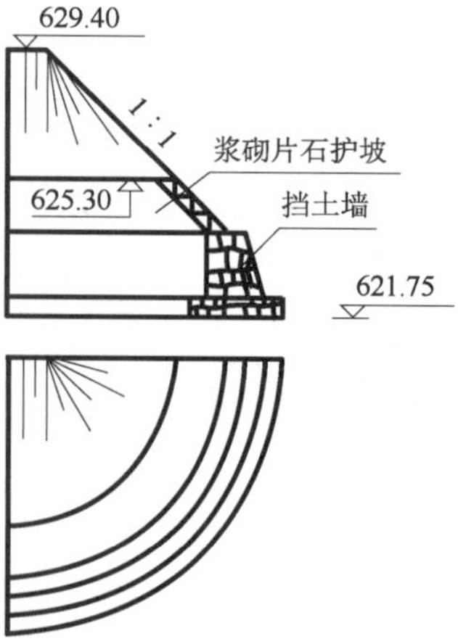

图 5-31　桥台锥坡重合断面图

图 5-32　桥台锥坡

（三）中断断面图

将长杆件的投影图断开，并把断面图画在断开间隔处，这样的断面图称为中断断面图。图5-33所示钢桁架构建的断面图就是采用中断断面图的方式来表达的。

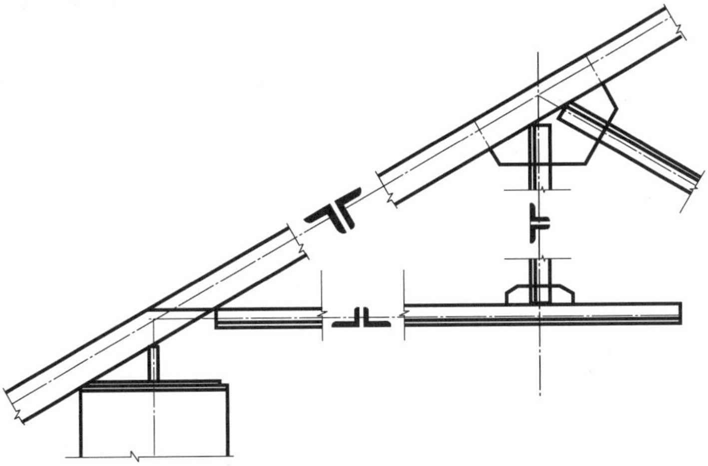

图5-33　钢桁架中断断面图

中断断面图适合于表达较长而只有单一断面的杆件及型钢。中断断面图不需标注，断面轮廓线为粗实线，而且比例与基本视图一致。

四、剖面图、断面图的规定画法

为了在绘制剖面图、断面图时更加明晰地表达图形，在道路桥梁工程制图中还有一些规定需要遵守。

（1）在剖面图或断面图中，较大面积的断面符号可以简化。例如，在绘制图5-34所示道路路基横断面图时，由于面积较大，往往只在其断面轮廓的边沿画等宽剖面线。

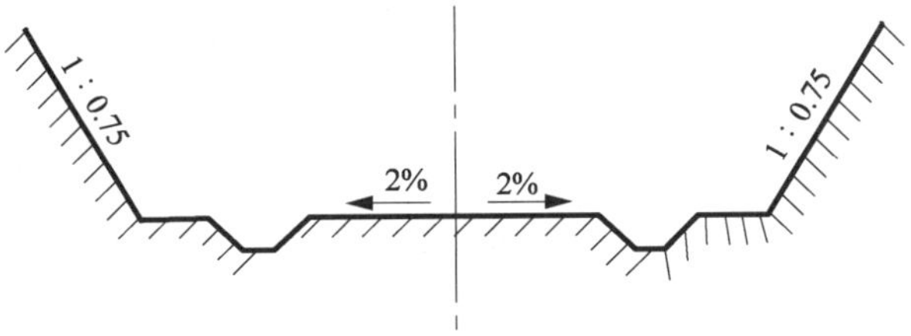

图5-34　路基横断面断面图

（2）在绘制梁的横隔板以及桩、柱、轴等薄板、圆柱等构件时，凡剖切平面通过其对称中心线或轴线时，均不画剖面线，但可以画上材料图例，如图5-35所示。

（3）在工程图中，为了表示构造物中使用的不同材料，可以在同一断面上画出材料分界线，并注明材料符号或文字说明，如图5-36所示。

（4）当剖、断面图中有部分轮廓线与该图的基本轴线成45°倾角时，可将剖面线画成与基本轴线成30°或60°的倾斜线，如图5-37所示。

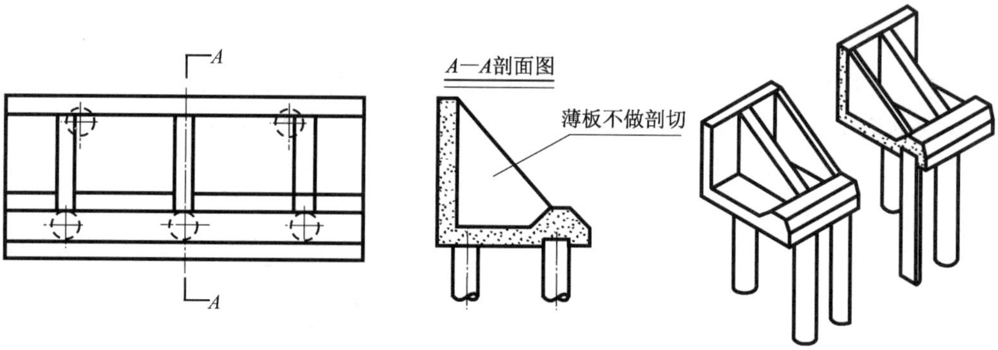

图 5-35 路基横断面断面图

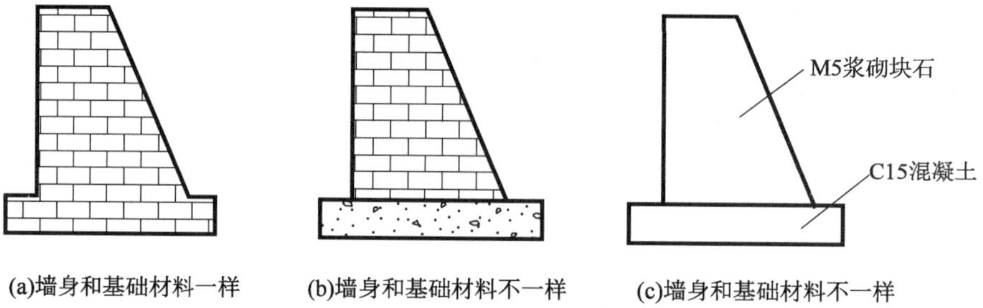

图 5-36 断面图不同材料表现方式

(5)对于两个或两个以上相邻构件的剖面,为表示区别,剖面线应画成不同倾斜方向或不同的间隔,如图 5-38 所示。

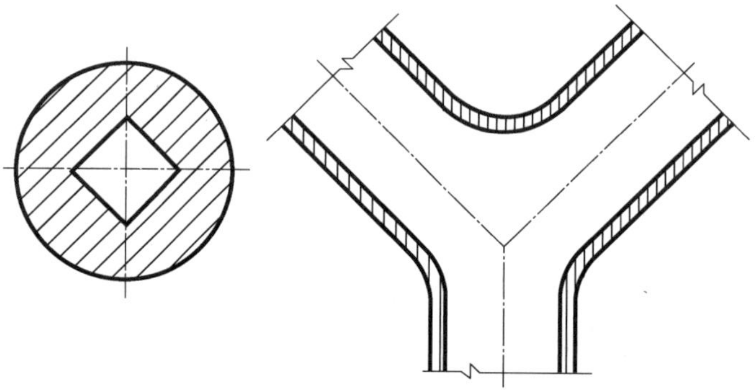

图 5-37 剖面线画成 30°或 60°的倾斜线

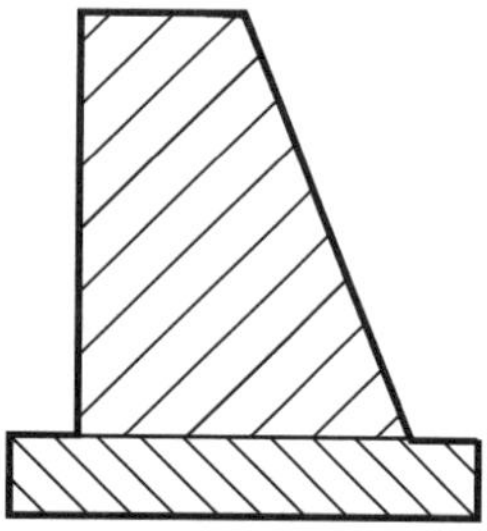

图 5-38 剖面线画成不同倾斜方向或不同的间隔

(6)在保证图形清楚的情况下,断面也可不画剖面线。如图 5-39 所示某桥跨中断面图,其 T 梁断面在表达清晰的情况下,未画剖面线或材料图例。

(7)对于图样上实际宽度小于 2mm 的狭小面积的剖面,允许用涂黑的办法来代替剖面线,但涂黑的断面间应有空隙,如图 5-40 所示。

(8)在道路工程制图中,有画近不画远的习惯。对剖面图的被切断面以外的可见部分,可以根据需要而决定取舍,这种图仍称为断面图,但不注明“断面”,仅注剖切平面的编号。

如图 5-41 所示 T 梁的 *A*—*A* 剖面图，理论上应该画成(b)图的形式，但通常会用(c)图的方式绘制，不画端隔板。

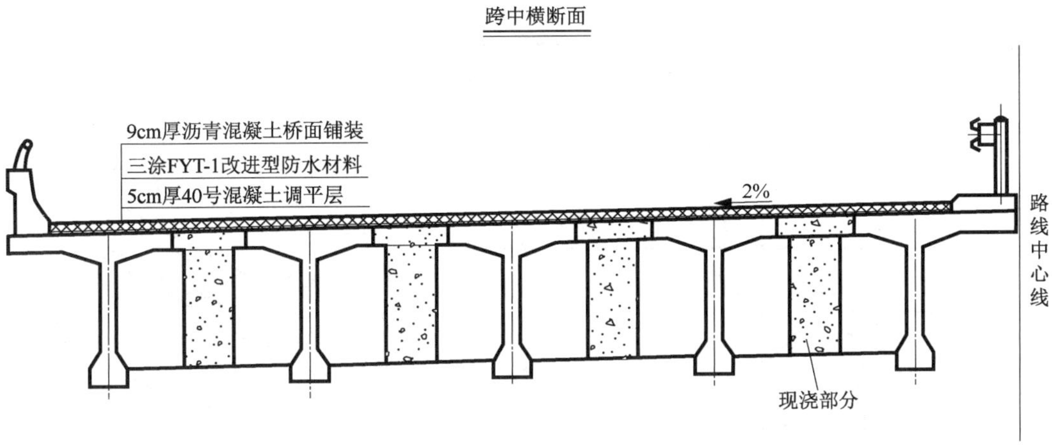

图 5-39　T 梁桥跨中断面图

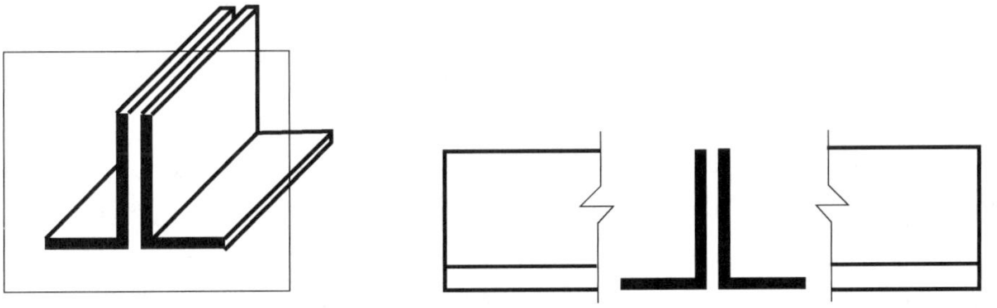

图 5-40　涂黑代替剖面线画法

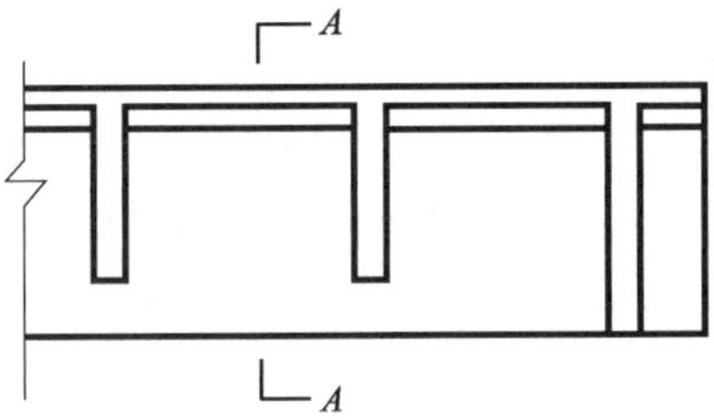

(a)T型梁的*V*面投影图

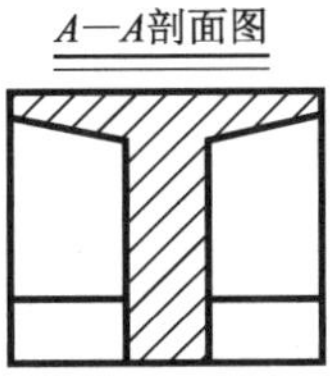

(b)T型梁的剖面图理论画法

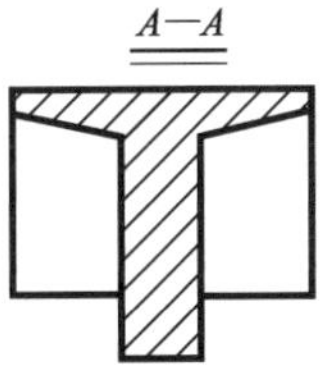

(c)T型梁断面的习惯画法

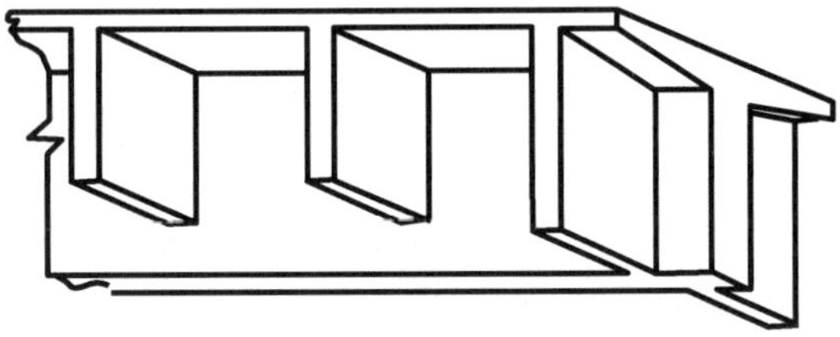

(d) T型梁的立体图

图 5-41　T 型梁断面习惯画法

（9）当用虚线表示被遮挡的复杂结构图时，应只绘制主要结构或离视图较近的不可见图线，虚线可不画出。如图 5-42 所示 U 型桥台的 *W* 面投影图由台前、台后两个方向的投影图合并而成，虚线部分没有完全画出。这样处理，避免重叠不清，可以更好地表达主要结构。

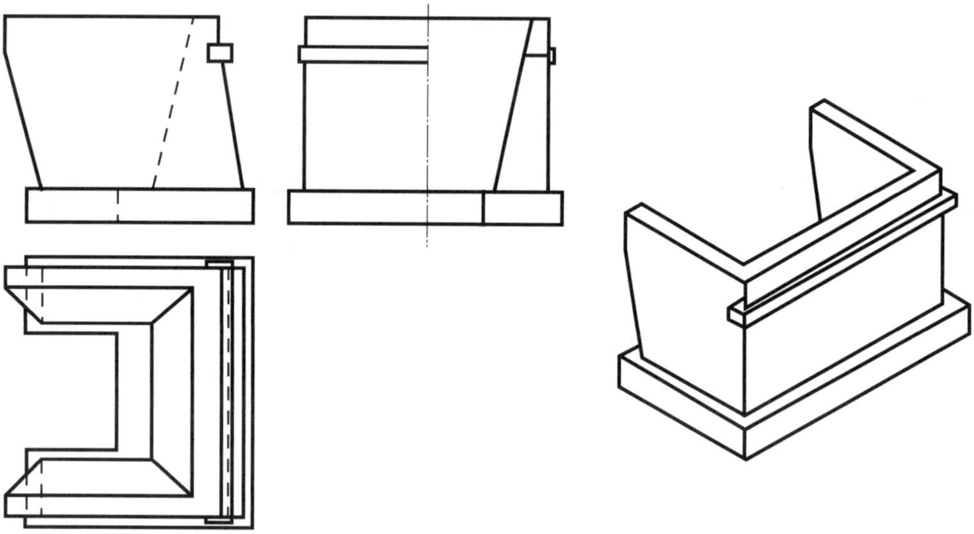

(a)U型桥台的三面投影图　　(b)U型桥台的立体图

图 5-42　U 型桥台合成图

（10）对称图形可采用绘制一半或者 1/4 图形的方法表示。除总体布置图外，在图形的名称前应标注“1/2”或“1/4”字样；也可以对称中心线为界，一半画一般构造图，另一半画断面图；也可以分别画两个不同的 1/2 断面；还可以分别画两个不同方向的投影图。在对称中心线的两端，可标注对称符号，对称符号应由两条平行的细实线组成，如图 5-43 所示。

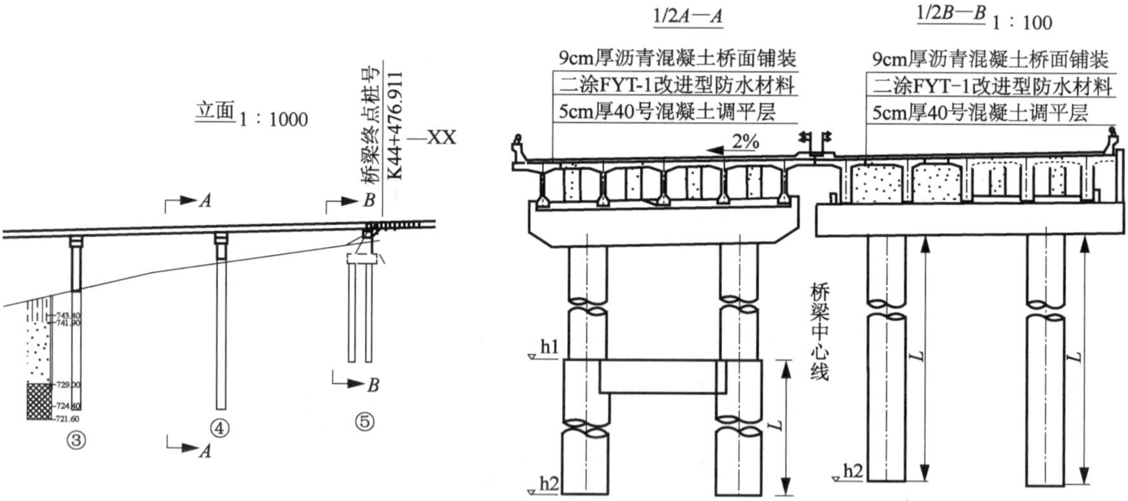

图 5-43　对称图形的表达

（11）当土体或锥坡遮挡视线时，可将其看成透明体，视被土体遮挡的部分为可见体，其轮廓用实线表示。图 5-44 所示某桥的总体布置图，就是将锥坡和河床土体看做透明的，桥台和桥墩的轮廓线均使用实线绘制。

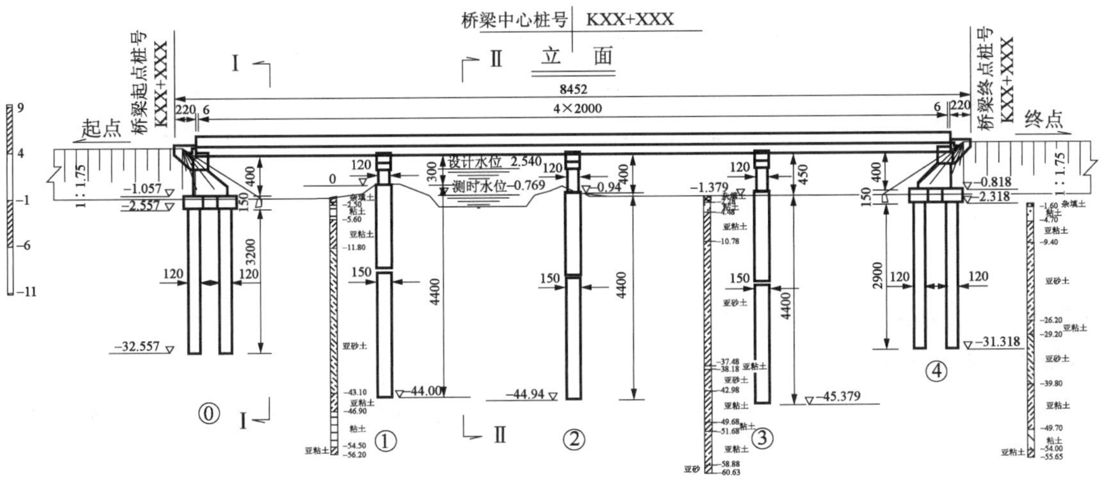

图 5-44　桥梁总体布置图

学习任务

1. 识读 T 梁两面投影图(图 5-45),在指定位置分别画出其一处断面图、中断断面图和重合断面图。

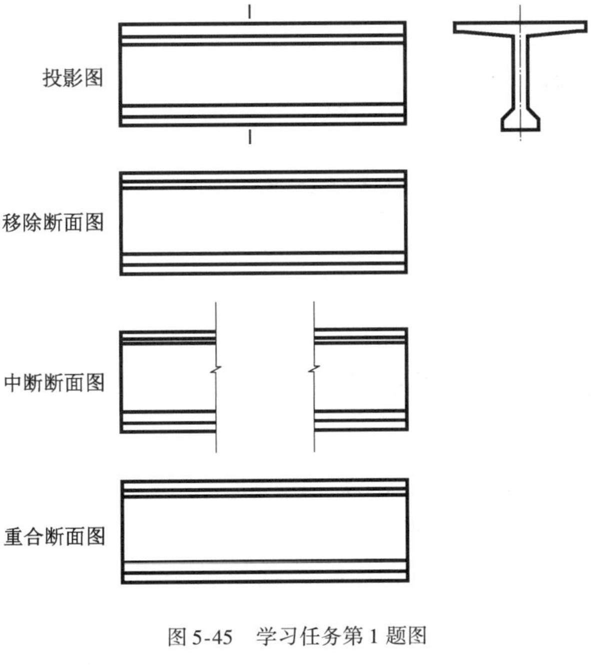

图 5-45　学习任务第 1 题图

2. 识读图 5-46 所示变截面梁的两面投影图,分别绘制其不同位置的断面图。

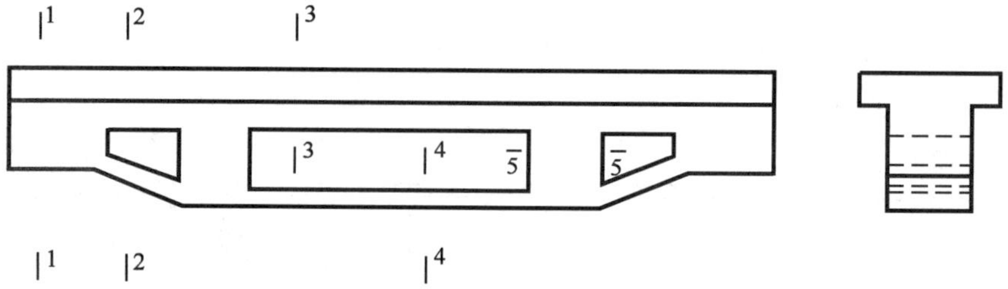

图 5-46 学习任务第 2 题图

拓展任务

在指定位置画出拱涵洞身(图 5-47)A—A 断面图并完成标注。(注:拱圈采用钢筋混凝土浇筑,其余部分为浆砌块石)

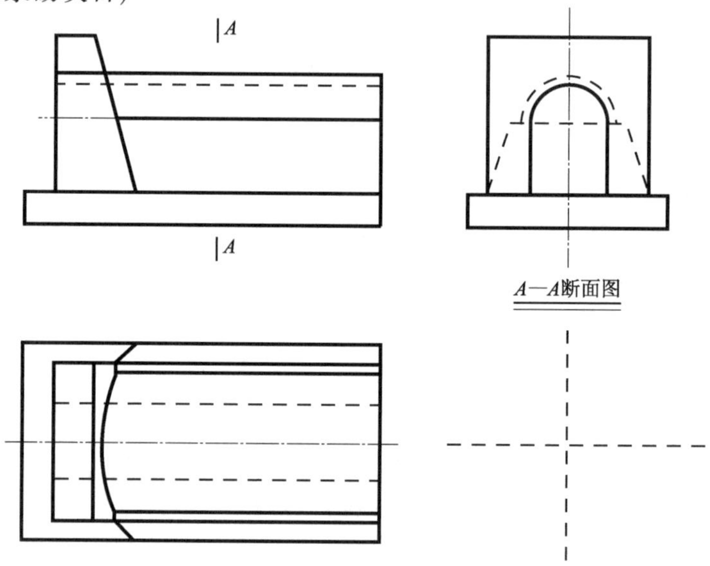

图 5-47 拓展任务图

学习情境小结

剖面图和断面图在道路桥梁工程中的使用非常广泛。它们和平面图、立面图一样,是施工图中最重要的图纸之一,对于完整表达构造物的结构形式和各部位的相互关系等有非常重要的作用,也是施工、概预算的重要依据。因此,掌握和了解剖面图、断面图的形成和性质对于识读、绘制和应用道路桥梁工程施工图具有极为重要的意义。

剖面图和断面图均假想用一个剖切平面在选定的位置将形体剖开,移去观察者与剖切平面之间的部分,画出剩余部分按垂直于剖切平面方向的投影,并在剖切到的实体部分画上相应的剖面材料图例或剖面线。但两者有所不同,主要体现在三个方面:一是图名不同。断面图只需要按标号顺序标注顺序号即可,而剖面图除了要像断面图一样按顺序标注顺序号,还要在顺序号后面写上“剖面图”3 个字;二是画法不同。断面图在绘图时只画剖切平面切到部分的图形,而剖面图除画出断面图形外,还要画出沿投影方向可以看到的其余轮廓线。三是标注符号不同。断面图标注时只有剖切位置线,而剖面图的标注不但有剖切位置线表明剖切位置,还有投影方向线表明投影的方向。

根据剖面图中剖切面的数量、剖切方式及被剖切的范围等情况,剖面图可以分为全剖面图、半剖面图、局部剖面图、阶梯剖面图、旋转剖面图和展开剖面图等。断面图根据布置的位置不同,可以分为移出断面图、重合断面图和中断断面图。不同类型的剖面图和断面图可以根据需要表达的形体内容和状况灵活选用,但在绘图时应注意不同类型的剖面图和断面图的注意事项和要求。

复习思考题

1. 剖面图、断面图分别是怎么形成的?
2. 剖面图和断面图各自有哪些类型?不同类型的断面图、剖面图画法是否相同,有什么区别?
3. 剖面图和断面图有什么区别?
4. 想想在工程实际中有哪些关于剖面图和断面图的应用。

学习情境六

标高投影及地形图识读

学习情境描述

在道路、桥梁等工程建筑物的设计和施工中，常需要绘制地形图反映地形地貌，并在图上表示工程建筑物的布置和建筑物与地面关联等有关问题。但由于实际地面形状复杂，水平方向与高度方向尺寸相比差距很大，用正投影或轴测投影都难以表达清楚，而标高投影则非常适于表示地形面和复杂曲面。本情境主要介绍标高投影的表示形式，点、线、面、曲面以及建筑物的标高投影图表示方法和作图方法，学习者可以了解如何识读各类标高投影图和地形图。

学习目标

知识目标：(1)认知标高投影的概念；

(2)掌握点、直线与平面的标高投影的方法；

(3)熟悉常见地形地貌的地形图的表示法；

(4)掌握道路工程构造物标高投影的作法以及它与地形面的截交线的求法。

能力目标：(1)能正确识读标高投影图；

(2)能正确识读地形图；

(3)能正确熟练绘制点、直线、平面以及道路工程构造物的标高投影；

(4)能正确作出直线、平面、曲面与地形面的交线标高投影；

(5)能正确绘制道路工程构造物与地形的交线标高投影。

任务一 认识标高投影

引导问题

1. 在道路和桥梁工程的设计和施工中，常常需要通过投影图表达结构物所在的位置高度以及他们与周围环境的关系，如果此时长度方向尺寸和高度方向尺寸相差很大，如图 6-1 所示，我们该如何进行表达？

图 6-1　某山区高速公路

2. 标高投影与正投影有哪些区别和联系？标高投影有哪些特点？

3. 标高投影在工程实际中有哪些应用？

相关知识

一、标高投影的形成

土建工程与地形有着紧密的联系，工程构造物多是在自然地面上修建的，在设计和施工过程中，常常需要绘制表示地面起伏状况的地形图，以便在图纸上解决相关的工程问题。由于地面的形状往往比较复杂，长度方向尺寸和高度方向尺寸相差很大，用多面正投影法或轴测投影法都表示不清楚，且作图困难。因此，对正投影理论进行了改造，通过在水平投影图上加注形体上特征点、线、面的高程，以高程数字取代立面图的作用，从而创造出一种更适宜表达地形面和复杂曲面的投影方法，称之为标高投影法。

如图 6-2(a)所示某四棱台，其三面投影图如图 6-2(b)所示。从中单独做出平面图，在其水平投影上注出其上、下底面的高程数值 2.000 和 0.000；为了增强图形的立体感，斜面上画上示坡线，为度量其水平投影的大小，再给出绘图比例或画出图示比例尺，如图 6-2(c)所示。这种用水平投影加注高程数值来表示空间物体的单面正投影称为标高投影。

一般规定，H 面的标高为零，H 面上方的点标高为正值；下方的点标高为负值，标高的单位以米(m)计。

通过标高投影方法绘制的投影图称为标高投影图。在多面正投影中，一旦物体的水平投影确定，其正面投影的主要作用是提供物体各特征点、线、面的高度。若能在物体的水平投影中标明它的特征点、线、面的高度，就可以完全确定物体的空间形状和位置。由此可见，标高投影图是将三面投影中的 H 面投影与 V 面投影组合在一起的一种单面正投影图，它必须标明比例或画出比例尺，否则就无法根据单面正投影图来确定物体的空间形状和位置。其长度单位，如果图中没有注明，则单位以米(m)计。除了地形面以外，一些复杂曲面也常用标高投影法来表示。

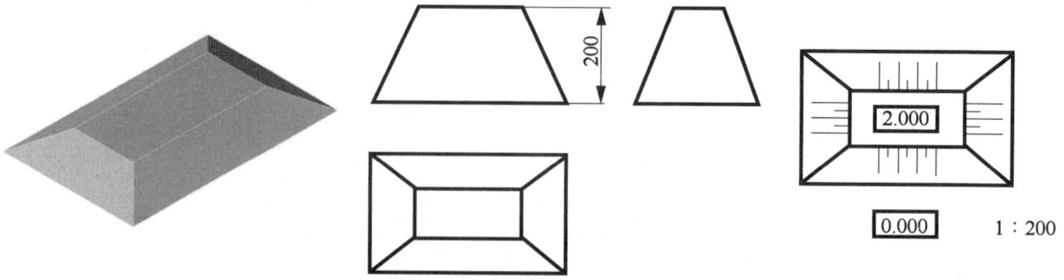

(a)四棱台　　(b)四棱台三面投影图　　(c)四棱台标高投影图

图 6-2　标高投影图的形成

特别提示

一个完整的标高投影图应包括水平投影、高程数值、绘图比例三要素。如图 6-3 所示某小桥锥坡的平面图就是以标高投影的方式来表达的(图 6-4 为其实例)。

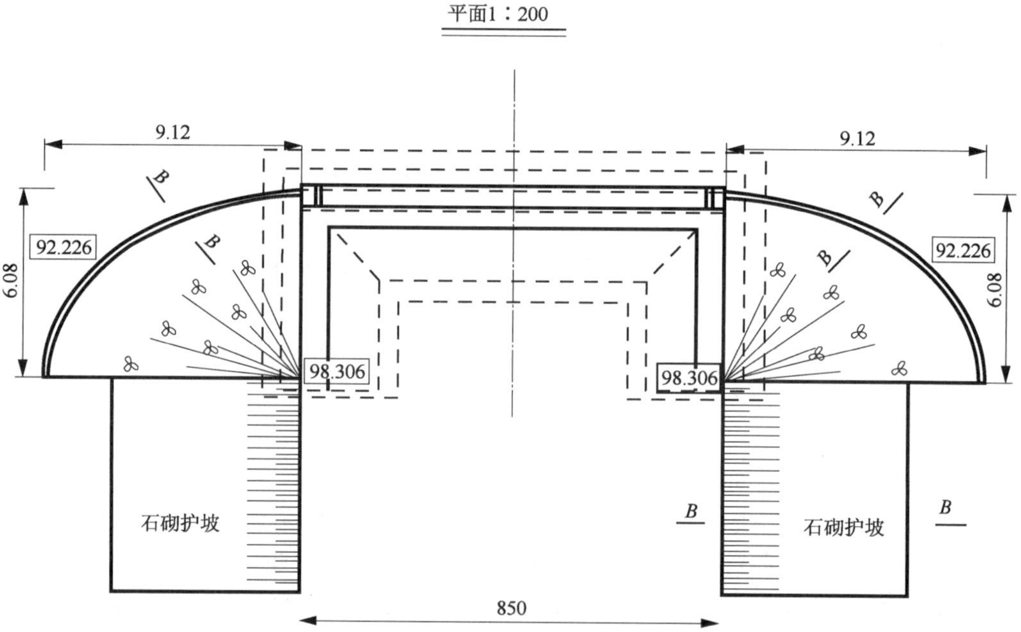

图 6-3　小桥锥坡设计图(局部)

标高投影中的高程数值称为高程或标高，它是以某水平面作为计算基准的，标准规定基准面高程为零，基准面以上高程为正，基准面以下高程为负。在工程图中一般采用与测量一致的水准基面(青岛市黄海平均海平面)，以此为基准标出的高程称为绝对高程。以其他面为基准标出的高程称为相对高程。标高的常用单位是米，一般不需注明。

图 6-4　锥坡实例

小贴士——水准基面

水准基面亦称高程基准,它是统一计算地貌高程的起算面(点),通常理论上采用大地水准面,它是一个延伸到全球的静止海水面,也是一个地球重力等位面,实际上确定水准基面则是取验潮站长期观测结果计算出来的平均海面。我国的水准原点位于青岛观象山(图 6-5),是根据青岛验潮站 1985 年以前的潮汐资料推求的黄海平均海面为零点的起算高程,是国家高程控制的起算点。

图 6-5　我国的水准原点

二、点的标高投影

在点的水平投影旁,标出该点距离水平投影面的高程数字时,便可得到该点的标高投影。

如图 6-6(a)所示,在空间有两个点 A、B,作出它们在 H 投影面上的水平投影 a、b;选水平面 H 为基准面,设其高度为零,当一点高于 H 面时,标高为正,当一点低于 H 面时,标高为负。点 A 在 H 面上方 3m,点 B 在 H 面下方 2m,若在 A、B 两点的水平投影 a、b 的右下角标明其高度数值 3、-2,就可得到 A、B 两点的标高投影图,如图 6-6(b)所示。高度数值 3、-2 称为高程或标高。

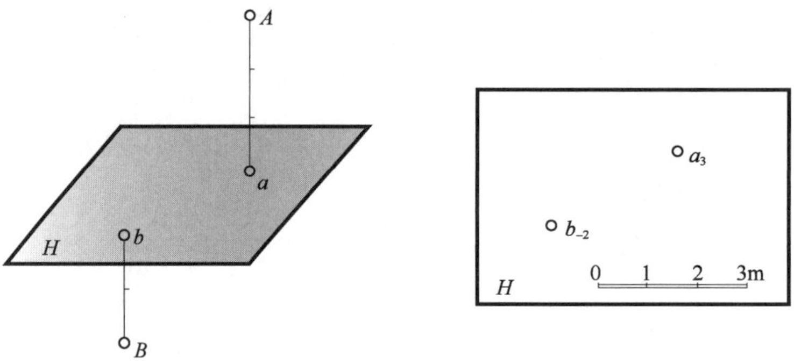

(a) (b)

图 6-6 点的标高投影

三、直线的标高投影

在标高投影中,直线的位置是由直线上的两个点或直线上一点及该直线的方向确定。因此,直线的表示法有两种:

一是直线的水平投影并加注直线上两点的高程,如图 6-7(a)所示。

二是直线上一个点的标高投影并加注直线的坡度和方向表示,如图 6-7(b)所示。

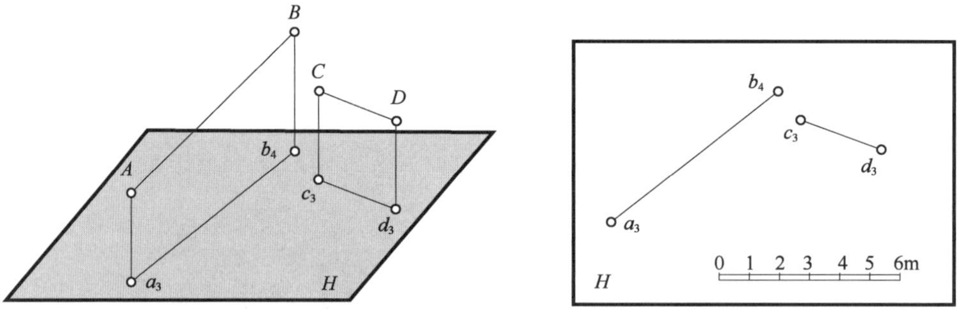

(a)直线的水平投影加注两点的高程

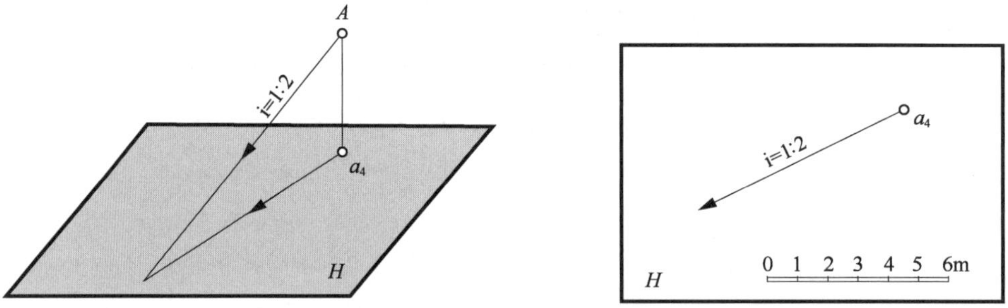

(b)直线上一个点的标高投影加注坡度和方向

图 6-7 直线的标高投影

为了更好地了解这两种表示方法,先关注以下两个问题。

（一）直线的实长及整数标高点

在标高投影中求直线的实长，仍然采用正投影中直角三角形法。以直线的标高投影为一条直角边，另一条直角边为直线两端点的高差，则斜边为实长，高差所对内角为直线对基准面的倾角 α（图 6-8）。

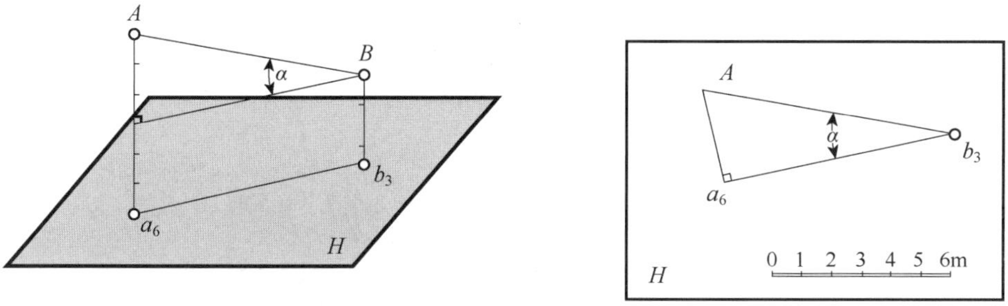

图 6-8 直线的实长

在实际工作中，有时遇到直线两端点的标高并非整数，需要在直线的投影上标出各整数标高点的位置。解决这类问题，可利用定比分割原理作图，如图 6-9 所示。

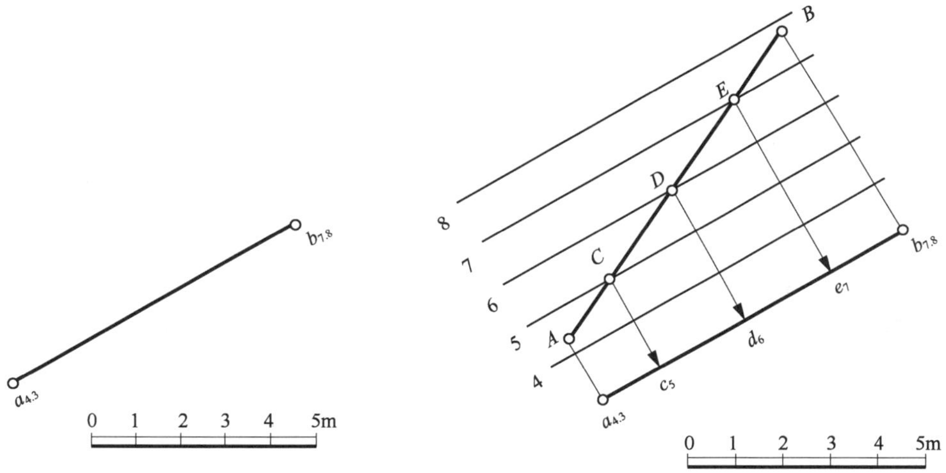

图 6-9 定比分割原理求直线的整数标高

（二）直线的坡度和平距

直线上任意两点的高差与其水平距离之比称为该直线的坡度。

$$坡度 = \frac{高差}{水平距离} = \tan\alpha$$

上式亦表明两点间水平距离为 1 个单位时两点间的高差即为坡度。

当两点间的高差为 1 个单位时它的水平距离称为平距。

$$平距 = \frac{水平距离}{高差} = \cot\alpha$$

由此可见，平距和坡度互为倒数。坡度越大，平距越小；反之，坡度越小，平距越大。

如图6-10所示，设直线上两点之间高差为ΔH，它们的水平距离为L。若用符号i和l分别表示坡度和平距，则有：

$$i=\frac{\Delta H}{L}=\tan\alpha$$

$$l=\frac{L}{\Delta H}=\cot\alpha$$

$$i=\frac{1}{l}$$

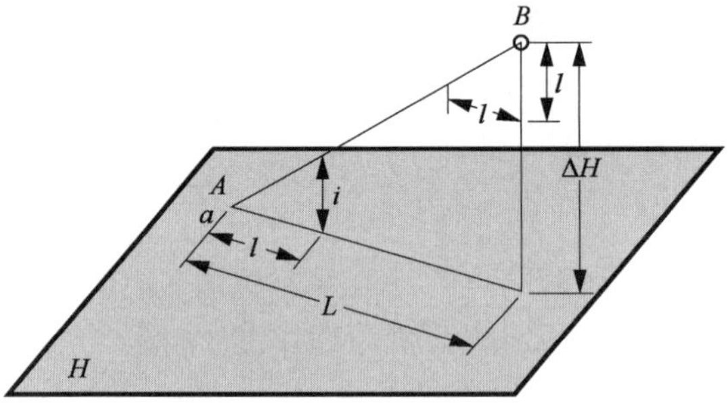

图6-10 直线的坡度和平距

【例6-1】 如图6-11所示，求AB直线的坡度和平距，并求C点的标高。

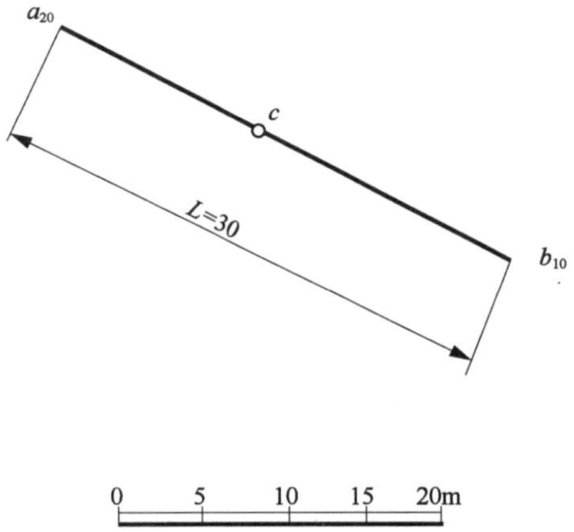

图6-11 求直线的坡度和C点标高

解：为求直线AB的坡度与平距，先求出ΔH和L，再利用定义式来确定直线的平距与坡度。

$\Delta H_{AB}=H_A-H_B=20-10=10$

$L_{AB}=30$（用所给比例尺量取）

因此，$i=\frac{\Delta H_{AB}}{L}=\frac{10}{30}=\frac{1}{3}$；$i=\frac{1}{l}=3$

又量得$a_{20}c=13$；

直线确定后，其坡度不变，所以

$i=\frac{\Delta H_{AC}}{L}=\frac{1}{3}$即$\frac{\Delta H_{AC}}{13}=\frac{1}{3}$

$\Delta H_{AC}=4.33$

故C点标高为$20-4.33=15.67$

四、平面的标高投影

（一）等高线与坡度线

标高投影中，预定高度的水平面与所表达的平面、曲面、地形面的截交线称为等高线。如图6-12(a)所示，平面上的水平线即平面上的等高线，也可看成是水平面与该平面的交线。在实际应用中常取整数标高的等高线，它们的高差一般取整数，如1m、5m等，并且把平面与基准面的交线，作为高程为零的等高线。图6-12(b)为平面P上的等高线的标高投影。

从标高投影图中可以看出，平面上的等高线是一组互相平行的直线，当相邻等高线的高差相等时，其水平间距也相等，这是平面上的等高线特性。图 6-12(b)中相邻等高线的高差为 1m，它们的水平间距就是平距。

平面的坡度线和平面上的水平线垂直，根据直角投影定理，它们的水平投影应互相垂直。坡度线的坡度就是该平面的坡度。

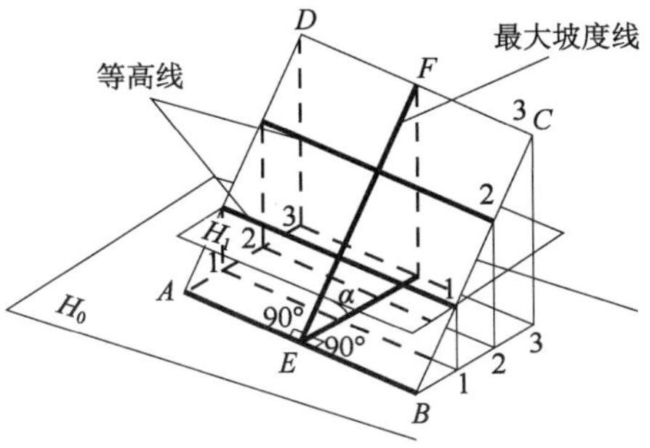

(a)等高线的定义

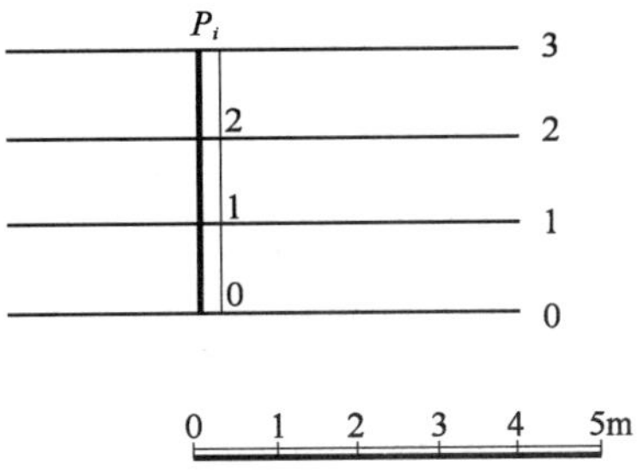

(b)平面P上等高线的投影

图 6-12 平面上的等高线和坡度比例尺

（二）坡度比例尺

工程上有时也将坡度线的投影附以整数标高，并画成一粗一细的双线，称为平面的坡度比例尺。如图 6-12(b)所示。P 平面的坡度比例尺用字母 P_i 表示。

（三）平面的表示方法

在正投影中平面用几何元素、最大坡度线和迹线等方法表示，这些表示方法在标高投影中仍然适用，只是转换为用标高投影来表达。

1. 等高线表示法

这种表示方法实质上是利用两平行直线表示平面，平面上的水平线称为平面上的等高线。在实际应用中一般采用高差相等，标高为整数的一系列等高线来表示平面，并把基准面 H 的等高线，作为标高为零的等高线，如图 6-13 所示。平面上的等高线是彼此平行的直线，当高差相同时，等高线间距相等。

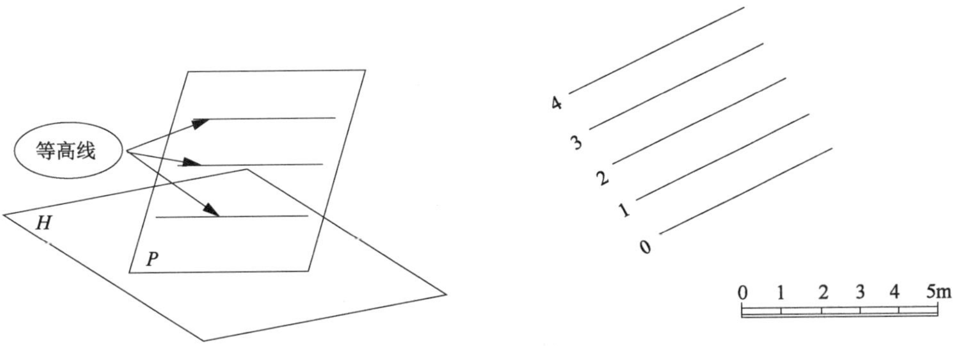

图 6-13 平面的等高线表示法

2. 坡度比例尺表示法

坡度比例尺表示法就其实质而言就是最大坡度线表示法。如图 6-14(a)所示，将平面上最大坡度线的投影附以整数标高，并画成一粗一细的双线称为平面的坡度比例尺。

已知平面的等高线组，可以利用等高线与坡度比例尺的相互垂直关系，作出平面上的坡度比例尺，反之亦然。

坡度比例尺已知，则平面对基准面的倾角可以利用直角三角形法方求得。图 6-14(b)是根据 *P* 平面的等高线作出的坡度比例尺。

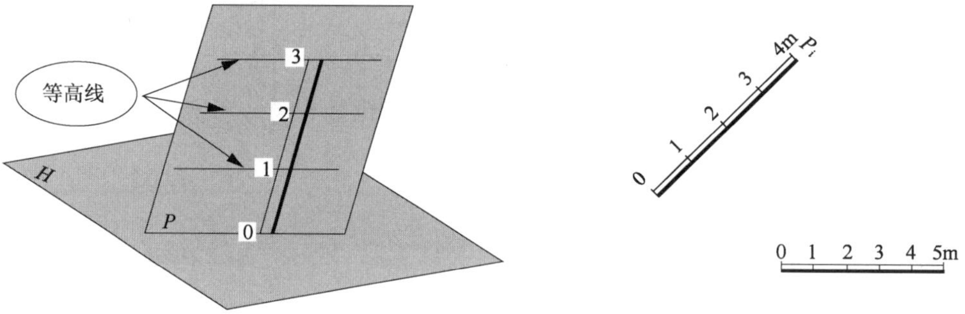

(a)坡度比例尺表示法 (b)根据平面的等高线作出坡度比例尺

图 6-14 平面的坡度比例尺表示法

3. 用平面上的一条等高线和平面的坡度表示平面

平面上的一条等高线已知，就可定出坡度线的方向；由于平面的坡度已知，该平面的方向和位置就确定了[图 6-15(a)]。如果作平面上的等高线，可利用坡度求得等高线的平距，然后作已知等高线的垂线，在垂线上按图中所给比例尺截取平距，再过各分点作已知等高线的平行线，即可作出平面上一系列等高线的标高投影，如图 6-15(b)所示。

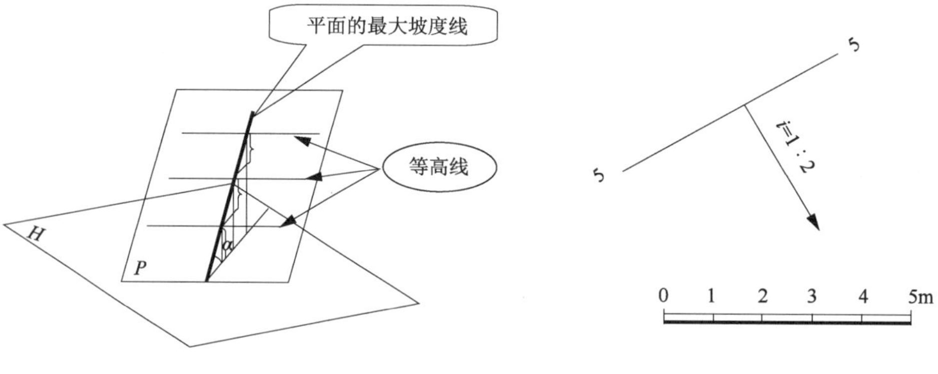

(a) (b)

图 6-15 用平面上的一条等高线和平面的坡度表示平面

4. 用平面上的一条非等高线和该平面的坡度与倾向表示平面

图 6-16(a)为一标高为 5m 的水平场地及一坡度为 1∶3 的斜坡引道，斜坡引道两侧倾斜平面 *ABC* 和 *DEF* 的坡度均为 1∶2。这种倾斜平面可由平面内一条倾斜直线的标高投影加上该平面

的坡度来表示,如图 6-16(b)所示。图中的箭头只是表明该平面向直线的某一侧倾斜,并代表平面的坡度线方向,坡度线的准确方向需作出平面上的等高线后才能确定,所以用虚线表示。

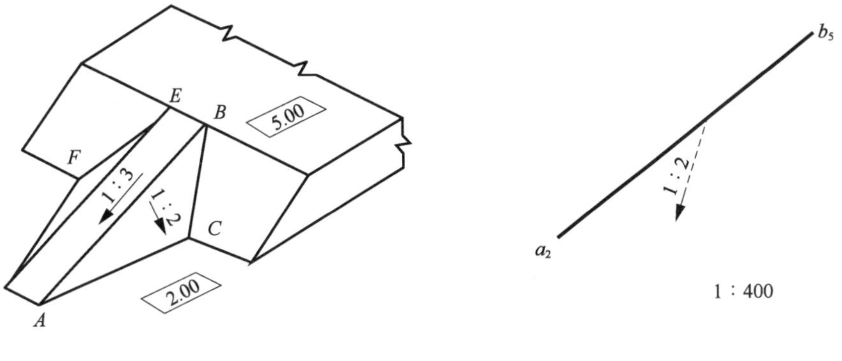

(a) (b)

图 6-16 用平面上的一条非等高线和该平面的坡度与倾向表示平面

(四) 两平面的相对位置

两平面在空间的相对位置可分为平行与相交两种情况。

1. 平行

如果两平面平行,则它们的坡度比例尺和等高线互相平行,平距相等,标高数字的增减方向一致,如图 6-17(a)所示。

2. 相交

在标高投影中,利用辅助平面法在相交两平面上求得两共有点,其连线即为两平面的交线。通常采用水平面作为辅助面。如图 6-17(b)所示,水平辅助面与 P、Q 两平面的截交线是两条相同高程的等高线,这两条等高线的交点就是两平面的共有点,分别求出两个共有点并连接起来,就可求得交线。

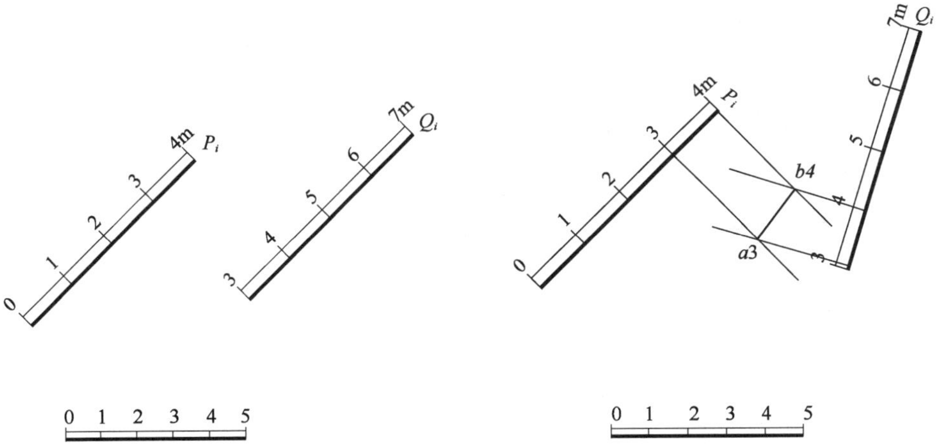

(a) 平行 (b)相交

图 6-17 两平面相对位置

【例6-2】 如图6-18所示,已知两平面P、Q,求它们的交线。

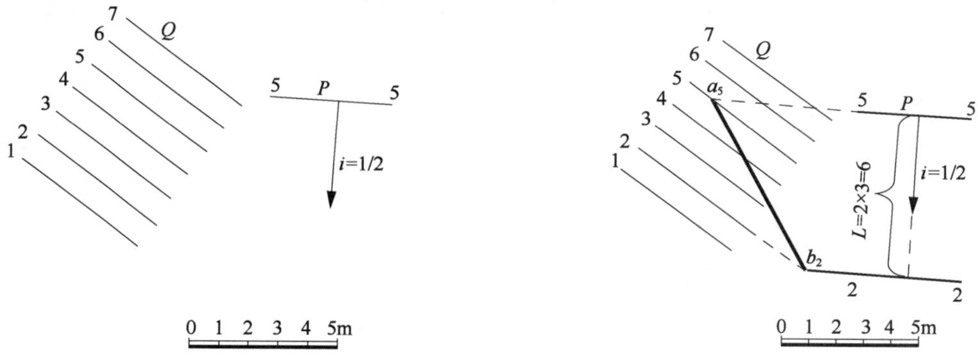

图6-18 求平面P、Q的交线

分析:两平面的交线为两平面上高程相同的等高线交点的连线。Q平面直接用等高线表示,而P平面已知一条等高线,再求一条等高线即可求出交线。

解:(1)延长P平面上等高线5,与Q平面上等高线5相交,得交线上一点a_5。

(2)利用已知P平面的坡度和比例尺求出P平面上的另一等高线,并求出其与Q平面上同等高线的交点。

(3)连接a_5、b_2,得两平面的交线。

(五)求坡面交线、坡脚线或开挖线

在工程中,把建筑物相邻两坡面的交线称为坡面交线,坡面与地面的交线称为坡脚线(填方)或开挖线(挖方)。坡面倾斜情况可用示坡线表示。如图6-19(c)所示,图中长短相间的细实线叫示坡线,它与等高线垂直,用来表示坡面,短线画在高的一侧。

【例6-3】 已知主堤与支堤相交,顶面标高分别为3m和2m,地面标高为0,各坡面坡度如图6-19(a)和图6-19(b)所示,求两堤相交的坡脚线和坡面交线。

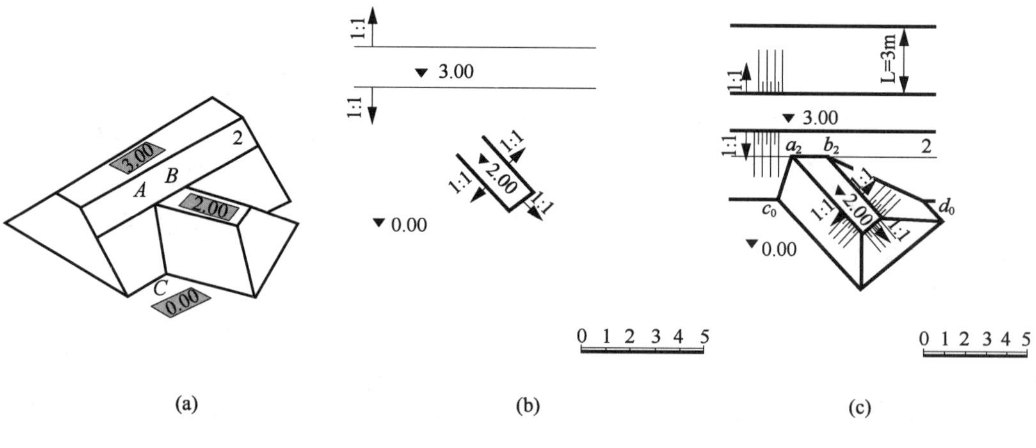

图6-19 求主堤与支堤相交的标高投影图

解:(1)求坡脚线。先求出主堤顶边缘到坡脚线的水平距离 $L=H/i=(3-0)/1=3m$,再沿两侧坡面坡度线方向按所给比例尺量取,过零点作顶面边缘的平行线,即得两侧坡面的坡脚线。同理可作出支堤的坡脚线。

(2)求支堤顶面与主堤坡面的交线。支堤顶面标高为 2m,与主堤坡面交线就是主堤坡面上标高为 2m 的等高线中的 a_2b_2 段。

(3)求主堤坡面与支堤坡面的交线。主堤与支堤的坡脚线交于 c_0、d_0,连接 c_0、a_2 和 d_0、b_2,即得主堤与支堤的坡面交线。

(4)描深坡脚线和坡面交线,画出各坡面的示坡线,如图 6-19(c)所示。

五、曲面的标高投影

在标高投影中,曲面也用一系列等高线来表示,即假想用水平面与曲面相截,画出截交线的标高投影。工程上常见的曲面有锥面、同坡曲面和地形面等。

(一) 正圆锥面的标高投影

正圆锥面的等高线都是同心圆,如图 6-20 所示,当高差相等时,等高线间的水平距离相等。当锥面正立时,等高线越靠近圆心,其标高数字越大;当锥面倒立时,等高线越靠近圆心,其标高数字越小。圆锥面示坡线的方向应指向锥顶。

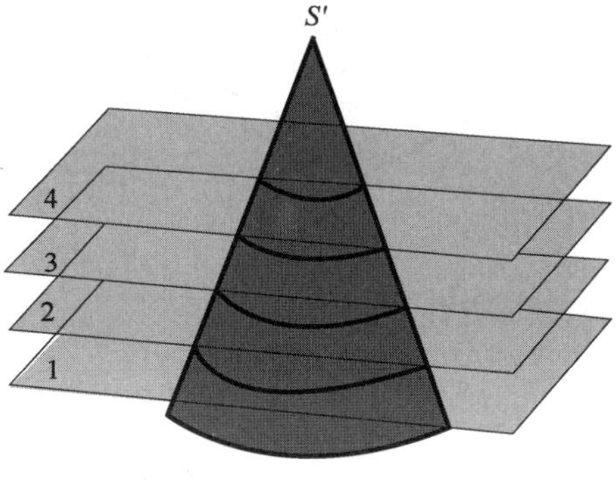

(a) 示意图

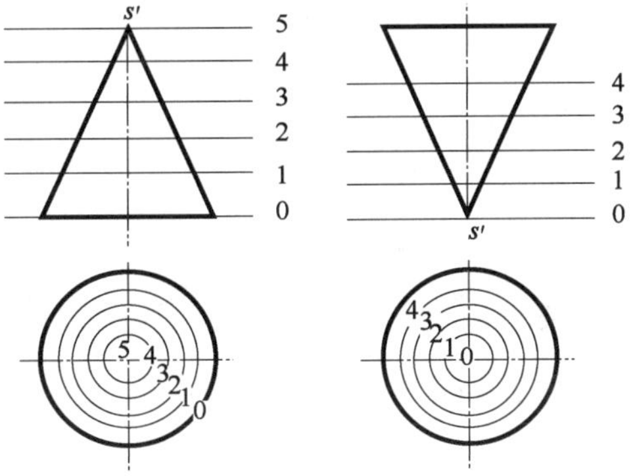

(b) 投影图

图 6-20 正圆锥面的标高投影

在绘制圆锥面的等高线时需要注意以下几点:

(1)必须注明锥顶高程,否则无法区分圆锥与圆台。

(2)等高线在遇到标高数字时必须断开。

(3)标高字头朝向高处以区分正圆锥与倒圆锥。

(4)等高线的疏密反映了坡度的大小。

在土石方工程中,常在两坡面的转角处采用与坡面坡度相同的锥面过渡。图 6-21 所示河坝与堤岸的连接处,即是用圆锥面护坡,其标高投影图可按照平面标高投影图的作图方法来完成,如图 6-21(b)和(c)所示。

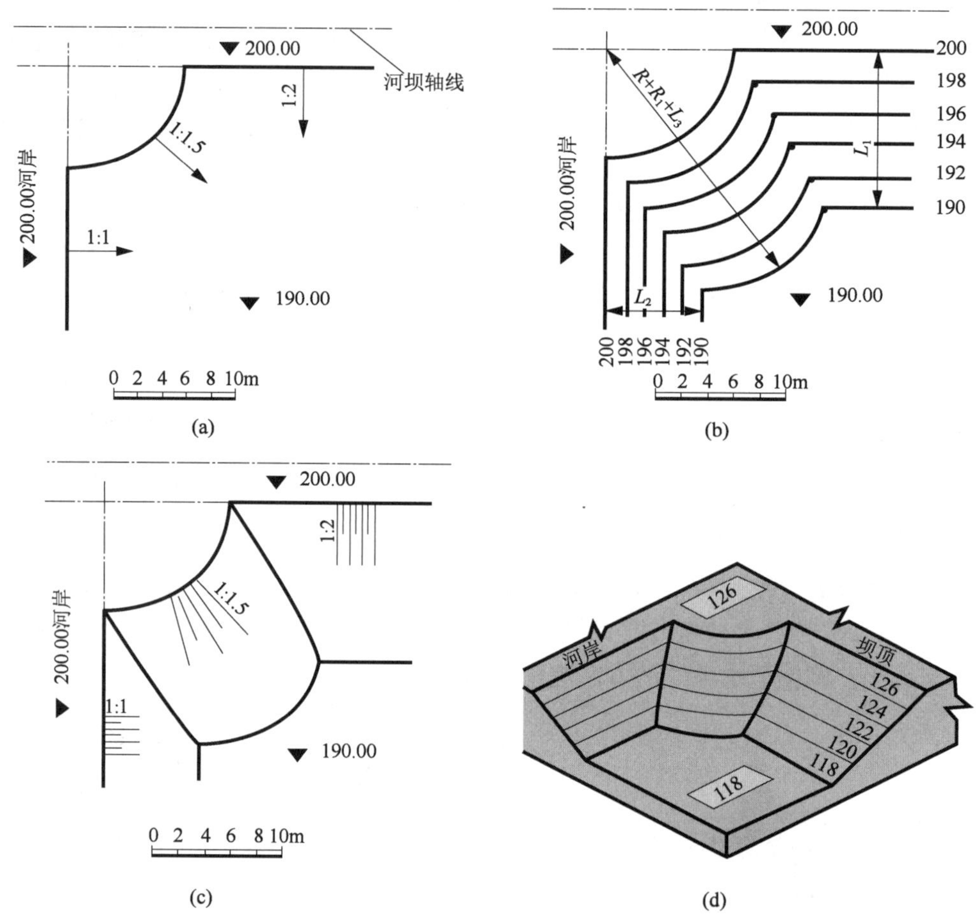

图 6-21 求土坝、河岸、护坡的标高投影

（二）同坡曲面的标高投影

一个正圆锥沿一条空间曲导线运动且轴线方向保持不变，其包络曲面被称作同坡曲面，即各处坡度皆相等的曲面如图 6-22 所示。

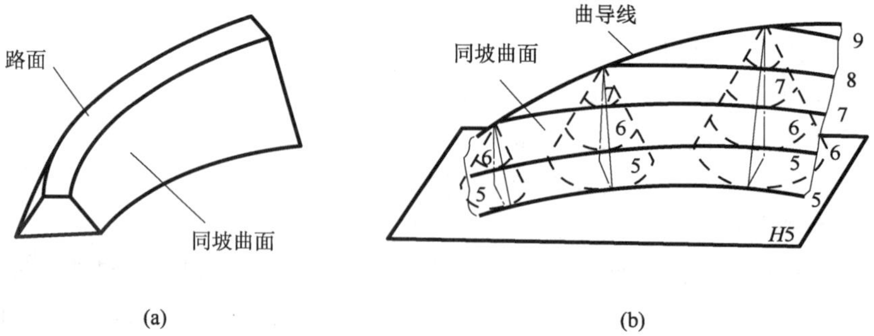

图 6-22 同坡曲面

同坡曲面有如下特征：

(1)运动的正圆锥在任何位置都和同坡曲面相切，切线即为曲面在该处的最大坡度线，故曲面上各处坡度均等于运动正圆锥的坡度。

(2)两个相切曲面与同一水平面的交线必然相切，即同坡曲面与运动正圆锥的同高程等高线必然相切。

工程上常用到同坡曲面，比如道路在弯道处，无论路面有无纵坡，其边坡均为同坡曲面。

【例6-4】 如图6-23(a)所示，一弯曲倾斜匝道与干道相连。干道顶面标高25.00m，地面标高21.00m，弯曲匝道由地面逐渐升高与干道连接。求其坡脚线和坡面交线。

解：(1)计算各边坡平距 $L=1/1=1$ 单位。

(2)弯道处的两条路边线即为同坡曲面的导线，在导线上取其整数标高点作为锥顶位置。

(3)分别以这些整数标高点为圆心，$R=1$、2、3、4为半径作同心圆，即为各正圆锥的等高线[图6-23(b)]。

(4)作正圆锥上同标高的等高线的曲切线(包络线)，即得到匝道边坡的等高线。

(5)按照平面标高投影的方法作出同坡曲面与干道边坡的交线。

(6)将结果描深，画出示坡线，作图完成[图6-23(c)]。

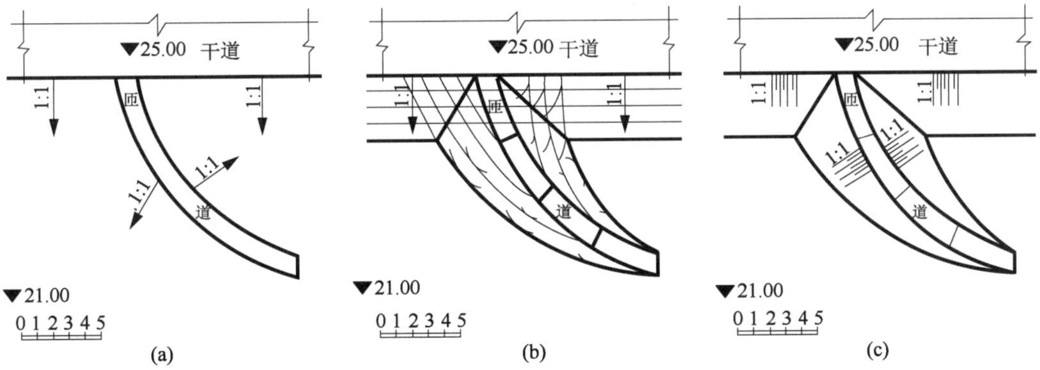

图6-23 求匝道与干道的标高投影图

(三) 地形面的标高投影

地形面是非规则曲面，假想用一组高差相等的水平面截割地面，截交线便是一组不同高程的不规则曲线，称为等高线。如图6-24所示，画出地面等高线的水平投影并标注其高程，即得地形面的标高投影。地形面的标高投影也称地形图。

(四) 地形断面图

用铅垂面剖切地形面，剖切平曲与地形面的截交线就是地形断面，沿地形断面画上相应的材料图例，称为地形断面图。如图6-25所示。

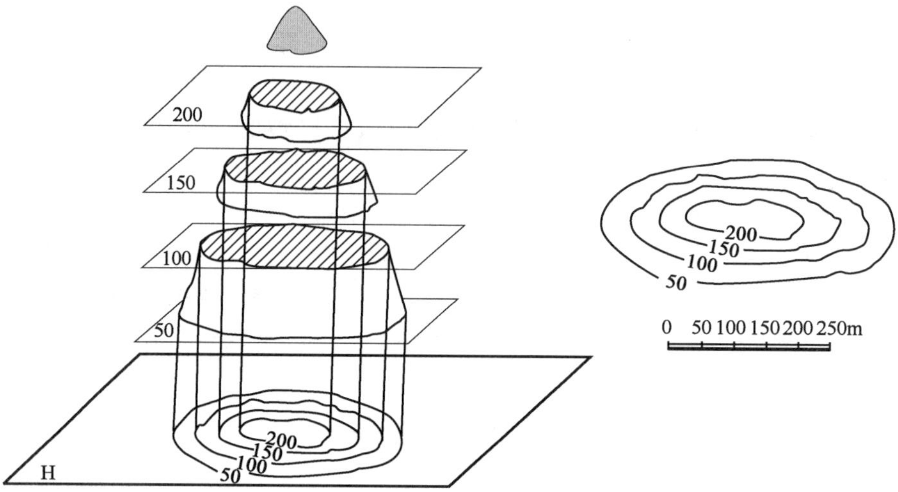

图 6-24 地形面的标高投影

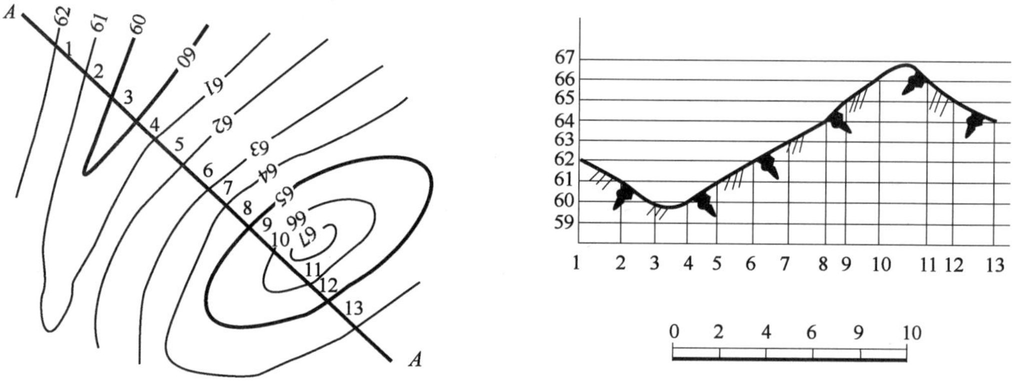

(a)铅垂面5各等高线的交点

(b)地形断面图

图 6-25 地形断面图

具体作法是：

(1)过 *A*—*A* 作铅垂面，它与地形面上各等高线的交点为 1、2、3……

(2)以 *A*—*A* 剖切线的水平距离为横坐标，以高程为纵坐标，按等高距及比例尺画一组平行线，如图 6-25(b)所示。

(3)将图 6-25(a)图中的 1、2、3……各点转移到图 6-25(b)中最下面一条直线上，并由各点作纵坐标的平行线，使其与相应的高程线相交得到一系列交点。

(4)光滑连接各交点，即得地形断面图，并根据地质情况画上相应的材料图例[图 6-25(b)]。

六、标高投影在道路工程图中的应用

在道路工程建设中，经常需要运用标高投影的知识来解决相关建造物和构造物的坡面交线以及坡面与地面的交线问题，即通常所说的坡脚线和开挖线。

由于建造物和构造物的表面可能是平面或曲面，地形面也存在规则的平面或不规则的地面等各种情况，因此，他们的交线性质也是不同的。虽然坡面交线、坡脚线和开挖线的情况、性质不尽相同，但求解的基本方法都是利用水平辅助平面来求两个面的共有点。如果交线是直线，只需求出两个共有点并用直线连接；如果交线是曲线，则需求出一系列共有点，然后用光滑曲线依次连接。

（一）平面与地形面的交线

求平面与地形面的交线，先求平面上与地形面上标高相同的等高线的交点，然后用平滑曲线顺次连接起来即得交线。

【例 6-5】 求图 6-26 中地面与坡度为 2/3 的坡面的交线。

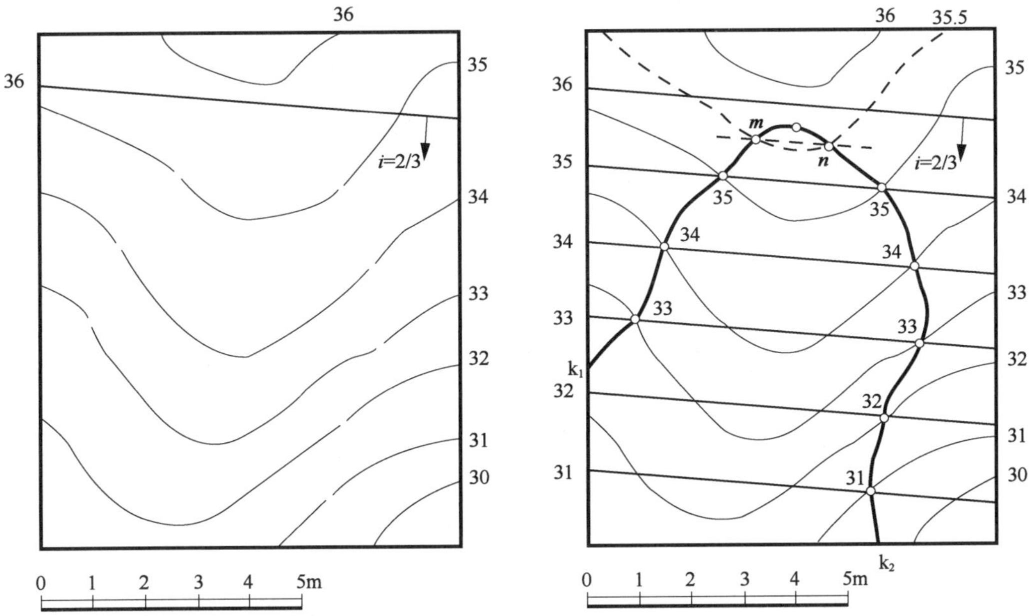

图 6-26 求平面与地面的交线

解：(1) 作平面的等高线。地面的等高线已经给出，根据已知的等高线和比例尺先求出平面上等高线的平距并作出坡面上的等高线；

平面上等高线的平距：$l = 1/i = 1.5$；

按照平面的倾斜方向和比例尺，作等高线 36 的平行线组（间距为 1.5 个单位），即得到平面上的等高线。

(2) 作平面与地面的交线。平面上和地形面上标高相同的等高线的交点，即是所求的交线上的点。等高线 34 到 35 之间的交线需要采用内插法求解，即分别对平面和地形面上的等高线按间距加密，求出更多的交点，再完成连接。

（二）曲面与地形面的交线

求曲面与地形面的交线，先求曲面上与地形面上标高相同的等高线的交点，然后用平滑曲线顺次连接起来即得曲面与地面的交线。

【例6-6】 如图6-27(a)所示，要在山坡上修筑一带圆弧的水平广场，其标高为25m，填方边坡1:1.5，挖方边坡1:1，求其填挖边界线。

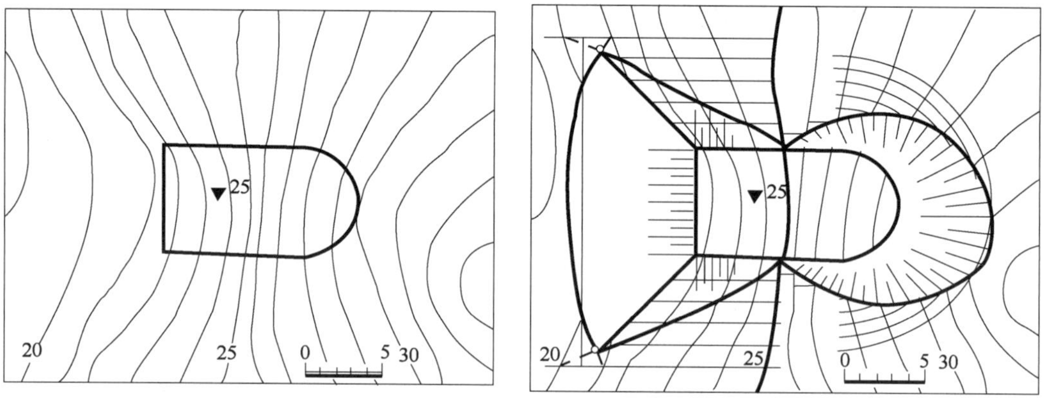

(a)题图 (b)求解结果

图6-27 求曲面与地面的交线

解：(1)首先确定填挖分界线，水平广场高程为25，因此，将地面上标高为25的等高线作为填挖分界线。它与广场边缘的交点即为填挖分界点。

(2)地形高程比25高的地方，应该是挖土的部分，在这些地方的坡面下降方向是朝着广场内部的，因而在圆弧形边缘处的坡面应该是倒锥面；而高程比25低的地方，应该是填土部分，在这些地方的坡面下降方向，应该是朝着广场外部的。

(3)由于挖方部分的坡度为1:1，

则平距为1:1，故根据比例尺以1单位长度为间距，顺次作出挖土部分的两侧平面边坡坡面的等高线，并作出广场半圆边缘的半径长度加上整数倍的平距为半径的同心圆弧，即为倒圆锥面上的各等高线。

同理，由于填土部分的坡度为1:1.5，故其平距为1.5个单位长度，据此便可作出填土部分平面坡面与坡面、坡面与地形面的两高程等高线的交点，顺次连接这些交点即得相邻边坡坡面的交线及各坡面与地形面的交线。

(4)在等高线18与19以及33与34之间的交线，用内插法确定。填方相邻两边坡的交线与地形面的交点。

(5)图中还画出方向和坡面等高线垂直，位置画在高处的均匀长短细线，即边坡示坡线，是由坡面和地形面的交线组成的封闭填挖边界线。

学习任务

1. 一斜坡引道直通水平场地如图 6-28（a）所示，设地面高程为 2m，水平场地顶面高程为 5m，请在认真识读分析后作出引道和水平场地的坡脚线和坡面交线。

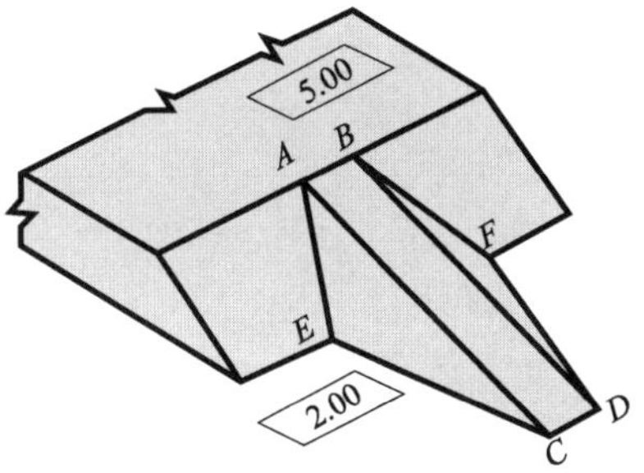

(a)题图

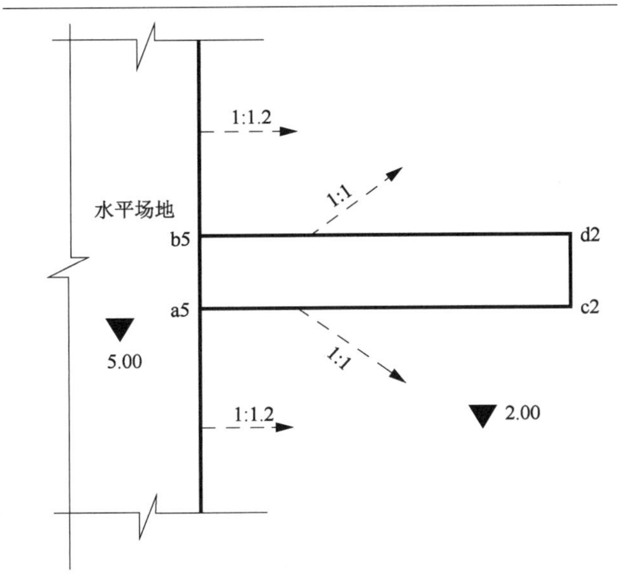

(b)求解

图 6-28 学习任务第 1 题图

2. 已知直管线两端的标高分别为 21.5 和 23.5，如图 6-29 所示，求管线 *AB* 与地面的交线。

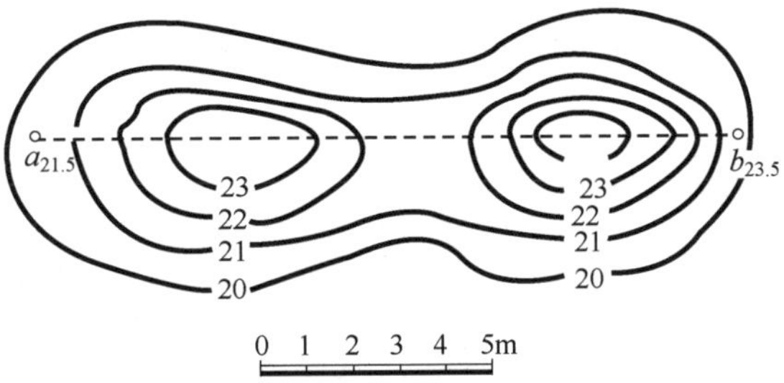

图 6-29 学习任务第 2 题图

拓展任务

在图 6-30 所示地面上修筑一条弯曲的道路，路面为平坡标高 20m，道路两侧边坡，填方为 1 : 1.5，挖方为 1 : 1，求填挖边界线。

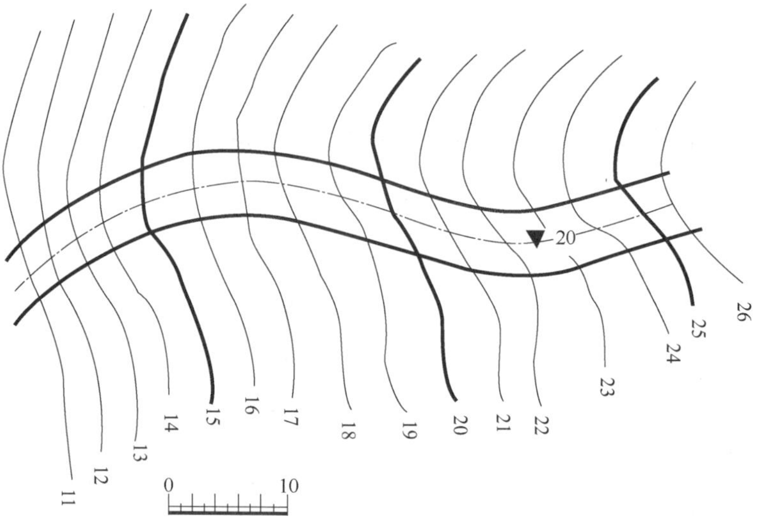

图 6-30 拓展任务图

任务二 识读地形图

引导问题

1. 在道路工程的设计和施工中，常常需要通过图形表示如图 6-31 所示地面起伏的状况，该如何进行表达？

图 6-31 某山区公路地形实图

2. 通常所说的地图和地形图是一回事吗？他们有什么联系和区别？

相关知识

一、地图与地形图

地图是按一定的法则，将地球表面的自然和社会现象缩小概括，经制图综合，运用符号系统表现在二维平面上，以反映地表现象的地理分布、相互关系、相互制约关系的可视化载体。按表示内容可分为普通地图、专题地图（例如自然地图、气候图、社会经济图、人口分布状况图等）；按比例尺可分为大、中、小比例尺地图；按表示方法、制作材料、使用情况分，有挂图、立体地图、影像地图、地球仪等。随着计算机技术和数字化技术的发展，目前还有数字地图、电子地图等。

地形图是按一定的比例尺，表示地物、地貌平面位置和高程的正投影图，是地面上地物和地貌在平面图纸上的缩影，是普通地图的一种；它着重表示地形，如图 6-32 所示。地形图中的地貌一般用等高线表示，反映地面的实际高度和起伏特征，具有一定的立体感；地面上的房屋、道路、河流等地物用图式符号进行标注，具有存储和传输地物、地貌的类别、数量、形态等信息的功能，同时展示其空间分布、联系和变化。地形图一般由专人经过实地测绘或根据遥感图像并配合有关调查资料编制而成，是编制其他地图的基础。

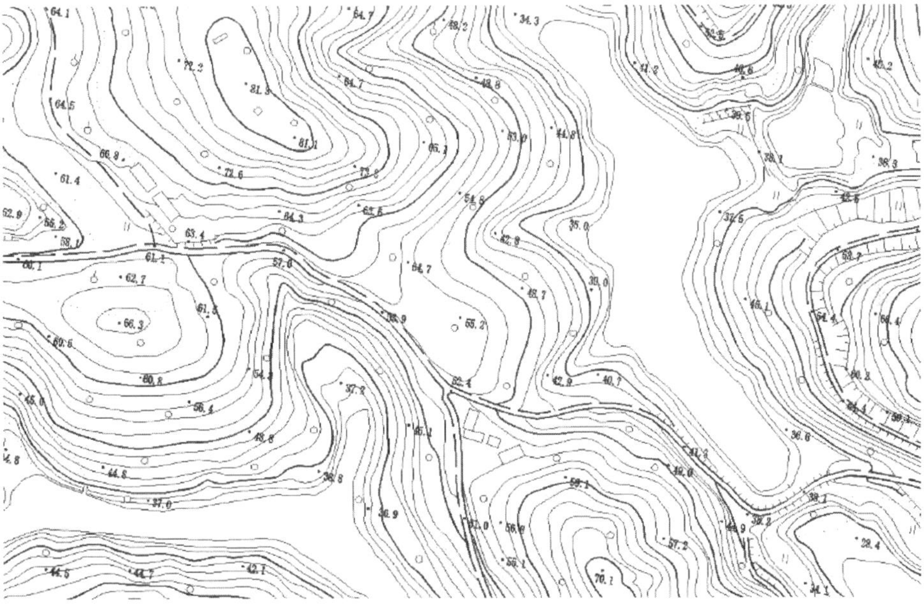

图 6-32 某山区地形图示意（局部）

二、地形图中的等高线

（一）等高线的分类

等高线是地面上相同高程的相邻各点连成的闭合曲线，也就是设想水准面与地表面相交形成的闭合曲线。地形图上的等高线按作用和表现形式可分为四种（图 6-33）：

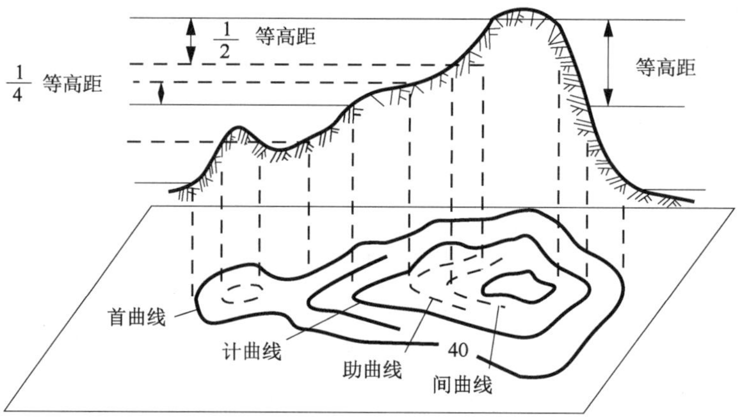

图 6-33 等高线的分类

1. 首曲线

在同一幅地形图上,按照基本等高距描绘的等高线称为首曲线,又称为基本等高线。一般用细实线绘制。

2. 计曲线

为了计算和用图的方便,从高程基准面起算,每隔四条基本等高线,或者高程能被 5 整除的等高线称为计曲线,计曲线均以加粗线条描绘。例如等高距为 1m 的等高线,则高程为 5m、10m、15m…5m 倍数的等高线为计曲线;又如等高距为 2m 的等高线,则高程为 10m、20m、30m…10m 倍数的等高线为计曲线。一般只在计曲线上标记高程。计曲线的高程值总是为等高距的 5 倍。计曲线一般用粗实线绘制。

3. 间曲线

对于坡度很小的局部区域,当用基本等高线不足以反映地貌特征时,可按 1/2 基本等高距加绘一条等高线,该等高线称为间曲线,又称半距等高线。间曲线用细长虚线绘制,可以不闭合。

4. 助曲线

在地形较为平坦的区域,为了能够更准确地利用地形图设计工程建筑物,有时在间曲线的基础上还绘制出高差为 1/4 等高距的等高线,通常把这一等高线称助曲线,也称为 1/4 等高线。一般用细短虚线表示。

(二) 等高线的特性

地形图上的等高线有如下特性:

(1)同一条等高线上各点的高程相等;

(2)由于地形面是不规则曲面,所以地形等高线是不规则曲线;

(3)地形面是有界的,故地形等高线均为闭合曲线,如在本图幅内不闭合,则通过其他图幅闭合;

(4)地形等高线只有在绝壁或悬崖等特殊地形处才有可能重合或相交;

(5)等高线的疏密反映地形的陡缓,即等高线愈密地势愈陡峻,反之地势平坦。

(三) 典型地貌等高线表示方法

在地形图中,一些典型地貌在表示时会有比较明显的特征,掌握这些特征,可以快速了解对应的地形地貌。

(1)山丘:隆起而高于四周的高地叫山丘。等高线闭合圈由小到大高程依次递减,等高线亦随之渐稀,则对应地形是山丘,如图 6-34(a)所示。

(2)盆地(洼地):四周高,中间低的地形为盆地,其中面积小的叫洼地。等高线闭合圈由小到大高程依次递增,等高线亦随之渐稀,则对应地形是盆地或洼地,如图 6-34(b)所示。

(3)山脊:若干个相邻山顶、鞍部相连的凸棱部分,称为山脊,山脊的棱线叫山脊线。等高线凸出方向指向低高程,则对应地形是山脊,如图 6-34(c)所示。

(4)山谷:两条山背之间的条形低凹部分称为山谷。等高线凸出方向指向高处,则对应地形是山谷,如图 6-34(d)所示。

(5)鞍部:山脊上相邻两个山顶之间的形似马鞍状的低凹部位称为鞍部。在鞍部两侧的等高线形状接近对称,如图 6-34(e)所示。

(6)峭壁和悬崖:近于垂直的山坡称为峭壁,上部凸出下部凹进的绝壁称为悬崖。峭壁和悬崖的底部与顶部的水平位置差异不大,所以等高线在水平面上的投影较密集甚至会重叠在一起,一般以带锯齿的线段表示,如图 6-34(f)所示。

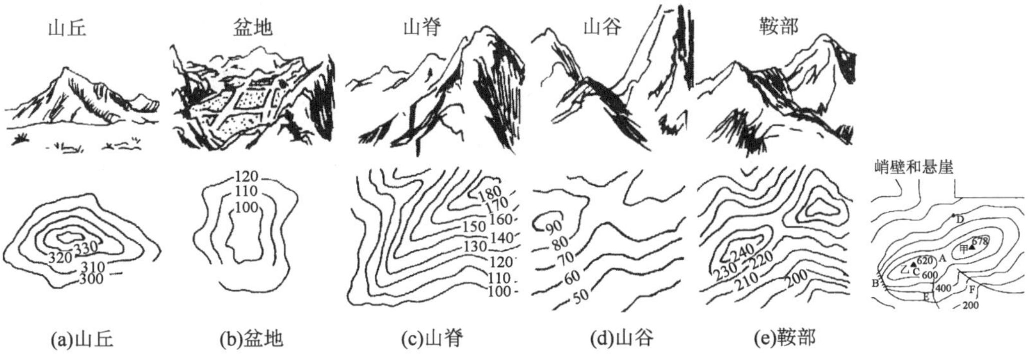

图 6-34 典型地貌在地形图上的特征

三、地形图的内容及表示方法

(一) 比例尺

地形图上一段直线的长度与地面上相应线段的实际水平长度之比,称为地形图的比例尺。通常换算为用分子为 1 的分数表示的形式,这种形式即称为测图比例尺,即 $1/M$,其中 M 称为比例尺分母。如果图上一线段长度为 d,相应实地的水平距离为 D,则该地形图的比例尺为:

$$\text{比例尺} = \frac{d}{D} = \frac{1}{D/d} = \frac{1}{M}$$

比例尺一般书写为比例式的形式，即 1∶M，如 1/500、1/1000、1/2000，一般书写为 1∶500、1∶1000、1∶2000。

比例尺的大小是以比例尺的比值来衡量的，分数值越大（M 越小），比例尺越大。为了满足经济建设和国防建设的需要，相关部门测绘和编制了各种不同比例尺的地形图。通常称 1∶100 万、1∶50 万、1∶20 万为小比例尺地形图；1∶10 万、1∶5 万、1∶2.5 万和 1∶1 万为中比例尺地形图；1∶5000、1∶2000、1∶1000 和 1∶500 为大比例尺地形图。道路桥梁工程等土木工程建筑通常使用大比例尺地形图。按照地形图图式规定，比例尺应书写在图幅下方正中央处。在路桥工程设计图中，由于通常使用带状地形图，往往只需在第一页书写比例尺，位置可根据实际需要放置，如图 6-35 所示。

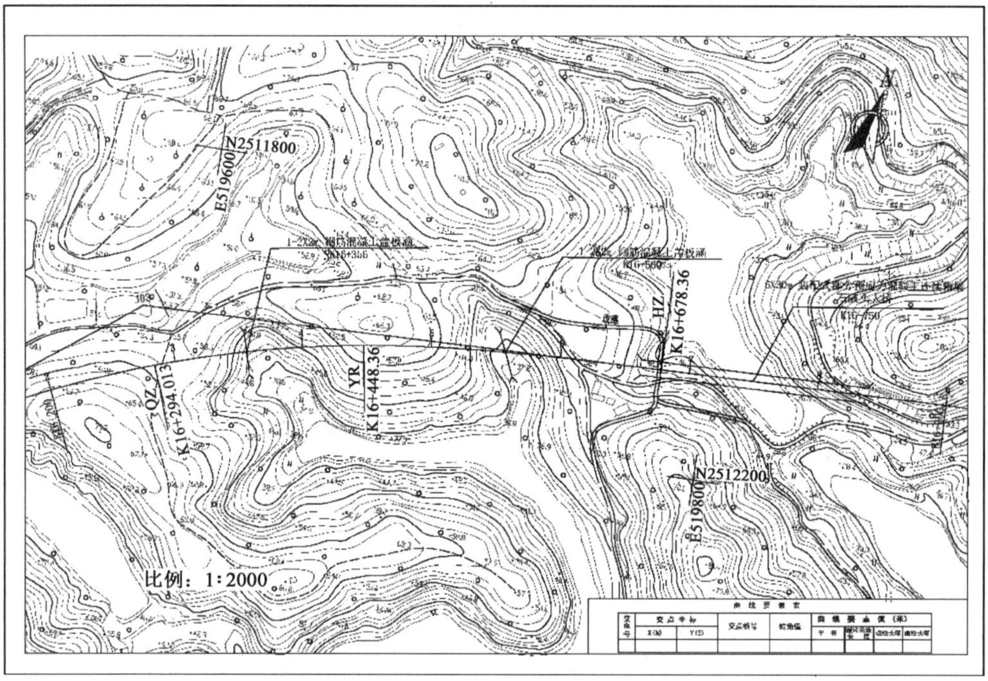

图 6-35 某公路设计路线平面图示意（部分）

小贴士——比例尺精度

人们用肉眼在图上能分辨的最小距离为 0.1mm，因此通常把图上 0.1mm 所表示的实地水平长度，称为比例尺的精度。即：

$$比例尺精度 = 0.1\text{mm} \times M$$

比例尺大小不同，则比例尺精度不同。工程常用的几种大比例尺地形图的比例尺精度见表 6-1。

比例尺精度对照 表 6-1

比例尺	1∶500	1∶1000	1∶2000	1∶5000
比例尺精度（m）	0.05	0.10	0.20	0.50

比例尺精度有两个作用：一是根据比例尺精度，可以确定实测距离应准确到什么程度。例如：选用 1 : 2000 比例尺测地形图时，比例尺精度为 0.1 × 2000 = 0.2m，测量实地距离最小为 0.2m，小于 0.2m 的长度，图上就无法表示出来。二是当设计规定需在图上能量出的实地最短长度时，按照测图需要表示的最小长度来确定采用多大的比例尺地形图。例如：要在图上表示出 0.5m 的实际长度，则选用的比例尺应不小于 0.1/(0.5 × 1000) = 1/5000。比例尺越大，表示地物和地貌的情况越详细，精度越高。但是必须注意，同一测绘区域，采用较大比例尺测图往往比采用较小比例尺测图的工作量和投资增加数倍，因此采用哪一种比例尺测图，应从工程规划、施工实际需要的精度出发，不应盲目追求更大比例尺的地形图。

（二）地形图图式

地形图图式是指在地形图中用于表示地球表面地物、地貌的专门符号。比例尺不同，各种符号的图形和尺寸也不尽相同。地形图的图式有严格规定，不能自行设计。在《国家基本比例尺地图图式》（GB/T 20257—2017）中，按照不同的比例尺分三个部分规定了地形图图式。

如前所述，地貌是指地球表面的各种形态，也能称为地形，主要通过等高线来反映。地物是则是指地面上天然或人工形成的物体，如湖泊、河流、房屋、道路等，需要通过专门的图式来表达。表示地物的符号有依比例符号、半依比例符号、不依比例符号和地物注记等。

1. 依比例符号

依比例符号是指地物依比例尺缩小后，其长度和宽度能依比例尺表示的地物符号。依比例符号的形状与实地形状相似，如房屋、居民地、森林、湖泊等。依比例符号能全面反映地物的主要特征、大小、形状、位置，如图 6-36 所示。

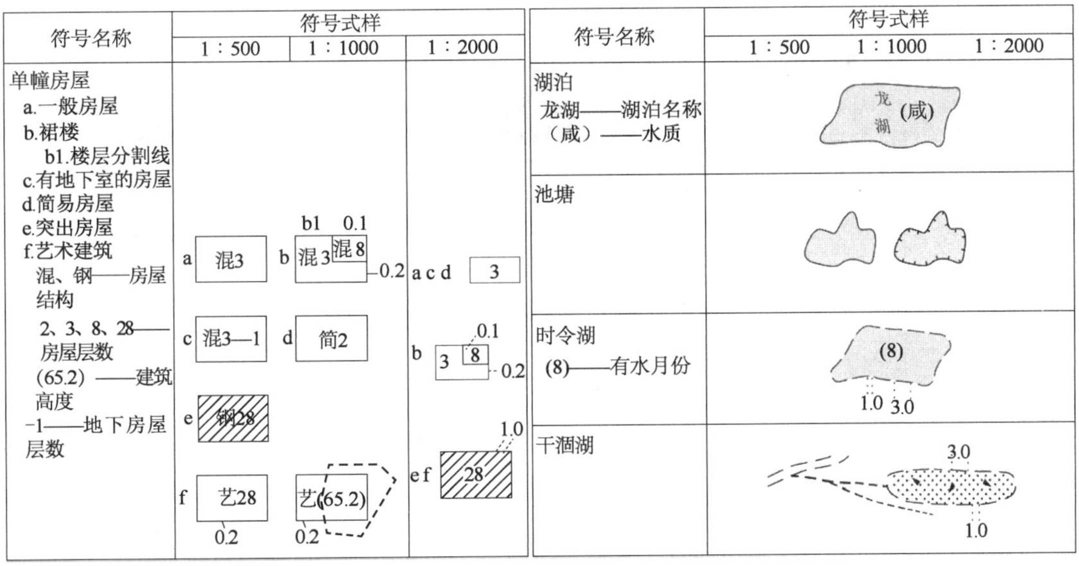

图 6-36 依比例地形图图式示例

2. 半依比例符号

半依比例尺符号是指地物依比例尺缩小后，其长度能依比例尺而宽度不能依比例尺表示的地物符号。对于一些带状延伸地物，如道路、通信线、管道、垣栅等，其长度可按比例尺缩绘，而宽度无法按比例尺表示。这种符号的中心线，一般表示其实地地物的中心位置，但是城墙和垣栅等，地物中心位置在其符号的底线上，如图 6-37 所示。

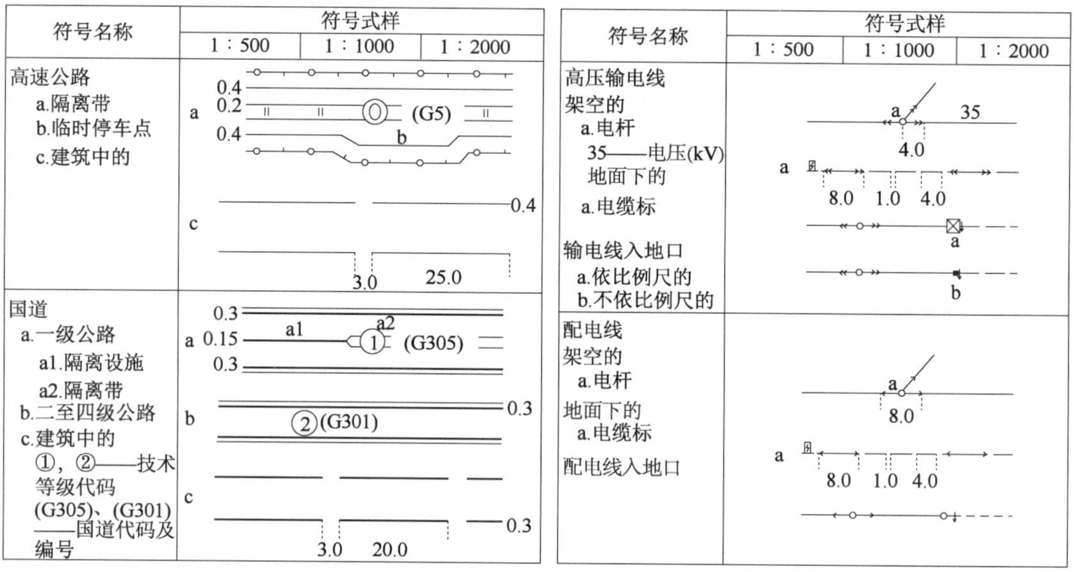

图 6-37　半依比例地形图图式示例

3. 不依比例符号

不依比例尺符号是指地物依比例尺缩小后，其长度和宽度不能依比例尺表示。有些地物，如三角点、水准点、独立树和里程碑等，轮廓较小，无法将其形状和大小按比例绘到图上，则不考虑其实际大小，而采用规定的符号表示，如图 6-38 所示。

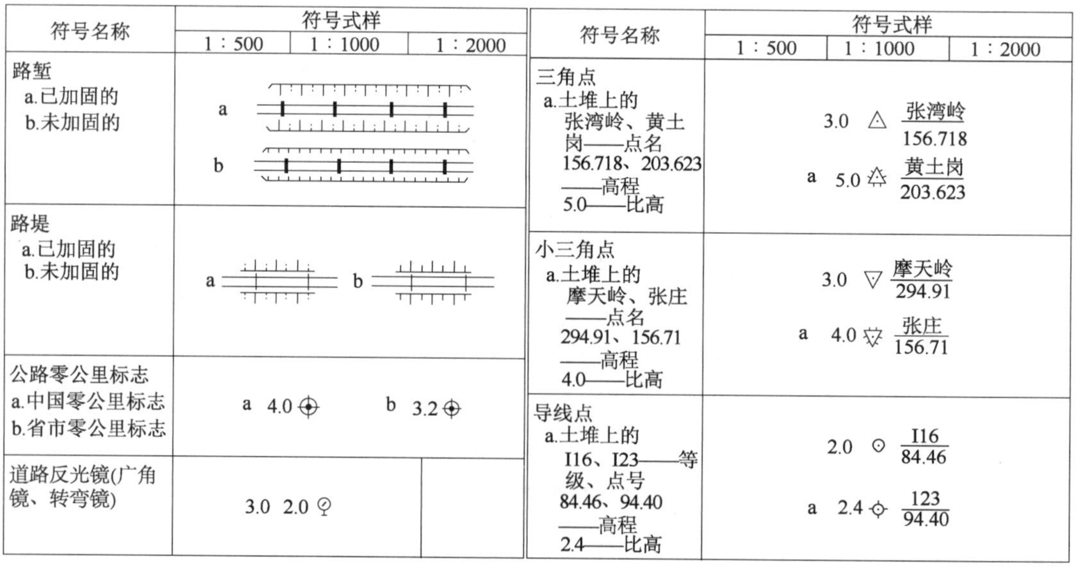

图 6-38　不依比例地形图图式示例

非比例符号不仅其形状和大小不按比例绘出，而且符号的中心位置与该地物实地的中心位置关系，也随各种不同的地物而异，在测图和用图时应注意下列几点：

(1)规则的几何图形符号，如：圆形、正方形、三角形等，以图形几何中心点为实地地物的中心位置。

(2)底部为直角形的符号，如：独立树、路标等，以符号的直角顶点为实地地物的中心位置。

(3)宽底符号，如：烟囱、岗亭等，以符号底部中心为实地地物的中心位置。

(4)几种图形组合符号，如：路灯、消火栓等，以符号下方图形的几何中心为实地地物的中心位置。

(5)下方无底线的符号，如：山洞、窑洞等，以符号下方两端点连线的中心为实地地物的中心位置。各种符号均按直立方向描绘。

4. 地物注记

地形图上的地物除了应用符号表示外，也会使用文字、数字和特定符号对地物加以说明和补充，称为地物注记。如道路和河流的名称、楼房层数、点的高程、水深、坎的比高等。

(1)名称注记：主要有居民地、山脉、水系、丘北、植被等，如图 6-39 所示。

(2)数字注记：主要用阿拉伯数字或罗马数字说明高程、比高、河宽，水深、桥长，桥宽及载重量等，如图 6-40 所示。

(3)说明注记：说明有关的情况，如树种、路面材料等，如图 6-41 所示。

符号名称	符号式样		
	1∶500	1∶1000	1∶2000
地面河流 a.岸线(常水位岸线、实测岸线) b.高水位岸线(高水界)清江——河流名称	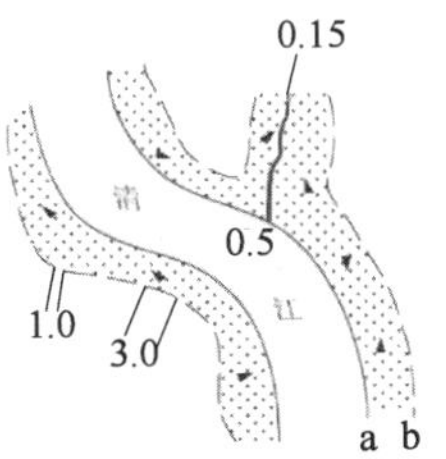		

图 6-39　名称注记示例

符号名称	符号式样		
	1∶500	1∶1000	1∶2000
水库 a.毛湾水库—水库名称 b.溢洪道 54.7—溢洪道堰底面高程 c.泄洪洞、出水口 d.拦水坝、堤坝 d1.拦水坝 d2.堤坝 水泥—建筑材料 75.2—坝顶高程 59—坝长(m)	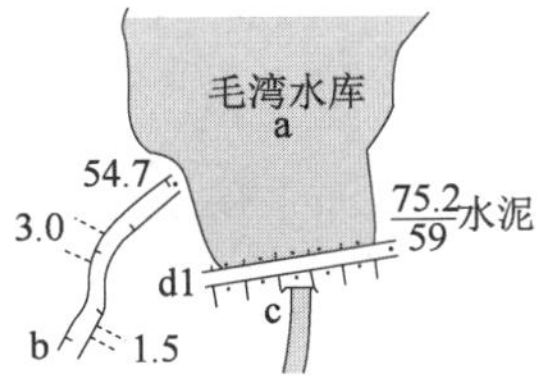		

图 6-40　数字注记示例

符号名称	符号式样		
	1∶500	1∶1000	1∶2000
成林	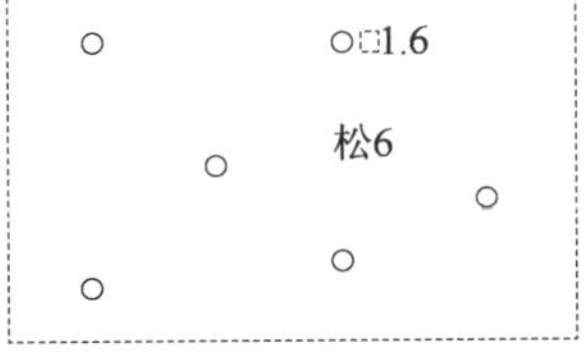		

图 6-41　说明注记示例

学习任务

1. 识读图 6-42 所示地形图后回答问题。

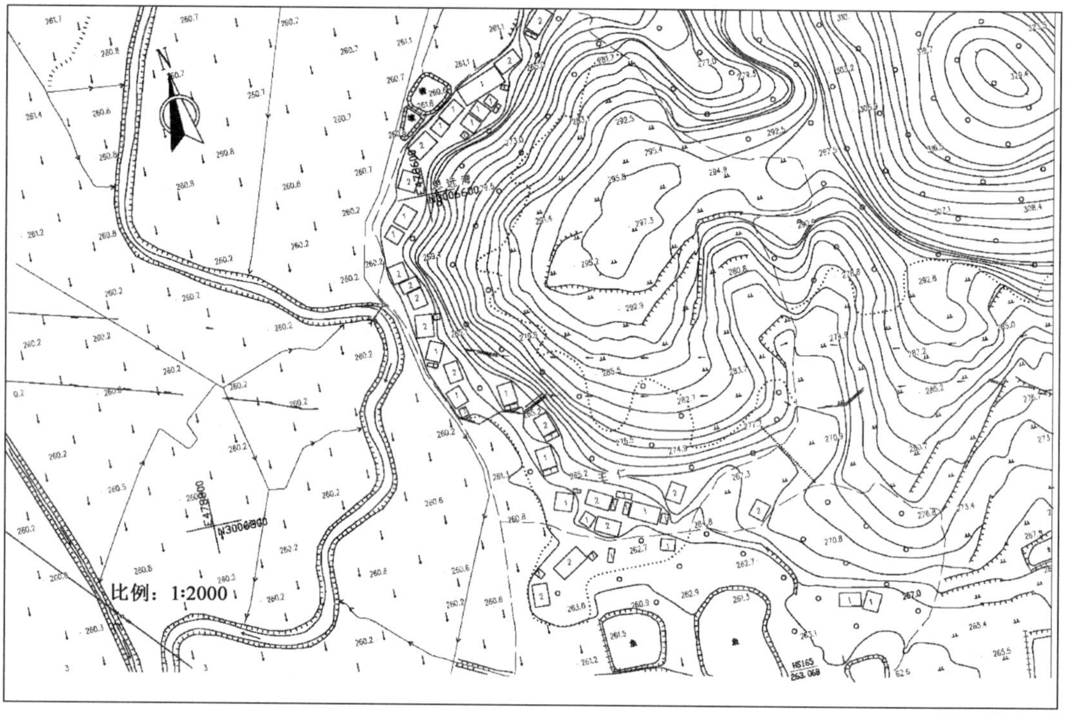

图 6-42 地形图识读示例

(1)地形面上等高线的特性：

等高线一般是：________________________________。

除悬崖绝壁的地方外，等高线________________________。

等高线越密集表明地势__________，反之则越__________。

(2)本图所采用的比例尺为__________，它代表图中量取的 1cm，在实际地形上为________。

(3)本图所表达的区域地形状况(□简单 □复杂)，属于(□平原 □微丘 □山地)。

(4)图中右侧区域反映的地形是(□山丘 □山谷 □盆地)，其最大高差为________米。

(5)图中符号2表达的含义是________________。

(6)从图中你还获得了那些与地形地物相关的信息，请逐一说明：

____

____

____

____

复习思考题

1. 标高投影是(　　)。

A. 多面投影　B. 单面正投影　C. 平行投影　D. 中心投影

2. 标高投影图的要素不包括(　　)。

A. 水平投影　B. 绘图比例　C. 高程数值　D. 高差数值

3. 地形图图中的标高常用的基准面是(　　)。

A. 青岛黄海海平面　B. 东海海面　C. 建筑物开挖面　D. 自然地面

4. 建筑物上相邻两坡面交线上的点是(　　)。

A. 不同高程等高线的交点　B. 等高线与坡度线的交点

C. 同高程等高线的交点　D. 坡度上的点

5. 已知直线上两点的高差是3,两点间的水平投影长度是9,该直线的平距为(　　)。

A. 1/3　B. 3　C. 9　D. 1/9

6. 平面上的示坡线(　　)。

A. 与等高线平行　B. 是一般位置线

C. 是正平线　D. 与等高线垂直

7、平面的坡度是指平面上(　　)。

A. 任意直线的坡度　B. 边界线的坡度

C. 坡度线的坡度　D. 最小坡度

8. 在标高投影中,两坡面坡度的箭头方向一致且互相平行,但坡度值不同,两坡面的交线(　　)。

A. 没有交线　B. 是一条一般位置线

C. 是一条等高线　D. 与坡度线平行

9. 在标高投影中,在空间平行的是(　　)。

A. 两平面坡度线投影互相平行

B. 两平面坡度值相同,坡度线投影平行

C. 两平面坡度值相同,坡度线投影平行,箭头方向相同

D. 两平面坡度值相同,坡度线投影平行,箭头方向相反

10. 圆锥面上等高线与素线的关系是(　　)。

A. 平行　B. 相交　C. 交叉　D. 垂直相交

学习情境七

识读路线工程图

学习情境描述

在公路工程基本建设项目中，一般采用两阶段设计，即初步设计和施工图设计。对于技术简单、方案明确的小型建设项目，可采用一阶段设计，即一阶段施工图设计。技术复杂，基础资料缺乏和不足的建设项目和建设项目中的特大桥、长隧道、大型地质灾害治理等，必要时采用三阶段设计，即初步设计、技术设计和施工图设计。无论是一阶段设计、两阶段设计还是三阶段设计都需要经历施工图设计。本情境主要介绍施工图设计中道路施工图的基本组成、识读路线平面图、路线纵断面图、路线横断面图、城市道路路线工程图以及路基路面结构工程图，学习者可以了解施工图的组成、路线图和路基路面结构图的组成。

学习目标

知识目标：(1)认知道路施工图的基本组成；

(2)识读路线工程图以及路基路面结构工程图。

能力目标：(1)能认知道路施工图；

(2)能识读路线工程图、路基路面结构图。

任务一　认识道路施工图基本组成

引导问题

一阶段施工图应根据可行性研究报告批复意见和测设合同的要求，拟定修建原则，确定设计方案和工程数量，提出文字说明和图表资料以及施工组织计划，编制施工图预算，以满足审批的要求，适应施工的需要。

初步设计阶段的目的是基本确定设计方案；技术设计阶段应根据初步设计批复的意见和

测设合同的要求,对重大、复杂的技术问题通过科学试验和专题研究,深入勘探调查及分析比较,解决初步设计中未解决的问题,落实技术方案,计算工程数量,提出修正的施工方案,修正设计概算,经批准后则为编制施工图设计的依据。

两阶段(或三阶段)施工图设计阶段应根据初步设计(或技术设计)批复的意见和测设合同,进一步对所审定的修建原则、设计方案、技术方案加以具体和深化,最终确定各项工程数量,提出文字说明和适应施工需要的图表资料以及施工组织计划,并编制施工图预算。

小贴士——设计流程图

公路设计流程图如图 7-1 所示。

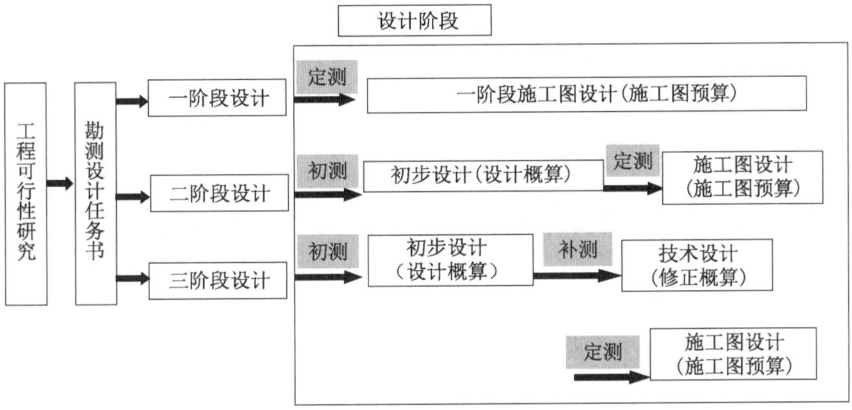

图 7-1 公路设计流程

小贴士——道路的基本概念

道路从词义上讲就是供各种无轨车辆和行人通行的基础设施;按其使用特点分为城市道路、公路、厂矿道路、林区道路及乡村道路等。

公路是指连接城市、乡村和工矿基地,主要供汽车行驶并具备一定技术标准和设施的人工构筑物。

城市道路是指城市中供车辆、行人通行的,具备一定技术条件的道路、桥梁及其附属设施。

道路的基本组成包括路基、路面、防护工程、排水设施和交通工程设施等,具有组成复杂、长宽高三向尺寸相差悬殊、形状受地形影响大等特点。

相关知识

一、道路施工图设计文件组成

道路施工图设计文件由十二篇和附件组成,即:第一篇总体设计;第二篇路线;第三篇路基、路面;第四篇桥梁、涵洞;第五篇隧道;第六篇路线交叉;第七篇交通工程及沿线设施;第八篇环境保护与景观设计；第九篇其他工程；第十篇筑路材料；第十一篇施工组织计划；第十二篇施工图预算；附件基础资料。

（一）第一篇　总体设计

施工图总体设计说明应在初步设计说明的基础上，重点对总体设计方案的优化、关键数据和内容、设计计算结论以及主要成果进行说明。包含6个部分：项目地理位置图、说明书、路线平纵断面图、主要技术经济指标表、附、公路平面总体设计图。

（二）第二篇　路线

路线部分主要包含说明，路线平面图，路线纵断面图，直线、曲线及转角表，纵坡竖曲线表，总里程及断链桩号表，公路用地表，公路用地图，赔偿树木青苗表，砍树挖根数量表，拆迁建筑物表，拆迁电力通信设施表，纸上移线图，路线逐桩坐标表，控制测量成果表，安全设施等16个部分，主要反映公路路线的技术指标和施工要素。

（三）第三篇　路基、路面

路基、路面部分主要包含说明和设计图表两部分，其中，设计图表包括路基设计表、边沟设计表、路基标准横断面图、一般路基设计图、路基横断面设计图、超高方式图、隧道进出口过渡设计图、耕地填前夯（压）实数量表、高填深挖路基工程数量表、高填深挖路基设计图、低填浅挖路基处理工程数量表、低填浅挖路基处理设计图、桥头路基处理工程数量表、桥头路基处理设计图、陡坡路堤或填挖交界处理工程数量表、陡坡路堤或填挖交界处理设计图、特殊路基设计表、特殊路基设计工程数量表、特殊路基设计图、特殊路基处理段地质纵断面图、中间带设计图、中央分隔带开口设计图、路基土石方数量表、路基每公里土石方数量表、路基土石方运量统计表、取土坑（场）和弃土堆（场）一览表、取土坑（场）和弃土堆（场）设计图、路基防护工程数量表、路基支挡防护工程设计图、路面工程数量表、路面结构图、水泥混凝土路面设计图、平曲线上路面加宽表、路基路面排水系统布置图、路基路面排水工程数量表、路基路面排水工程设计图等。

（四）第四篇　桥梁、涵洞

桥梁、涵洞部分包含说明，特大、大、中桥工程数量表，特大、大、中桥设计图，小桥工程数量表，小桥设计图，涵洞工程数量表，涵洞设计图7个部分，主要反映工程项目中桥梁、涵洞的技术指标和施工要素。

（五）第五篇　隧道

隧道部分包含说明、隧道表、隧道工程数量表、隧道设计图、隧道机电设施5个部分，主要反映工程项目中隧道的技术指标和施工要素。

（六）第六篇　路线交叉

路线交叉包含说明、互通式立体交叉设计图表、服务区和停车区等服务设施主体工程设计图、分离式立体交叉设计图表、通道和天桥设计图表、平面交叉设计图表、管线交叉设计图表7个部分，主要反映设计路线与沿线其他道路、管线等发生平面交叉或立体交叉的处置方式、技术指标和施工要素等。

（七）第七篇　交通工程及沿线设施

交通工程及沿线设施主要包含说明和设计图表两部分，其中设计图表主要有总体设计、监控设计、通信设施、收费设施、供配电设施、照明设施、房屋建筑等，主要反映设计项目沿线配套设施设备的安装位置、技术参数等。

（八）第八篇　环境保护与景观设计

环境保护与景观设计主要包含说明、环境保护工程数量表、降噪设计图、污水处理设计图、其他环保工程设计图、植物配置表、景观工程数量表、景观工程设计图8个部分，主要反映设计项目环境保护相关设施、设备及景观布置等相关设计方案、技术指标等信息。

（九）第九篇　其他工程

其他工程包含说明、渡口码头数量表、渡口码头设计图、其他工程数量表、其他工程设计图5个部分，主要反映设计项目附近涉及相关渡口、码头等设施技术参数、工程数量等信息。

（十）第十篇　筑路材料

筑路材料包含说明、沿线筑路材料料场表、沿线筑路材料试验资料表、沿线筑路材料供应示意图4个部分，主要反映设计项目建筑材料的供应和技术参数等情况。

（十一）第十一篇　施工组织设计图

施工组织设计图包含说明、施工便道主要工程数量表、其他临时工程数量表、公路临时用地表4个部分，主要反映设计项目施工过程中人、机、工、料组织等相关信息。

（十二）第十二篇　施工图预算

施工图预算应按交通运输部现行《公路工程建设项目概算预算编制办法》(JTG 3830)和《公路工程预算定额》(上、下册)(JTG/T 3832)及其他相关的规定及其配套定额编制。

二、设计成果

（一）图幅尺寸

各阶段的设计文件幅面尺寸应采用297mm×420mm(横式)和210mm×297mm(立式)。设计文件应装订成册，每册不宜过厚或过薄，以便于使用和保管。

各种设计图纸的幅面尺寸一般采用297mm×420mm。必要时可增大幅面，其尺寸应符合国家现行《道路工程制图标准》的规定；送审的图纸应按297mm×420mm折叠，也可按照

210×297mm折叠归档;交付施工的图纸可不折叠。

（二）设计文件

设计文件每册封面上一般应列出公路路段或建设项目名称(或工程代号)及里程全长,设计阶段及设计文件名称、册数(第××册　共××册)、测设单位名称,如图7-2所示。

四川省内江至遂宁高速公路

两阶段施工图设计

第2施工段　K9+150.000～K11+500.000　全长2.350公里

第一册　共四册

全一册

中交公路规划设计院有限公司

二〇〇九年六月　北京

图7-2　设计文件封面样例

设计文件每册扉页(图7-3)的内容应包括公路路段或建设项目名称(或工程代号)及里程全长,设计阶段及设计文件名称、册篇组成,主办单位、勘察设计证书等级及编号、各级负责人的签署,参加测设人员(技术员以上)的姓名、职务、职称,工作项目或内容、设计文件编制年月。

巫溪县县道X002田坝至红池坝升级改造工程(路面、隧道及附属工程)

一阶段施工图设计

K0+000～K51+466.446（田坝至红池坝段）

全长：50.832Km

★　第二册　安全设施　　（共一分册）

项目负责人：

主审工程师：

总工程师：

总经理：

勘察设计单位:中北工程设计咨询有限公司

证书等级:公路行业（公路）专业甲级

证书编号:A161003712

发证单位:中华人民共和国住房和城乡建设部

图7-3　设计文件扉页样例

设计文件每册应有总目录，如图7-4(a)所示。

设计文件中的图表均应由具有相应资格的设计、复核、审核人员签署，如图7-4(b)所示。

(a)每册总目录

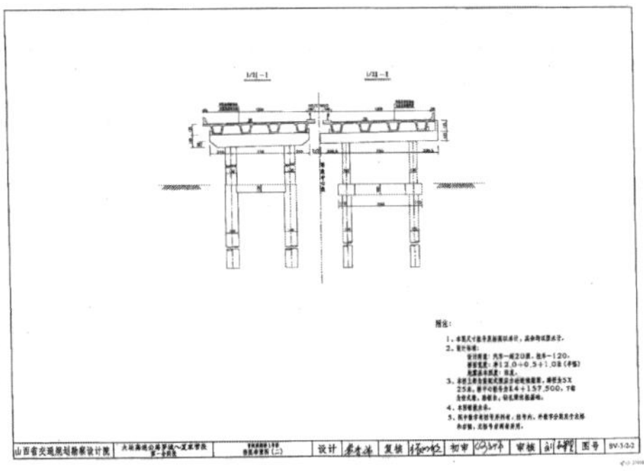

(b)设计图表

图7-4 设计文件样例

送审的设计文件封面颜色：工程可行性研究报告为黑绿色，初步设计为淡绿色，技术设计为粉红色，施工图设计为奶油白色或象牙白色。

(三) 设计文件提交

根据《公路工程基本建设项目设计文件编制办法》相关规定，设计文件报送主管部门或委托单位的份数为：两阶段（或三阶段）初步设计第一篇16份，其他各篇10份，技术设计10份，施工图设计8份；一阶段施工图设计14份。为便于公路建设、运营、养护和改（扩）建等工作的进行，在提交纸质文件的同时，提交对应的电子文件。

学习任务

1. 各阶段的设计文件幅面尺寸应采用________×________（横式）和________×________（立式）。

2. 送审的设计文件封面颜色：工程可行性研究报告为________，初步设计为________，技术设计为________，施工图设计为________或________。

3. 设计文件报送主管部门份数：一阶段施工图设计________份；两阶段（或三阶段）初步设计第一篇________份、其他各篇________份，技术设计________份，施工图设计________份。

4. 道路工程施工图设计文件总共由________篇和________组成。

任务二 识读路线平面图

引导问题

1. 道路由哪几部分组成？

2. 图7-5路线平面图展示的路线有多长，起点在什么位置？桩号是多少？终点在什么位置？桩号是多少？

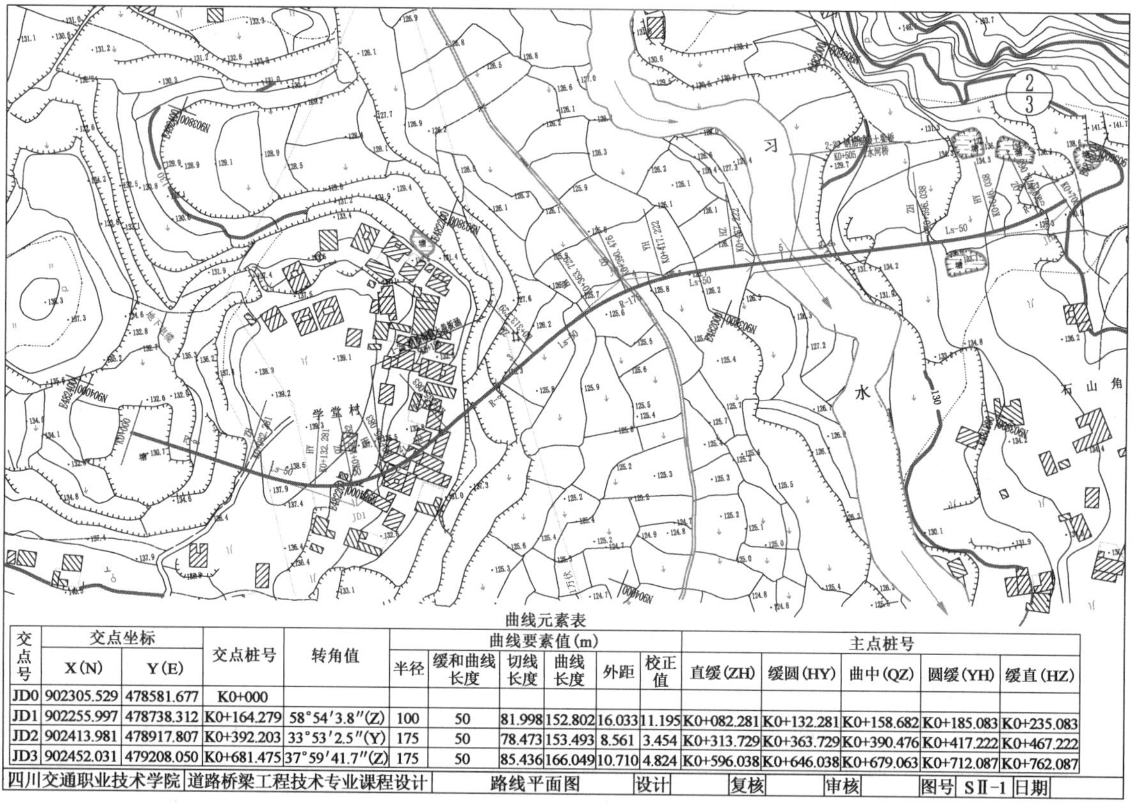

曲线元素表

交点号	交点坐标		交点桩号	转角值	曲线要素值(m)						主点桩号				
	X(N)	Y(E)			半径	缓和曲线长度	切线长度	曲线长度	外距	校正值	直缓(ZH)	缓圆(HY)	曲中(QZ)	圆缓(YH)	缓直(HZ)
JD0	902305.529	478581.677	K0+000												
JD1	902255.997	478738.312	K0+164.279	58°54′3.8″(Z)	100	50	81.998	152.802	16.033	11.195	K0+082.281	K0+132.281	K0+158.682	K0+185.083	K0+235.083
JD2	902413.981	478917.807	K0+392.203	33°53′2.5″(Y)	175	50	78.473	153.493	8.561	3.454	K0+313.729	K0+363.729	K0+390.476	K0+417.222	K0+467.222
JD3	902452.031	479208.050	K0+681.475	37°59′41.7″(Z)	175	50	85.436	166.049	10.710	4.824	K0+596.038	K0+646.038	K0+679.063	K0+712.087	K0+762.087

四川交通职业技术学院	道路桥梁工程技术专业课程设计	路线平面图	设计	复核	审核		图号	SⅡ-1	日期

图7-5 路线平面图

3. 图7-5路线平面图经过的地形如何？路线经过了哪些地方？

4. 图7-5路线平面图有几个交点？平面图中有哪些要素？

相关知识

一、道路的组成和路线工程图

道路的组成包括结构组成和线形组成两个部分。

道路的结构组成包括路基、路面、防护工程和排水设施等。

道路的线形组成是指沿长度方向的行车道中心线。道路中线在平面上由直线段和平曲线段组成,在纵断面上由直线段(上坡段、平坡段、下坡段)和竖曲线段组成。

由于道路的位置和形状与所在地区的地形、地貌、地物以及地质关系密切,道路路线工程图受自然条件的综合影响很大。道路路线工程图的图示方法与一般的工程图样不完全相同,道路工程图由路线平面图(地形图)、路线纵断面图(立面图)和路线横断面图(侧面图)三种工程图来表达道路的空间位置和线性尺寸,如图 7-6 所示。

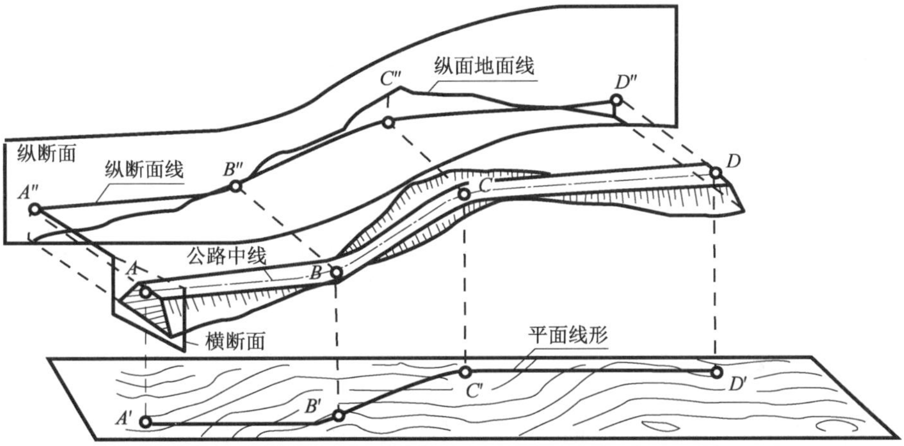

图 7-6 道路路线工程图的组成关系图

路线平面图:路线在水平面上的投影称为路线平面图,是绘制有道路中心线的地形图。

路线纵断面图:通过公路中心线用假想的铅垂剖切面进行纵向剖切,再行展开即是路线纵断面图。

路线横断面图:用假想的剖切平面垂直于道路中心线剖切得到路线横断面图。

道路路线设计最终采用道路施工图设计文件中第二篇(路线)和第三篇(路基、路面)中的路线平面图、纵断面图和横断面图进行表达,这三种图明确表达了道路的空间位置、线形和尺寸。

二、路线平面图

路线平面图主要用于表达路线的走向以及平面线形(直线和左、右弯道曲线),沿线道路两侧一定范围内的地形、地物情况以及结构物的平面位置。路线平面图主要包括地形和路线两个部分,将路线绘制在地形图上,用等高线表示地形,用图例表示地物。

图 7-5 所示为某公路 K0 + 800 ~ K1 + 500 段的路线平面图。下面将分地形和路线两个部

分来介绍路线平面图的绘制方法和表达内容。

图中采用三级公路 40km/h 的设计速度进行布线，完成路线平面图的设计。

（1）公路等级的选用应根据公路功能、路网规划、交通量，并充分考虑项目所在地区的综合运输体系、远期发展等，经论证后确定。

根据使用任务、功能和适应的交通量分为高速公路、一级公路、二级公路、三级公路、四级公路五个等级。

（2）设计速度又称计算行车速度，指的是道路几何设计（包括平面线半径、纵坡、视距等）所采用的行车速度，是指当气候条件良好、交通密度小、汽车运行只受道路本身条件等影响时，中等驾驶技术的驾驶员能保持安全顺适行驶的最大行驶速度，设计速度为公路工程建设的重要指标。

（一）地形部分

1. 方位

为表示路线所在地区的方位和路线的走向，在路线平面图上应画出指北针或者坐标网。指北针用“”符号来表示，箭头所指的方向为正北方向。方位的坐标网其 X 轴向为南北方向，Y 轴向为东西方向。

2. 比例

路线平面图根据不同地形经过勘测采用相应的比例绘制，采用比例一般较小。城镇区通常为 1∶500 或者 1∶1000，平原和微丘区为 1∶5000 或 1∶10000（一般采用 1∶5000），山岭重丘区一般采用 1∶2000。

3. 地貌

路线平面图中用等高线表示平面图地形的起伏情况，两条相邻的等高线之间的间距是 2m，每隔 4 条等高线画出一条加粗的线形为计曲线，并标有相应的高程数字。根据图纸中等高线的疏密程度可以看出该地区地势情况。

4. 地物

路线平面图中有河流、房屋、道路、桥梁、电力设施、植被等，从图 7-5 可以看出图中有村庄（学堂村、中心村、石角山村）、1 条水渠、1 条习水河、1 处地下电缆和电力线、2 处水塘、大片水田、果园和农作物。

（二）路线部分

1. 设计路线

由于道路的宽度相对于道路的长度而言尺寸小很多，道路的宽度只有在较大比例的平面图中才能表达清楚；图 7-5 中加粗实线表示路线，即公路中心线。

2. 里程桩号

道路路线的总长度和各段之间的长度用里程桩号表示。里程桩号的标注应在道路中线上从路线的起点至终点,从小到大依次进行编号。

里程桩可分公里桩和百米桩两种。公里桩宜标注在路线前进方向的左侧,用符号◐表示百米的桩号,用"K××"表示其公里数;如图 7-5 中"K1"表示距离路线起点 1km。里程桩的书写应垂直于路线,以细短线表示桩位,字头朝向前进方向(或字头向上)。阿拉伯数字表示百米数,且注写在符号的上方。

百米桩宜标注在路线前进方向右侧,用垂直于路线的细短线表示桩位,用字头朝向前进方向(或字头向上)的阿拉伯数字表示百米数,且注写在短线的端部。例如图 7-5 中左侧 K0 + 700 表示 700m,在这之后的 8 指的是 800m;图中 K1 至最后的 K1 +400 之间的百米桩,编号又从 1 开始重新编写到 9。例如 K5 与 K6 公里桩之间的"1",表示桩号为 K5 + 100,说明该点距路线起点 5100m。

3. 平曲线及曲线要素

道路路线在平面上是由直线段和曲线段组成的,而曲线段包括圆曲线和缓和曲线,在路线的转弯处平曲线,最常见且较简单的平曲线为圆曲线,也有可能是缓和曲线,其基本几何要素如图 7-7 所示。

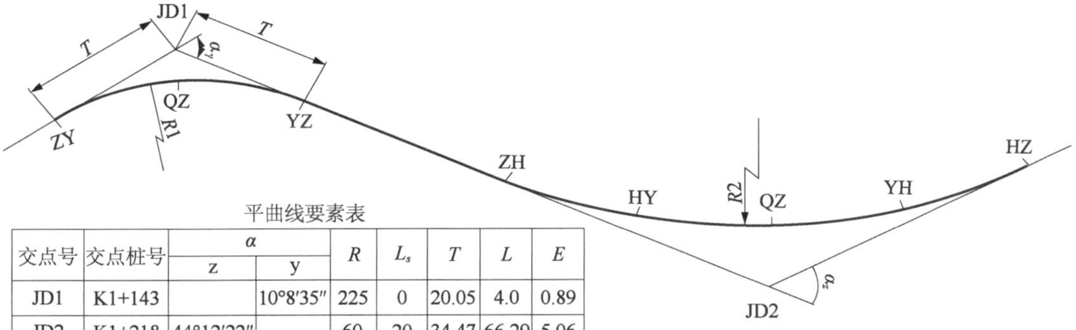

平曲线要素表

交点号	交点桩号	α z	α y	R	L_s	T	L	E
JD1	K1+143		10°8′35″	225	0	20.05	4.0	0.89
JD2	K1+218	44°12′22″		60	20	34.47	66.29	5.06

图 7-7 平曲线基本几何要素表

在路线平面图中,在路线转折处应注写交角点代号(JD),并依次编号。如图 7-7 中 JD1,表示第 1 个交角点。在交角点处应设平曲线,此处 JD1 设置为圆曲线,标注有曲线的起点(ZY)、中点(QZ)、终点(YZ)。组合起来表示为:ZY——直圆;QZ——曲中;YZ——圆直。其中 Z 代表直线的第一个字母, Y 代表圆曲线的第一个字母。组合起来表示为:ZY——直圆(前段的直线与圆曲线相交的点); QZ——曲中; YZ——圆直(圆曲线与后段直线相交的点)。

图中 JD2,表示第 2 个交角点。平曲线为缓和曲线,标注有曲线的起点(ZH)、第二点为(HY)、中点(QZ)、第四点(YH)和终点(HZ)。其中 H 代表缓和曲线的第一个字母,组合起来表示为:ZH——直缓(前段的直线与缓和曲线相交的点);HY——缓圆(缓和曲线与圆曲线相交的点);QZ——曲中;YH——圆缓;HZ——缓直(缓和曲线与后段直线相交的点)。

平面线要素表中,L 为曲线长(JD1 中 L 为圆曲线两切点之间的距离,即 ZY 到 YZ 之间的弧长距离;JD2 中 L 为缓和曲线两切点之间的距离,即 ZH 到 HZ 之间的弧长距离);L_S 为缓和曲线长,即 ZH 到 HY 之间的弧长距离和 YH 到 HZ 之间的弧长距离;T 为切线长,即切点距离交角点之间的长度；E 为外距，即曲线中点(QZ)距离交角点的距离。这些要素的值计算后都要填入平面线要素表。

4. 路线平面图绘制方法

(1)路线中心线：先用直尺绘制出直线，找到交点，再根据平曲线要素绘制平曲线，其中包括圆曲线(圆规)、缓和曲线(曲线板)。绘制顺序按照桩号从小到大绘制，其线宽为(1.4～2.0)b。

(2)平面图中的图标：例如植被(地面上生长的各种植物都被称为植被)，绘制时植被应朝上或者朝北。

(3)角标：在每张图纸的右上角绘制角标，需注明图纸总张数、图纸序号及本页的起止桩号。角标应用线宽为 0.25mm 的细实线绘制，如图 7-8 所示。

桩号范围	
第 页码 页	共 总页码 页

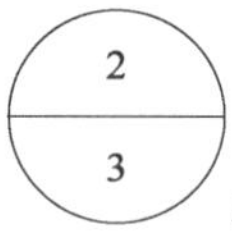

2-第几页；3-共几页

图 7-8 角标示意图

特别提示

根据《道路工程制图标准》(GB 50162—1992)中的规定，以加粗的粗实线作为绘制路线设计线，如需绘制比较线则采用加粗虚线。

公路路线是带状结构物，是曲折狭长的，就算平面图在绘图要进行比例折算，但是要将整条路线清晰地放置在一张 A3 的图纸上是不可能的，因此平面图纸分段进行绘制在若干张图纸上；使用时可将图纸拼接起来，如图 7-9 所示。分段处尽可能在直路段整数桩处，应注意路线中心对齐，图纸中的等高线要重合，并以指北针方向为准。

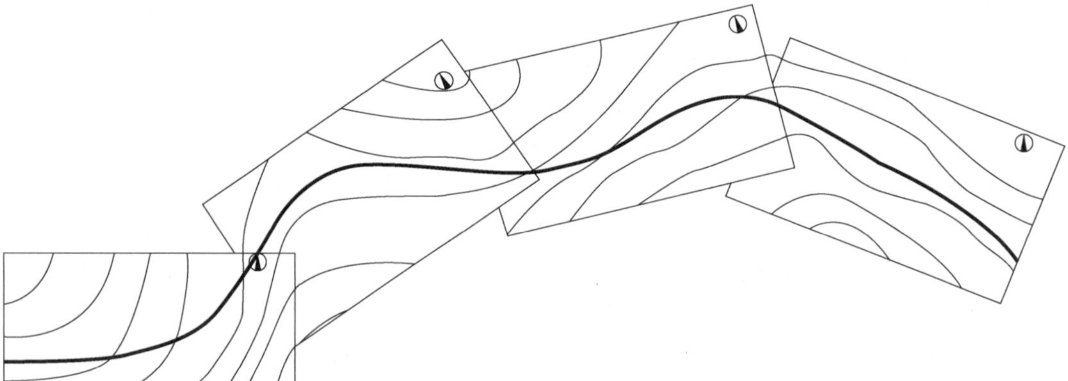

图 7-9 路线拼接示意图

学习任务

1. 请根据你所学,说出图 7-5 平面地形图中的图标分别代表什么意思?

2. 根据图 7-5,请说出 JD_1 设置的是________曲线,JD_1 的里程桩号为________,曲线长为________,切线长为________,缓和曲线长为________,外距为________,转角为________(左还是右),转角值为________;JD_2 的里程桩号为________,曲线长为________,切线长为________,缓和曲线长为________,外距为________,转角为________(左还是右),转角值为________。

3. 根据图 7-5,本页图纸的起点桩号为________,本页图纸的终点桩号为________,图中的公里桩为________公里,公里桩数字的书写写在图形的________位置;图中的百米桩数字的书写写在________位置。

4. 平面图中 JD_2 的 ZH 点的桩号是:____________,HY 点的桩号是:________________,YH 点的桩号是:________________,HZ 点的桩号是:________________;

平面图中 JD_1 的 ZH 点的桩号是:________________,HY 点的桩号是:________________,YH 点的桩号是:________________ ,HZ 点的桩号是:________________。

5. 根据图 7-5,本页图纸是整套图纸的第________页,本套图纸共________页。

任务三 识读路线纵断面图

引导问题

1. 路线纵断面图图样部分包括几条线呢?分别是什么线?
2. 路线纵断面图图表部分包括哪些内容?
3. 路线纵断面图的比例是怎么设置的?
4. 路线纵断面图中什么是坡长?什么是坡度?
5. 路线纵断面图中什么是填挖高度?

相关知识

一、路线断面图

路线纵断面是沿路线中线的竖向剖面,再进行展开即是纵断面图。路线纵断面图主是表达道路的纵向设计线形和沿线地面高低起伏状况以及路线的纵向设计坡度和竖曲线和地质和沿线设置的构造物的概况。

路线纵断面图包括图样和资料表两部分，图样画在图纸的上部，资料表布置在图纸的下部。图 7-10 为某公路 K0 +700 ~ K1 +400 路线纵断面图。

小贴士——图样部分

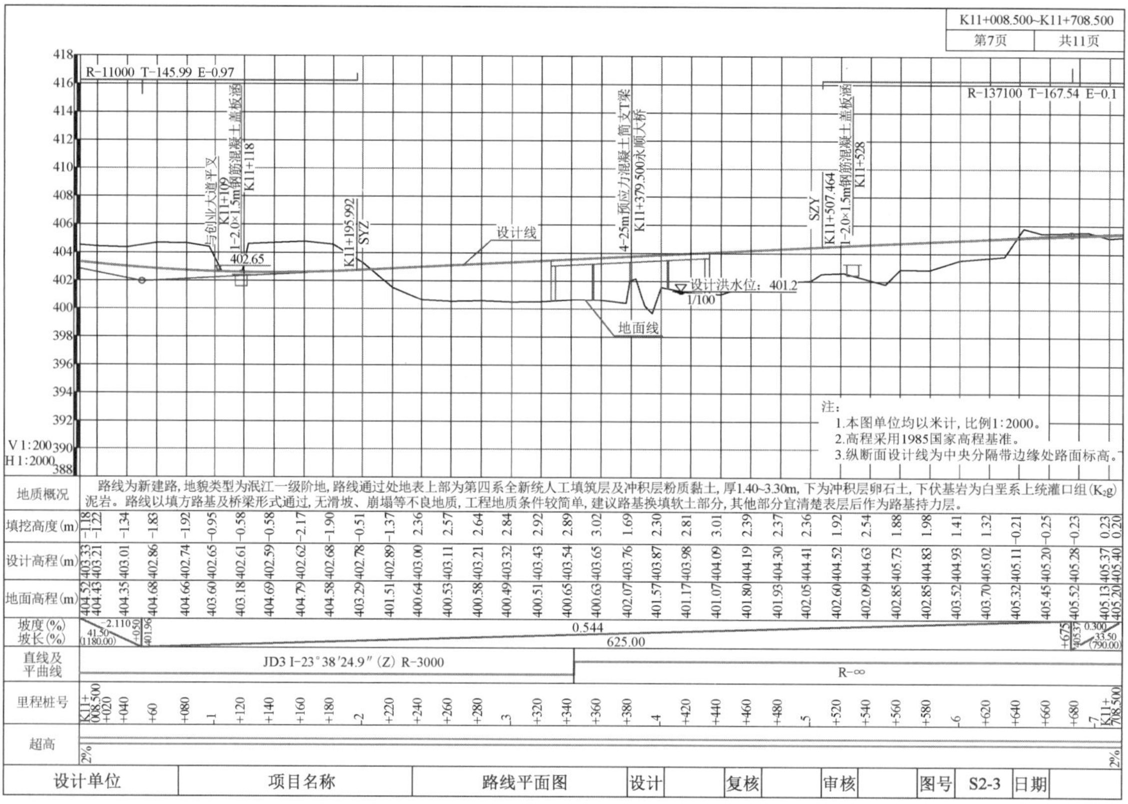

图 7-10 路线纵断面图

（一）比例

路线纵断面图的横向（水平）长度表示路线的长度即里程（前进的方向），竖向（纵向）高度表示设计线和地面的高程。

由于地面和设计的高差比起路线的长度要小得多，如果将横向里程和竖向高度用同一比例进行绘制，很难将高差明显地表达出来；所以绘图时规定，一般情况下，竖向的比例要比横向的比例放大 10 倍。比例放大后虽图上路线的坡度与实际有出入，但能清晰地显示竖向坡度的变化。

如图 7-10 路线纵断面图中的水平比例 H（横向比例）为 1∶2000，而垂直比例 V（竖向比例）为 1∶200。为了便于画图和读图，需在纵断面图的左侧按垂直比例（竖向比例）画出高程标尺。

（二）设计线和地面线

在纵断面图中，图样上部分有两条线：一条设计线、一条地面线。路线的设计线用粗实线表示，设计线中的变坡点一般用直径为 2mm 的中粗线圆圈表示，原地面线用细实线表示。

设计线由直线段和竖曲线组成，是根据地形起伏和公路等级相对应的公路工程技术标准而综合确定的，设计线上各点的高程通常是指路基边缘的设计高程（或者路肩边缘的设计高程）。

地面线是图中不规则的细实线，是根据原地面上沿线各点的实测中心桩高程绘制而成的。比较同一里程桩号处设计线与地面线的相对位置，可计算出该里程桩号处的填挖高度。

（三）竖曲线

在设计线纵坡发生改变的点位（称为变坡点），为了便于车辆行驶，应设置符合技术标准规定的圆弧（称为竖曲线）。竖曲线分为凸形和凹形两种，在图中分别用┬和┴的符号表示。符号中部的竖线应对准变坡点，竖线左侧标注变坡点的里程桩号，竖线右侧标注竖曲线中点的高程；长度没有固定要求，整套图纸所使用的长度一致即可。符号的水平线两端应对准竖曲线的始点和终点；线的长度也没有固定要求，整套图纸所使用的长度一致即可。竖曲线要素（半径 R、切线长 T、外距 E）的数值标注在水平线上方。

图 7-11 为路线纵断面图局部大样图，竖曲线中，图中 K0 + 860 处为变坡点，变坡点地面高程 129.84m，设有凹形竖曲线，半径为 2500m，切线长为 41.25m，外距为 0.34m，如图 7-11（a）所示。

（四）工程构造物

道路沿线如有桥梁、涵洞和立交等的工程构造物时，应在设计线的下方绘制出工程结构物的图示。用竖直引出线标注工程构造物相对应的设计里程，竖直引出线应对准构筑物的中心位置，并注明出构造物的名称规格和中心里程桩号。图 7-11（b）表示工程结构物中，K0 + 880 桩位处有一个 1 – 1.5m × 1.5m 的钢筋混凝土盖板涵。

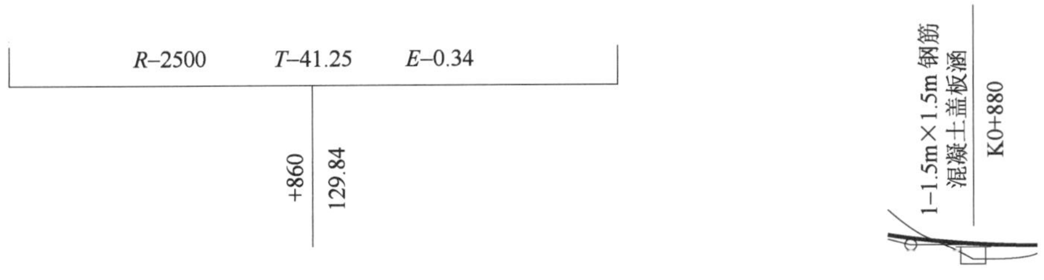

(a)竖曲线　　(b)工程构造物

图 7-11　路线纵断面图局部大样图

特别提示

工程构造物(如涵洞),一定是绘制在地面线之下的。

二、资料表

路线纵断面图的测设数据表与图样是上下对齐进行布置的,以便于识读。这种表示方法较好反映了纵向设计在各桩号处的地质概况、填挖高度、设计高程、地面高程、坡度坡长以及直线和平曲线的配合关系。资料表主要包括以下项目和内容。

(一)本路段的地质概况

根据实测资料,在该栏中注明沿线各段的地质情况,为施工提供资料。本路段主要表层为红黏土,下部为页岩。

(二)高程

资料表中有设计高程和地面高程两栏,它们应与图样相互对应,分别表示设计线(对应设计高程)和地面线(对应地面高程)上各点(桩号)的高程。

地面高程是根据原始地面上沿道路中心线各点桩号实测出的高程。

设计高程是设计线上沿道路中心线各点桩号的高程。

(三)填挖高度

填挖高度的计算:设计高程的值减去地面高程的值,值大于0为填方、值小于0为挖方;如果地面高程去减设计高程,则反之。也可以理解为设计线在地面线的下方时需要挖土,设计线在地面线的上方时需要填土。即正为填,负为挖,填挖高度的值应是各点(桩号)对应的设计高程与地面高程之差的绝对值。

(四)坡度(%)和坡长(m)

坡度是指设计线各段的纵向坡度,坡长是设计线各段的水平长度距离。

表格中用对角线表示坡度方向:起点开始从左下至右上表示顺路线方向上坡,左上至右下表示顺路线方向下坡;坡度和坡长书写分别注写在对角线的上下两侧。上坡坡度为正,下坡坡度为负。

图7-10路线纵断面图中,第一格内注有:-3.600/160(210),“-”表示顺路线方向下坡,坡度为3.6%,坡长为160m,括号内的210说明这段坡的总长度为210m,而本图中仅截取其中160m范围的纵断面。各分格线对应的是变坡点的位置。

第三分格内注有1.300/270,表示顺路线前进方向上坡,坡度为1.3%,坡长为270m。若为不设坡度的平路段,则在分格内画一水平线,上方注写数字“0”,下方注写坡长。

（五）里程桩号

沿线各点里程的桩号按测量的里程数值填入，单位为 m，从左向右按桩号大小排列。

平曲线对应的起点、终点和桥涵中心点等处可设置加桩里程桩号；上一张图纸的最后一个桩号应为下一张图纸的第一个桩号；整桩桩号可以进行简写。

（六）直线与平曲线

为了表示该路段的平面线形，通常在纵断面图中直线与平曲线栏中画出平曲线的示意图。

平面中的线形为直线、不设缓和曲线的圆曲线或者缓和曲线，又根据路线的左转弯或者右转弯进行绘制。

直线段：采用直线“——”表示，从直线与平曲线栏的中间部分进行绘制；

不设缓和曲线的圆曲线：采用“└─┘”表示，其中“─└─┘─”开口向上表示路线左转弯，“─┌─┐─”开口向下表示路线右转弯，并在开口内标注平曲线要素值；

缓和曲线：采用“╰─╯”表示，其中“─╰─╯─”开口向上表示路线左转弯，“─╭─╮─”开口向下表示路线右转弯，并在开口内标注平曲线要素值。

（七）标题栏

纵断面图中每页图纸应按照要求绘制出标题栏，整册图纸标题栏应标准一致。在每张图纸的右上角表明图纸序号及总张数以及本段表示的里程。

学习任务

1. 根据图 7-10 纵断面图中内容，JD2 说出直线与平曲线是什么线型？是左转弯还是右转弯？

2. 图 7-10 采用垂直比例为________，水平比例为________；垂直比例又称为________，水平比例又称为________。

3. 图 7-10 中第二个竖曲线中，变坡点的里程桩号为 K1 + 100，它的高程为________，对应的要素：R 为________，T 为________，E 为________。

4. 图 7-10 中钢筋混凝土盖板涵的工程结构物的尺寸为________________，对应的里程桩号为________；桩号 1 + 260 对应的习水河 1 号桥，其工程结构为____________________，具体的尺寸为________________。

5. 图 7-10 中纵断面图的下部资料部分有哪些内容？

6. 图 7-10 中纵断面图的上部图样部分第三个竖曲线为________（凸还是凹），对应要素 R 为________。

7. 图 7-10 中纵断面图中里程桩号 K0 + 800，地面高程为________ m，设计高程为________ m，填挖高度为________ m，________方（此处是填方还是挖方）。

任务四 识读路线横断面图

引导问题

1. 路线横断面图基本形式有哪些？
2. 路线横断面图的边坡比值是怎么设置的？
3. 路线横断面图的布置规律是什么？
4. 路线横断面图中填方面积和挖方面积怎么表示？

相关知识

路线横断面是用假想的剖切平面，沿路线中心线法线方向进行剖切所形成的断面投影图。其作用是呈现各路线中心桩处路基横断面的形状和地面高低起伏的状况。由于地形、地质的变化和各桩号的填挖高度的不同，各桩号处的横断面都是不一样的。

路线横断面是通过剖切平面的高差与平距绘制出地面线，再根据纵断面图中的填挖高度和规范规定的路基宽度和边坡坡度，画出路线横断面设计线，由横断面设计线与横断面的地面线所组合而成的图形即为路线横断面图。

（一）标准横断面图

路基标准横断面是指某一路段共同使用的标准设计，与里程桩号无关，如图 7-12 所示。

1. 绘图比例

横断面图的水平方向和高度方向宜采用相同比例，标注路基横断面图的绘图比例为一般为 1：100 或 1：200，图 7-12 所示标准横断面图采用的比例为 1：200。

2. 横断面的组成

路基标准横断面设计包括行车道、路肩、分隔带、边沟、边坡、截水沟、护坡道以及取土坑、弃土堆、环境保护设施等。高速公路和一级公路还包括变速车道和爬坡车道等。

3. 尺寸关系

路基横断面图反映该设计路段横断面各组成部分的尺寸和位置关系。图 7-12 所示横断面反映路段为双向六车道，路基宽度 2660cm，单车道宽度 375cm，中央分隔带宽度 110cm。半幅两侧各设置 50cm 的路缘带。路基两侧设土路肩，填方路基坡底设排水沟，挖方路基两侧设边沟。

4. 路面结构

反映该设计路段路面结构的组成形式。图 7-12 所示横断面路面结构分为三层，顶面为水泥混凝土面层，中间为水泥稳定碎石基层，最下层为水泥稳定石屑底基层。

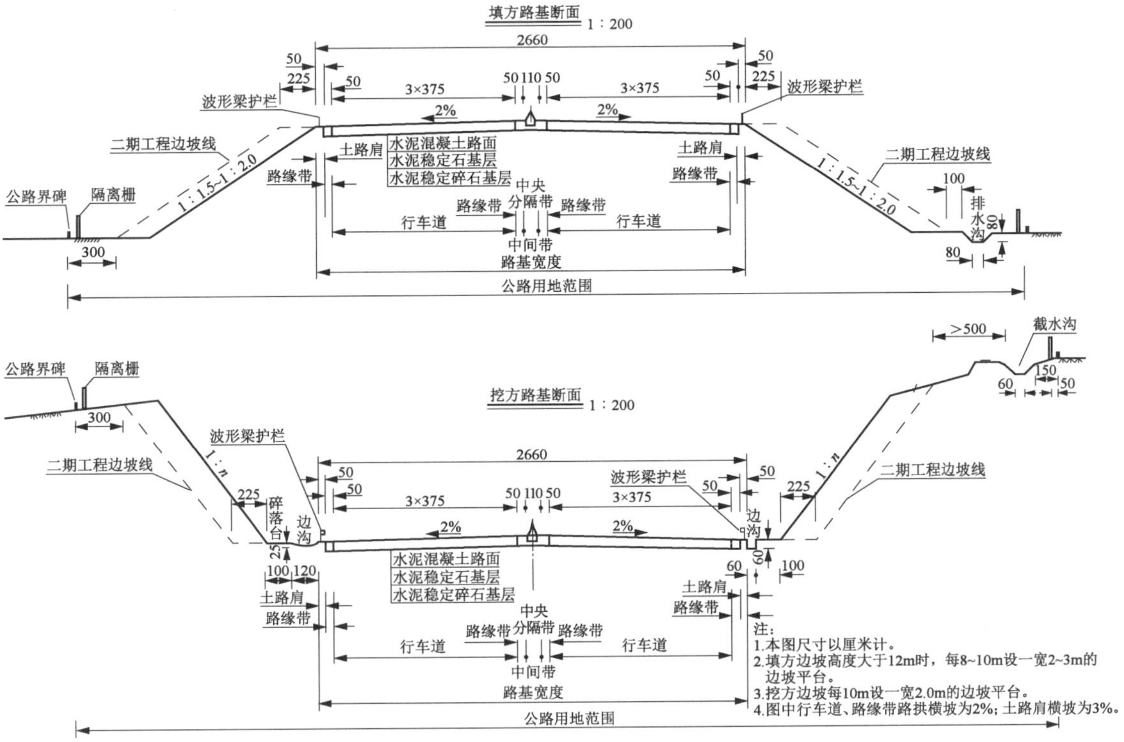

图 7-12　标准横断面图(尺寸单位:cm)

5. 路面横坡

反映该设计路段路面横坡坡度情况。图 7-12 所示标准横断面横坡坡度为 2%，行车道与路缘带横坡坡度相同，土路肩坡度虽未在图中标注，但在图注中有说明，坡度值为 3%。

6. 边坡坡度

反映该设计路段填方和挖方边坡坡度设置。图 7-12 所示标准横断面填方边坡坡度为 1∶1.5～1∶2.0，挖方边坡坡度为 1∶n，挖方边坡坡度非固定数值，需根据各横断面现场实际情况取值以确保边坡的稳定。

（二）横断面设计图

路基横断面设计图是用假想垂直于道路中线的剖切平面与路线每一中心桩进行剖切，画出剖切面与地面的交线，再根据填挖高度和规定的路基宽度和边坡坡度，绘制出路基横断面的设计线。路基横断面设计图是计算土石方数量和路基施工的依据。如图 7-13 所示。

1. 填方路基

填方路基又称为路堤，其整个路基全为填土区。图 7-13 所示 K0 + 350.35、K0 + 359.43 两个断面均为填方路基。填方路基的填土高度等于设计高程减去地面高程。在每个断面图下方注有该断面的里程桩号、中心处的填方高度 H_T 以及该断面的填方面积 A_T 等信息。

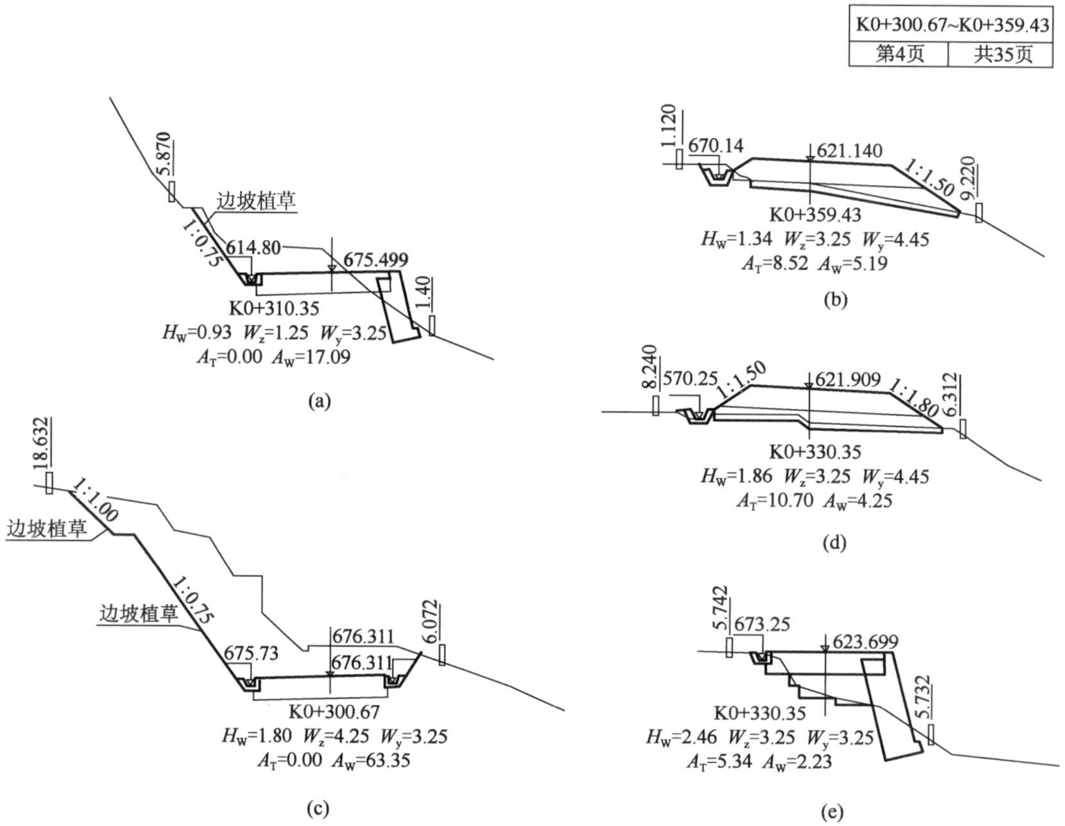

图 7-13 横断面设计图

2. 挖方路基

挖方路基又称为路堑，其整个路基全为挖土区。图 7-13 所示 K0 + 300. 67 断面为挖方路基。挖方路基的挖土高度等于地面高程减去设计高程。在每个断面图下方注有该断面的里程桩号、中心处的挖方高度 H_W 以及该断面的挖方面积 A_W 等信息。

3. 半填半挖路基

路基断面一部分为填土区、一部分为挖土区称为半填半挖路基，如图 7-13 所示 K0 + 310. 35 断面。在半填半挖路基断面图下方注有该断面的里程桩号、中线处的填(或挖)高度 H，并分别注明该断面的填方面积 A_T 和挖方面积 A_W 等信息。

学习任务

1. 典型横断面有那几种？
2. 公路横断图中，横断面图的组成有哪些？
3. 边沟的断面形式有哪些？
4. 护坡道设置在路基坡脚与取土坑内侧坡顶之间预留的________。

5. 根据图 7-13(a)所示,该横断图为________断面形式?对应桩号为____________,填挖高度:________ m;设计高程:________ m;路基宽度:左侧宽度________ m,右侧宽度________ m;边坡坡度:左侧________,右侧________;填挖面积:填方面积为________ m^2,挖方面积为________ m^2。

6. 根据图 7-13 右上图所示,横断图为________断面形式?对应桩号为______________,填挖高度:________ m;设计高程为:________ m;路基宽度:左侧宽度________ m,右侧宽度________ m;边坡坡度:左侧________,右侧________;填挖面积:填方面积为________ m^2,挖方面积为________ m^2。

学习情境小结

道路施工图设计文件包含的内容很丰富,公路路线工程图包括路线平面图、纵断面图和横断面图,用于确定公路的具体位置,便于具体分析和进行设计。通常将公路分成三个投影面来研究,是进行勘测(选线、定线等)工作和施工工作的重要依据。因此,了解和掌握平面图、纵断面图、横断面图的形成和性质对于识读、绘制和应用道路桥梁工程施工图等工程图样具有极为重要的意义。

路线平面图是将道路中心线投影在平面图中,能更好地反映公路平面的位置、路线方向以及经过的地物地貌,应通过地形和路线进行学习。路线纵断面图沿着公路中线用曲面竖直剖切,然后展开拉直所得到。纵断面设计确定路线的高度、形状及尺寸,应通过纵断面图上下两部分(图样和资料表)进行学习。路线横断面图沿公路中线的法线方向剖面图,应通过横断面图和资料表的认知进行学习。

路线平面图、纵断面图与横断面图三者结合能准确地定出道路空间位置与立体线形,为后续的设计和施工提供了认知依据。

复习思考题

1. 路线平面、纵断面、横断图形三者的联系在什么地方?

2. 道路施工图设计文件有哪些?

3. 道路工程中长宽高三向尺寸相差悬殊的带状结构物,形状受地形影响大,使用三面投影图如何进行绘制、其关系是怎样的?

学习情境八

识读桥梁工程图

学习情境描述

桥梁是供铁路、道路、渠道、管线等跨越江河湖海、山谷、不良地质或满足其他交通需要而架设的具有承载能力的专门的人工构造物。本情境主要介绍桥梁的基本组成及分类,桥梁工程图、桥梁构造图的基本内容,学习者可以通过对桥梁图纸的识读过程进而了解桥梁的基本建设步骤。

学习目标

知识目标:(1)认知桥梁的概念、分类;

(2)熟悉桥梁图纸的识读和绘制。

能力目标:(1)能识别各种种类不同的桥梁和常见桥梁工程图;

(2)能正确识读钢筋结构图;

(3)能正确指出桥梁各部分的结构。

任务一 认识桥梁的组成与分类

引导问题

1. 如图 8-1 所示的桥梁,它是属于什么类型的桥梁?桥梁分为哪几个部分?
2. 桥梁如何分类,常见的分类形式有哪些?
3. 桥梁各部位的名称是什么?

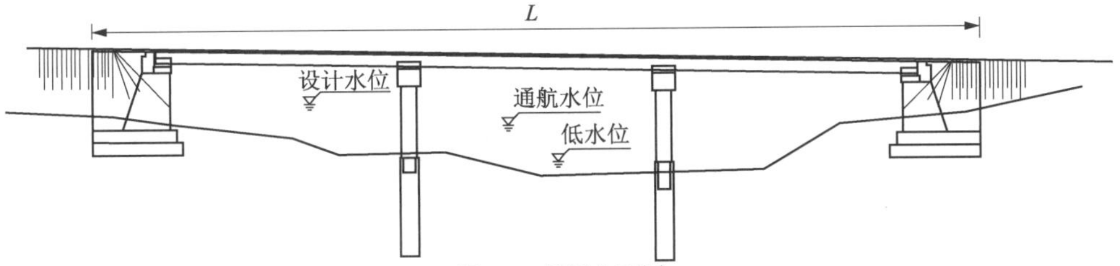

图 8-1　桥梁立面图

相关知识

一、桥梁的基本组成

由图 8-2 和图 8-3 中可见，桥梁由上部结构、下部结构、支座及附属设施四部分组成。

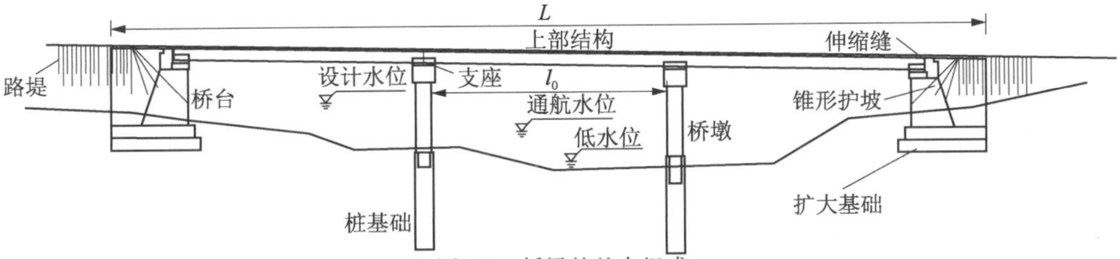

图 8-2　桥梁的基本组成

(a)梁式桥　(b)拱　(c)斜拉桥　(d)悬索桥

图 8-3　桥梁上、下部结构示意图

桥跨结构是在路线中断时，跨越障碍的主要承载结构，人们还习惯称之为上部结构。

桥墩、桥台和基础是支承桥跨结构并将恒载和车辆等活载传至地基的建筑物，又称之为下部结构。

支座是桥跨结构与桥墩和桥台的支承处所设置的传力装置，它不仅要传递很大的荷载，并且要保证上部结构按设计要求能产生一定的变位。

桥梁的基本附属设施包括桥面系、伸缩缝、桥梁与路堤衔接处的桥头搭板和锥形护坡等。

在路堤与桥台衔接处，一般在桥台两侧设置石砌的锥形护坡，以保证迎水部分路堤边坡的稳定。

河流中的水位是变动的，枯水季节的最低水位称为低水位，洪峰季节河流中的最高水位称为高水位，桥梁设计中按规定的设计洪水频率计算所得的高水位称为设计洪水位。在各级航道中，能保持船舶正常航行时的水位，称为通航水位。

标准跨径：对于梁式桥，它是指相邻两桥墩中线之间的距离，或桥墩中线至桥台台背前缘之间的距离；对于拱桥，则是指净跨径。

计算跨径(l)：对于设支座的桥梁，为相邻支座中心的水平距离；对于不设支座的桥梁（如拱桥、刚构桥等），为上、下部结构的相交面之中心间的水平距离。桥梁结构的力学计算是以 l 为准的。

净跨径(l_0)：设计洪水位上相邻两个桥墩（台）顶部之间的净距。

总跨径($\sum l_0$)：多孔桥梁中各孔净跨径的总和，它反映了桥下渲泄洪水的能力。

桥梁全长(L)：桥梁两端两个桥台的侧墙末端或八字墙后端点的距离。对于无桥台的桥梁为桥面系行车道的全长。

二、桥梁的分类

（一）按受力体系分类

按照受力体系分类，桥梁有梁式桥、拱式桥、刚架桥、悬索桥（吊桥）4 种基本体系，由这 4 种基本体系相互组合，还派生出了在受力上具有组合特征的多种桥型，如梁拱组合桥和斜拉桥等。

1. 梁式桥

梁式桥以受弯为主，是一种在竖向荷载作用下无水平反力的结构（图 8-4）。

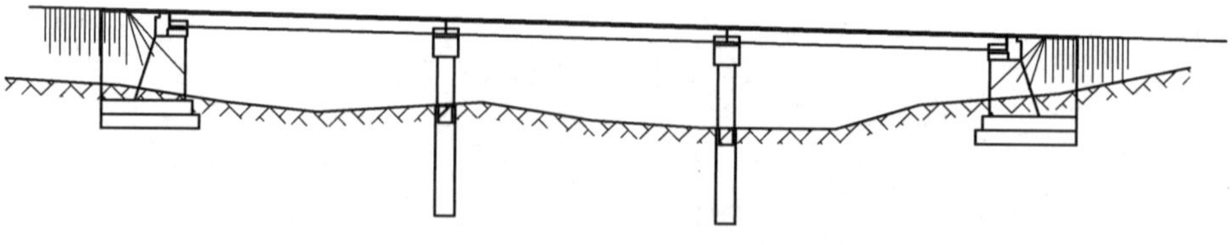

图 8-4 梁式桥示意图

2. 拱式桥

拱式桥的主要承重结构是拱圈或拱肋(图 8-5)。

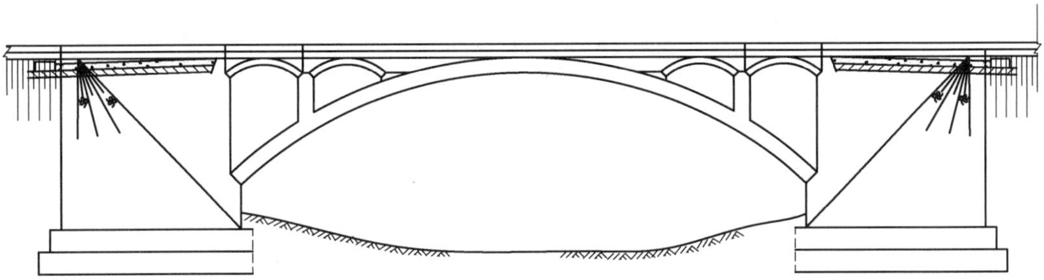

图 8-5 拱式桥示意图

3. 刚架桥

刚架桥的主要承重结构是梁(或板)与立柱(或竖墙)整体结合在一起的刚架结构(图 8-6)。

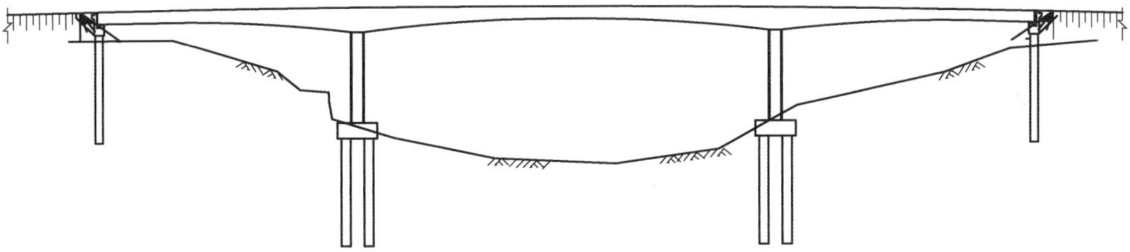

图 8-6 刚架桥示意图

4. 悬索桥

悬索桥是用悬挂在两边塔架上的强大缆索作为主要承重结构(图 8-7)。

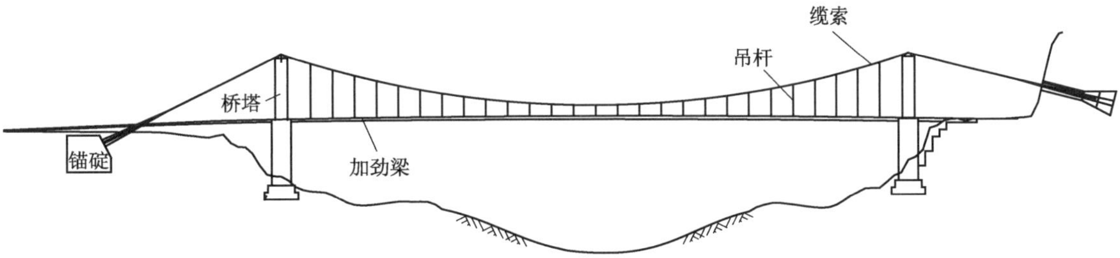

图 8-7 悬索桥示意图

小贴士——锚碇设施

锚碇设施是对锚块基础(有扩大基础、地下连续墙、沉井基础、桩基础等多种形式)、锚块、主缆锚固系统及防护结构等的总称(图 8-8)。它是固定主缆的端头,防止其走动的巨大构件。悬索桥主缆两端的锚固方式有地锚与自锚两种形式。绝大部分悬索桥是地锚。地锚分为重力式和隧洞式(或岩洞式)两种。

图 8-8 重庆万州新田长江大桥南岸锚碇施工

5. 组合体系桥

由几个不同受力体系结构组合而成的桥梁称为组合体系桥梁。如由承压的塔、受拉的索与承弯的梁体组合起来的斜拉桥(图 8-9);利用梁的受弯与拱的受压特点组成的梁、拱组合体系桥(图 8-10)。

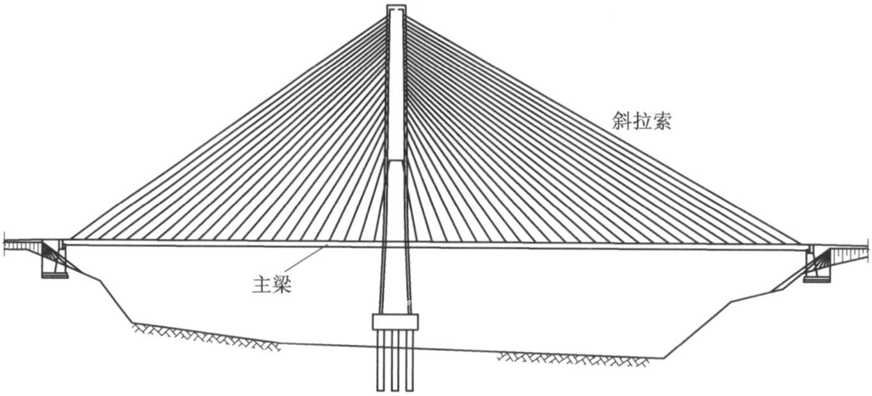

图 8-9 斜拉桥示意图

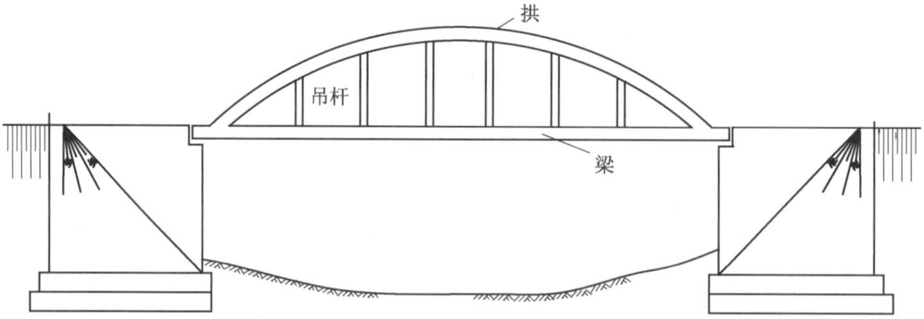

图 8-10 梁、拱组合体系桥示意图

（二）按用途来划分

可分为公路桥、铁路桥、公铁两用桥、人行桥、水运桥（渡槽）、管线桥等，如图 8-11、图 8-12 所示。

图 8-11 南京长江大桥，第一座由中国自行设计和建造的双层式铁路、公路两用桥梁

图 8-12 马格德堡水桥，德国人也称其为跨河水道，是一座渡槽

（三）按照主要承重结构所用的材料划分

可分为圬工（石材、混凝土）桥、钢桥、钢筋混凝土桥、木桥等，如图 8-13 所示赵州桥，是世界上现存历史最悠久、跨度最大且保存最完好的单孔坦弧敞肩石拱桥。

图 8-13 赵州桥

（四）按桥梁总长和跨径划分

按桥梁总长和跨径的不同，可分为特大桥（图 8-14）、大桥、中桥和小桥，见表 8-1。

图 8-14 世界上最长的跨海大桥—港珠澳大桥

桥梁的分类(按总长和跨径分) 表 8-1

桥梁分类	多孔桥全长 L(m)	单孔跨径 L_k(m)
特大桥	$L>1000$	$L_k>150$
大桥	$100\leqslant L\leqslant1000$	$40\leqslant L_k\leqslant150$
中桥	$30<L<100$	$20\leqslant L_k\leqslant40$
小桥	$8\leqslant L\leqslant30$	$5\leqslant L_k<20$
涵洞	—	$L_k<5$

特别提示

单孔跨径系指标准跨径；多孔跨径总长为多孔标准跨径之和；单孔跨径一般不到 5m 的泄水结构物，均称为涵洞(管涵、箱涵不论管径或跨径大小、孔数多少，均称为涵洞)。

(五) 按上部结构的行车位置分

按上部结构的行车位置分，可分为上承式、中承式和下承式桥梁。桥面布置在主要承重结构之上者称为上承式桥梁，布置在主要承重结构中间的称为中承式桥梁，布置在主要承重结构之下者称为下承式桥梁，如图 8-15 所示。

(a)上承式桥 (b)中承式桥 (c)下承式桥

图 8-15 按上部结构的行车位置分

特别提示

桥梁的分类方式有很多，同一座桥梁可按不同的分类方法划分为不同的桥梁类型，但无论桥梁怎么划分，桥梁工程图的图示方法都是相同的。

学习任务

1. 识读图8-16所示的拱式桥，标出拱式桥各部位名称。

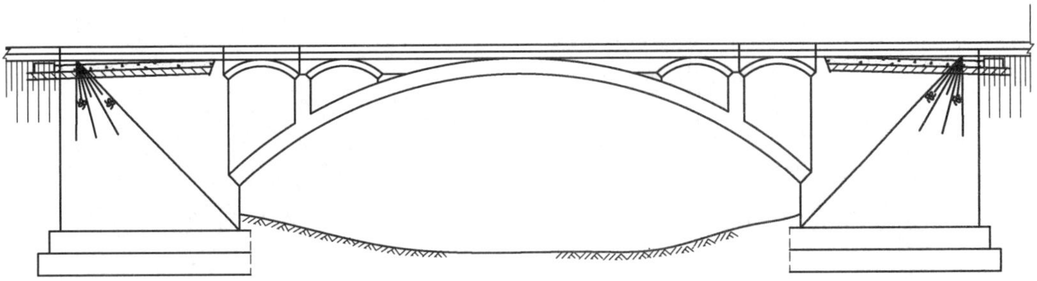

图8-16 学习任务第1题图

2. 识读图8-17所示的悬拉桥工程图，根据图纸内容答题。

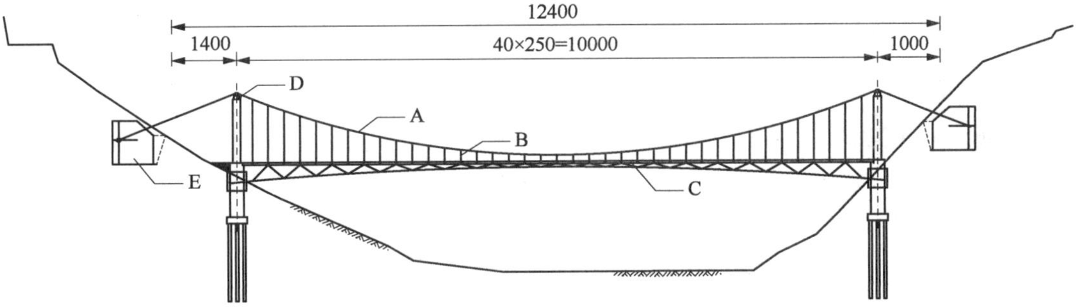

图8-17 学习任务第2题图

(1)请根据图示悬拉桥写出各组成部分的名称：

A：____________，B：____________，C：____________，D：____________，E：____________。

(2)图示悬索桥全长为________m，主缆锚碇的形式为________，索塔基础形式为________。

拓展任务

请查阅相关资料，除了上述提到的桥梁分类方法，请再列举其他桥梁分类方法。

任务二 识读钢筋混凝土结构物的配筋图

引导问题

1. 图 8-18 中所示的 T 型梁和梁中的钢筋(图 8-19)在工程图中该如何表达?

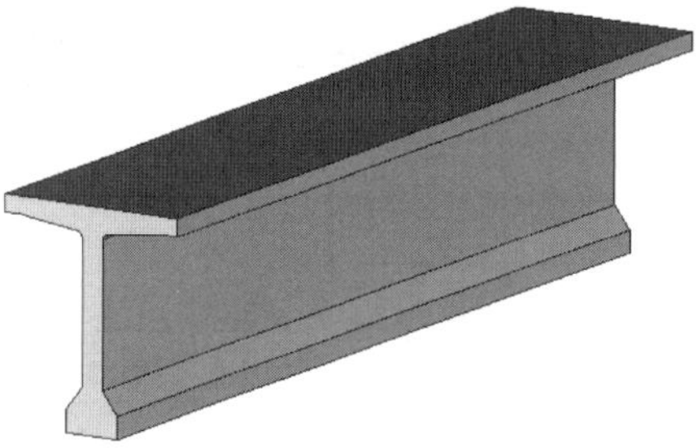

图 8-18 T 型梁效果图

图 8-19 T 型梁钢筋绑扎图

2. 钢筋有哪些种类? 钢筋结构图的图示有什么特点?

相关知识

一、钢筋混凝土结构的基本知识

混凝土是由水泥、砂、石子和水按一定的比例拌和硬化而成的一种人造石料。把它灌入定形模板中,经振捣密实和养护凝固后就形成坚硬如石的混凝土构件。混凝土的抗压强度较高,抗拉强度较低,容易因受拉而断裂。为了提高混凝土构件的抗拉能力,常在混凝土构件的受拉区内加入一定数量的钢筋,使两种材料黏结成一个整体,共同承受外力,这种配有钢筋的混凝土称为钢筋混凝土(图 8-20)。

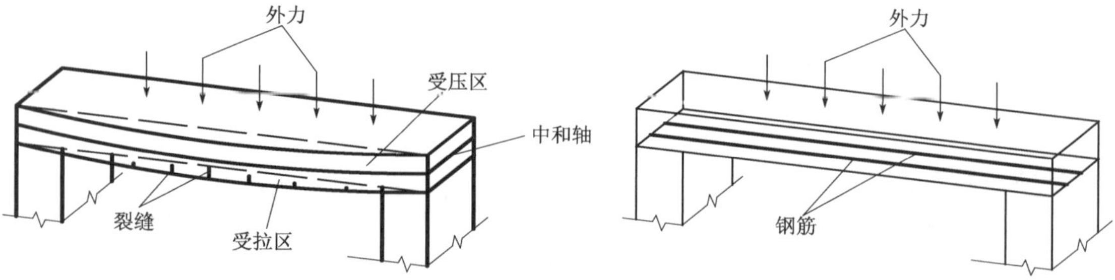

图 8-20 钢筋混凝土简支梁受力示意图

钢筋混凝土结构是由钢筋和混凝土两种物理力学性能不同的材料按照一定的方式结合成一个整体共同承受外力的结构物。钢筋混凝土具有很多优点，用这种建筑材料建造的桥梁具有能就地取材、工业化施工、耐久性好、适应性强、整体性好以及美观等优点。

二、钢筋的基本知识

（一）钢筋的分类和作用

钢筋按其在整个构件中所起的作用，可分为下列几种（图 8-21 和图 8-22）：

（1）受力钢筋（主筋）——用来承受拉力或压力的钢筋，用于梁、板、柱等各种钢筋混凝土构件。

（2）箍筋（钢箍）——用以固定受力钢筋位置，并承受一部分剪力或扭力。

（3）架立钢筋——一般用于钢筋混凝土梁中，用来固定箍筋的位置，并与梁内的受力筋、箍筋一起构成钢筋骨架。

（4）分布钢筋——一般用于钢筋混凝土板或高梁结构中，用以固定受力钢筋位置，使荷载更好地分布给受力钢筋，并防止混凝土收缩和温度变化出现的裂缝。

（5）构造钢筋——因构件的构造要求和施工安装需要配置的钢筋，如腰筋、预埋锚固筋、吊环等。

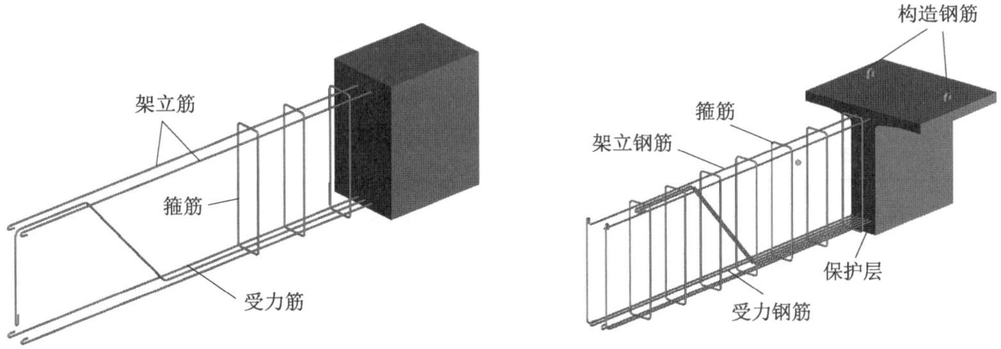

图 8-21 钢筋混凝土梁配筋示意图

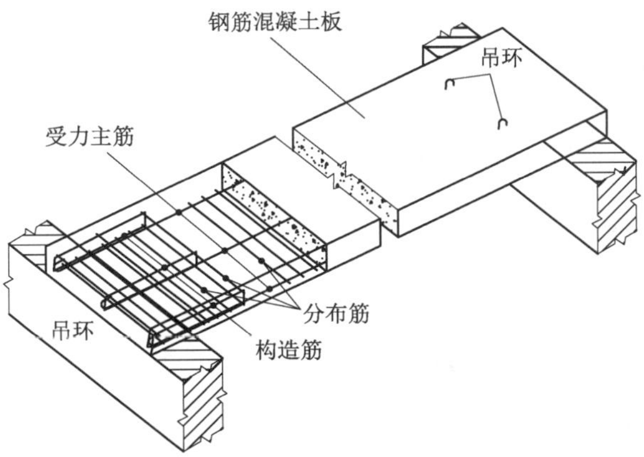

图 8-22 板配筋示意图

（二）钢筋的级别和符号

在《公路钢筋混凝土及预应力混凝土桥涵设计规范》(JTG 3362—2018)中，普通钢筋和预应力钢筋的抗拉强度标准值，应按照表8-2和表8-3采用。

普通钢筋抗拉强度标准值

表8-2

钢筋种类	符号	公称直径 d(mm)	f_{sk}(MPa)
HPB300	A	6～22	300
HRB400 HRBF400 RRB400	C C^F C^R	6～50	400
HRB500	D	6～50	500

预应力钢筋抗拉强度标准值

表8-3

钢筋种类		符号	公称直径 d(mm)	f_{pk}(MPa)
钢绞线	1×7	A^S	9.5、12.7、15.2、17.8	1720、1860、1960
			21.6	1860
消除应力钢丝	光面螺旋肋	A^P A^H	5	1570、1770、1860
			7	1570
			9	1470、1570
预应力螺纹钢筋		A^T	18、25、32、40、50	785、930、1080

特别提示

抗拉强度标准值为1960MPa的钢绞线作为预应力钢筋使用时，应有可靠工程经验或充分试验验证。

图8-23　预应力钢筋布置图

小贴士——预应力钢筋

预应力钢筋(图8-23)是在结构构件使用前，通过先张法或后张法预先对构件混凝土施加压应力。钢筋混凝土结构，构件受拉会有裂缝，虽然不影响安全，但是感观不好。先张法采用先给钢筋施加拉力，然后浇筑混凝土，待强度达到要求松开钢筋，使钢筋回缩，从而抵消正常使用荷载下的拉力。后张法则是浇筑混凝土预留孔洞，成型后再对钢筋施加拉力，并用器械锚固在构件两头。

（三）混凝土的等级和钢筋的保护层

混凝土强度等级是根据“立方体抗压强度标准值”来确定的。强度等级表示方法是用符号“C”和“立方体抗压强度标准值”表示。按照《混凝土质量控制标准》的规定，混凝土强度等级应按立方体抗压强度标准值划分为 C10、C15、C20、C25、C30、C35、C40、C45、C50、C55、C60、C65、C70、C75、C80、C85、C90、C95 和 C100 共 19 个强度等级，数字越大，混凝土的抗压强度越高。公路桥涵受力构件的混凝土强度等级，钢筋混凝土构件应不低于 C25，预应力混凝土构件应不低于 C40。

为了保护钢筋，防止钢筋锈蚀及加强钢筋与混凝土的黏结力，混凝土结构中的普通钢筋和预应力钢筋必须全部包在混凝土中。因此，钢筋边缘与混凝土表面应保持一定的厚度，称为保护层；此厚度距离称为净距。混凝土保护层厚度应满足普通钢筋和有黏结预应力筋与混凝土共同工作的性能要求以及混凝土构件的耐久性能和防火性能的要求。此外，保护层厚度不应小于普通钢筋的公称直径，且不应小于 15mm。

（四）钢筋的弯钩和弯起

按照规范规定，箍筋、拉筋的末端应按设计要求作弯钩。对于光圆外形的受力钢筋，为了增加它与混凝土的黏结力，在钢筋的端部也做成弯钩，弯钩的弯折角度有 180°、135°、90°三种（图 8-24），钢筋弯折的弯弧内直径以及弯折后平直段长度应符合设计要求及国家标准。这时，钢筋的实际长度要计入弯钩的增长。

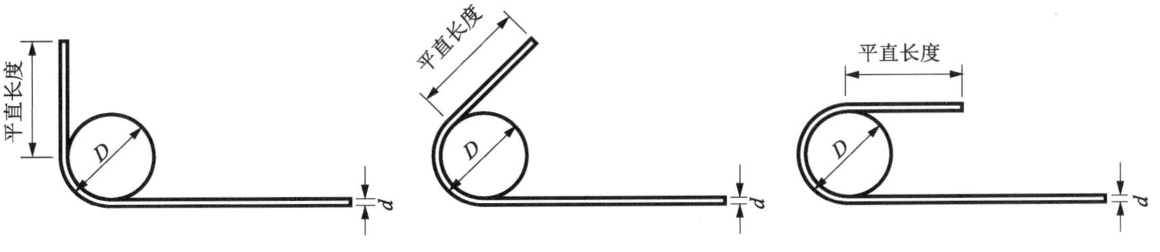

图 8-24 钢筋弯钩示意图

受力钢筋中有一部分需要在梁内向上弯起，这时弧长比两切线之和短些，其计算长度应减去折减数值。

三、钢筋混凝土结构图的内容

钢筋混凝土结构图包括两类图样，一类称为构件构造图（模板图），对于钢筋混凝土结构，只画出构件的形状和大小，不表示内部钢筋的布置情况。另一类称为钢筋结构图（钢筋构造图或钢筋布置图），主要表示构件内部钢筋的布置情况。

（一）钢筋结构图的图示特点

（1）绘制配筋图时，假设混凝土是透明的，能够看清楚构件内部的钢筋；通常在配筋图中不画出混凝土的材料符号。图中构件的外形轮廓用细实线表示，钢筋纵向用粗实线表示，若箍筋和分布筋数量较多,也可画为中实线,钢筋的断面用实心小黑圆点表示。

(2)对钢筋的类别、数量、直径、长度及间距等要加以标注。

(3)当钢筋间距和净距太小时,若严格按比例画则线条会重叠不清,这时可适当夸大绘制。同理,在立面图中遇到钢筋重叠时,亦要放宽尺寸使图面清晰。

(4)钢筋结构图,不一定三个投影图都画出来,而是根据需要来决定。例如,钢筋混凝土梁的钢筋图,一般不画平面图,只用立面图和断面图来表示。

(5)在道路工程图中,钢筋直径尺寸单位一般采用 mm,其余尺寸单位一般采用 cm;在建筑制图中,钢筋图中所有尺寸单位为 mm,图中无需注出单位。

(6)钢筋布置图应置于一般构造图之后,但当结构外形简单时,两者可绘于同一视图中。

(二) 钢筋的编号和尺寸标注方式

在钢筋结构图中为了区分不同直径、不同长度、不同形状、不同的钢筋,要对不同类型的钢筋加以编号并在引出线上注明其规格和间距,编号用阿拉伯数字表示。对钢筋编号时,宜先编主、次部位的主筋,后编主、次部位的构造筋。在钢筋混凝土构件中,钢筋编号的格式应符合下列规定:

(1)编号标注在引出线右侧的细实线圆圈内,圆圈直径为 4 ~ 8mm,一般采用下列格式进行标注。

$$\frac{n\phi d}{\sqrt{l @ S}} \textcircled{N}$$

式中:N——钢筋编号;

n——钢筋根数;

ϕ——钢筋直径符号,也表示钢筋等级;

d——钢筋直径的数值,单位为 mm;

l——钢筋总长度的数值,单位为 cm;

@——钢筋中心间距符号;

S——钢筋间距的数值,单位为 cm。

比如 $\frac{12\phi 8}{\sqrt{l=120 @ 20}}$③,其中"③"表示 3 号钢筋,"12$\phi$8"表示 12 根直径为 8mm 的钢筋(HPB300),"l = 120"表示每根钢筋的设计长度为 120cm,"@ 20"表示钢筋轴线之间的距离为 20mm。

(2)在钢筋断面图中,编号可标注在对应的方格内,如图 8-25 所示。

(3)钢筋的编号和根数也可采用简略形式标注,根数注在 N 字之前,编号注在 N 字之后,如图 8-25 中的 16N18 表示编号 18 的钢筋有 16 根。

(三) 钢筋成型图

钢筋成型图(钢筋详图)是表示每根钢筋形状和尺寸的图样,是钢筋成型加工的依据。在钢筋成型图中尺寸可直接注写在各段钢筋旁,图上还应注明钢筋的符号、直径、根数、弯曲尺寸和断料长度等。有时为了节省图幅,可把钢筋成型图画成示意略图放在钢筋数量表内。

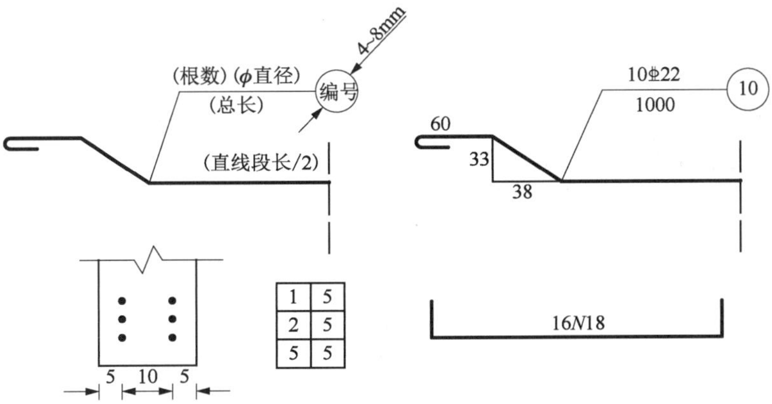

图 8-25 钢筋编号的标注

（四）钢筋数量表

在钢筋结构图中，一般还附有钢筋数量表，内容包括钢筋的编号、直径、每根长度、根数、总长及重量等，必要时可加画略图，见表 8-4。表中钢筋“每米质量(kg/m)”一栏数据，可以从有关工程手册中查得。

钢筋混凝土梁钢筋数量表 表 8-4

编号	钢号和直径(mm)	长度(cm)	根数	共长(m)	每米重量(kg/m)	共重(kg)
1	⌀ 22	528	1	5.28	2.984	15.8
2	⌀ 22	708	2	14.16	2.984	42.3
3	⌀ 22	892	2	17.84	2.984	53.2
4	⌀ 22	881	3	26.43	2.984	78.9
5	⌀ 12	745	2	14.90	0.888	13.2
6	φ 8	198	24	47.52	0.395	18.8
总计						222.2

四、钢筋结构图举例

T 梁梁肋钢筋构造图主要表达 T 梁梁肋钢筋的布置情况，从立面图、平面图、A—A 断面图和 B—B 断面图中可以看出钢筋排列的位置及数量。N1 为主筋，纵向水平布置，距离梁底 60mm 处布置了一排共 5 根，排的间距为 109 + 84 + 84 + 109mm；N2 为马蹄底部第二排钢筋，共 2 根，纵向水平布置，距离梁底 184mm 处布置，距离梁两侧边缘为 57mm；N3 为分布钢筋，共 22 根，纵向水平布置，距离梁底 184mm 处布置，距离梁两侧边缘为 57mm；N3 为分布钢筋，共 22 根，纵向水平布置，距离梁两侧 57mm 处各布置了 1 排，每排 11 根，1 排内每根钢筋的间距为 136mm；N3' 为分布钢筋，共 2 根，纵向水平布置，距离梁底 236mm，距离梁两侧 57mm 处各布置了 1 根；N4、N7 为箍筋，分别为 135 根，在跨中两边 9900mm 范围内横向布置，在跨中两边 9300mm 范围内钢筋间距为 150mm，在跨中两边 9300mm ~ 9900mm 范围内钢筋间距为 100mm；N5、N8 为梁肋加宽段箍筋，间距为 100mm；N6 为梁端箍筋，间距为 100mm；N9 为翼缘部位箍筋；N10、N11、N12 为构造钢筋。如图 8-26 所示。

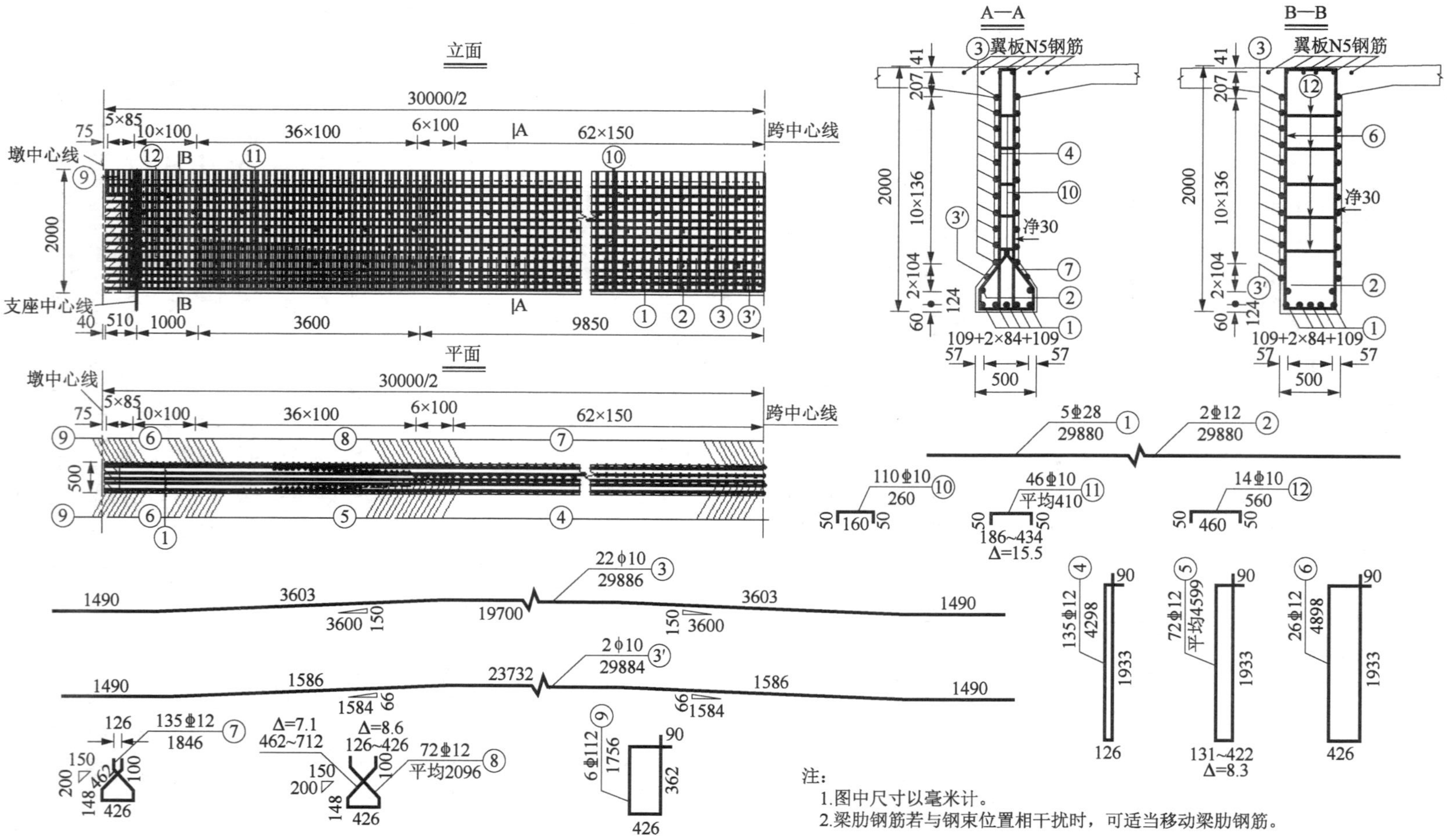

注：
1.图中尺寸以毫米计。
2.梁肋钢筋若与钢束位置相干扰时，可适当移动梁肋钢筋。

图 8-26 T型梁钢筋结构图(尺寸单位：mm)

学习任务

1. 根据图 8-27 的钢筋混凝土梁立面图和Ⅰ—Ⅰ断面图、Ⅲ—Ⅲ断面图完成钢筋混凝土梁的Ⅱ—Ⅱ断面图,并完成填空。

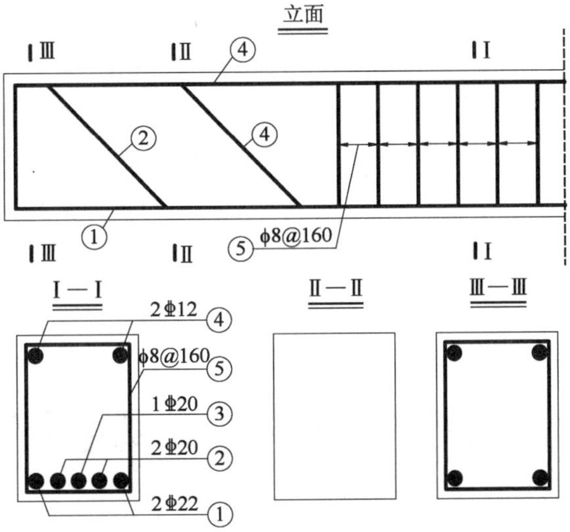

图 8-27 学习任务第 1 题图

(1) N1 钢筋的级别为__________,直径为__________,根数为__________,钢筋类型为__________。

(2) N2 钢筋的级别为__________,直径为__________,根数为__________,钢筋类型为__________。

(3) N3 钢筋的级别为__________,直径为__________,根数为__________,钢筋类型为__________。

(4) N4 钢筋的级别为__________,直径为__________,根数为__________,钢筋类型为__________。

(5) N5 钢筋的级别为__________,直径为__________,根数为__________,钢筋类型为__________。

2. 根据图 8-27 完成钢筋工程数量表的计算(表 8-5)。

钢筋混凝土梁钢筋数量表 表 8-5

编号	直径(mm)	长度(cm)	根数	共长(m)	每延米重量(kg/m)	总质量(kg)
1		596			2.984	
2		638			2.467	
3		638				
4		892			0.888	
5		468	24		0.395	
总计						

拓展任务

请查阅相关图纸，学习预应力钢筋混凝土结构钢筋图，完成预应力钢筋混凝土结构钢筋图识图与钢筋量计算练习。

任务三 识读桥位平面图、地质断面图和总体布置图

引导问题

1. 图 8-28 中所示的桥梁在平面上该如何表达？

图 8-28 钢筋混凝土梁桥效果图

2. 桥梁工程的总体布置图主要包括哪些？

相关知识

一、桥位平面图

桥位平面图（图 8-29）主要表示桥梁的所在位置、与路线的连接情况以及与地形地物的互相关系，其画法与路线平面图相同，只是所用的比例较大。通过地形测量绘制出桥位处的道路、河流、水准点、钻孔及附近的地形和地物，作为桥梁设计、施工定位的根据。除了表示路线平面形状、地形和地物外，还表明了钻孔位置、桥梁起止里程、水准点的位置和高程数据。

桥位平面图中的植被、水准符号等均应按照正北方向为准，而图中文字方向则可按路线要求及总图标方向来决定。

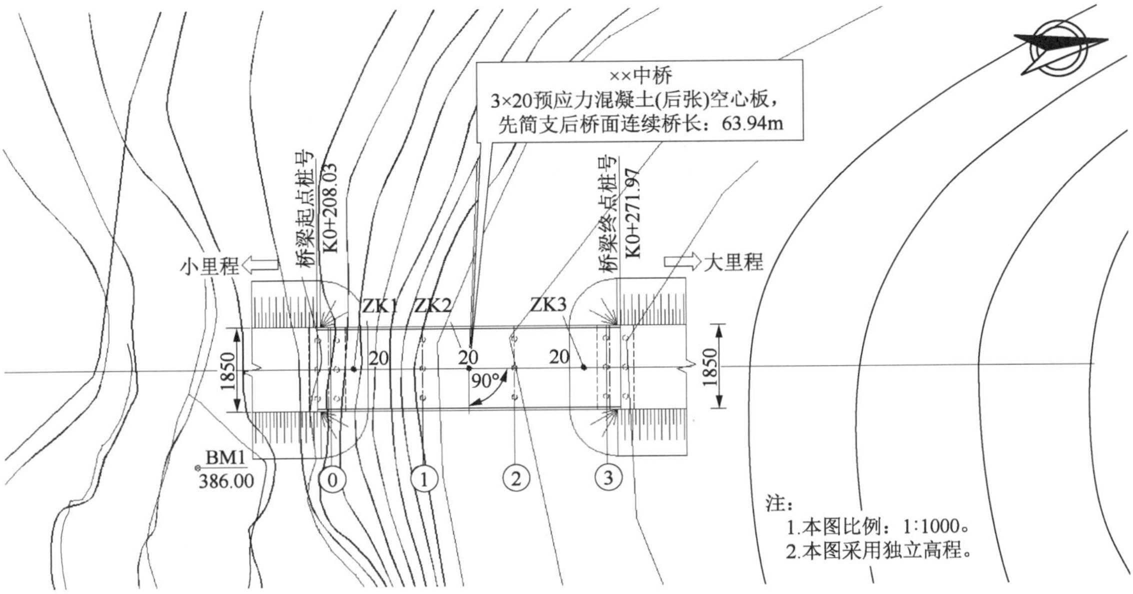

图 8-29 桥位平面图

二、桥位地质断面图

桥位地质断面图(图 8-30)是根据水文调查和地质钻探所得的资料绘制的河床地质断面图,表示桥梁所在位置的地质与水文情况,包括地面线、洪水位线、设计水位线。作为桥梁设计的依据,实际设计中,通常把地质断面图按竖直方向和水平方向同样比例直接嵌套入总体布置图中。

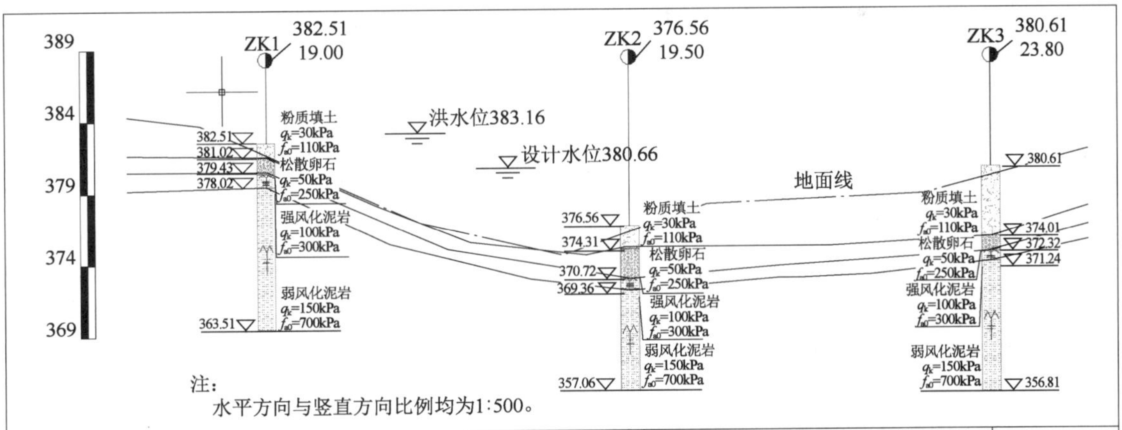

钻孔编号		ZK1		ZK2		ZK3
孔口高程及钻孔深度(m)	382.51	19.00	376.56	19.50	380.61	23.80
孔口里程		K0+215		K0+240		K0+265

图 8-30 桥位地质断面图

桥位地质断面图中显示了桥位处的地质状况、地质分层厚度变化和每一层地基土的承载力,还表明了钻孔孔口高程、钻孔深度以及钻孔位置。

三、桥型布置图

桥型布置图主要表明桥梁的型式、跨径、孔数、总体尺寸、桥面标高、桥面宽度、各主要构件的相互位置关系，桥梁各部分的标高、起讫里程以及总的技术说明等，作为施工时确定墩台位置、安装构件和控制标高的依据。一般由立面图、平面图和剖面图组成。

图 8-31 为某桥的桥型布置图，绘图比例平、立面为 1∶500，其他为 1∶250。该桥为三孔预应力钢筋混凝土空心板简支梁桥，总长度 63.94m，总宽度 18.5m，每孔标准跨径为 20m。桥中设有两个柱式桥墩，两端为混凝土轻型桥台，桥台和桥墩的基础均采用钢筋混凝土钻孔灌注桩。桥上部承重构件为预应力钢筋混凝土空心板梁。

（一）立面图

立面图中标明了桥梁的跨径、孔数、总体尺寸、起止里程、桥墩桥台类型，图中还画出了两侧的桥台锥形护坡、河床的断面形状以及地质情况。在立面图中，地面线以下的土体视为透明，因此地面下以下的结构如桥台、桩等用实线绘制。由于钻孔灌注桩深入到地下较深的位置，不必全部画出，为了节省图幅，采用了断开画法。图中还标注出了桥梁各重要部位如桥面、桥墩、桥台、桩底等处的高程以及设计水位、洪水位。

（二）平面图

平面图与立面图上下对齐绘制，桥梁一般是左右对称的，桥梁的平面图常采用分层局部剖的形式。左半平面图是从上向下投影得到的桥面俯视图，主要示出车行道、人行道、栏杆或防撞护栏的位置。由所注尺寸可知，桥面车行道净宽为 17.5m，该桥未设人行道，最外侧为 0.5m 的防撞护栏。右半部采用的是剖切画法，假想把上部结构移去后，画出了 2 号桥墩和 3 号桥台的平面形状和位置。桥墩中的虚线圆是立柱与桩基的投影，桥台中的虚线圆是桩基的投影。

（三）横剖面图

为了展示上部结构与下部结构的类型及形状，需要在立面图中选择适当位置进行剖切绘制剖面图。两侧的桥台、中间的多个桥墩都是同一类型并形状相似，只有桩基长度与桥墩高度不同，为了节约图幅只绘制一个桥台位置与一个桥墩位置的剖面图。

从该所标注的剖切位置可以看出，Ⅰ—Ⅰ剖面是在第 1 跨位置剖切的，可以绘制 1 号桥墩剖面图，Ⅱ—Ⅱ剖面是在第 3 跨位置剖切的，可以绘制 3 号桥台剖面图。桥梁中跨和边跨部分的上部结构相同，桥面总宽度为 18.5m，由 14 块预应力钢筋混凝土空心板拼接而成，图中由于板的断面形状太小，没有画出其材料符号。在Ⅰ—Ⅰ剖面图中画出了桥墩各部分，包括盖梁、立柱、地系梁、桩基等的投影。在Ⅱ—Ⅱ剖面图中画出了桥台各部分，包括台身、桩基等的投影。

（四）数据资料表

数据资料表与立面图、平面图上下对齐布置，以便识读。这种表示方法，反映出桥梁起终点、桥墩、桥台、地面变坡点等处的桩号里程、设计高程、地面高程、桥梁纵坡和坡长等数据。

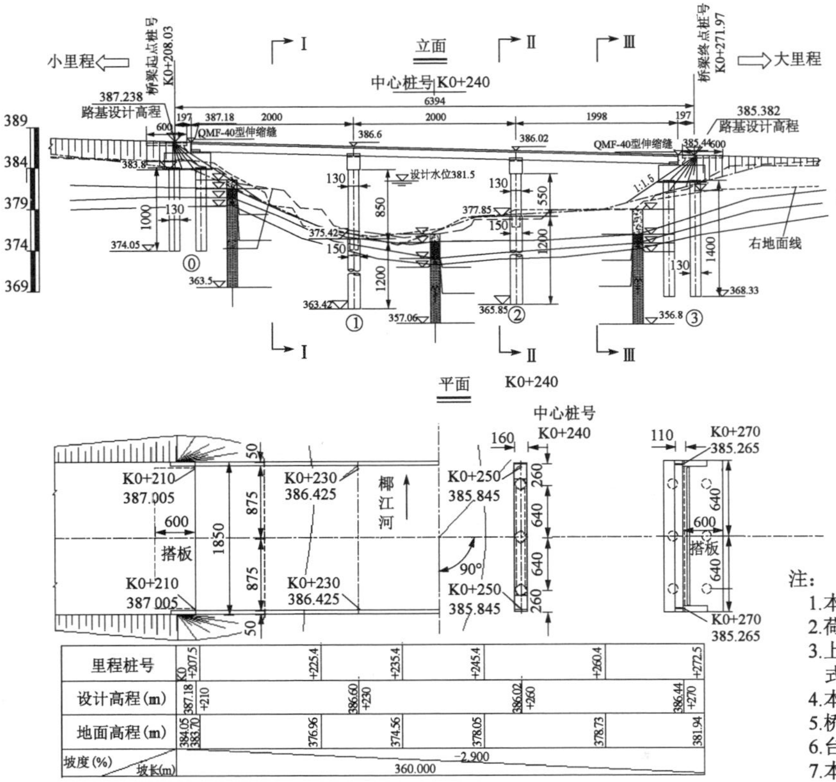

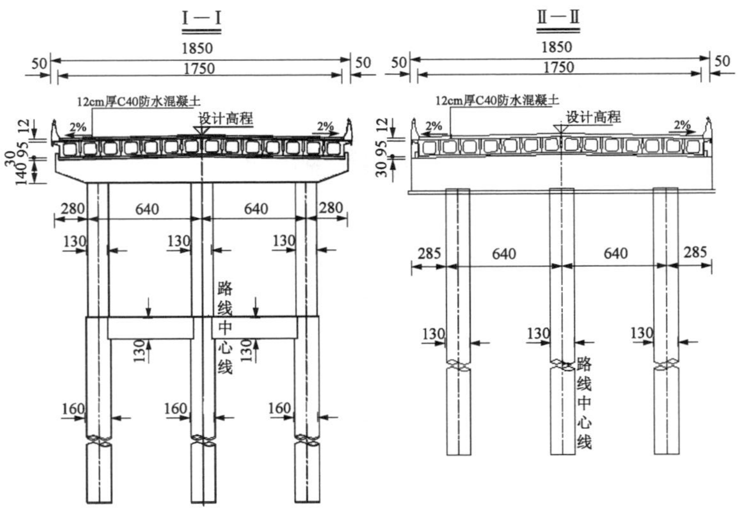

注：

1.本图尺寸除标高、里程桩号以米计外，其余均以厘米计。
2.荷载等级：公路-Ⅰ级；桥面净宽：1×净17.5m。
3.上部结构采用预应力混凝土(后张)空心板，先简支后桥面连续；下部结构桥台采用座板式桥台，桥墩采用柱式墩，墩台采用桩基础。
4.本桥平面位于直线上，桥面横坡为双向2%，纵断面纵坡-2.9%。
5.桥墩、桥台均采用GJZ200×250×56型板式橡胶支座；0、3号桥台采用QMF-40伸缩缝。
6.台后搭板长度为6m。
7.本图比例：平、立面为1∶500，其他为1∶250。
8.D150桩顶设计轴力为500kN,D130桩顶设计轴力1500kN。
9.图例：粉质黏土 松散卵石 强风化泥岩 弱风化泥岩

图 8-31　桥型布置图(尺寸单位：cm)

小贴士——锥形护坡

为保护路堤边坡不受冲刷,在桥涵与路基相接处修筑锥形护坡(图8-32)。在采用埋置式、桩式、柱式桥台或桥台布置不能完全挡土时,为保护桥头路堤的稳定,防止冲刷,应在两侧设置锥形护坡。横桥方向的坡度应与路堤边坡一致,顺桥向坡度应根据高度、土质情况,结合淹水情况和铺砌与否来决定。

图8-32 桥台锥形护坡图

学习任务

1. 识读下面的桥位平面图(图8-33),完成填空。

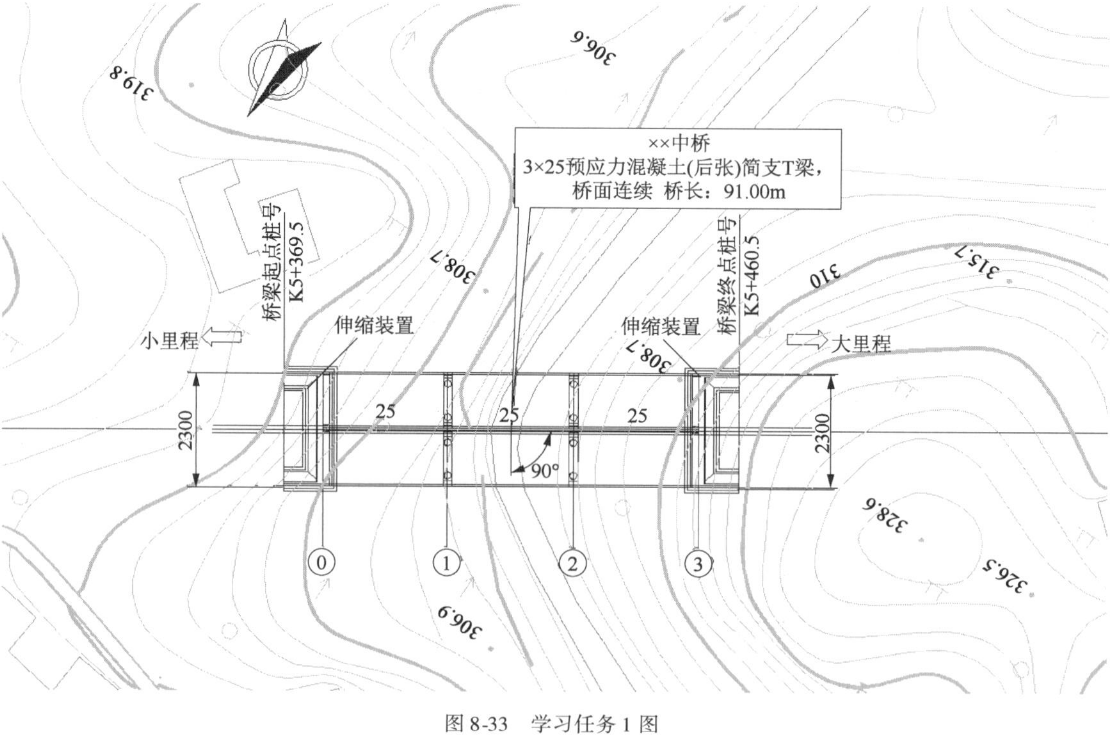

图8-33 学习任务1图

(1)桥梁中心桩号为________,起点桩号为________,止点桩号为________。

(2)桥梁有________跨,每跨的标准跨径为________,桥梁全长________,桥梁宽度为________。

(3)桥梁采用的上部结构形式是____________,桥梁与河流交角为____________。

2. 识读下面的桥梁立面图(图 8-34),完成填空。

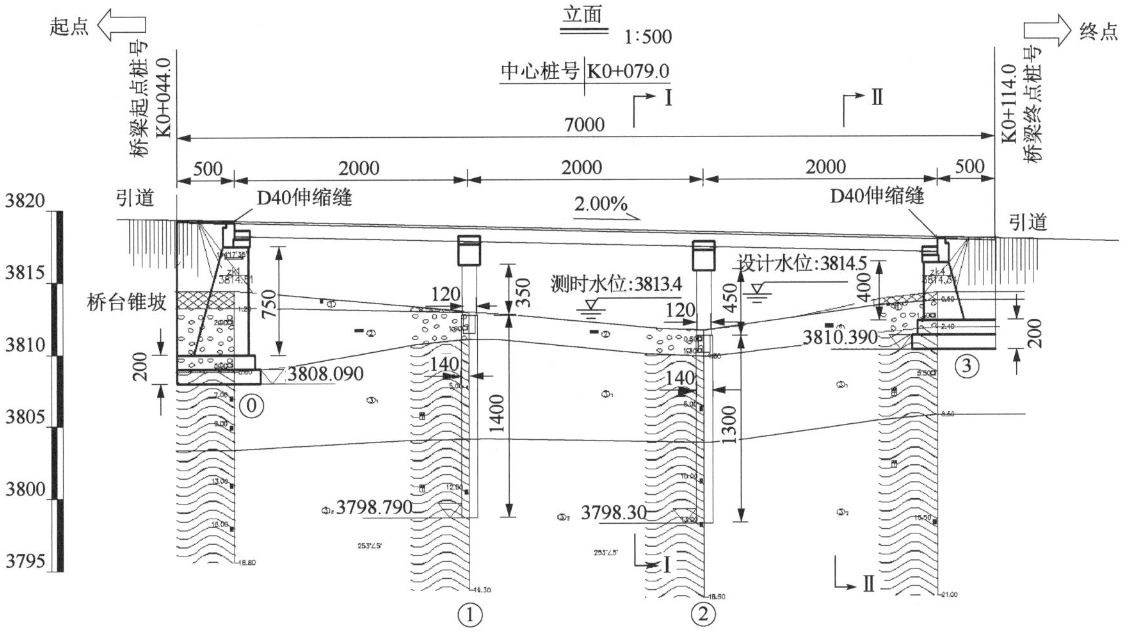

图 8-34 学习任务 2 图

(1)桥梁全长________ m,共有________跨,每跨的跨径为________,中心里程桩号为____________。

(2)该立面图采用的比例是________,该桥的纵坡为________。

(3)该桥的设计水位为________,测时水位为 ________。

(4)0 号桥台的基底高程为________, 1 号桥墩的基底高程为________,2 号桥墩的基底高程为________, 3 号桥台的基底高程为________。

(5)0 号桥台台身高________,3 号桥台台身高________,1 号桥墩的墩柱高为________,桩长________,2 号桥墩的墩柱高为________,桩长________。

拓展任务

请查阅相关图纸,完成斜拉桥、悬索桥总体布置图的识读。

任务四 识读桥墩构造图

引导问题

1. 图 8-35 中所示的桥墩各部位的名称和作用各是什么?

图 8-35 桥墩效果图

2. 桥墩的类型有哪些?

相关知识

一、桥墩概述

桥墩一般是指多跨桥梁的中间支承结构物,桥墩是桥梁结构的重要组成部分,它决定着桥跨结构在平面和高程上的位置,承担着桥梁上部结构产生的荷载,并将荷载传递给地基基础,起着"承上启下"的作用。桥墩和桥台又称为桥梁的下部结构。桥墩除了承受结构的荷重外,还要承受流水压力、水面以上的风力以及可能出现的流冰压力、船只或漂浮物或汽车的撞击作用。

二、桥墩分类及构造

桥墩按其构造可分为桩柱式桥墩、实体桥墩、空心桥墩、框架桥墩等。

(一) 桩柱式桥墩

桩柱式桥墩作为公路桥梁广泛采用的墩型,既能减轻墩身自重,节约圬工材料,又具有较美观的外形。

桩柱式桥墩一般分为两部分，在地面以上（或桩柱连接处以上）称为墩柱，在地面以下称为桩基，桩基分为预制桩和钻孔灌注桩。盖梁是柱式桥墩的墩帽，一般采用钢筋混凝土就地浇筑。盖梁截面内应设箍筋，两侧设纵向水平钢筋。盖梁的宽度、高度和长度尺寸，应根据上部结构安装要求及受力分析计算确定。盖梁两侧边缘设置挡块，限制梁的横向位移。

为使桩柱与盖梁或承台有较好的整体性，桩柱顶一般应嵌入盖梁或承台150～200mm，露出桩柱顶的主筋弯成与铅垂线约成150°倾斜角的喇叭形，深入盖梁或承台中。

为加强桩柱的整体性，桩柱式桥墩的桩之间应设置地系梁。当墩柱的高度较高时，每隔一定高度墩柱之间应设置横系梁，系梁构造钢筋应深入桩或墩柱内，与主筋连接。

如图8-36为柱式桥墩构造图，该桥墩为钻孔双柱式桥墩，由盖梁、双柱、地系梁和桩基础组成。本图用立面图、平面图和侧面图三面视图表示。

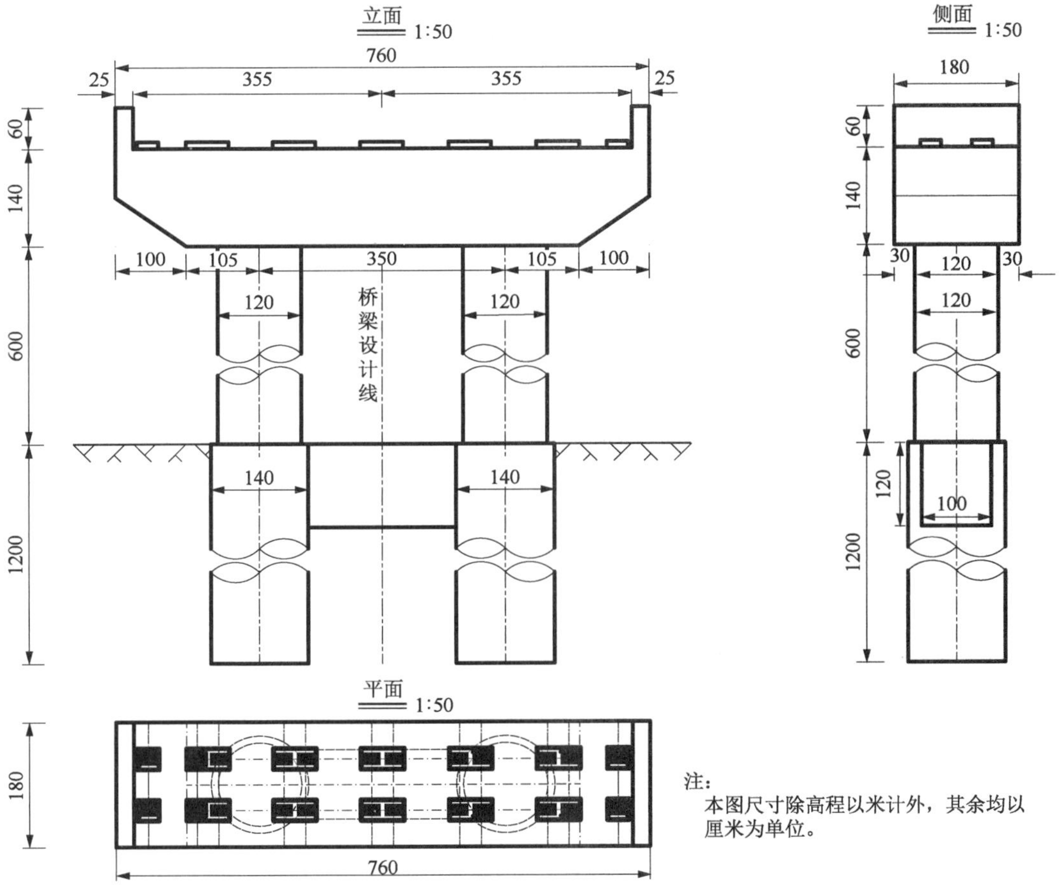

图8-36 柱式桥墩一般构造图

小贴士——钻孔灌注桩

钻孔灌注桩是指在工程现场通过机械钻孔、钢管挤土或人力挖掘等手段在地基土中形成桩孔,在其内放置钢筋笼和灌注混凝土而做成的桩。依照成孔方法不同,灌注桩又可分为沉管灌注桩、钻孔灌注桩(图 8-37)和挖孔灌注桩等几类。

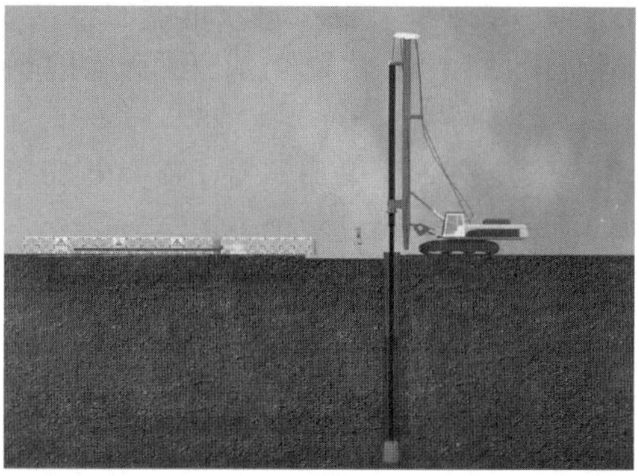

(a)示意图

(b)现场图

图 8-37 钻孔灌注桩施工图

(二)实体桥墩

实体桥墩是一种圬工墩,主要靠自身的重力(包括桥跨结构重力)来平衡外力,从而保证桥墩的强度和稳定,如图 8-38 所示。

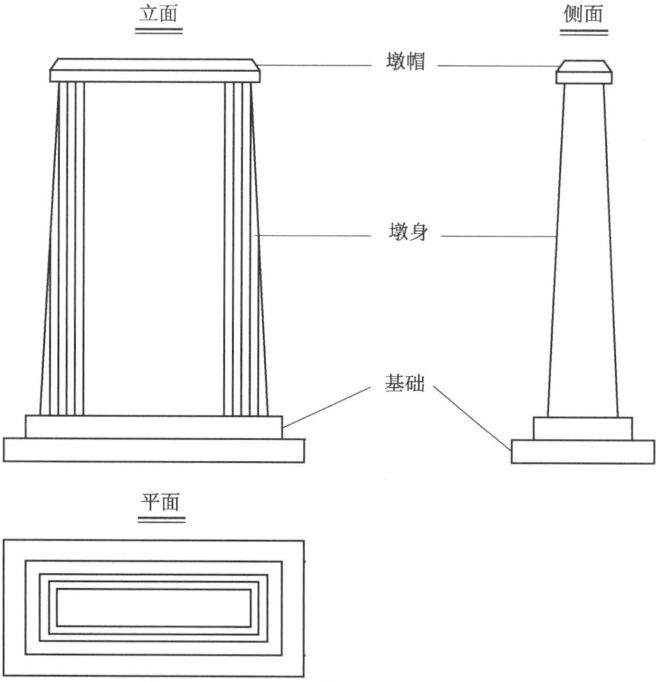

图 8-38 实体重力式桥墩

墩帽直接支承桥跨结构,并将相邻两孔桥上的结构重力、汽车荷载和人群荷载传到墩身。墩身是桥墩的主体部分,墩身的主要尺寸包括墩高、墩身顶面和底面尺寸、墩身侧坡坡度。基础是桥墩与地基直接接触部分,其类型与尺寸往往取决于地基条件,尤其是地基承载力。最常见的是刚性扩大基础。

(三) 空心桥墩

空心桥墩的形式有两种:一种为部分镂空实体桥墩,另一种为薄壁空心桥墩(图8-39)。

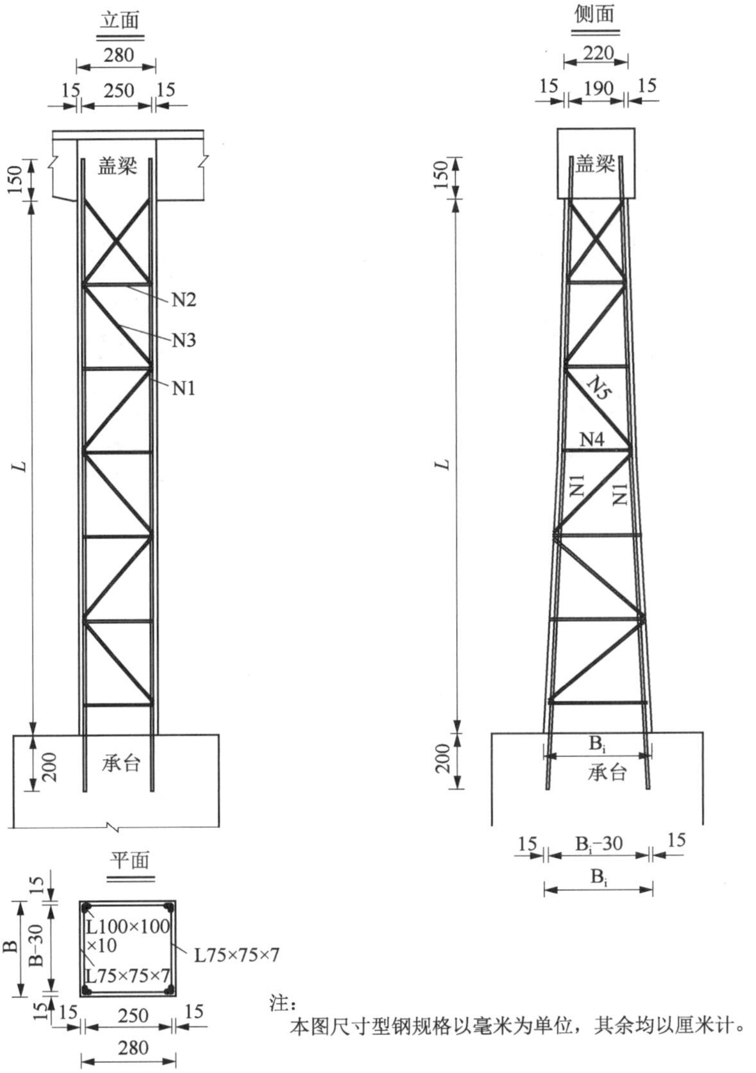

图8-39 薄壁桥墩劲性骨架布置图

部分镂空实体桥墩仍保持实体桥墩的基本特点,如较大的轮廓体形,较大的圬工结构,少量的钢筋等。镂空的目的主要是为了减少圬工数量,使结构更加经济。

当桥梁跨越较深沟谷,桥墩墩身高度较高,为了结构的稳定同时为了减少圬工数量,常常采用薄壁空心桥墩。薄壁空心墩基本结构形式与部分镂空实体桥墩相似,墩身壁为较薄的钢筋混凝土结构。

小贴士——劲性骨架

劲性骨架就是钢筋混凝土构件(如拱肋)在施工过程中,不能承担自身的重量时,用于临时承担荷载的加固系统。通过在钢筋混凝土截面中加入钢管、工字钢或其他钢材,加固构筑物以提高受力性能,满足施工要求。如桥梁合拢段一般采取劲性骨架加固(图8-40),部分薄壁墩柱也会增设劲性骨架。

图8-40 拱桥劲性骨架合拢图

(四)框架式桥墩

框架式桥墩采用钢筋混凝土或预应力混凝土等压挠或挠曲构件组成平面框架代替墩身,支撑上部结构,必要时可以做成双层或多层框架,如V型桥墩、Y型桥墩、X型桥墩等(图8-41)。此种桥墩结构的出现,提高了桥梁的跨越能力,缩短了主梁的跨径,降低了梁高,但其结构构造与施工工艺都比较复杂。

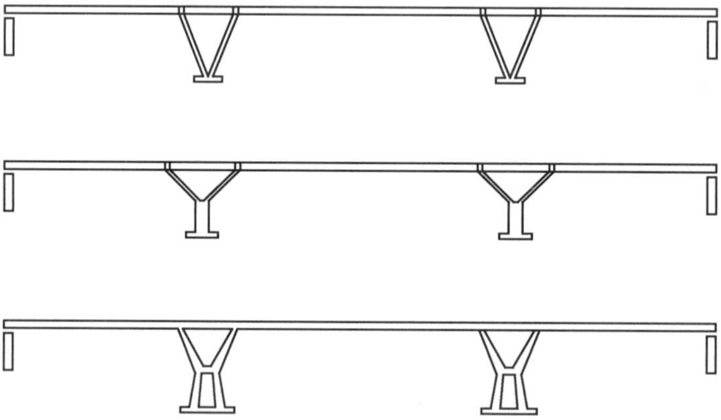

图8-41 V型、Y型、X型框架式桥墩示意图

学习任务

1. 识读下面的桥墩一般构造图(图 8-42),根据图纸内容答题。

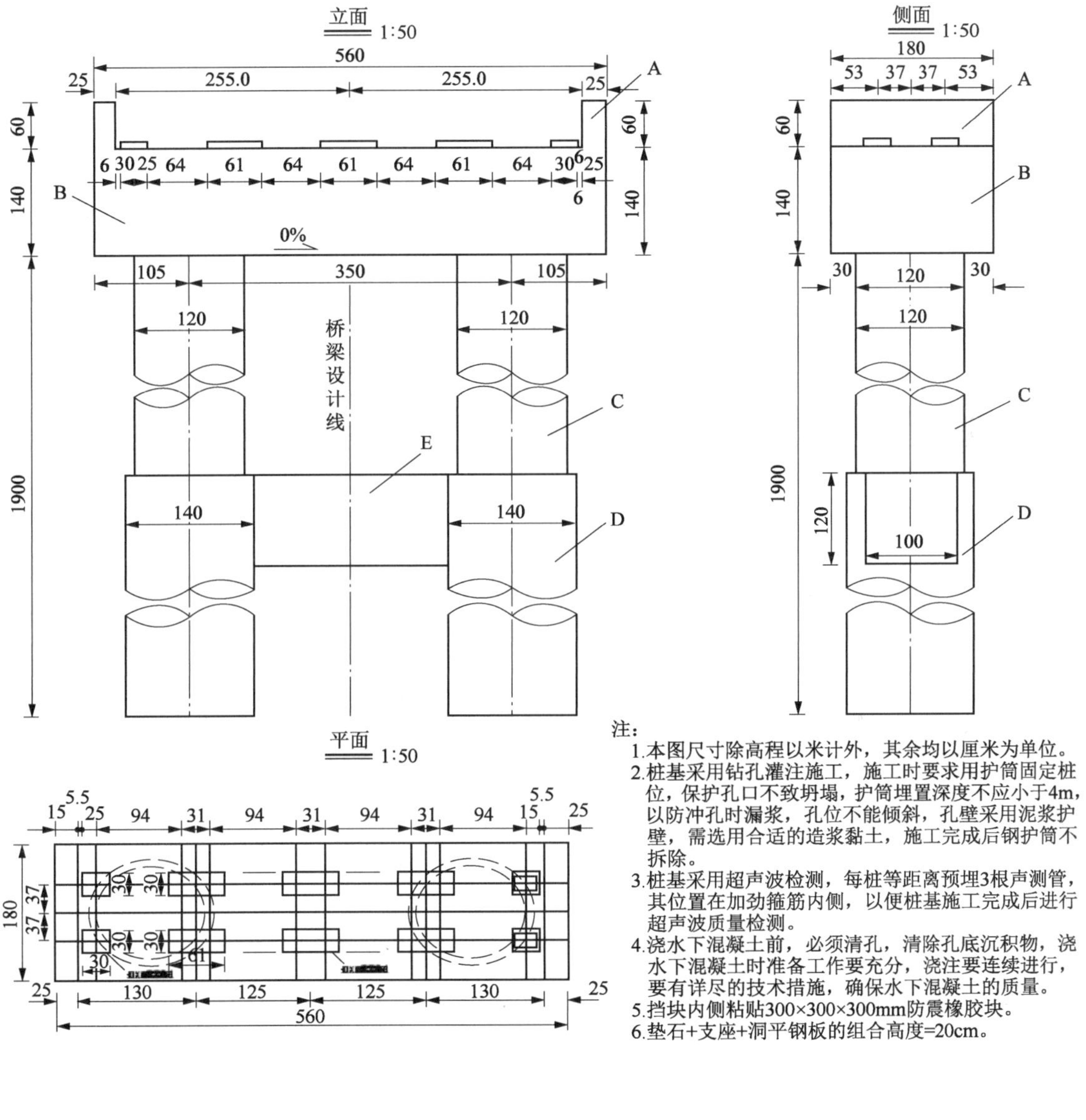

图 8-42 学习任务第 1 题图(尺寸单位:cm)

(1)图中所示桥墩结构形式为________。

(2)图中所示桥墩中 A、B、C、D、E 部位名称分别是:

A:________,B:________,C:________,D:________,E:________。

(3)图中所示桥墩墩柱横向间距为________ cm。

(4)图中桥墩支座垫石纵桥向中心间距为________ cm、横向中心间距为________ cm。

(5)图中所示桥墩桥墩盖梁的长、宽、高分别为________cm、________cm、________cm。

2. 识读下面的桥墩一般构造图(图 8-43),根据图纸内容答题。

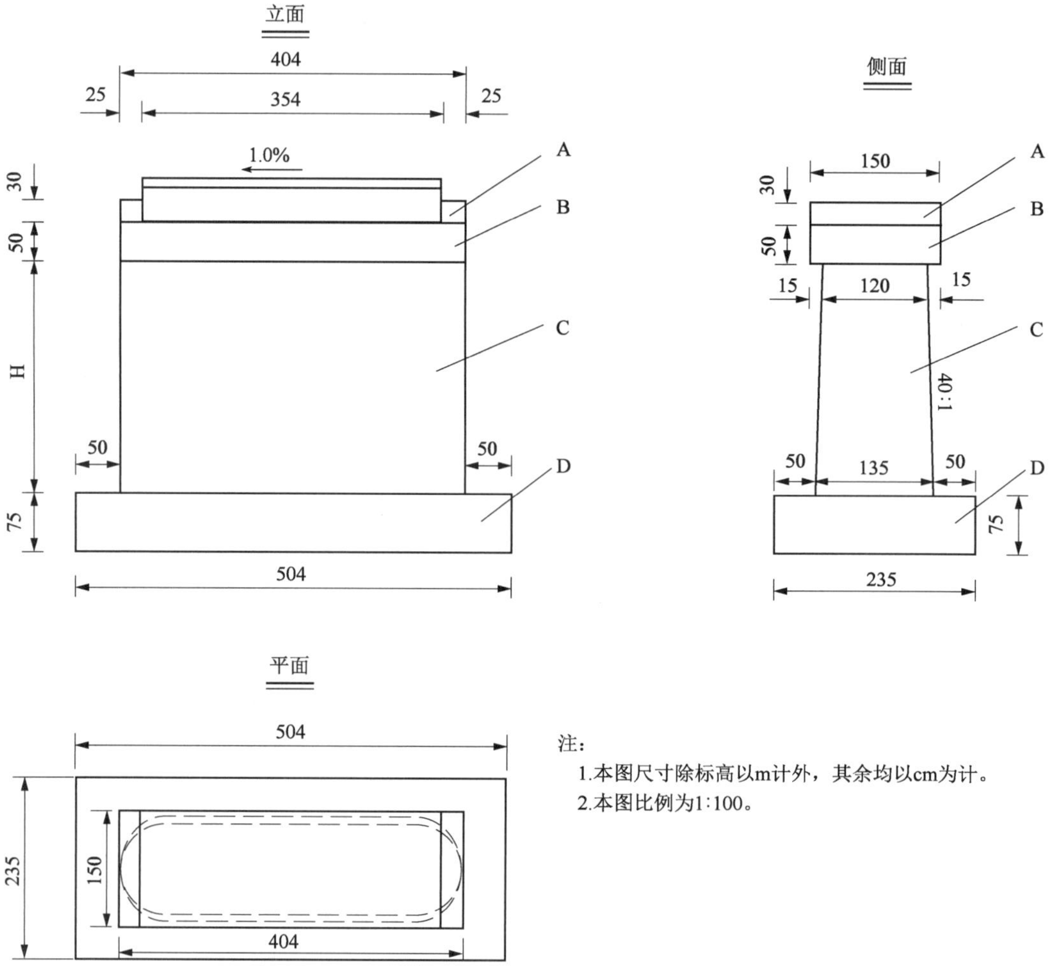

注:
1.本图尺寸除标高以m计外,其余均以cm为计。
2.本图比例为1:100。

图 8-43 学习任务第 2 题图(尺寸单位:cm)

(1)图中所示桥墩结构形式为________。

(2)图中所示桥墩中 A、B、C、D 部位名称分别是:

A:________,B:________,C:________,D:________。

(3)图中所示 H 值应为________cm。

拓展任务

请查阅相关资料,了解桥墩钻孔灌注桩的施工方法。

任务五 识读桥台构造图

引导问题

1. 前面介绍过 U 形桥台，还记得图 8-44 中 U 形桥台各个部位的名称吗？
2. 桥台的类型有哪些？

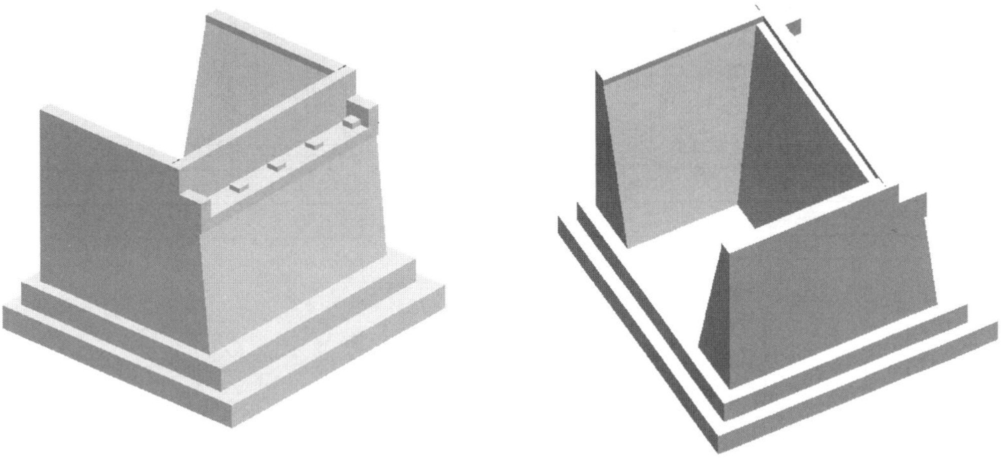

图 8-44 桥台效果图

相关知识

一、桥台概述

桥台设置在桥梁两端，除了支承桥跨结构外，还是衔接两岸路堤的构造物。其功能除传递桥梁上部结构的荷载到基础外，还具有挡土护岸，抵挡台后的填土压力及填土上车辆荷载所产生的附加土侧压力，稳定桥头路基，使桥头线路和桥上线路可靠而平稳地连接的作用。桥台一般是石砌或采用素混凝土结构，轻型桥台则采用钢筋混凝土结构。

二、桥台分类及构造

桥台具有多种形式，目前高速公路建设中常用的桥台形式主要为重力式桥台、轻型桥台和埋置式桥台。

（一）重力式桥台

重力式桥台是公路桥梁一种常见的桥台形式，由台身（前墙）、台帽、基础与两侧的翼墙组成。台身和两侧翼墙连成一体，在平面上呈 U 字形，因此重力式桥台又称为 U 形桥台，如图 8-45所示。重力式桥台一般为就地浇筑的整体式结构，主要靠自重平衡背后的土压力，多数为石砌圬工或混凝土结构，具有结构简单、基础底承压面积大、基地应力小等特点。

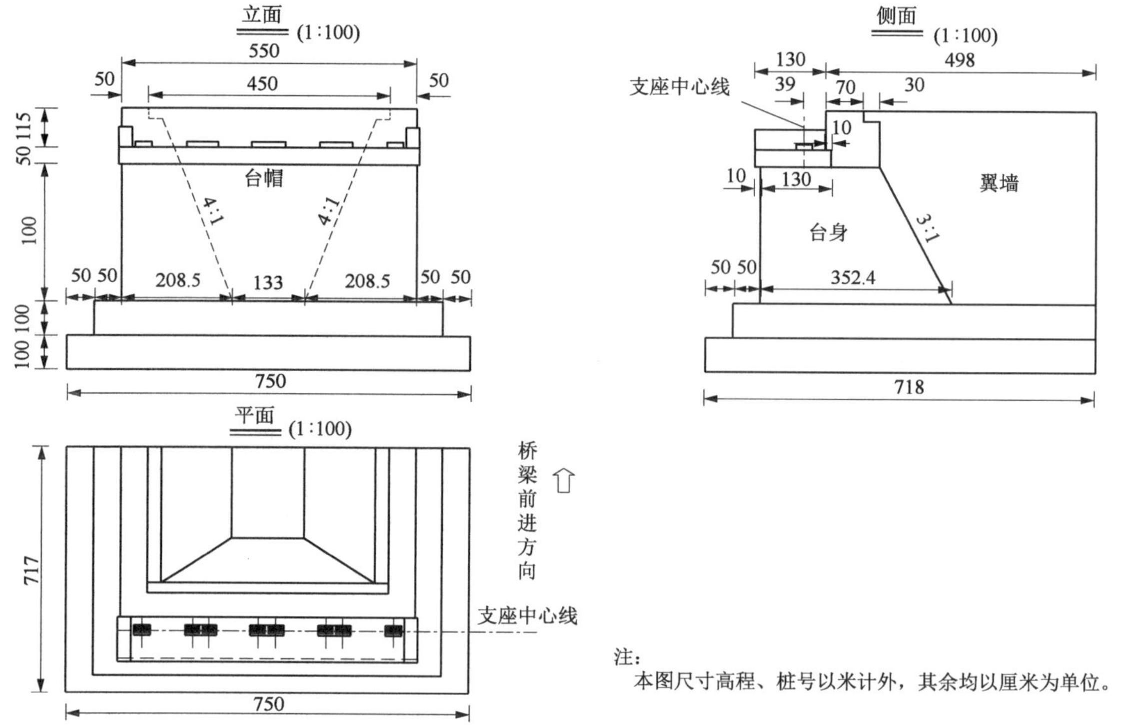

图 8-45　重力式桥台一般构造图(尺寸单位:cm)

（二）轻型桥台

轻型桥台是钢筋混凝土结构，它利用钢筋混凝土结构的抗弯能力来减少圬工体积而使桥台轻型化。

1. 桩柱式桥台

桩柱式桥台是轻型桥台常见的一种形式，如图 8-46 所示。桩柱式桥台在桩基础顶部直接建造台帽，一般为双柱式桥台，当桥较宽时，为减少台帽跨度，可采用多柱式。为满足桥台与路堤的连接，在台帽上部设置耳墙，必要时在台帽前方两侧设置挡板。

2. 肋板式桥台

当路堤填土高度较高时，可采用肋板式桥台（图 8-47）。在桥台的承台与台帽间是梯形肋板,如同扁平的墩身,这种桥台叫肋板式桥台。肋板式桥台也属于埋置式桥台,此类桥台台前肯定有填土。台身埋在锥形护坡中,只露出台帽,仅由台帽两端的耳墙与路堤衔接。

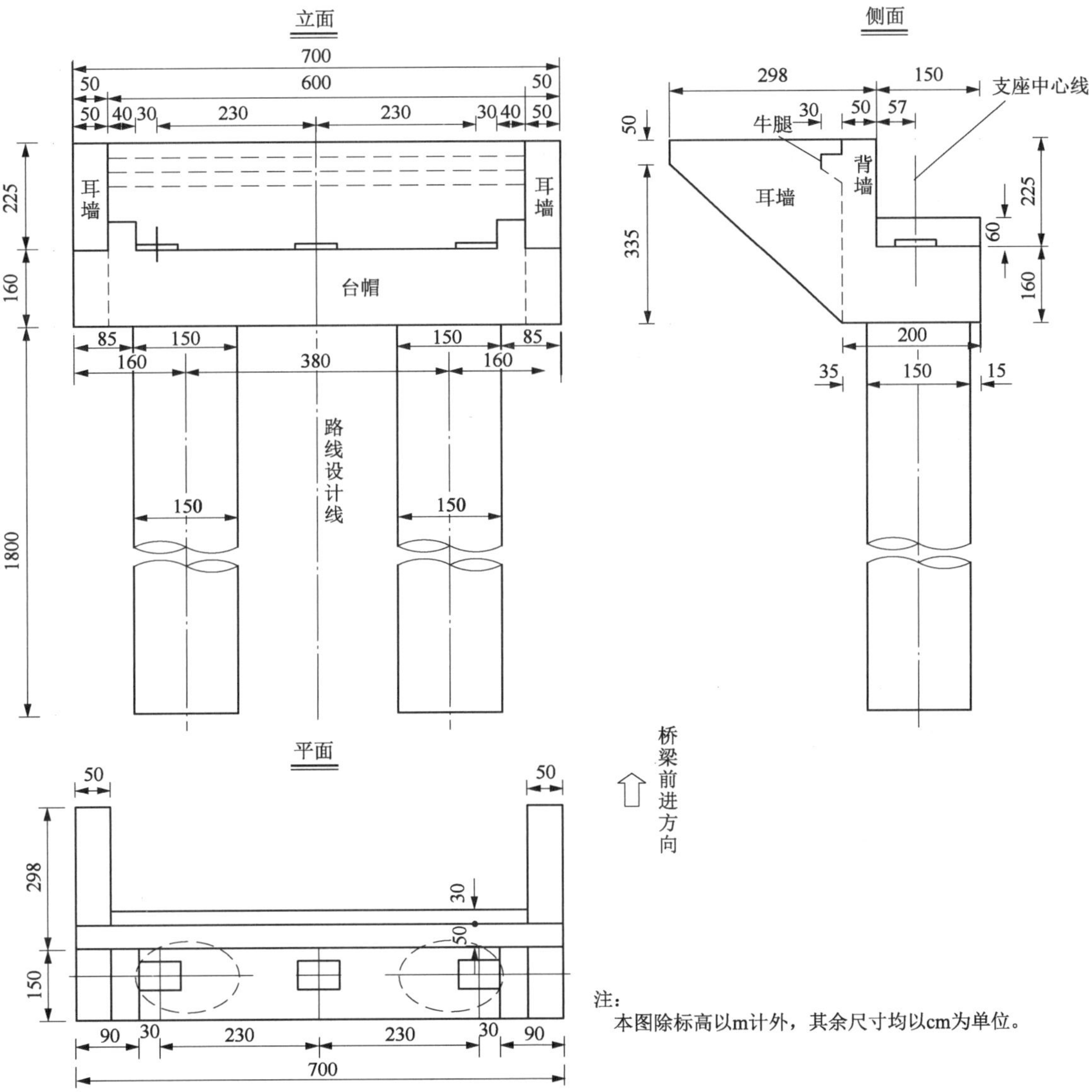

图 8-46 桩柱式桥台一般构造图(尺寸单位:cm)

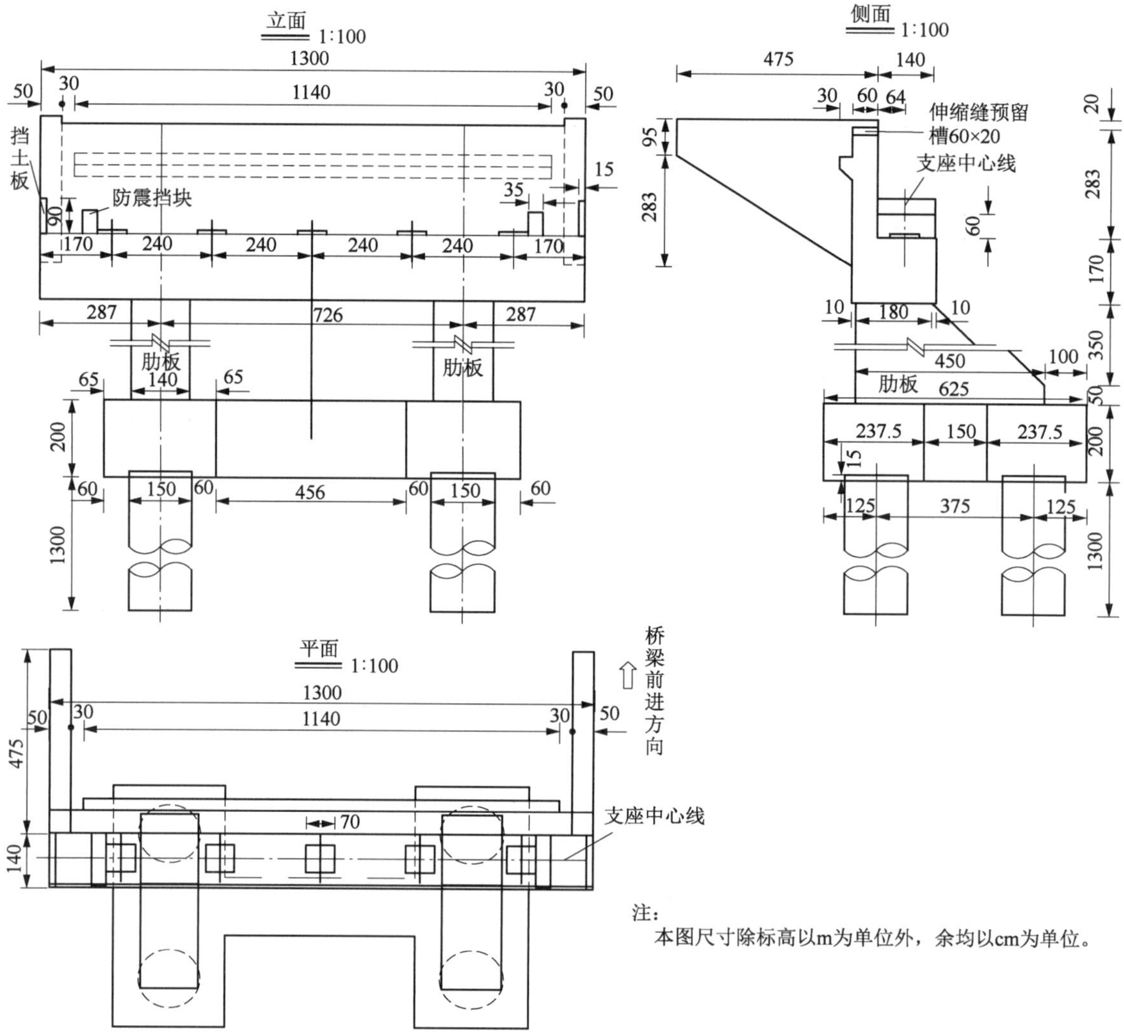

注：
本图尺寸除标高以m为单位外，余均以cm为单位。

图 8-47 肋板式桥台一般构造图(尺寸单位:cm)

学习任务

1. 识读下面的桥台一般构造图(图 8-48),根据图纸内容完成填空。

(1)图中所示桥台结构形式为________。

(2)图中所示桥台中 A、B、C、D、E 部位名称分别是:

A:________,B:________,C:________,D:________,E:________。

(3)图中所示桥台台身宽度为________ cm。

(4)图中所示桥台长度为________ cm。

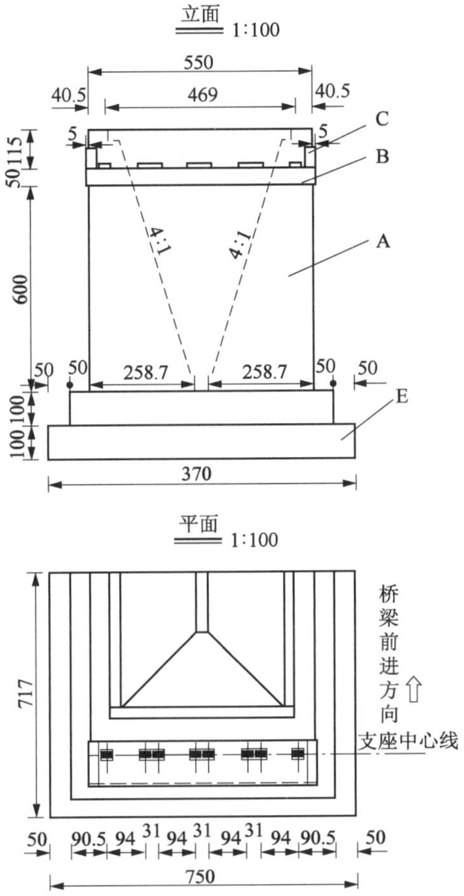

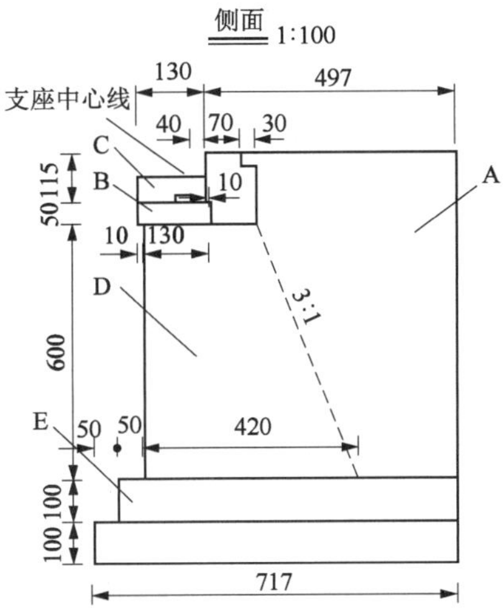

注：

1.本图尺寸高程、桩号以米计外，其余均以厘米为单位。

2.桥台基础、前墙及侧墙均采用C25片石混凝土。

3.C25片石混凝土中，片石掺加量不超过混凝土体积的20%，片石标号不低于MU30。施工时应将片石清洗干净，在捣实的混凝土中埋入一半左右，石块应分布均匀，片石净距大于10厘米，片石距结构侧面和顶面净距大于15厘米。

4.桥台前墙及侧墙顶36厘米范围内采用C30混凝土，浇筑时应注意预埋伸缩缝锚固钢筋、搭板锚固钢筋、防撞栏杆定位钢筋。

5.基础置要求承载力不小于0.3MPa。基础采用明挖，基础开挖时应注意做好基坑壁的支护。施工时严禁放大炮作业，以免破坏地基的整体性。

6.台帽为C30混凝土，其钢筋构造见另图，数量另计。

7.垫石+支座+调平钢板的组合高度=20cm。

8.挡块内侧粘贴300×300×30mm防震橡胶块。

9.本图适用于0号桥台。

图 8-48 学习任务第 1 题图(尺寸单位:cm)

2. 识读下面的桥台一般构造图(图 8-49),根据图纸内容完成填空。

(1)图中所示桥台结构形式为________。

(2)图中所示桥台中 A、B、C、D、E 部位名称分别是:

A. ________,B. ________,C. ________,D. ________,E. ________。

(3)图中所示桥台台身宽度为________ cm。

(4)图中所示桥台桩基长度为________ cm。

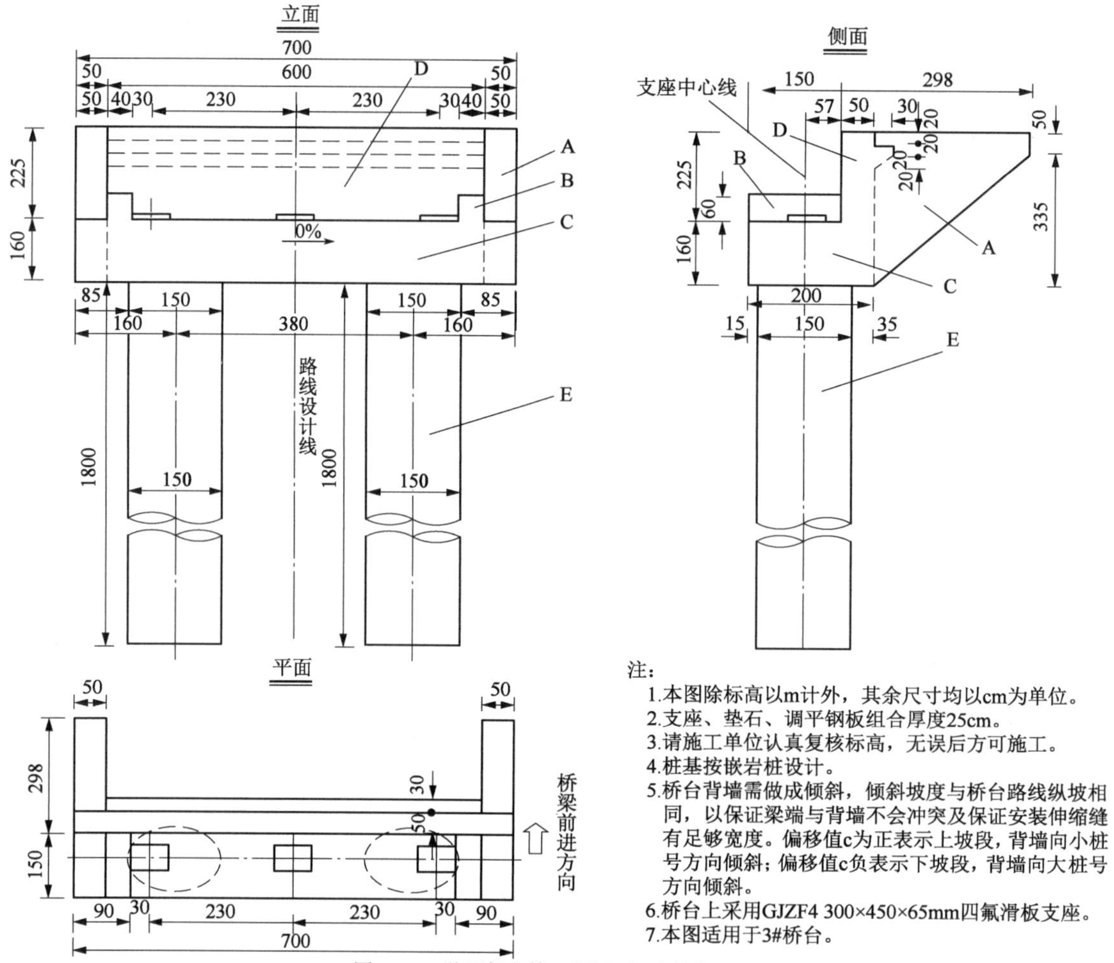

图 8-49 学习任务第 2 题图(尺寸单位:cm)

拓展任务

请查阅相关资料,了解桥台的施工方法。

任务六 识读梁式桥构造图

引导问题

1. 前面分别介绍了桥梁的一些图纸,图 8-50 中所示的桥梁,应该如何识读?
2. 桥梁的各个部位的名称是什么?

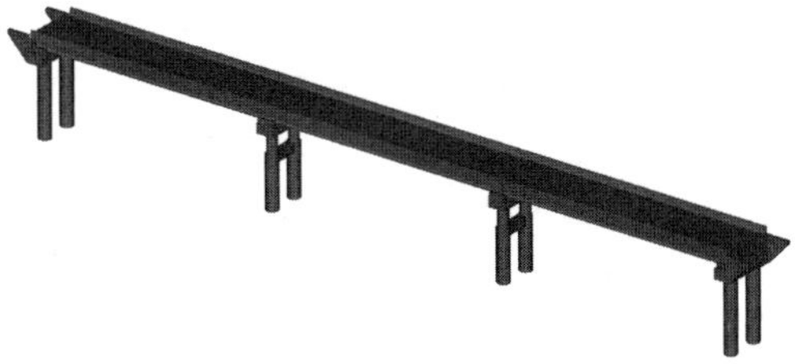

图 8-50 简支梁桥效果图

相关知识

识读梁式桥的图纸,可以从总体布置、上部结构、下部结构、附属设施等几个方面分步识读,由于一座完整桥梁涉及的图纸数量较多,故以下仅选取部分图纸进行示例介绍。

一、总体布置图

(一)桥位平面图

从图 8-51 所示桥梁平面图可以看出,该桥为 3×30m 的预应力混凝土(后张法)简支 T 梁桥,桥梁全长 96m,在规模上属于中桥。桥梁起点里程为 K0+062,终点里程为 K0+158,中心里程为 K0+110,桥宽 7m。桥梁与河流交角为 90°,在桥址下游处有一既有旧桥。桥梁走向大致为从南到北方向。

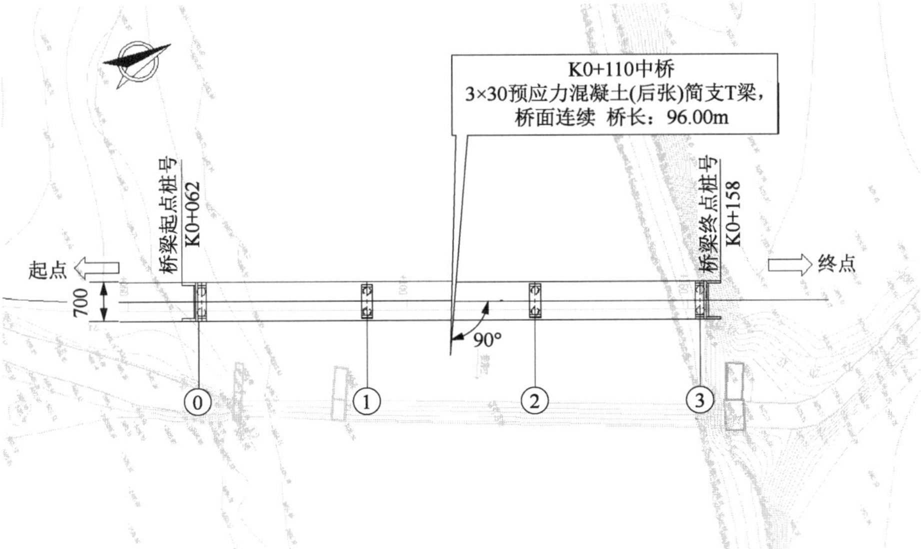

图 8-51 桥位平面图

(二)桥型布置图

图 8-52 为某桥型的桥型布置图。

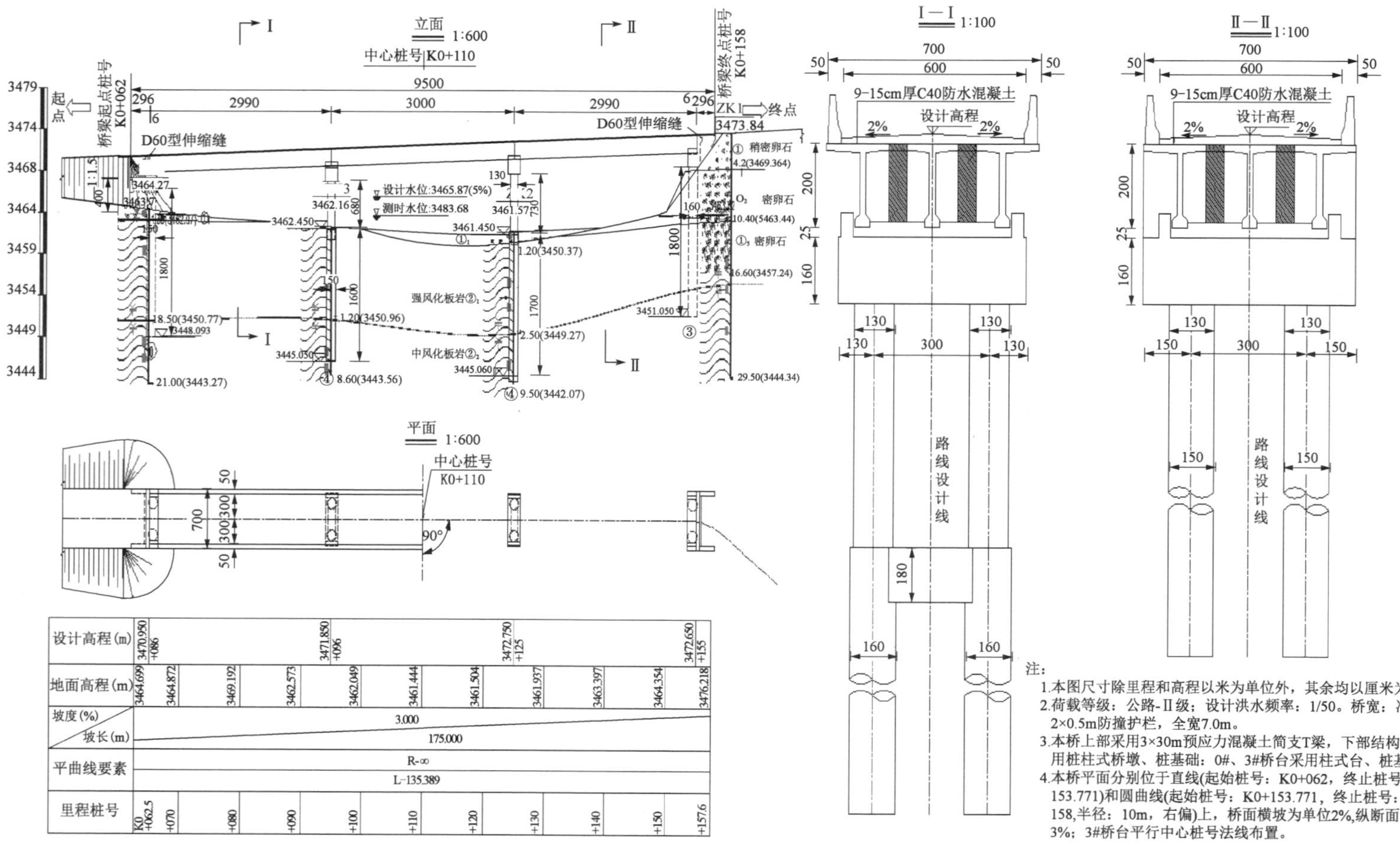

里程桩号	设计高程(m)	地面高程(m)
K0+062.5		3464.699
+070		3464.872
+080		3469.192
+086	3470.950	
+090		3462.573
+096	3471.850	
+100		3462.049
+110		3461.444
+120		3461.504
+125	3472.750	
+130		3461.937
+140		3463.397
+150		3464.354
+155	3472.650	
+157.6		3476.218

坡度(%)：3.000；坡长(m)：175.000
平曲线要素：R-∞；L-135.389

注：
1.本图尺寸除里程和高程以米为单位外，其余均以厘米为单位。
2.荷载等级：公路-Ⅱ级；设计洪水频率：1/50。桥宽：净-6.0+2×0.5m防撞护栏，全宽7.0m。
3.本桥上部采用3×30m预应力混凝土简支T梁，下部结构桥墩采用桩柱式桥墩、桩基础：0#、3#桥台采用柱式台、桩基础。
4.本桥平面分别位于直线(起始桩号：K0+062，终止桩号：K0+153.771)和圆曲线(起始桩号：K0+153.771，终止桩号：K0+158,半径：10m，右偏)上，桥面横坡为单位2%,纵断面纵坡3%；3#桥台平行中心桩号法线布置。
5.本桥在0、3号桥台处设一道60型伸缩缝，桥墩处采用桥面连续。

图 8-52 桥型布置图(尺寸单位：cm)

桥台具有多种形式,目前高速公路建设中常用的桥台形式主要为重力式桥台、轻型桥台和埋置式桥台。

1. 立面图

立面图可以反映出桥梁的特征和桥型,该桥共有 3 孔,每孔标准跨径为 30m,桥梁起点里程为 K0 +062,终点里程为 K0 +158,中心里程为 K0 +110,桥梁总长为 96m,两侧桥台处各设置一道伸缩缝。上部结构为简支 T 形梁桥,下部结构两侧为桩柱式轻型桥台,中间两个桥墩为双柱式桥墩。0 号与 3 号桥台桩长均为 18m;1 号桥墩柱高 5.8m,桩长 16m;2 号桥墩柱高 7.3m,桩长 17m。

立面图中还反映出地质断面及水文情况,根据标高尺寸可以知道桩和桥台基础的埋置深度、梁底、桥台和桥中心的标高。如果混凝土桩很长,埋置深度较大,为了节省竖向图幅空间,可以连同地质资料一起采用折断画法。

2. 平面图

从平面图中可以看出,桥梁与河流交角为 90°。从左往右,采用分段揭层画法来表达。中心里程 K0 +110 的左侧部分绘制了桥面部分以及被桥面遮挡的下部结构,对照剖面图以及图中标注,可以看出桥面宽度为 7m,净宽 6m,两侧各为宽 0.5m 的防撞护栏,桥台处还有锥坡;右侧部分,把上部结构揭去之后,显示 2 号桥墩与 3 号桥台,虚线表示墩柱与桩基,桥墩与桥台均采用两根桩基。

3. 侧面图

侧面图是由 Ⅰ—Ⅰ 和 Ⅱ—Ⅱ 剖面图合并而成,为了更清楚地表示横剖面图,允许采用比立面图和平面图大的比例。从图中可以看出桥梁的上部结构由三片 T 梁组成,T 梁高为 2m,梁与梁之间的阴影部分表示湿接缝。桥面设置 2% 的双向横坡,桥面铺装层为 9 ~ 15cm 厚的 C40 防水混凝土。

为了使剖面图清楚可见,每次剖切仅画所需要的内容,如 Ⅰ—Ⅰ 剖面图中,按投影理论,后面的桥墩与桥台部分亦属可见,但按规定画法不予画出。

4. 数据资料表

从数据资料表中,可以看出桥梁不同位置处的里程桩号以及该处对应的设计高程与地面高程,还可以看出桥梁位于平曲线上和 3% 的上坡段,该段上坡全长 175m。

小贴士——湿接缝

湿接缝指预应力混凝土梁体分块预制,悬臂拼装成大跨度连续梁时,梁体间采用现浇混凝土把梁块连成整体的接缝,如图 8-53 所示。

预应力混凝土梁体段间的接缝主要分为干接缝和湿接缝。在不会出现冰冻稳定或使用了体外索时,可采用干接缝。干接缝比湿接缝安装要快。但干接缝不能实现完全水密封性,会影响后继预应力压浆的质量,降低预应力索的防腐效果。因此,在雨水区及沿海区域一般都采用湿接缝,湿接缝能弥补节段接合面的细小缺陷,密封性好,能有效防止水气入侵。干接缝不能承受任何拉力;湿接缝可承受一定拉力。

干接缝是预制好的混凝土用特殊的黏合剂粘上。在干接缝施工中，节段之间一般选用无溶剂型环氧树脂胶结剂将相邻的2块梁段黏结成一个整体，它主要起到润滑、锚栓、防水、传递应力等作用。

图8-53 湿接缝施工图

（三）上部标准横断面

如图8-54所示，上部标准横断面图中绘制了跨中与支点两个位置的横断面。图中表明，上部结构由三片T梁组成，T梁高为2m，翼缘板端部高0.16m。跨中位置肋板宽0.2m，下部为马蹄，方便布置预应力钢筋。梁端支点位置肋板宽0.5m，便于承受支点处支座竖向力以及预应力钢束的分散锚固。梁与梁之间的中心间距为2.3m，在横桥向通过宽0.6m的湿接缝进行连接。桥面设置2%的双向横坡，桥面铺装层为9～15cm厚的C40防水混凝土。

二、上部结构图

（一）主梁一般构造图

预应力钢筋混凝土T梁是该桥梁上部结构中最主要的受力构件，它两端搁置在桥墩和桥台上。图8-55为跨径为30mT梁构造图，由立面图、顶平面图、底平面图和断面图组成，主要表达T梁的形状、构造和尺寸。整个桥宽由3片T梁拼成，按不同位置分为中梁和边梁（两边各1块）。两种梁的高度相同，均为200cm。由于两种梁的宽度和构造不同，故分别绘制了中梁、边梁的平面图；中梁宽230cm，边梁宽235cm，连接中梁与边梁的湿接缝宽60cm。由于梁的纵向是对称的，所以立面图、顶平面图、底平面图均只画出了一半。T梁标准长度为30m，但减去梁接头缝后实际上梁长为29.92m。两种梁均分别绘制了跨中和支点断面图，可以看出它们不同的断面形状和详细尺寸。图中还画出了梁端连接位置大样图、翼缘板与腹板圆弧连接大样和边梁外翼缘止水槽大样，具体施工做法详见说明。另外还给出了一片主梁混凝土数量表，可以直接查询使用制作一片主梁所需要的混凝土数量。

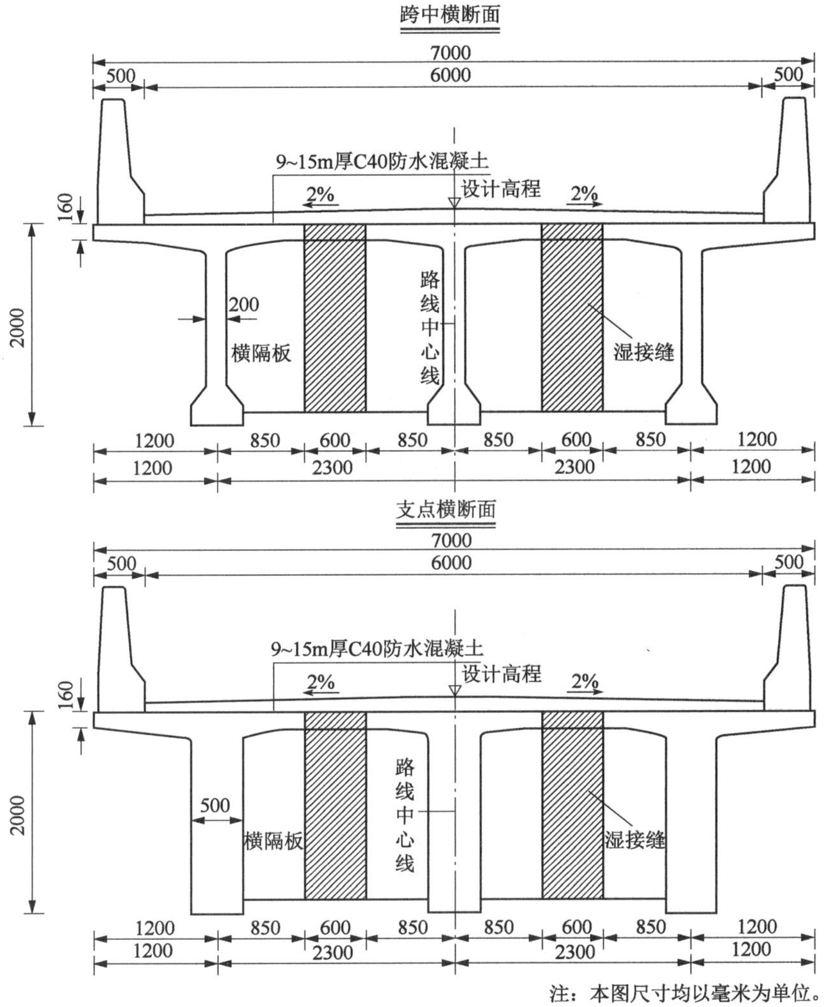

图 8-54 上部标准横断面图

（二）主梁预应力钢束布置图

预应力钢束是预应力混凝土构件中的主要受力钢筋。主梁预应力钢束布置如图 8-56 所示，由钢束的立面、竖弯、平弯和断面图组成，主要表达预应力钢束在主梁内的数量以及竖向和横向排列布置，钢束竖向坐标值为钢束中心至梁底的距离，图中还画出了梁端锚口的详图。由于边梁和中梁宽度不同，导致所需的预应力钢束数量有所不同，表中分别给出了一片边梁和中梁各自所需的预应力钢束数量。

（三）主梁梁肋钢筋布置图

梁体中除了主要受力的预应力钢束，还有大量的普通钢筋一起受力，梁肋是 T 梁的主要受力部位。梁肋普通钢筋布置图由立面图、平面图、断面图和钢筋详图组成。从图 8-57 中可看出，一共有 12 个编号的钢筋，N1 为主筋，每种钢筋都绘出了钢筋详图。几种图互相配合，对照识读，再结合列出的钢筋明细表，就可以清楚地了解该板中所有钢筋的位置、形状、尺寸、规格、直径、数量等。

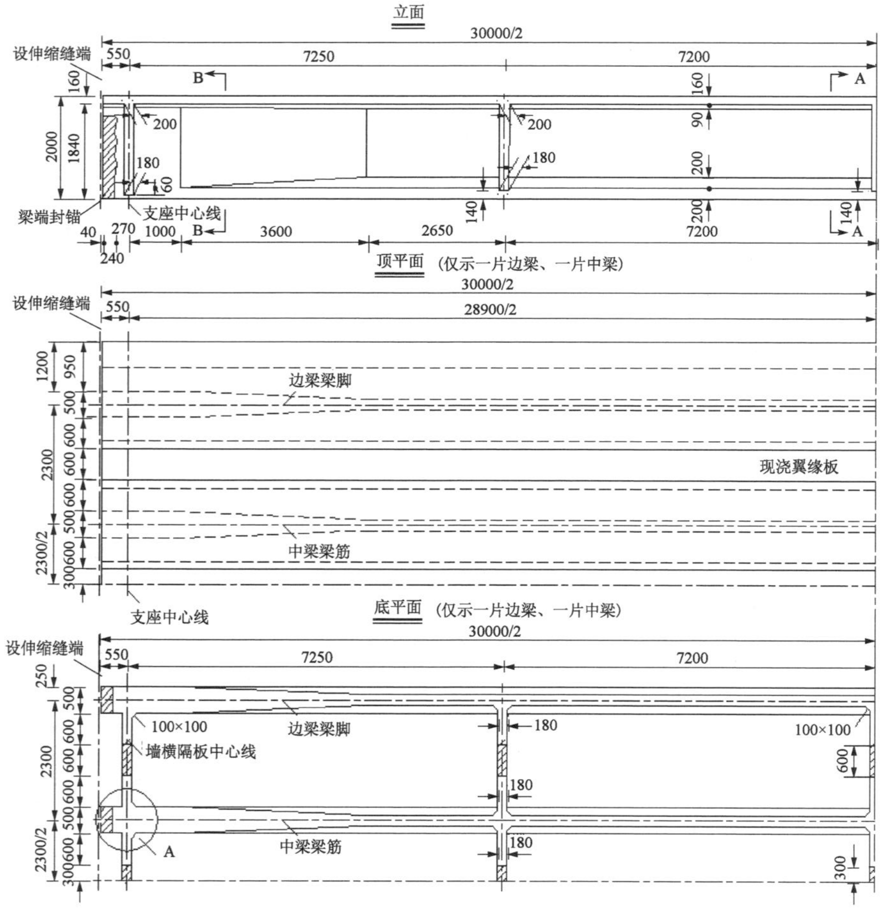

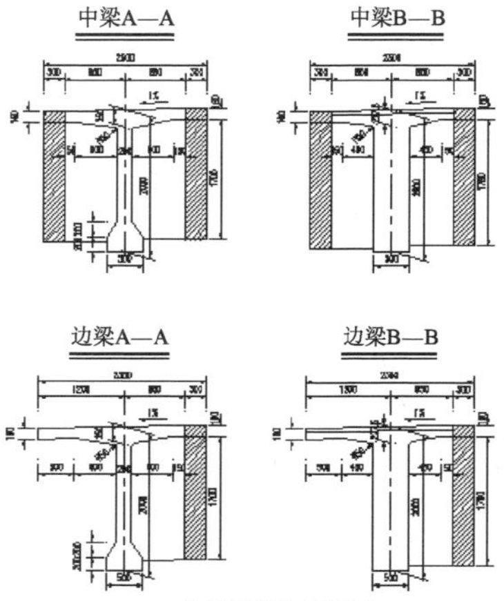

一片主梁混凝土数量表

项目 梁类	C50混凝土(m³)			
	主梁		横隔板	
	预制	现浇	预制	现浇
中梁	26.38	2.88	2.33	1.1
边梁	28.06	1.44	1.17	0.55

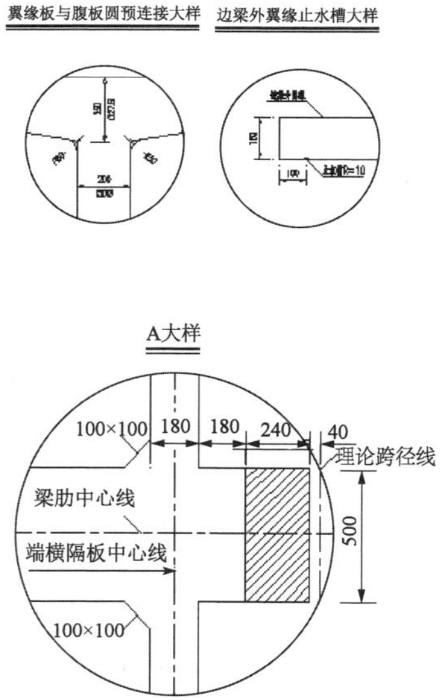

注：
1.本图尺寸均以毫米为单位。
2.主梁采用预制T形断面，横隔板也采用部分预制，安装就位后浇筑隔板接缝、纵向湿接缝及桥面现浇层，使其连成整体。
3.主梁横隔板底面与翼板顶面平行。
4.主梁梁端待预应力钢束张拉完后封锚。
5.预制梁采用钢丝绳套箍吊装，吊点离梁端800mm，此处翼板上注意预留吊洞。
6.本图适用于设60型伸缩缝端孔及桥面连续中孔。

图 8-55　主梁一般构造图

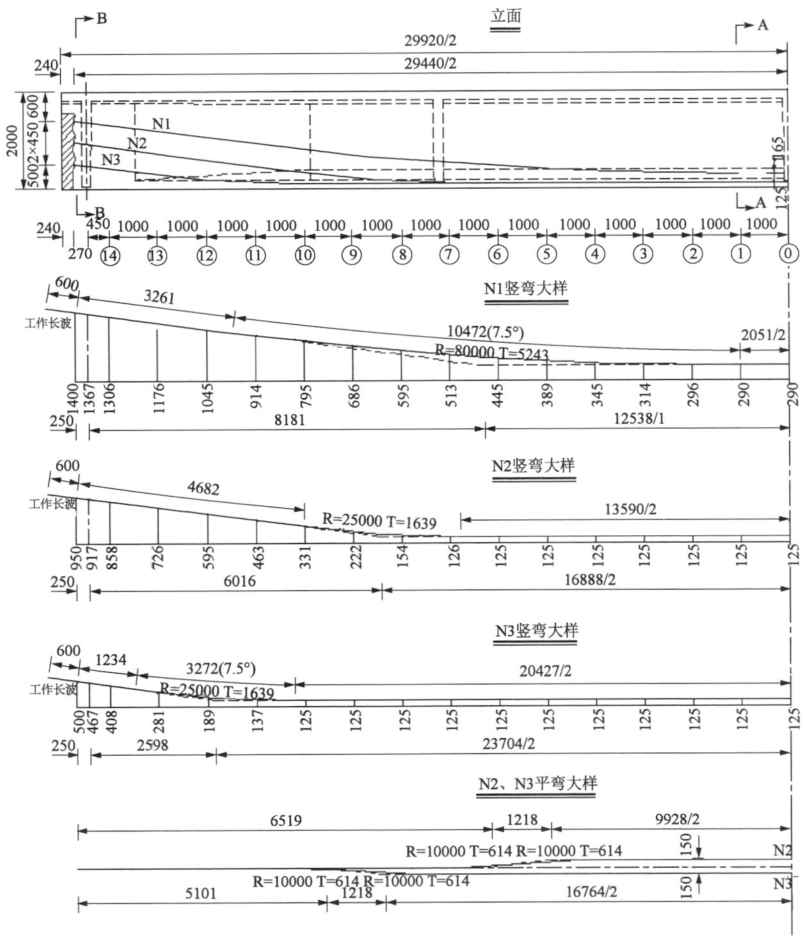

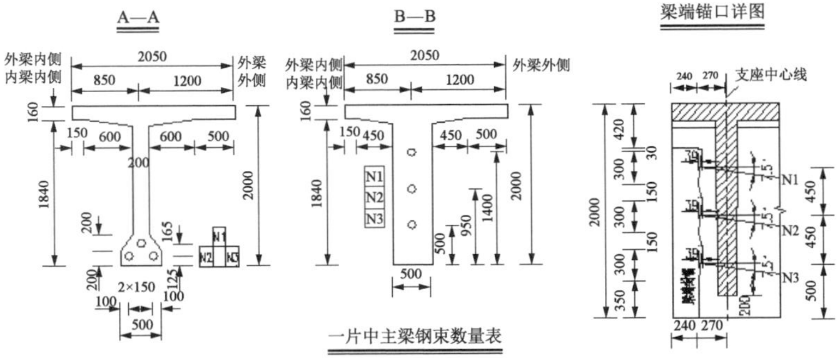

一片中主梁钢束数量表

钢束	规格	长度	根数	共长	共重	合计	M15-10	M15-11	φ87波纹管	φ97波纹管	单端引伸量
编号	(mm)	(mm)	(束)	(m)	(kg)	(kg)	(套)	(套)	(m)	(m)	(mm)
N1	11ϕ^s15.2	30716	1	30.716	372.34	1048.29	4	2	—	86.46	92.7
N2	11ϕ^s15.2	30899	1	30.699	372.13						90.9
N3	11ϕ^s15.2	30640	1	30.640	371.42						89.1

一片边主梁钢束数量表

钢束	规格	长度	根数	共长	共重	合计	M15-10	M15-11	φ87波纹管	φ97波纹管	单端引伸量
编号	(mm)	(mm)	(束)	(m)	(kg)	(kg)	(套)	(套)	(m)	(m)	(mm)
N1	11ϕ^s15.2	30716	1	30.716	372.34	1115.89	—	6	—	86.46	92.7
N2	11ϕ^s15.2	30899	1	30.699	372.13						90.9
N3	11ϕ^s15.2	30640	1	30.640	371.42						89.1

注：

1.本图尺寸均以毫米为单位。

2.钢束竖向坐标值为钢束中心至梁的距离。

3.钢束采用标准GB/ T5224—2003ϕ^s15.2毫米高强低张弛钢绞线，其抗拉标准强度f_{pk}=1860MPa，张柱控制应力$\sigma_{pk}=0.75f$=1395MPa。

4.预制梁混凝土立方体强度达到混凝土强度设计等级的90%且静期不少于7d。方可张拉预应力钢束。张拉顺序：100%N1→50%N2→100%N3→100%N2。

5.钢束张拉时两端对称、均匀张拉，采用张拉力和引伸量双拉。数量表中所列引伸量值是已扣除初始张拉力(设初始张拉力为控制张拉力的10%)后的一端引伸量。

6.设160型伸缩缝梁墙锚口尺寸与本图一致，其余尺寸见T梁一般构造图。

7.安装锚垫板时，应保证锚固与钢束垂直。

图 8-56　主梁预应力钢束布置图(尺寸单位：cm)

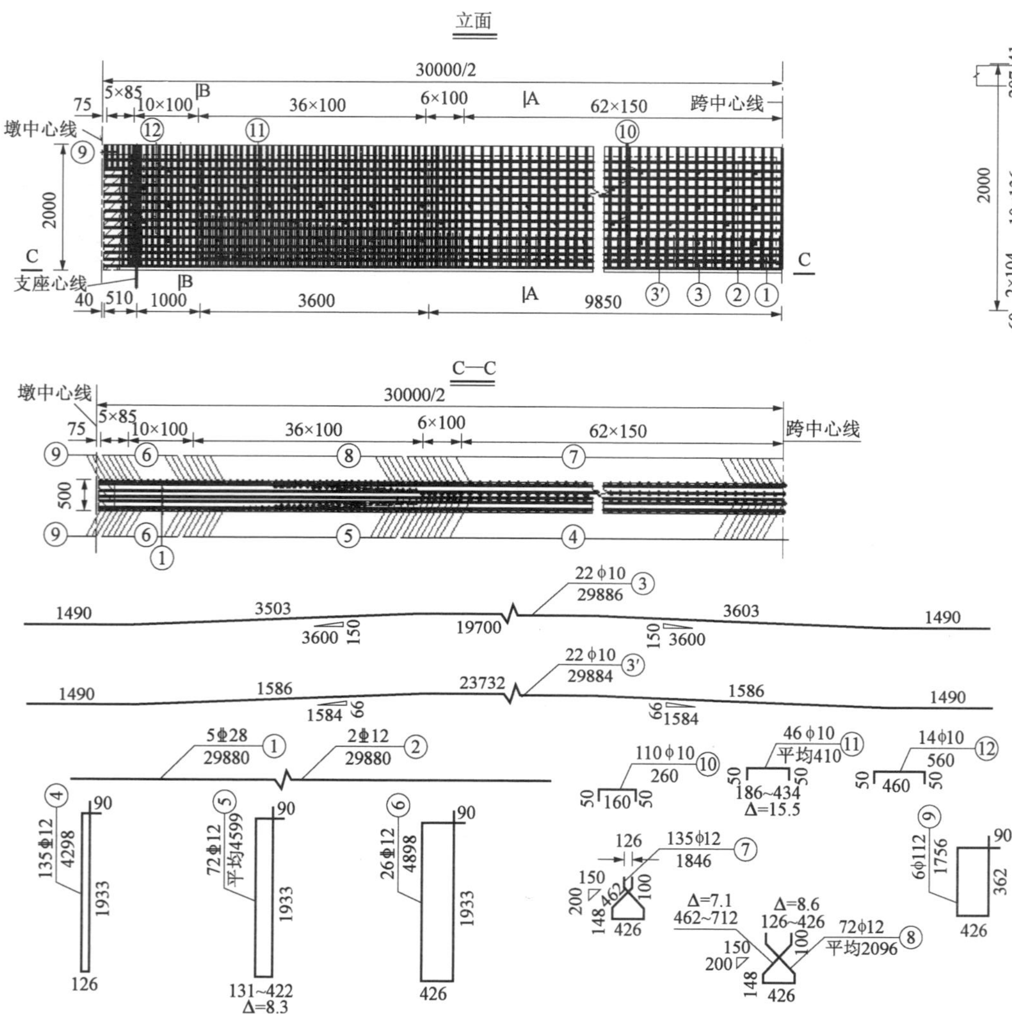

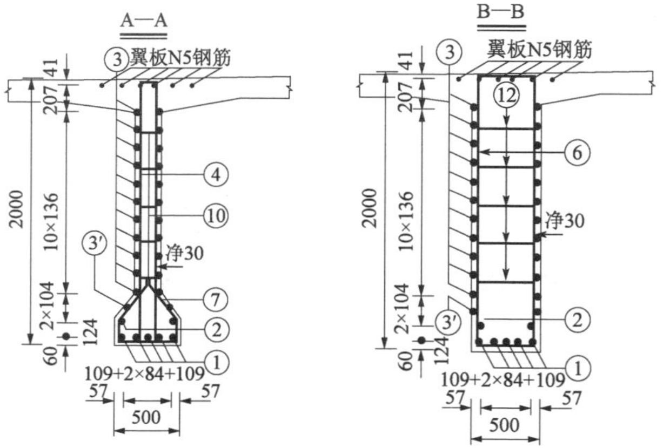

一片预制梁梁肋普通钢筋明细表

编号	直径(mm)	单根长(mm)	根数	共长(m)	共重(kg)	合计(kg)
1	Φ28	29880	5	149.40	721.6	HKB400: 2061.7
2	Φ12	29880	2	59.76	63.1	
3	ϕ10	29886	22	657.49	405.7	
3^{2}	ϕ10	29884	2	59.77	36.9	
4	Φ12	4298	135	580.23	515.2	
5	Φ12	4599	72	991.13	294.0	
6	Φ12	4898	26	127.35	113.1	HPB300: 476.6
7	Φ12	1846	135	249.21	221.3	
8	Φ12	2096	72	150.91	134.0	
9	Φ12	1756	5	10.54	9.4	
10	ϕ10	260	110	28.60	17.6	
11	ϕ10	410	46	18.86	11.6	
12	ϕ10	560	14	7.84	4.8	

注：
1.图中尺寸以毫米计。
2.梁肋钢筋若与钢束位置相干扰时，可适当移动梁肋钢筋。
3.本图适用于设60型伸缩缝端孔及桥面连续中孔。

图 8-57　主梁梁肋钢筋布置图(尺寸单位：mm)

三、下部结构图

（一）桥台一般构造图

该桥桥台为桩柱式轻型桥台。图 8-58 中标明，桥台宽 7m，有两根桩，桩长 18m，桩间中心距为 3.8m，桩直径为 1.5m，耳墙长 2.98m，台帽高 1.6m，宽 1.5m，背墙高 2.25m。图中还标出了桥台重要位置的高程。

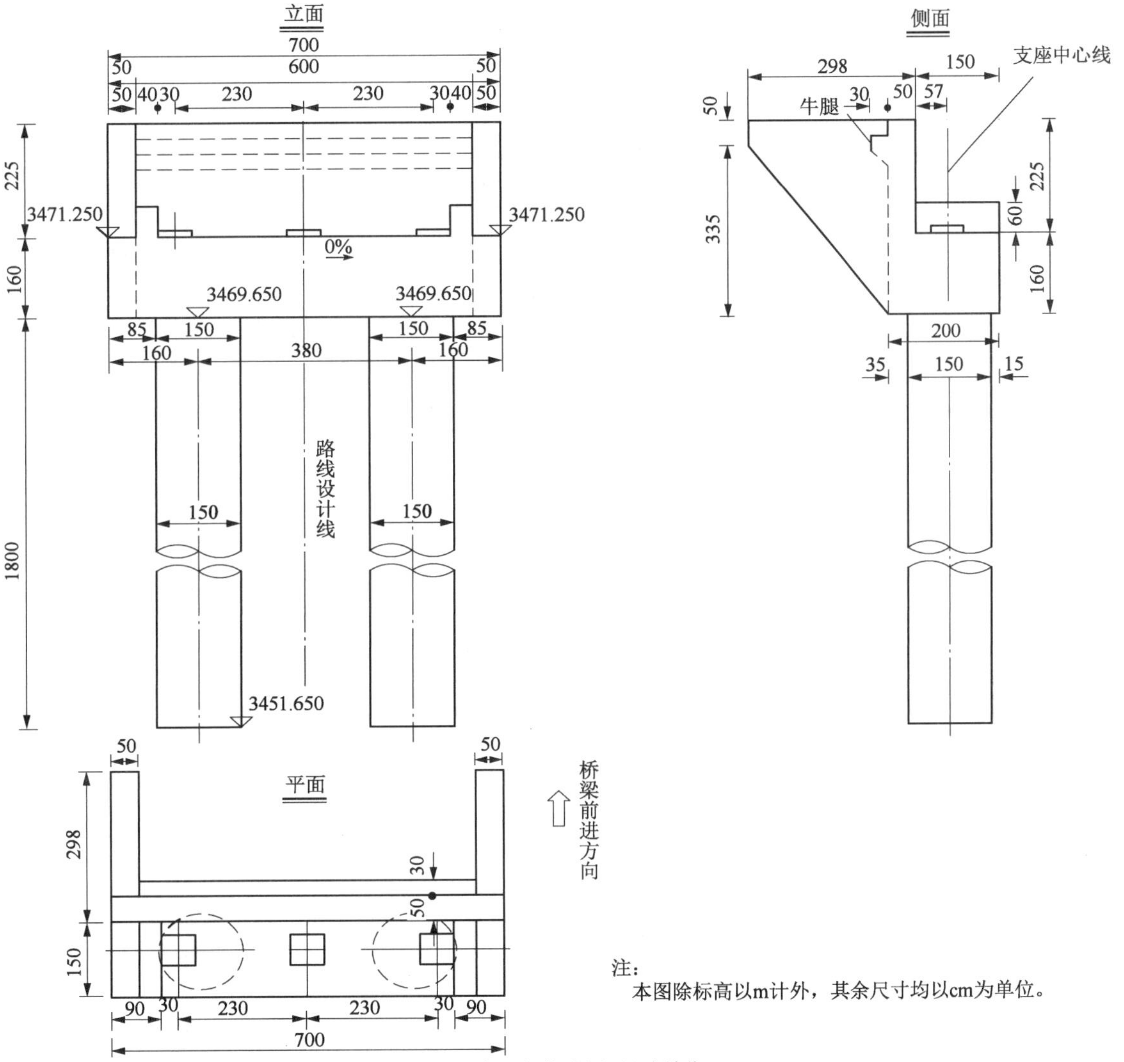

图 8-58　桥台一般构造图(尺寸单位：cm)

（二）桥墩一般构造图

该桥采用双柱式桥墩，图 8-59 中表明，1 号、2 号桥墩外形相同，仅有墩柱高和桩基长度不同，故只需绘制一张桥墩构造图。在图中以参数的形式标注柱高和桩长，然后在表格中给出参数数值，同时注明桥墩重要位置高程。桥墩宽 6.2m，有两根桩，桩间中心距为 3.8m，墩柱直径为 1.3m，桩直径为 1.5m，盖梁高 1.6m，宽 2m。图中还表示了支座的位置关系和防震挡块的尺寸。

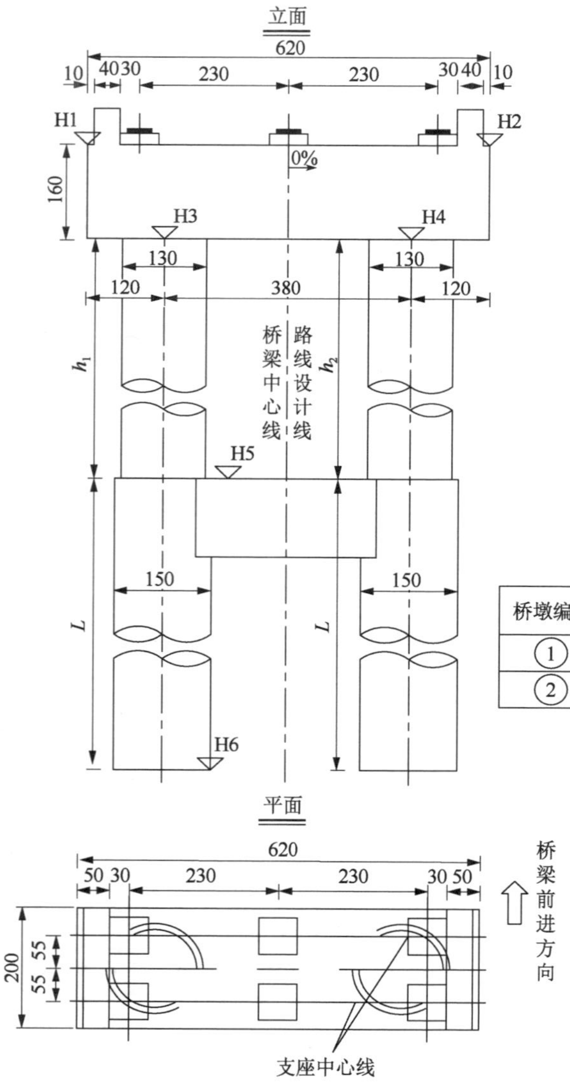

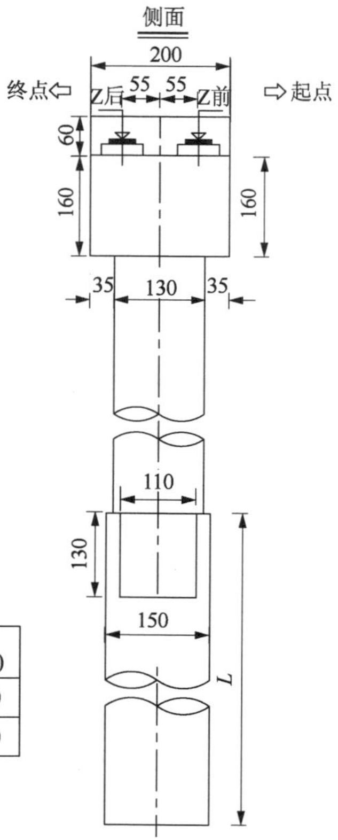

桥墩各部参数表

桥墩编号	H1 (m)	H2 (m)	H3 (m)	H4 (m)	H5 (m)	H6 (m)	h_1 (cm)	h_2 (cm)	$h_{平均}$ (cm)	L (cm)
①	3469.450	3469.450	3467.850	3467.850	3462.050	3446.050	580	580	580	1600
②	3470.350	3470.350	3468.750	3468.750	3461.450	3444.450	730	730	730	1700

注：
1.本图尺寸除标高以m计外，其余均cm计。
2.本桥桥墩盖梁、挡块、垫石等钢筋构造及橡胶垫块见另图。
3.桥墩桩基按钻孔嵌岩桩设计。
4.桥墩盖梁横向水平设置。
5.T梁底设置预埋钢板，其中心厚度为3.0cm，外露1.5cm。
6.支撑垫石+支座+梁底预埋钢板外露部分组合高度为25cm，根据支座高度调整垫石高度。
7.桥墩上采用GJZ 300×450×63mm板式橡胶支座。
8.本图适用于1、2#桥墩。

图 8-59　桥墩一般构造图(尺寸单位：cm)

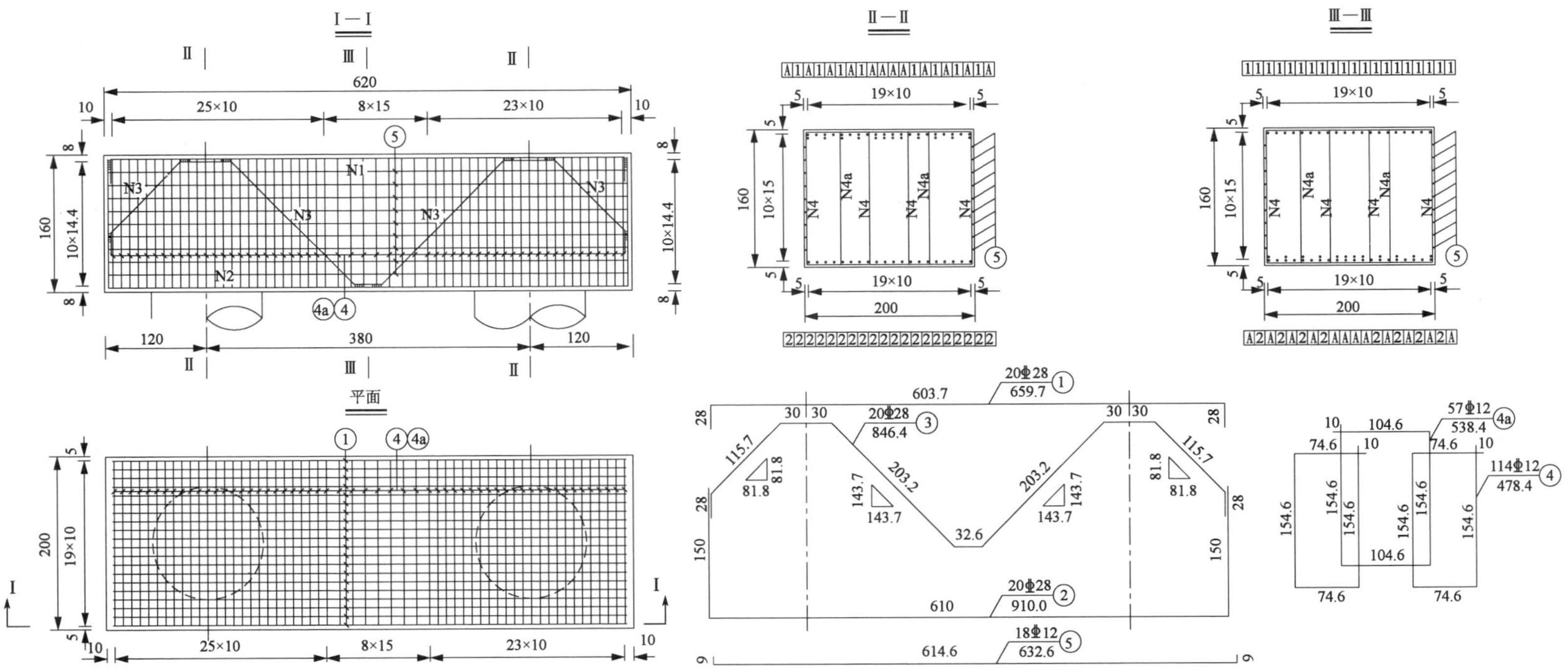

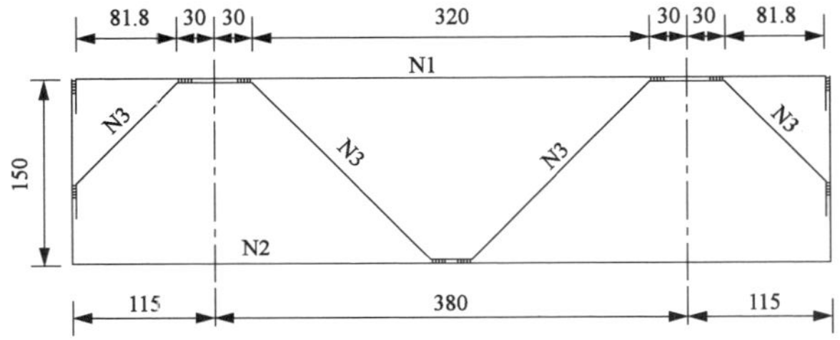

钢筋明细表

编号	直径(mm)	单根长(cm)	根数	共长(m)	单位重(kg/m)	共重(kg)	合计(kg)	C40合计(m^3)
1	ϕ28	659.7	20	131.94	4.830	637.3	2864.9	19.84
2	ϕ28	910.0	20	182.00	4.830	879.1		
3	ϕ28	846.4	12	101.57	4.830	490.6		
4	ϕ12	478.4	114	545.38	0.888	484.3		
4a	ϕ12	538.4	57	306.89	0.888	272.5		
5	ϕ12	632.6	18	113.87	0.888	101.1		

注：

本图尺寸除钢筋直径以毫米计外，其余均以厘米计。

图 8-60　桥墩盖梁钢筋构造图(尺寸单位：cm)

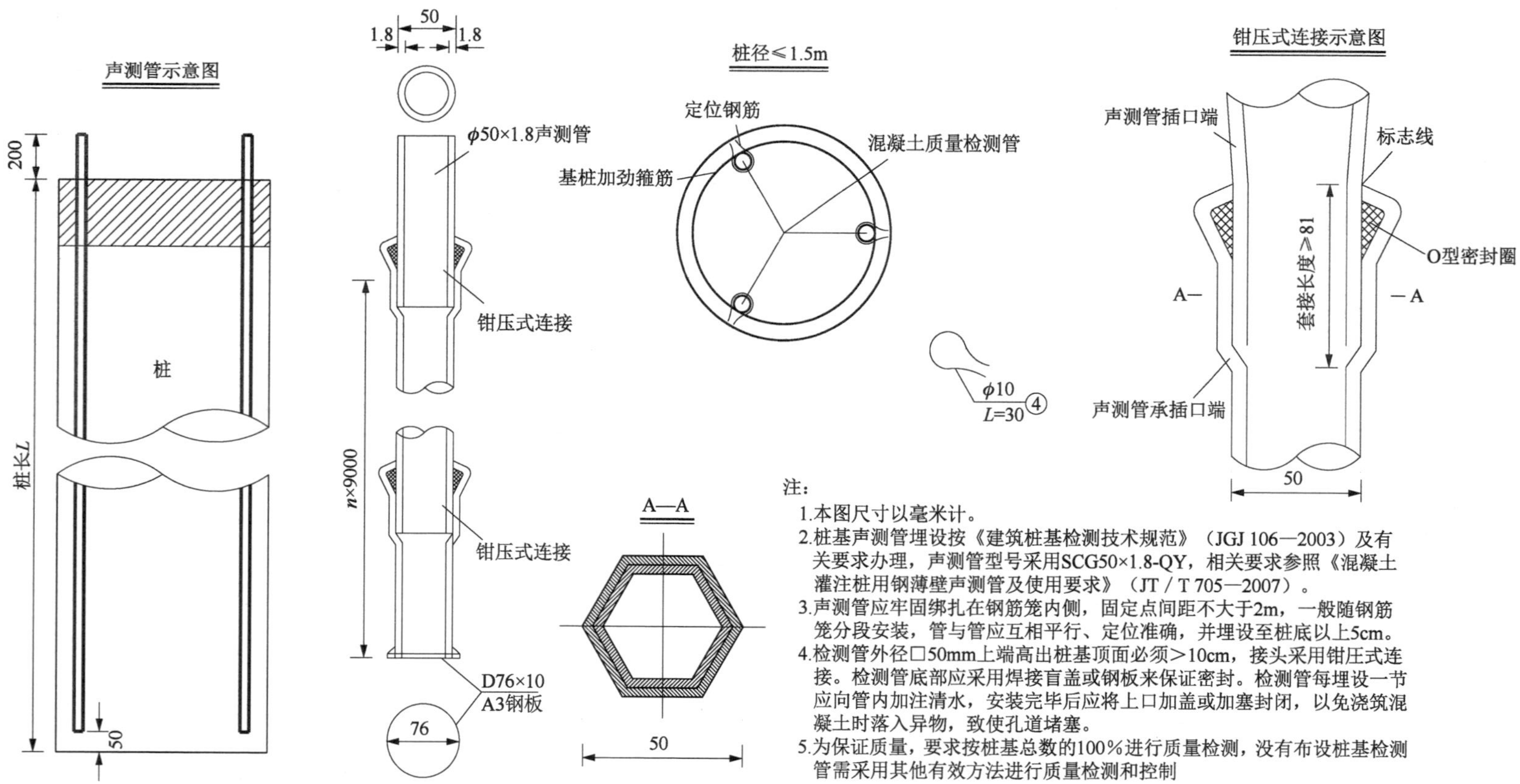

注：

1.本图尺寸以毫米计。

2.桩基声测管埋设按《建筑桩基检测技术规范》（JGJ 106—2003）及有关要求办理，声测管型号采用SCG50×1.8-QY，相关要求参照《混凝土灌注桩用钢薄壁声测管及使用要求》（JT／T 705—2007）。

3.声测管应牢固绑扎在钢筋笼内侧，固定点间距不大于2m，一般随钢筋笼分段安装，管与管应互相平行、定位准确，并埋设至桩底以上5cm。

4.检测管外径□50mm上端高出桩基顶面必须＞10cm，接头采用钳压式连接。检测管底部应采用焊接盲盖或钢板来保证密封。检测管每埋设一节应向管内加注清水，安装完毕后应将上口加盖或加塞封闭，以免浇筑混凝土时落入异物，致使孔道堵塞。

5.为保证质量，要求按桩基总数的100％进行质量检测，没有布设桩基检测管需采用其他有效方法进行质量检测和控制

图 8-61　桩基声测管布置图(尺寸单位：mm)

（三）桥墩盖梁钢筋构造图

结合图 8-60 可以看到，盖梁中配置了 6 种钢筋，断面图中方格内的数字表示钢筋的编号。1 号、2 号、3 号为受力主筋，其中 1 号钢筋布置在盖梁上缘，2 号钢筋布置在盖梁上缘，3 号钢筋跨中在下缘，到了墩顶位置则弯起布置到上缘，这样的布置主要是为了满足盖梁上下缘受力变化的需要。

四、附属设施图

桩基声测管布置图（图 8-61）

声测管，通常用 5cm 直径的薄壁钢管制成，三根管对称成等边三角形放置，桩直径较大时可采用四根对称布置，固定在钢筋笼内部，随钢筋笼一起下放，然后下超声波探头。需检测的桩应在设计时将声测管的布置和埋置方式标入图纸，施工时应严格控制埋置的质量，以确保检测工作顺利进行。

小贴士——声测管

声测管，又称桩基探测管，是现在桥梁建设必不可少的声波检测装置，利用声测管可以检测出桩的质量好坏，声测管是灌注桩进行超声检测时探头进入桩身内部的通道。它在桩内的预埋方式及其在桩的横截面上的布置形式，将直接影响检测结果（图 8-62、图 8-63）。

图 8-62　桩基声测管布置实例图

图 8-63　利用声测管检测桩基实例图

学习任务

1. 识读图 8-64 所示 20m 的 T 梁一般构造图（部分），根据图纸内容完成填空。

（1）一片 T 梁的标准跨径为________ m，预制长度为________ m，；中梁预制宽度为________ m，边梁预制宽度为________ m，湿接缝宽度为________ m，梁高为________ m。

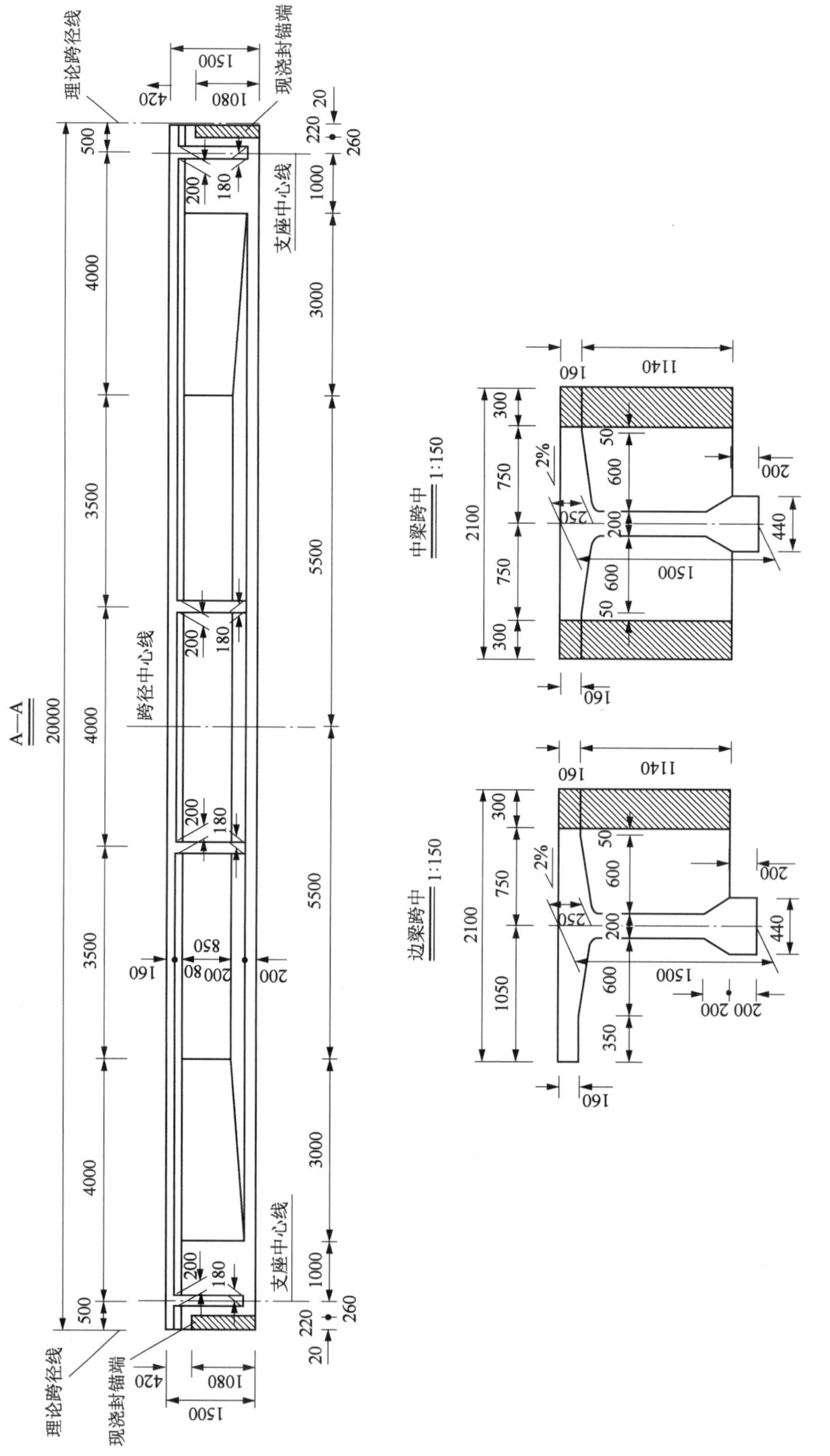

图 8-64 学习任务第1题图(尺寸单位: cm)

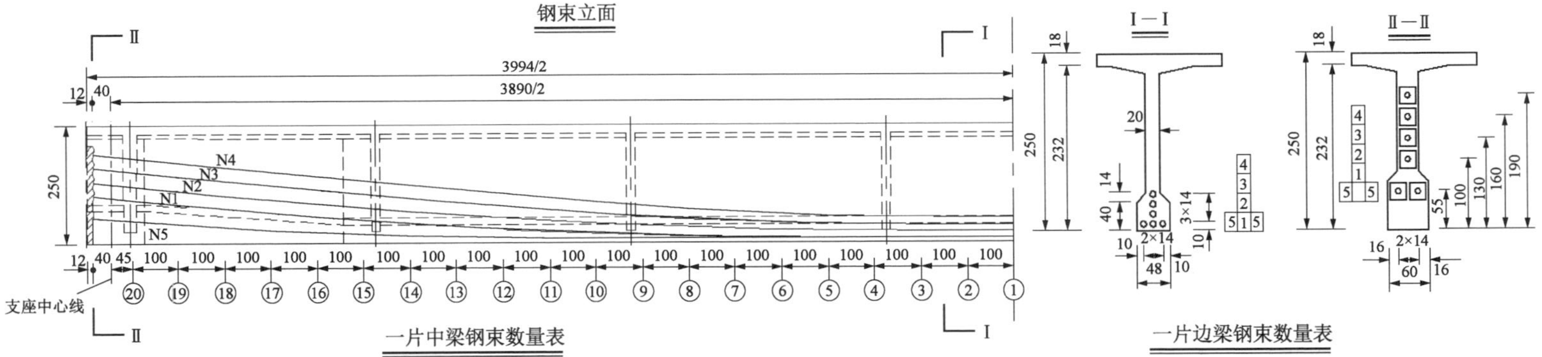

一片中梁钢束数量表

	钢束编号	规格(mm)	长度(cm)	根数(束)	共长(m)	共重(kg)	合计(kg)	M15-8(套)	M15-9(套)	ϕ82波纹管(外径)(m)	ϕ87波纹管(外径)(m)
工程数量	1	$9\phi^{s}15.2$	4114.3	1	41.14	408.06	2312.56	6	6	119.33	119.18
	2	$8\phi^{s}15.2$	4115.7	1	41.16	362.88					
	3	$8\phi^{s}15.2$	4117.7	1	41.18	363.04					
	4	$8\phi^{s}15.2$	4119.6	1	41.20	363.18					
	5	$9\phi^{s}15.2$	4110.7	2	82.21	815.40					

一片边梁钢束数量表

	钢束编号	规格(mm)	长度(cm)	根数(束)	共长(m)	共重(kg)	合计(kg)	M15-8(套)	M15-9(套)	ϕ82波纹管(外径)(m)	ϕ87波纹管(外径)(m)
工程数量	1	$9\phi^{s}15.2$	4114.3	1	41.14	408.06	2357.90	4	8	79.58	158.91
	2	$9\phi^{s}15.2$	4115.7	1	41.16	408.22					
	3	$8\phi^{s}15.2$	4117.7	1	41.18	363.04					
	4	$8\phi^{s}15.2$	4119.6	1	41.20	363.18					
	5	$9\phi^{s}15.2$	4110.7	2	82.21	815.40					

注：
本图尺寸均以cm为单位。

图 8-65 学习任务第2题图(尺寸单位：cm)

(2)T梁的横坡为________,支座中心线距理论跨径线的距离为________cm。

(3)中梁跨中断面翼缘端部厚度为________cm,根部厚度为________cm,腹板厚度为________cm,马蹄宽度为________cm,马蹄高度为________cm,马蹄倒角尺寸为____________。

(4)一片T梁共设________道横隔板,横隔板顶部宽度为________,底部宽度为________。

2. 识读图8-65所示的40m的T梁预应力钢束布置图(部分),根据图纸内容完成填空。

(1)该梁的预制长度为________m,梁高为________m,梁端部马蹄宽________m。

(2)一片中梁需用________套M15-8锚具,需用________mϕ87波纹管,总共需用________kg钢绞线,钢绞线直径为________mm。

(3)一片边梁需用________套M15-8锚具,需用________mϕ82波纹管,总共需用________kg钢绞线。

拓展任务

请查阅相关资料,识读预应力混凝土空心板梁桥、预应力混凝土小箱梁桥工程图纸。

任务七 识读拱桥构造图

引导问题

1. 相信同学们都听过赵州桥(图8-66),大家对拱桥的知识了解多少?

图8-66 赵州桥实景图

2. 如何识读拱桥图纸?

相关知识

拱桥指的是在竖直平面内以拱作为结构主要承重构件的桥梁,垂直荷载通过弯拱传递给拱台。拱桥是中国最常用的一种桥梁型式,其式样之多,数量之大,为各种桥型之冠;据不完全统计,中国的公路桥中7%为拱桥。

一、桥型布置图

图8-67为拱桥的桥型布置图。

(一) 立面图

立面图反映出该桥为空腹式拱桥,桥梁起点里程为K61+161.99,终点里程为K61+202.01,中心里程为K61+182,桥梁总长为40.02m。该桥净跨径为25m,净矢高为5m,拱圈厚0.7m。两侧为重力式桥台,立面图中还反映出地质断面及水文情况。

拱圈最高处横向截面称为拱顶,拱圈和墩台连接处的横向截面称为拱脚(或起拱面)。拱圈各横向截面(或换算截面)的形心连线称为拱轴线。拱圈的上曲面称为拱背,下曲面称为拱腹。起拱面与拱腹相交的直线称为起拱线。

拱桥的高程主要有四个,即桥面高程、拱顶底面高程、起拱线高程、基础地面高程。这几项高程的合理确定对拱桥的设计有直接影响。

(二) 平面图

从平面图中可以看出桥梁与河流交角为90°。从左往右,采用分段揭层画法来表达。中心里程的左侧部分绘制了桥面部分以及桥台处两边的锥形护坡,对照剖面图以及图中标注,可知桥面行车道宽度为7m,两侧人行道和栏杆共宽0.75m;右侧部分,把上部结构揭去之后,显示1号桥台的平面。

(三) 侧面图

侧面图由Ⅰ—Ⅰ位置剖切得到,从图中可以看出桥梁的宽度、桥台与基础高度,还有桥台侧墙与锥形护坡的放坡坡度。

小贴士——矢跨比

拱桥中,拱圈(或肋拱)的计算矢高 S 与计算跨径 L 之比(S/L)或净矢高与净跨径之比称为矢经比,又称矢度。用于表征拱的坦陡程度。它不但影响主拱圈内力的大小,还影响拱桥的构造形式和施工方法的选择,同时影响拱桥与周围景观的协调。一般的矢跨比小于1/5的拱桥称为坦拱,大于或等于1/5的称为陡拱。

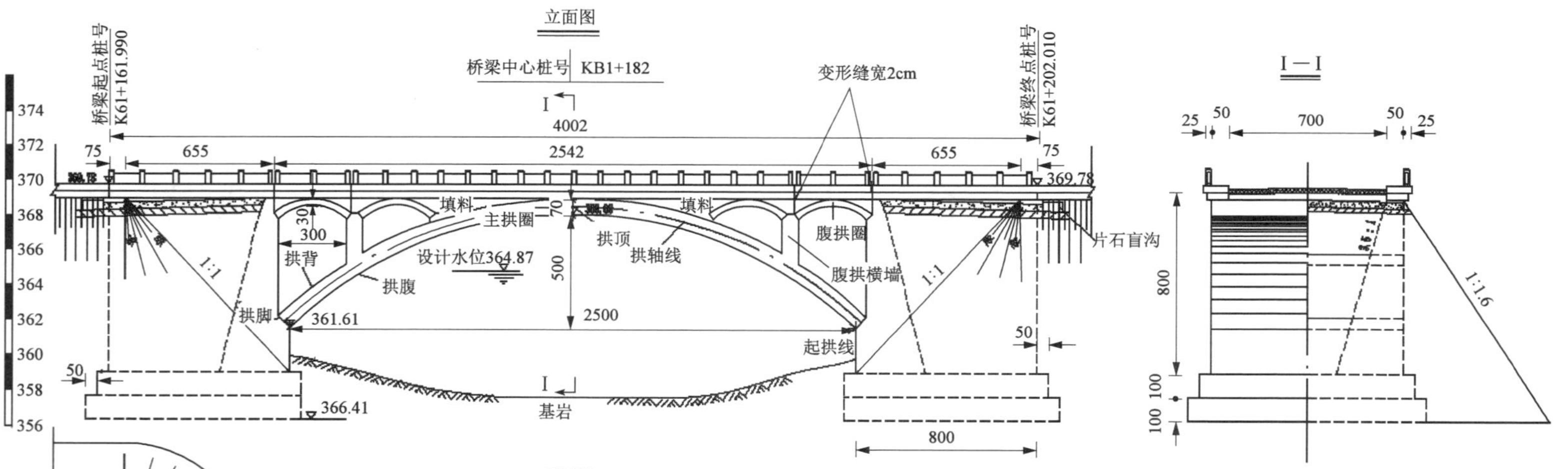

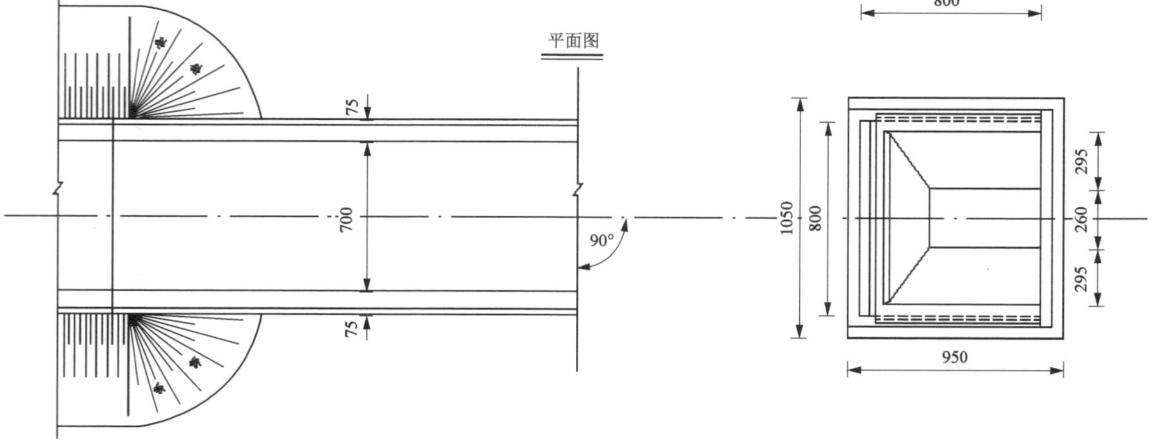

注：
1.本图尺寸除标高、桩号以米计外，其余均以厘米计，比例为1:200。
2.设计荷载为公路Ⅰ级。
3.台后排水纵坡为5%，横坡为1.5%。
4.主拱圈砌体采用M7.5浆砌400号块石，其最大容许压力应力为210kPa。
5.该桥为悬链线拱桥，矢跨比例为1/5，其各载面的拱轴线坐标另见“拱圈坐标圈”。

图 8-67　桥型布置图(尺寸单位：cm)

特别提示

拱桥的计算矢高 S 是指从拱顶截面形心至相邻两拱脚截面形心之连线的垂直距离 S，计算跨径 L 是指两相邻拱脚截面形心点之间的水平距离；净矢高是指从拱顶截面下缘至相邻两拱脚截面下缘最低点之连线的垂直距离，净跨径是指拱跨两个拱脚截面最低点之间的水平距离。切忌不要将计算矢高、计算跨径与净矢高、净跨径弄混淆了。

二、拱圈坐标图

竖向荷载作用下，拱圈各截面上轴向压力作用点的连线称为压力线。最理想的拱轴线是与拱上各种荷载作用下的压力线相吻合，这时拱圈截面只受轴向压力，而无弯矩作用，这样可以充分利用圬工材料的抗压性能。主拱圈坐标图中，给出了主拱圈不同控制截面处的坐标值，如图 8-68 所示。

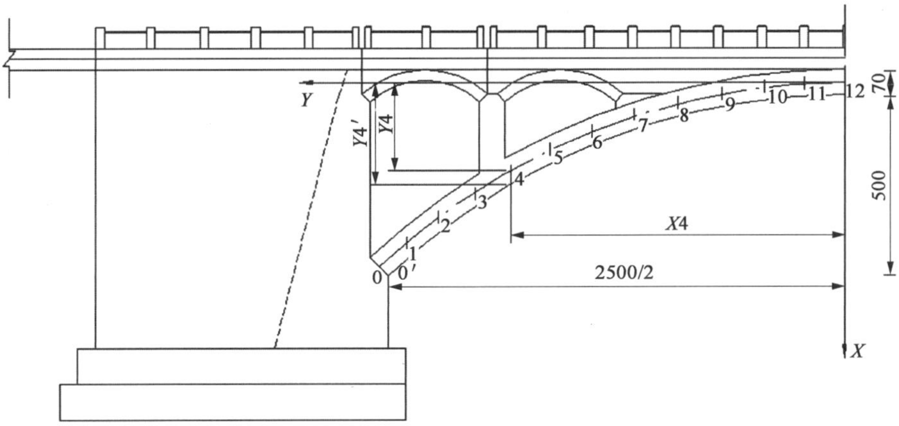

截面编号		0	1	2	3	4	5	6	7	8	9	10	11	12
ϕ		44°31′	40°10′	35°49′	31°42′	27°22′	23°24′	19°36′	15°59′	12°32′	9°15′	6°08′	3°01′	0°0′
拱轴线	X	1274.6	1168.3	1062.1	955.9	849.7	743.5	637.3	531.1	424.8	318.6	212.4	106.2	0
	Y	510.0	413.2	330.1	259.3	199.3	148.9	107.01	73.0	46.1	25.6	11.3	2.8	0
拱腹线	X	1250.0	1168.3	1062.1	955.9	849.7	743.5	637.3	531.1	424.8	318.6	212.4	106.2	0
	Y	535.0	459.0	373.3	300.4	238.7	187.0	144.3	109.4	82.0	61.1	46.5	37.8	35.0

注：
1.本图尺寸均以厘米计，比例为1∶100。
2.表列0号截面拱腹线座标为起拱点0′的坐标值。
3.拱抽系数m=2.814。
4.表列坐标值未考虑施工预拱度。

图 8-68　主拱圈坐标图(尺寸单位:cm)

三、拱座钢筋构造图

拱座位于拱圈与墩台或空腹式拱的腹孔墩相连接处，是一种钢筋混凝土构件，其作用是将拱端推力传递给基岩。图 8-69 示出了拱座内部钢筋的布置情况与工程数量。

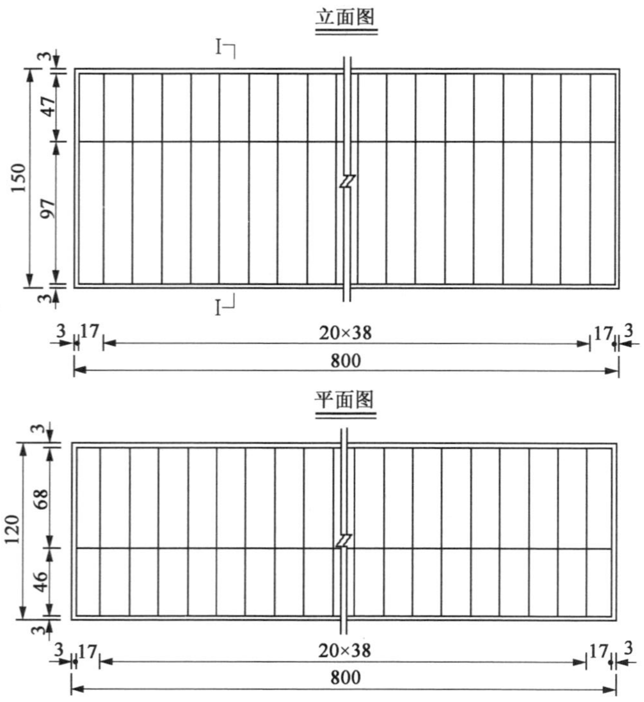

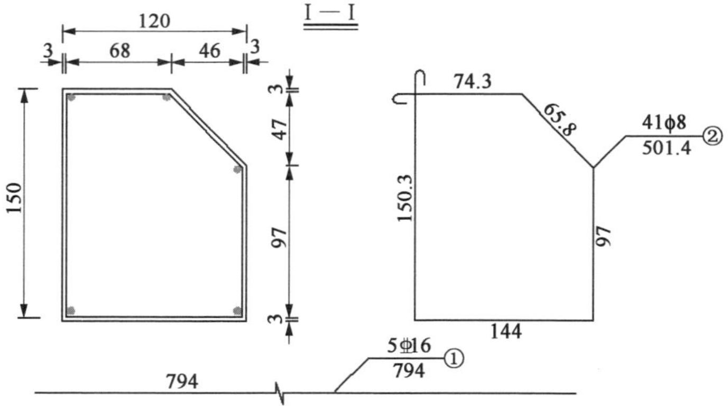

一个拱座工程数量表

编号	直径(mm)	根数(个)	每根长(m)	总长(m)	单位重(kg/m³)	总重(kg)	C40混凝土(m^3)
1	ф16	5	7.94	39.7	1.574	62.49	13.424
2	ϕ8	41	5.01	205.41	0.395	81.137	

注：
1.本图尺寸均以厘米计，比例1：30。
2.腹拱圈上的拱座用细料石进行砌筑。

图 8-69 拱座钢筋构造图(尺寸单位：cm)

四、桥台构造图

拱桥采用重力式桥台，如图 8-70 所示。图中以立面、平面和Ⅰ—Ⅰ断面组合示明了桥台的形状与各部尺寸，图中还给出了一座桥台的工程数量。

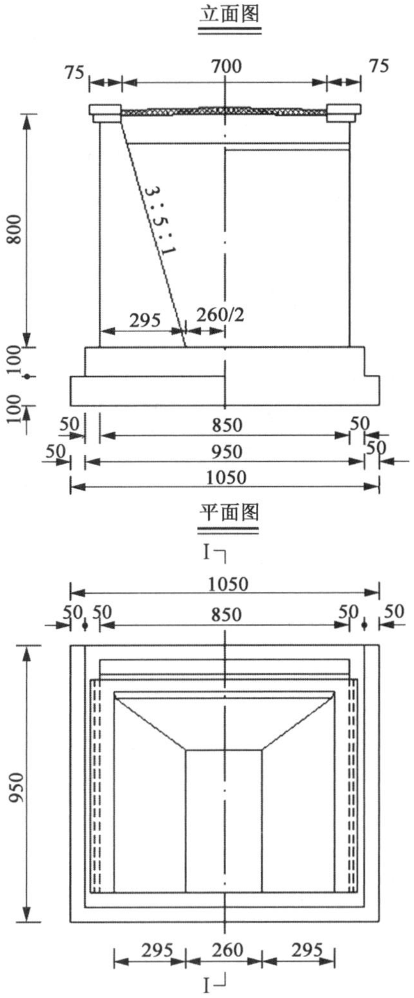

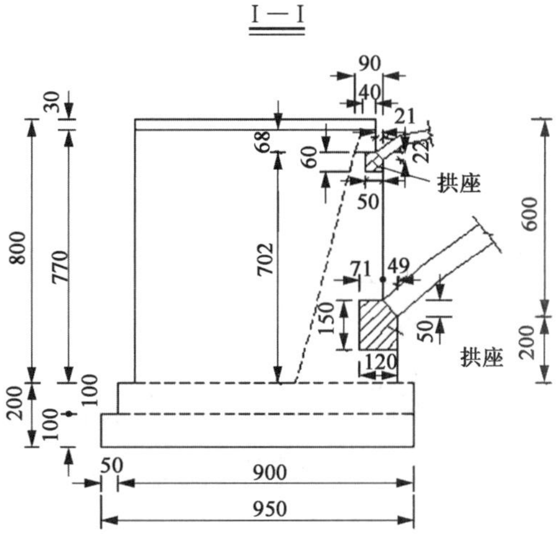

一座桥台工程数量表

材料	数量	单位
台身填土（砂类土或碎卵石类土）	212.7	m^3
台身砌体（M7.5砂类浆砌片石、块石镶面）	286.8	m^3
基础（M7.5砂类浆砌片石、块石镶面）	185.3	m^3
人行道（M7.5砂类砌粗料石）	7.1	m^3
小计	695.0	m^3

注：本图尺寸均以厘米计，比例为1∶150。

图 8-70　桥台构造图（尺寸单位：cm）

五、扶手与栏杆柱构造图

扶手与栏杆柱属于附属设施，图 8-71 中示出了一个标准段栏杆（长 182.08cm）。通过立面、平面和侧面以及工程数量表的组合形式，详细表示出了栏杆与人行道的构造情况。

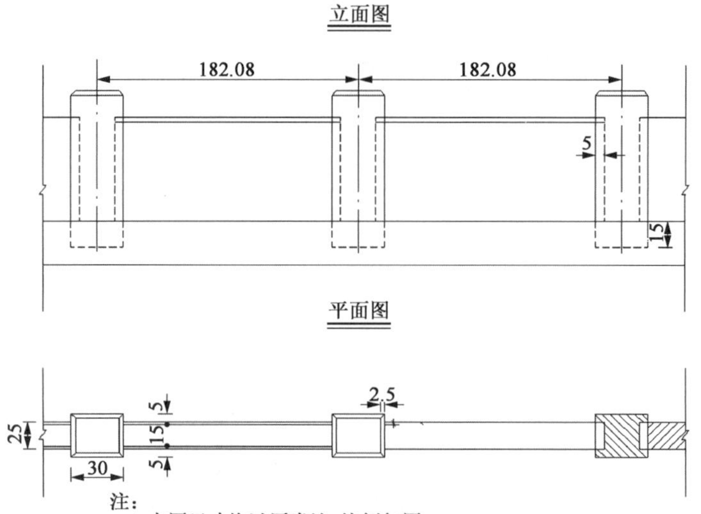

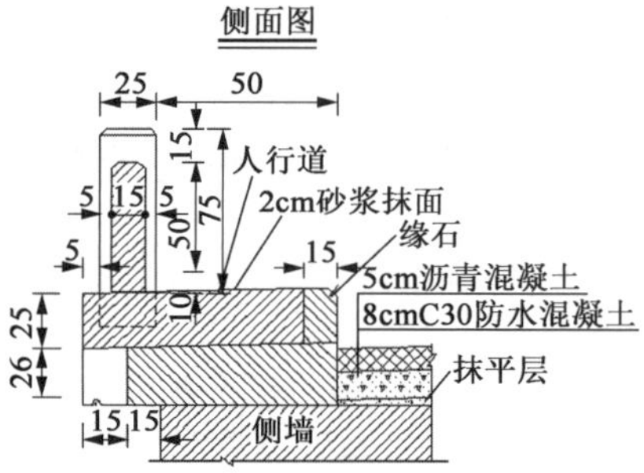

注:
1.本图尺寸均以厘米计,比例如图。
2.本桥栏杆柱采用M10砂浆砌料石,扶手可用锯材(板石)进行砌筑。
3.人行道部分变形缝可采取填塞沥青麻絮等防水措施。
4.本图栏杆抵抗横向推力的强度靠灰浆保证,须注意底面坐浆充实。
5.抹平层靠近入行道处的厚度为5cm,路中线处的厚度为10cm。

栏杆柱、扶手工程数量表

构件名称		块(根)数	数量	单位
栏杆柱		28	1.778	m^3
扶手	桥台上扶手数量(1.78m)	8	1.068	m^3
	第一,四个腹拱圈上扶手数量(1.5m)	4	0.6	m^3
	余下扶手数量(1.8202m)	11	1.502	m^3

图 8-71 扶手与栏杆柱构造图(尺寸单位:cm)

学习任务

1. 识读图 8-72 所示的拱桥图纸,根据图纸内容完成填空。

(1)本图所示拱桥净矢高为________ m,净跨径为________ m。

(2)本图所示拱桥矢跨比为________ m。

(3)本图所示拱桥桥面净宽为________ cm,全宽________ cm。

(4)本图所示拱桥全桥总长度为________ m,所采用的桥台形式为________。

2. 识读图 8-73 所示的拱桥图纸,根据图纸内容完成填空。

(1)本图所示拱桥的类型是(　　)。

A. 钢筋混凝土双曲拱桥　　B. 钢筋混凝土肋拱桥

C. 实腹式圬工拱桥　　D. 空腹式圬工拱桥

(2)请填写本图所示拱桥各构件名称:A. ________, B. ________, C. ________, D. ________, E. ________。

(3)本图所示拱桥矢跨比为________,拱轴系数为________。

(4)本图所示拱桥所采用的拱轴线形式为________,腹拱净跨为________。

(5)桥梁纵坡为________,位于________坡段,横坡为________。

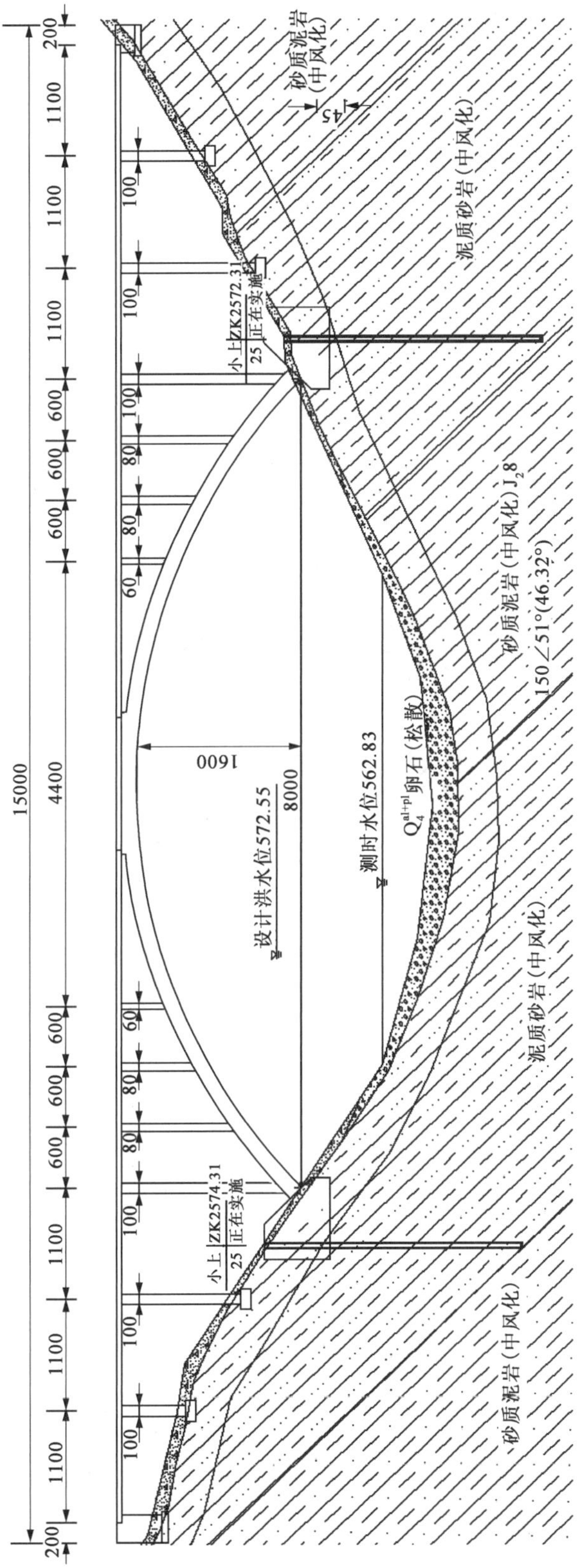
立面
15000
200
1100
1100
1100
600
600
600
4400
600
600
600
1100
1100
1100
200
100
100
100
80
80
60
60
80
80
100
100
100
1600
8000
设计洪水位572.55
测时水位562.83
Q_4^{al+pl}卵石(松散)
小上ZK2572.31 25 正在实施
小上ZK2574.31 25 正在实施
砂质泥岩(中风化)
45
泥质砂岩(中风化)
砂质泥岩(中风化)$J_2$8
150∠51°(46.32°)
泥质砂岩(中风化)
砂质泥岩(中风化)

图 8-72

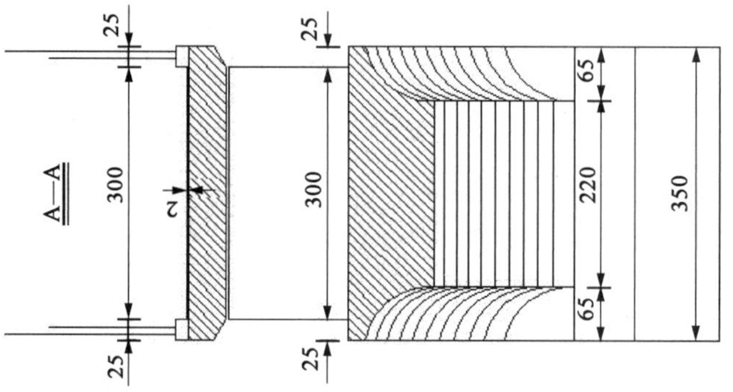

图8-72 学习任务第1题图(尺寸单位：cm；高程单位：m)

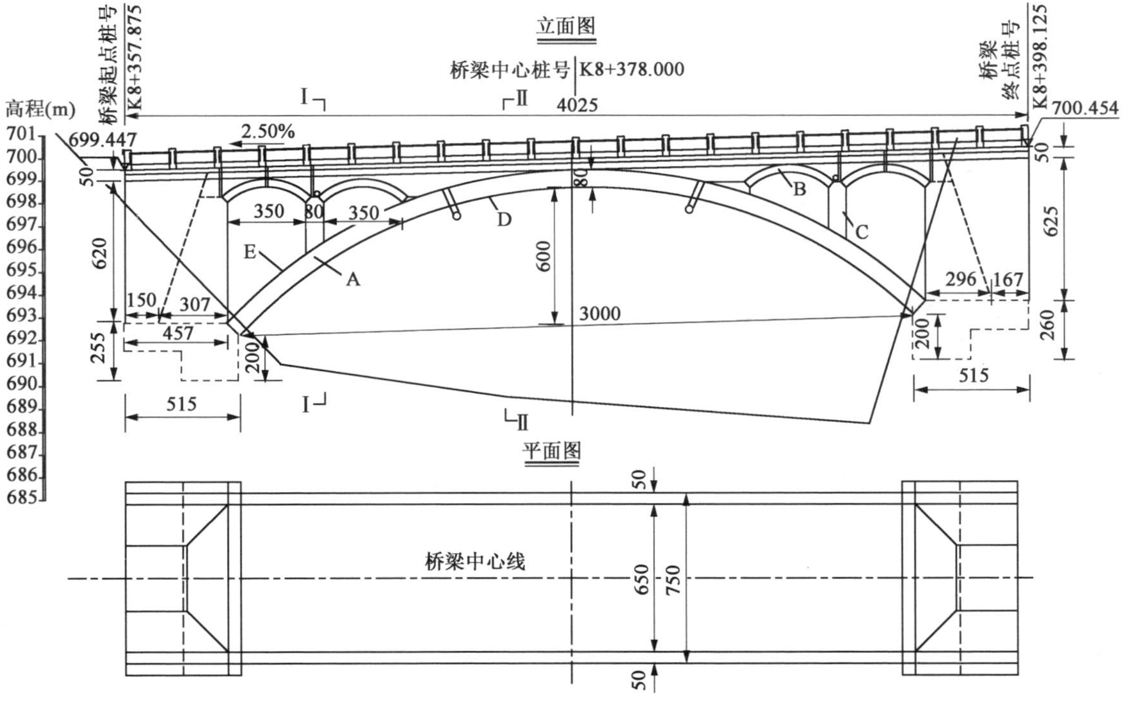

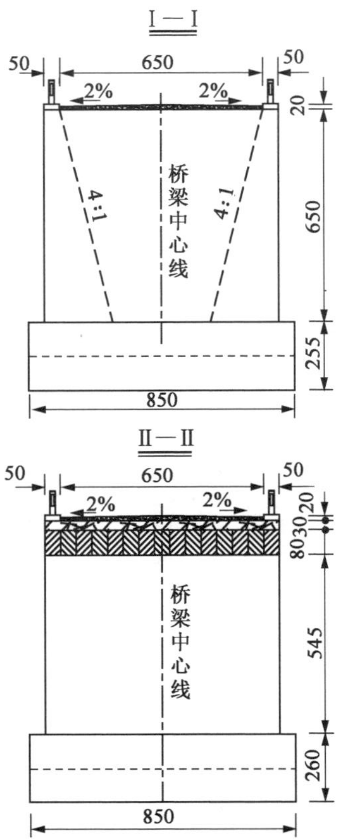

注：

1.本图尺寸除桩号和高程以米计外，其余均以厘米计。

2.该桥为1～30米悬链线空腹式石拱桥，设计荷载为公路Ⅱ级，$F_0/L_0=1/5$，$m=2.814$，桥面净宽6.5米。

3.桥面排水采用两侧每隔4米设一$\phi60$铸铁管作泻水孔。

4.拱圈采用10号砂浆砌50号块石。

图8-73 学习任务第2题图(尺寸单位：cm)

拓展任务

请查阅相关资料,识读中承式和下承式拱桥工程图纸。

学习情境小结

桥梁是交通运输线的重要组成部分,目前我国公路、铁路桥共超过 100 万座,成为世界第一桥梁大国。在现代高速公路的修建中,山区高速公路桥梁的占比越来越大。一套完整的桥梁施工图包含很多的图纸,如果没有掌握相关的识图方法和步骤,并了解一定的桥梁施工工艺,想要读懂一套桥梁施工图是比较困难的。面对繁多的图纸,识读的步骤、桥梁工程图纸质量的好坏和图纸内容的完整,对于正确的识读都具有极为重要的意义。

了解桥梁的结构是读懂图纸的第一步,虽然桥梁的分类较多,但不同类性的桥梁均由上部结构、下部结构、支座及附属设施四部分组成,桥梁的图纸通常也按上述四部分分类绘制。桥梁是钢筋混凝土或预应力混凝土结构,因此还需要掌握钢筋和混凝土知识。

识读桥梁图纸,应先看目录和设计总说明,掌握工程总体情况,再看总体布置图,然后分别识读构件图和大样图,最后是附属设施图的识读。布置图主要包括桥位平面图、桥位地质剖面图和桥桥型布置图等。构件包括上部结构构件和下部结构构件,构件中有的细部构造还会给出大样图,读图的同时应注意对尺寸进行复核;识读构件图时,需要和总体布置图结合起来。识读各类图纸的同时应了解各部分构件所用的建筑材料,并阅读工程数量表、钢筋明细表及图纸说明或注释等。

复习思考题

1. 桥梁工程图包括的主要图样有哪些?图示特点有哪些?
2. 桥梁的主要结构由哪几部分组成?
3. 钢筋结构图的图示特点是什么?

学习情境九

识读涵洞工程图

学习情境描述

涵洞是指在公路工程建设中,为了使公路顺利通过水渠而不妨碍交通,修筑于路面以下的排水孔道(过水通道),通过这种结构可以让水从公路的下面流过。本情境主要介绍涵洞的基本组成和分类以及涵洞构造图的基本内容,学习者可以通过对涵洞图纸的识读了解涵洞的施工过程。

学习目标

知识目标:(1)了解涵洞的基本组成、分类;
(2)掌握涵洞图纸的识读和绘制。

能力目标:(1)能识别各种不同类型的涵洞工程图;
(2)能正确指出涵洞各部分的构造。

任务一 认识涵洞的分类与构造

引导问题

1. 如图 9-1 所示的涵洞,它们分别是属于什么类型的涵洞?有什么作用?
2. 涵洞如何分类,常见的分类形式有哪些?
3. 涵洞各部位的名称是什么?

图 9-1 涵洞工程图

相关知识

涵洞是修建在路基中,用来宣泄地面水流或沟通两侧水流而设置的横穿路基的排水构造物。按照现行《公路桥涵设计通用规范》,当单孔跨径小于等于 5m,多孔跨径小于 8m 时,统称为涵洞(管涵及箱涵不论管径或跨径大小、孔数多少,均称为涵洞)。

一、涵洞的分类

(一) 按构造形式分类

(1)圆管涵[图 9-2(a)]:受力性能和对地基适应性能好,圬工数量少,造价低。
(2)盖板涵[图 9-2(b)]:构造简单,维修方便,应用广泛。
(3)拱涵[图 9-2(c)]:承载力能力大,适宜于跨越深沟或高路堤。
(4)箱涵[图 9-2(d)]:整体性强,适用于软土地基,但造价高,施工复杂。

(a)圆管涵

(b)盖板涵

图 9-2

(c)拱涵

(d)箱涵

图 9-2 涵洞分类(按构造形式分)

(二) 按建筑材料分类

(1)石涵[图 9-3(a)]:包括石盖板涵和石拱涵。

(2)混凝土涵[图 9-3(b)]:节省钢材、便于预制,但损坏后修复和养护困难。

(3)钢筋混凝土涵[图 9-3(c)]:涵身坚固,经久耐用,养护费用少,可用于管涵、盖板涵、拱涵和箱涵。

(4)其他材料涵洞[图 9-3(d)]:如砖涵、陶瓷管涵、铸铁管涵、钢波纹管管涵、石灰三合土拱涵等。

(a)石涵

(b)混凝土涵

(c)钢筋混凝土涵

(d)其他材料涵洞(波纹管)

图 9-3 涵洞分类(按建筑材料分)

（三）按洞顶填土情况分类

（1）明涵[图9-4(a)]:洞顶填土厚度小于50cm或洞顶不填土，适用于低路堤、浅沟渠。
（2）暗涵[图9-4(b)]:洞顶填土厚度大于等于50cm，适用于高路堤、深沟渠。

(a)明涵

(b)暗涵

图9-4 涵洞分类(洞顶填土情况分)

（四）按水力性能分类

（1）无压力式涵洞:进口水流深度小于洞口高度，洞内水流均具有自由水面。

（2）半压力式涵洞:进口水流深度大于洞口高度，水流仅在进口处充满洞口，在涵洞其他部分均为自由水面。

（3）有压力式涵洞:进口水流深度大于洞口高度，在涵洞全长范围内都充满水流，无自由水面。

（4）倒虹吸:路线两侧水深都大于涵洞进出水口高度，进出水口都设置竖井，水流充满全部涵身，适用于横穿路线的沟渠，沟渠的水面高程基本或略高于路基高程。

二、涵洞的构造

涵洞由基础、洞身和洞口三部分组成(图9-5)。

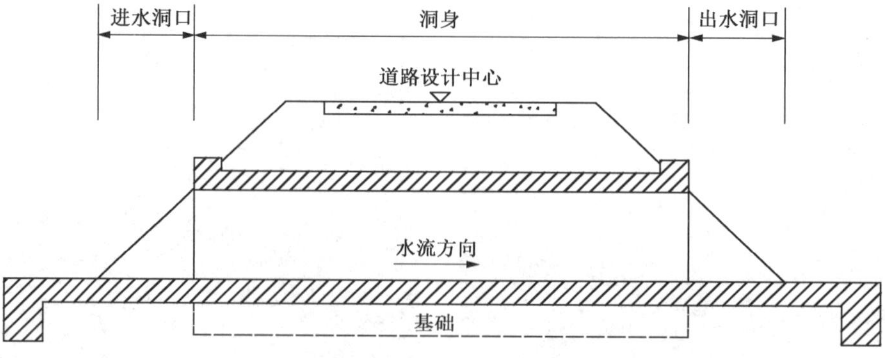

图9-5 涵洞构造示意图

在地面以下,防止沉降和冲刷的部分,称作基础。

洞身是涵洞的主要部分,是构成输水通道的主体结构,它的主要作用是承受可变荷载压力和土压力并将其传递给地基,它具有保证设计流量通过的必要孔径。常见的洞身形式有圆管涵、拱涵、箱涵、盖板涵。

洞口建筑连接着洞身及路基边坡。位于涵洞上游的洞口称为进水口,位于涵洞下游的洞口称为出水口。

上游洞口的作用是束水导流,下游洞口的作用是疏水防冲。洞口是保证涵洞基础和两侧路基免受冲刷,使水流顺畅的构造物,常用的洞口形式有端墙式、翼墙式(又称八字墙式),一般进出水口均采用同一形式。

特别提示

单从孔径的大小来区分涵洞与桥梁并不全面,因为这只是从工程统计以及投资的角度来考虑的。实际上,涵洞与桥梁有本质的区别:(1)与路基结构的关系不同;(2)水力计算时所考虑的因素不完全相同;(3)涵洞比小桥更能承受超量洪水侵袭。

三、涵洞的图示方法及表达内容

涵洞是窄而长的构筑物,它从路面下方横穿过道路,埋置于路基土层中。尽管涵洞的种类很多,但图示方法和表达内容基本相同。涵洞工程图主要包括纵剖面图、平面图、侧面图;除上述三种投影图外,还应画出必要的构造详图,如钢筋布置图、出入口断面图等。

(1)图示表达时,涵洞工程图以水流方向为纵向(即与路线前进方向垂直布置)并以纵剖面图代替立面图。

(2)平面图一般不考虑涵洞上方的覆土,或假想土层是透明的。有时平面图与侧面图以半剖形式表达,水平剖面图一般沿基础顶面剖切,横剖面图则垂直于纵向剖切。

(3)洞口正面布置在侧视图位置作为侧面视图,当进、出水洞口形状不一样时,则需分别画出进、出水洞口布置图。

涵洞体积较桥梁小,故画图所选用的比例较桥梁图稍大。

学习任务

1. 涵洞是宣泄路堤下水流的工程构筑物,它与桥梁的主要区别在于________的大小和________的高度。

2. 凡是单孔跨径小于等于________ m,多孔跨径总长小于________ m,以及圆管涵、箱涵,无论其管径或跨径大小、孔数多少均称为涵洞。

3. 涵洞由________、________和________三部分组成。

4. 涵洞工程图主要由________、________和________组成。

拓展任务

请思考,洞工程图的图示特点是什么?试与桥梁工程图作比较?

任务二 识读圆管涵构造图

引导问题

1. 如图 9-6 所示的圆管涵洞,应该如何识读其工程图?

图 9-6 圆管涵工程图

2. 圆管涵洞的构造有什么特点?

相关知识

图 9-7 所示为钢筋混凝土圆管涵洞分解图,洞身下为混凝土垫层,涵管采用预制管节,洞口为八字墙式,端墙上为帽石,涵洞沿洞身长度方向分段设置沉降缝,以防止不均匀沉降。由于涵洞构造简单,故采用立面图、平面图和中心洞身断面图来表示涵洞构造。

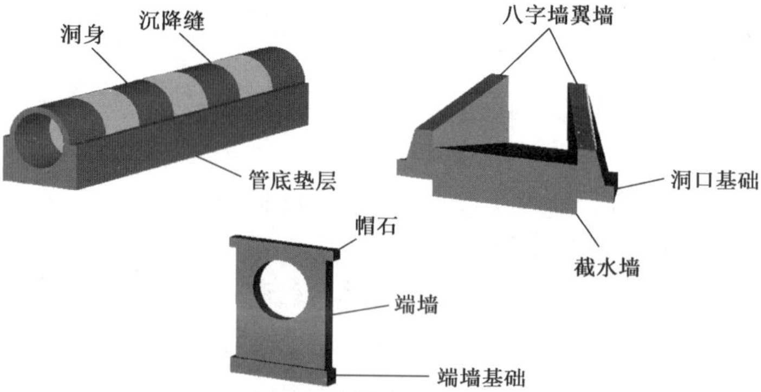

图 9-7 圆管涵洞分解图

一、圆管涵洞构造图

图 9-8 为圆管涵洞构造图。

（一）纵剖面

涵洞左侧为进水口，右侧为出水口，设计流水坡度 0.5%。立面图中表示涵洞各部分的相对位置和构造形状。采用预制管节，涵洞长全为 5500cm，该涵洞为暗涵，路基覆土厚度大于 50cm，洞顶覆土最厚为路线中心处 732cm，道路宽度 3400cm，边坡采用 1∶1.5 放坡，两边洞口铺砌长度各长 294cm，进水口截水墙高 60cm，出水口截水墙高 80cm。图中还给出了涵洞进出口、洞身中心、道路两侧边缘等关键位置的高程，以便于控制施工。

（二）平面图

从平面图中看出涵洞与路线交角为 90°，图中还表达了洞口基础、端墙、八字墙翼墙和缘石的平面形状和尺寸。涵顶覆土作透明处理，但路基边缘线应予画出，并以示坡线表示路基边坡。

（三）中心洞身断面图

中心洞身断面图主要表示涵管孔径、壁厚、管底铺砌和铺砌基础的形状及尺寸。为了使图形清晰，把土壤作为透明体处理，并且某些虚线未予画出。图中示出涵管内径为 200cm，管壁厚 16cm，管底铺砌中心距离洞底外壁 30cm，两侧铺砌距离洞身边缘均为 20cm，铺砌基础厚 50cm。管底铺砌一般采用素混凝土。

二、圆管涵洞管节钢筋图

图 9-9 为圆管涵洞管节钢筋图。

圆管涵的涵身需要配置钢筋，1 号钢筋为纵向钢筋，2 号、3 号钢筋均为螺旋钢筋，数量表中示出管节预制长度为 199cm，因为预制管节安放到垫层上管节之间有 1cm 接缝。

三、圆管涵洞出入口断面与剖面图

在洞口两侧设置了张开成八字形的翼墙，简称八字墙。八字翼墙式洞口由八字墙体挡住洞口两侧路基土的下滑，同时用端墙（一字墙）挡住洞口上部路基础的坍塌，如图 9-10所示。

翼墙展开角，即八字翼墙与涵洞轴线的夹角，按水力条件最适宜的角度设置，结合平面图，可知该涵洞展开角为 30°。图中还给出了两侧洞口、一字墙（端墙）的断面形状及尺寸。为了表示八字墙的高度变化，分别在两侧八字墙最低、最高和中间位置进行剖切绘制剖面图。

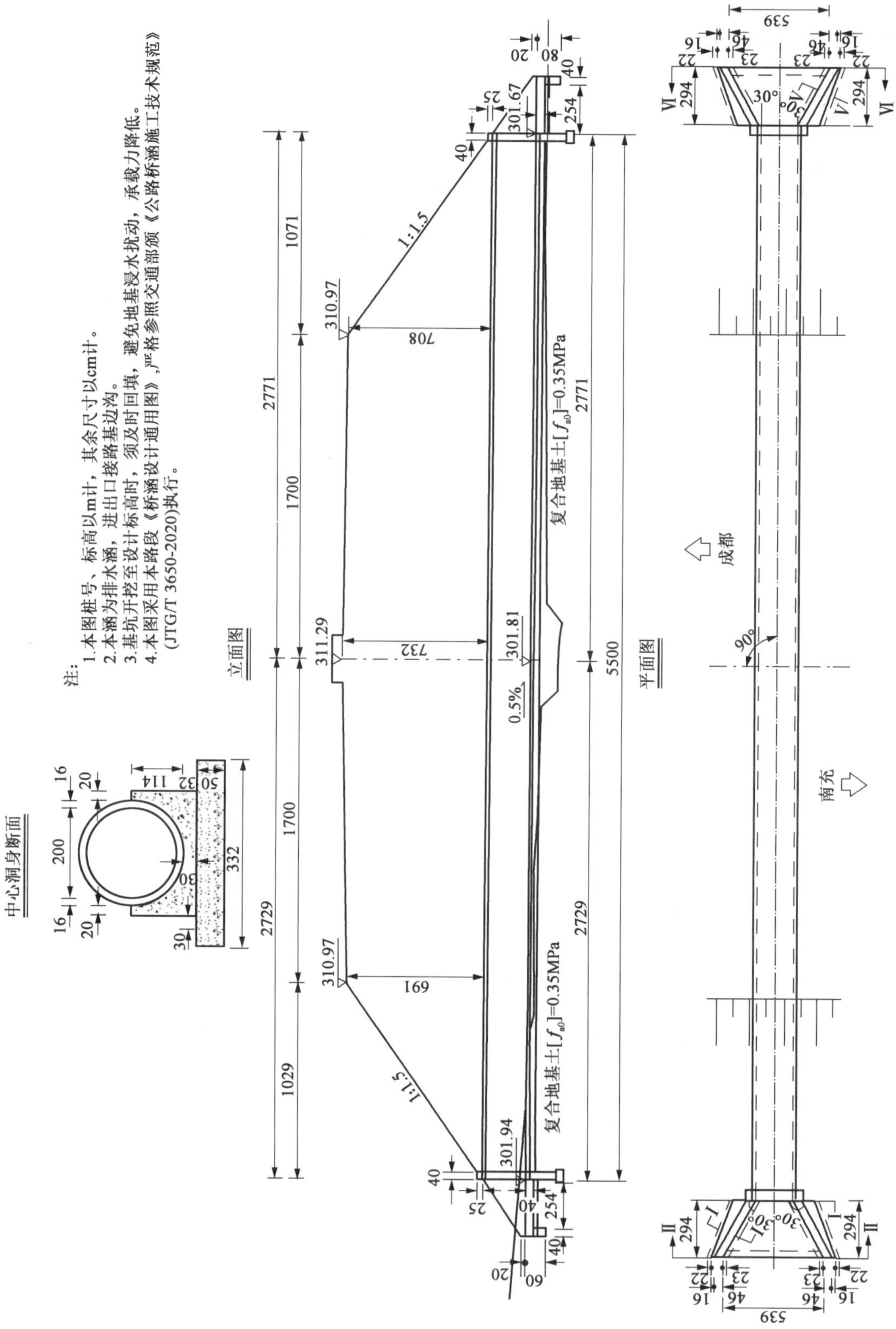

注：
1.本图桩号、标高以m计，其余尺寸以cm计。
2.本涵为排水涵，进出口接路基边沟。
3.基坑开挖至设计标高时，须及时回填，避免地基浸水扰动，承载力降低。
4.本图采用本路段《桥涵设计通用图》，严格参照交通部颁《公路桥涵施工技术规范》(JTG/T 3650-2020)执行。

图 9-8 圆管涵洞构造图(尺寸单位：cm)

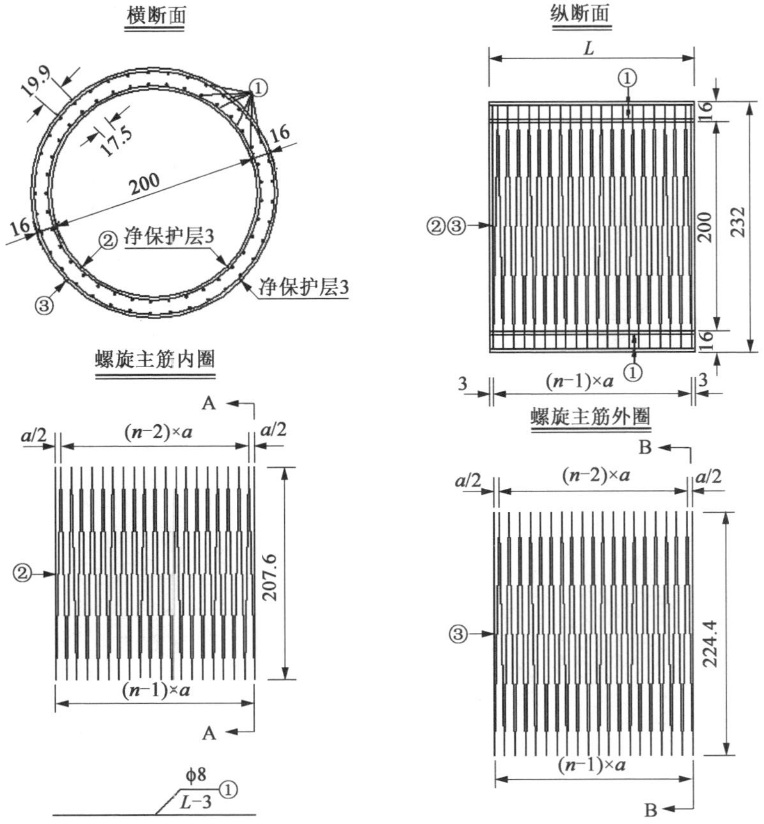

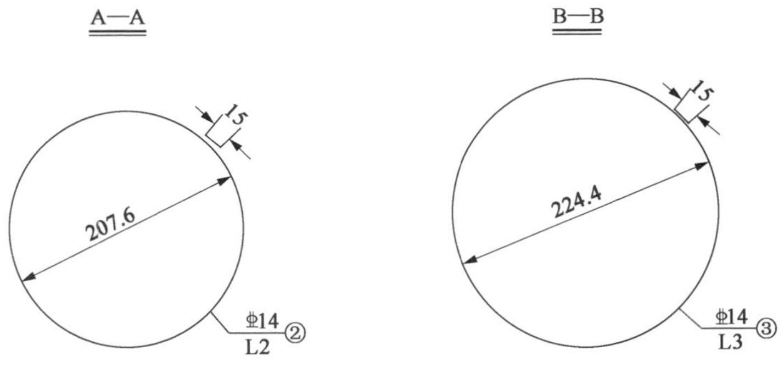

管节尺寸及材料数量表

管节长度L(cm)	钢筋编号	钢筋直径(mm)	钢筋数量(根)	n	a (cm)	单根长度(cm)	共长(m)	共重(kg)	合计(kg)	C30混凝土(m^3)	安装重量(t)
199	1	ϕ8	74	—	—	196	145.04	57.23	57.23	2.751	7.15
	2	ϕ14	1	39	5.1	26119	261.19	315.62	668.90		
	3	ϕ14	1	39	5.1	29235	292.35	353.28			

注：
1.本图尺寸除钢筋直径以毫米计外，其余均以厘米为单位。
2.图中2、3号钢筋的n值表示圈数。
3.L2、L3为2、3号钢筋单根长度。

图9-9　圆管涵洞管节钢筋图(尺寸单位：cm)

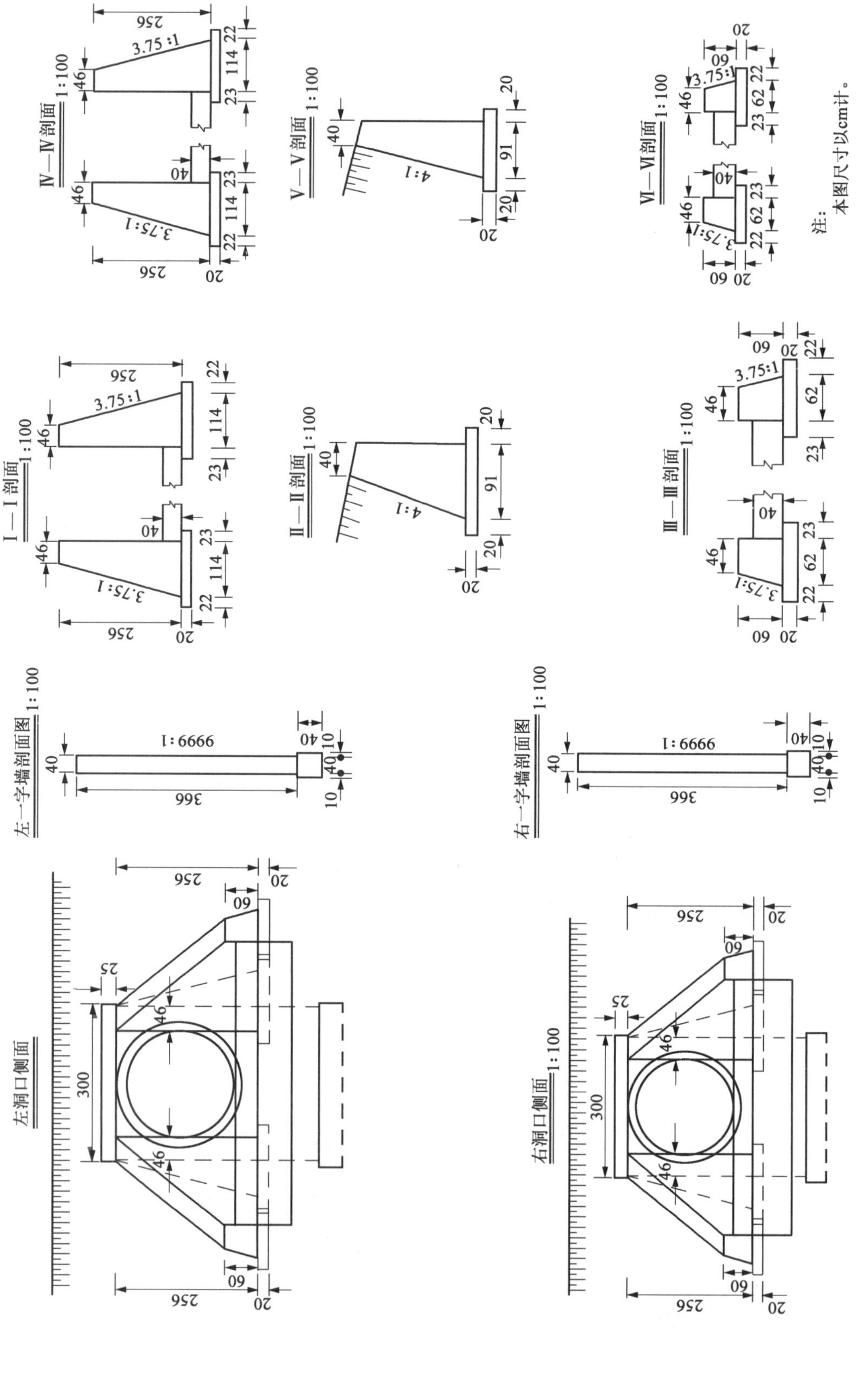

图 9-10　圆管涵洞出入口断面与剖面图(尺寸单位：cm)

小贴士——沉降缝

沉降缝是指,为防止建筑物各部分由于地基不均匀沉降引起结构破坏所设置的垂直缝(图9-11)。当建筑物相邻部分的高度、荷载和结构形式差别很大而地基又较弱时,结构有可能产生不均匀沉降,致使某些薄弱部位开裂。为此,应在适当位置(如复杂的平面或体形转折处、高度变化处、荷载和地基的压缩性以及地基处理的方法明显不同处)设置沉降缝。

图9-11 箱涵沉降缝

学习任务

1. 根据图9-12的圆管涵构造图,完成填空。

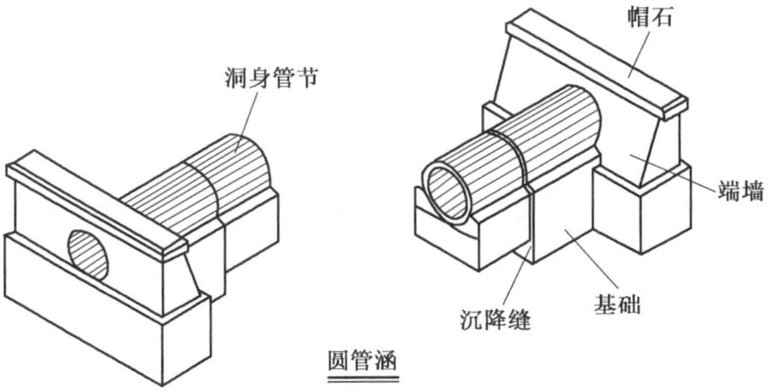

图9-12 学习任务第1题图

圆管涵由洞身及洞口两部分组成。________是过水孔道的主体,主要由管身、基础、接缝组成。________是洞身、路基和水流三者的连接部位,主要有________和________两种洞口型式。

2. 识读图 9-13 的圆管涵构造图,完成填空。

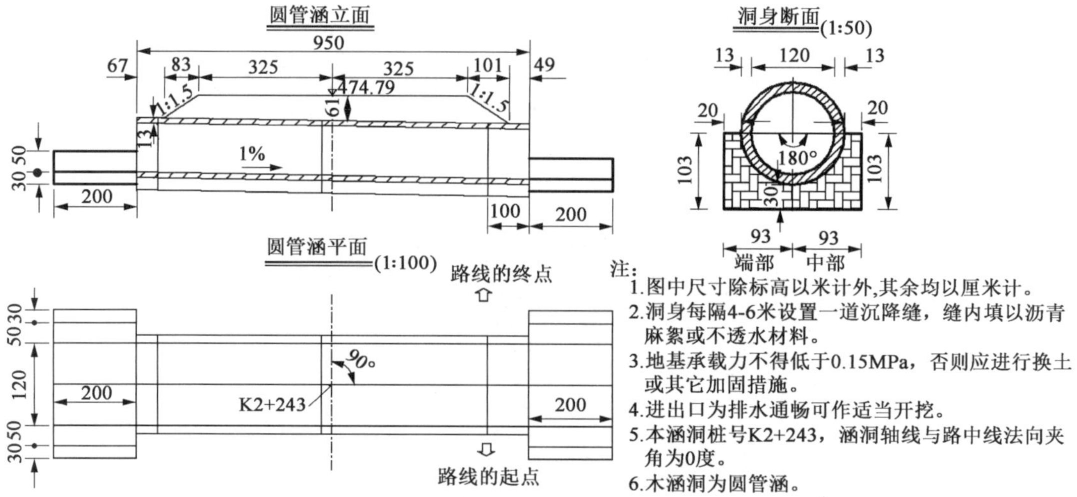

图 9-13 学习任务第 2 题图

(1)本图圆管涵内径为________,壁厚为________,涵底垫层宽度为________,高度为________。

(2)洞身长度为________,设计流水坡度为________,路基宽度为________,路基边坡为________。

(3)该处道路中心的设计高程为________,洞顶覆土厚度为________,属于________(暗涵或明涵)。

(4)涵洞桩号为________,与道路前进方向交角为________,洞身每隔________设置一道________。

拓展任务

请查阅相关资料,熟悉圆管涵的施工流程。

任务三 识读盖板涵构造图

引导问题

1. 如图 9-14 所示的盖板涵洞,应该如何识读其工程图?
2. 盖板涵洞的构造有什么特点?

图 9-14 盖板涵工程图

相关知识

钢筋混凝土盖板(图 9-15)涵洞口多采用八字墙式,洞身由盖板、涵台、基础、洞底铺砌、沉降缝和防水层等部分组成。盖板是涵洞的承重结构,涵台顶面通常做成 L 形企口使其支承盖板。盖板涵受力明确,构造简单,施工方便。盖板涵与单跨简支板梁桥的结构形式基本相同,均为简支结构,只是盖板涵的跨径较小。

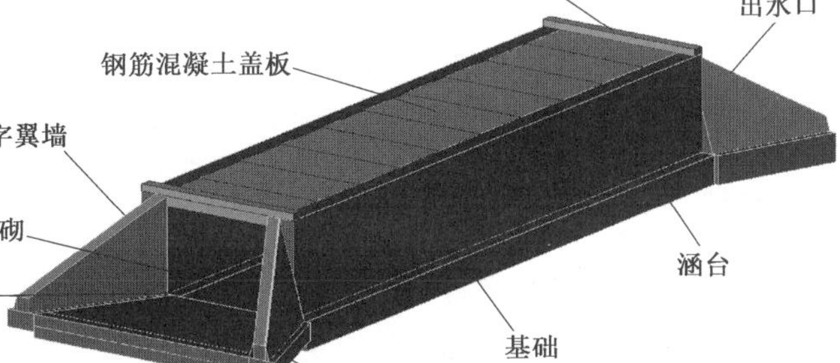

图 9-15 盖板涵立体图

一、盖板涵构造图

图 9-16 为盖板涵构造图。

(一)立面图

涵洞左侧为进水口,右侧为出水口,设计流水坡度 0.5%。立面图中表示出涵洞各部分的相对位置和构造形状,涵洞长全为 3100cm,每隔 400 ~ 600cm 设置一道沉降缝。该涵洞为暗涵，路基覆土厚度大于 50cm，道路宽度 2400cm，边坡采用 1∶1.5 放坡，两边洞口铺砌长度各长 450cm，进水口与出水口截水墙高均为 120cm。

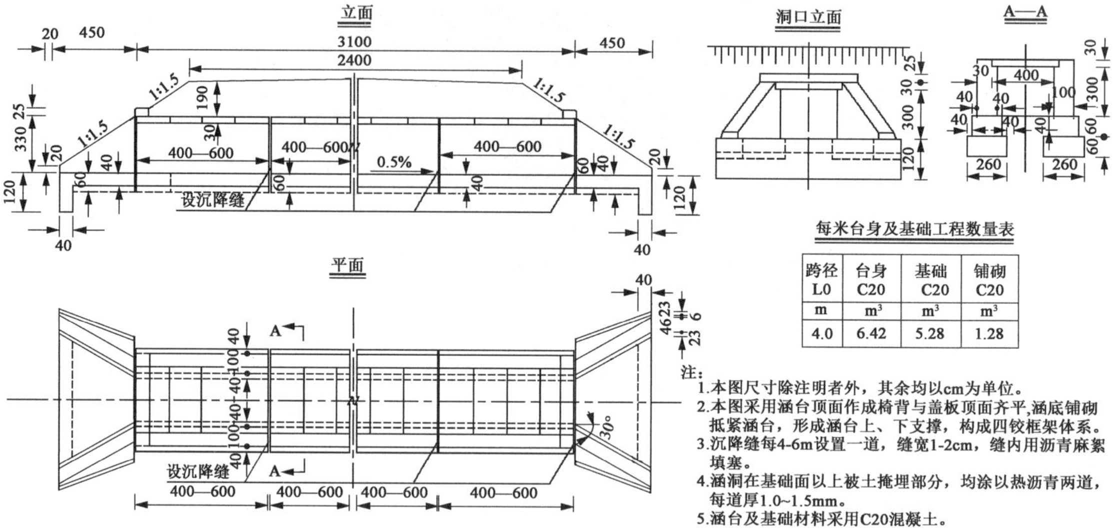

每米台身及基础工程数量表

跨径 L0	台身 C20	基础 C20	铺砌 C20
m	m^3	m^3	m^3
4.0	6.42	5.28	1.28

注：
1.本图尺寸除注明者外，其余均以cm为单位。
2.本图采用涵台顶面作成椅背与盖板顶面齐平，涵底铺砌抵紧涵台，形成涵台上、下支撑，构成四铰框架体系。
3.沉降缝每4-6m设置一道，缝宽1-2cm，缝内用沥青麻絮填塞。
4.涵洞在基础面以上被土掩埋部分，均涂以热沥青两道，每道厚1.0~1.5mm。
5.涵台及基础材料采用C20混凝土。

图 9-16 盖板涵构造图(尺寸单位:cm)

（二）平面图

从平面图中看出涵洞与路线交角为 90°，涵洞翼墙展开角为 30°，图中还表达了洞口基础、八字墙翼墙平面形状和尺寸。

（三）洞口立面图与 A—A 断面图

洞口立面图表示该涵洞为单孔盖板涵；A—A 断面图中示出了涵洞净跨 400cm，净高 300cm，盖板厚 30cm，长 460cm，洞身铺砌厚 40cm；还表示了涵洞涵台形状与基础尺寸。

（四）工程数量表

工程数量表中示出了每米涵台、基础与洞身铺砌的圬工数量，便于工程数量的计算。

二、盖板钢筋构造图

盖板作为承重结构，需要配置钢筋。图 9-17 中以立面图、平面图展示了盖板中钢筋的排列布置情况。1 号钢筋为受力主筋，2 号钢筋为构造钢筋，3 号钢筋为箍筋。盖板通常为预制，数量表中列出了预制每米所需的混凝土与钢筋工程数量。

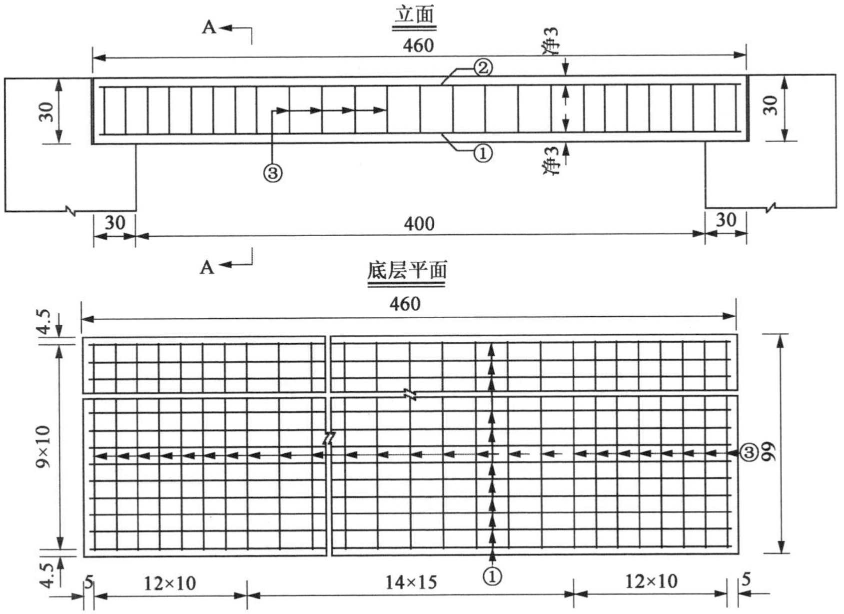

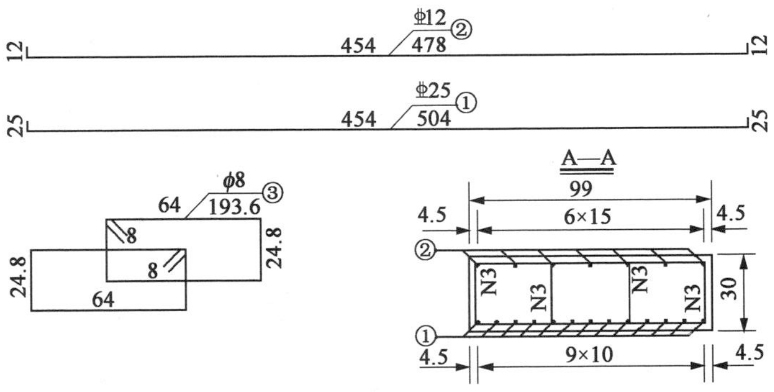

一块盖板材料数量表(1.00m板)

跨径 L0	C30 混凝土	钢筋													
		直径			长度			根数			共重			合计	
		N1	N2	N3	N1	N2	N3	N1	N2	N3	N1	N2	N3	HRB400	HPB300
m	m³	mm			cm			根			kg				
4.0	1.38	ϕ25	ϕ12	ϕ8	504	478	195	10	7	78	194.2	29.7	60.0	223.9	60.0

注：

1.本图尺寸除钢筋直径以mm计外，其余均以cm为单位。

2.上缘钢筋距离根据箍筋作适当调整。

图 9-17 盖板钢筋构造图(尺寸单位：cm)

三、八字墙构造图

图 9-18 八字墙构造图中,表示了八字墙的具体形状与尺寸,并绘出了最高、最低和中间 3 个位置的剖面图。

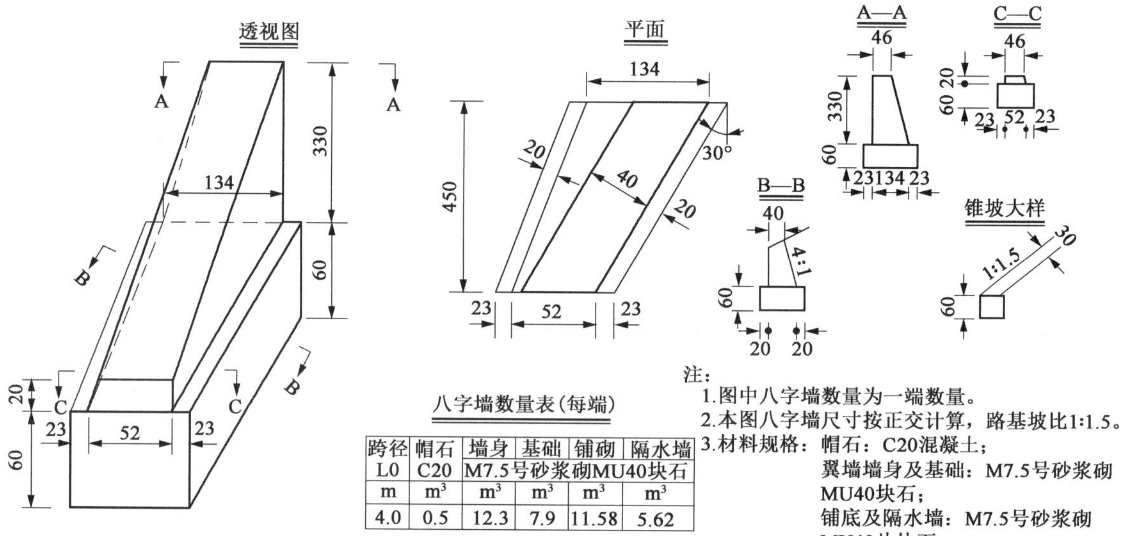

八字墙数量表(每端)

跨径	帽石	墙身	基础	铺砌	隔水墙
L0	C20	M7.5号砂浆砌MU40块石			
m	m^3	m^3	m^3	m^3	m^3
4.0	0.5	12.3	7.9	11.58	5.62

注:
1.图中八字墙数量为一端数量。
2.本图八字墙尺寸按正交计算,路基坡比1:1.5。
3.材料规格:帽石:C20混凝土;
翼墙墙身及基础:M7.5号砂浆砌MU40块石;
铺底及隔水墙:M7.5号砂浆砌MU40片块石。

图 9-18 八字墙构造图(尺寸单位:cm)

学习任务

1. 根据图 9-19 的圆管涵构造图,完成填空。

(1)本盖板涵的全长为________,净宽为________,净高为________。

(2)盖板设计为人字坡,边缘厚________,中心厚________。

(3)涵台基础的长________,宽________。

(4)涵洞进口高程为________,流水纵坡为________,路面高程为________。

2. 根据盖板明涵盖板钢筋构造图(图 9-20),完成填空。

(1)本盖板长度为________ cm,厚度为________ cm,吊环距端部距离为________ cm。

(2)N3 钢筋间距为________ cm,净保护层厚度为________ cm。

(3)按钢筋在结构中所起的作用的不同,N1 钢筋为________,N2 钢筋为________,N3 钢筋为________。

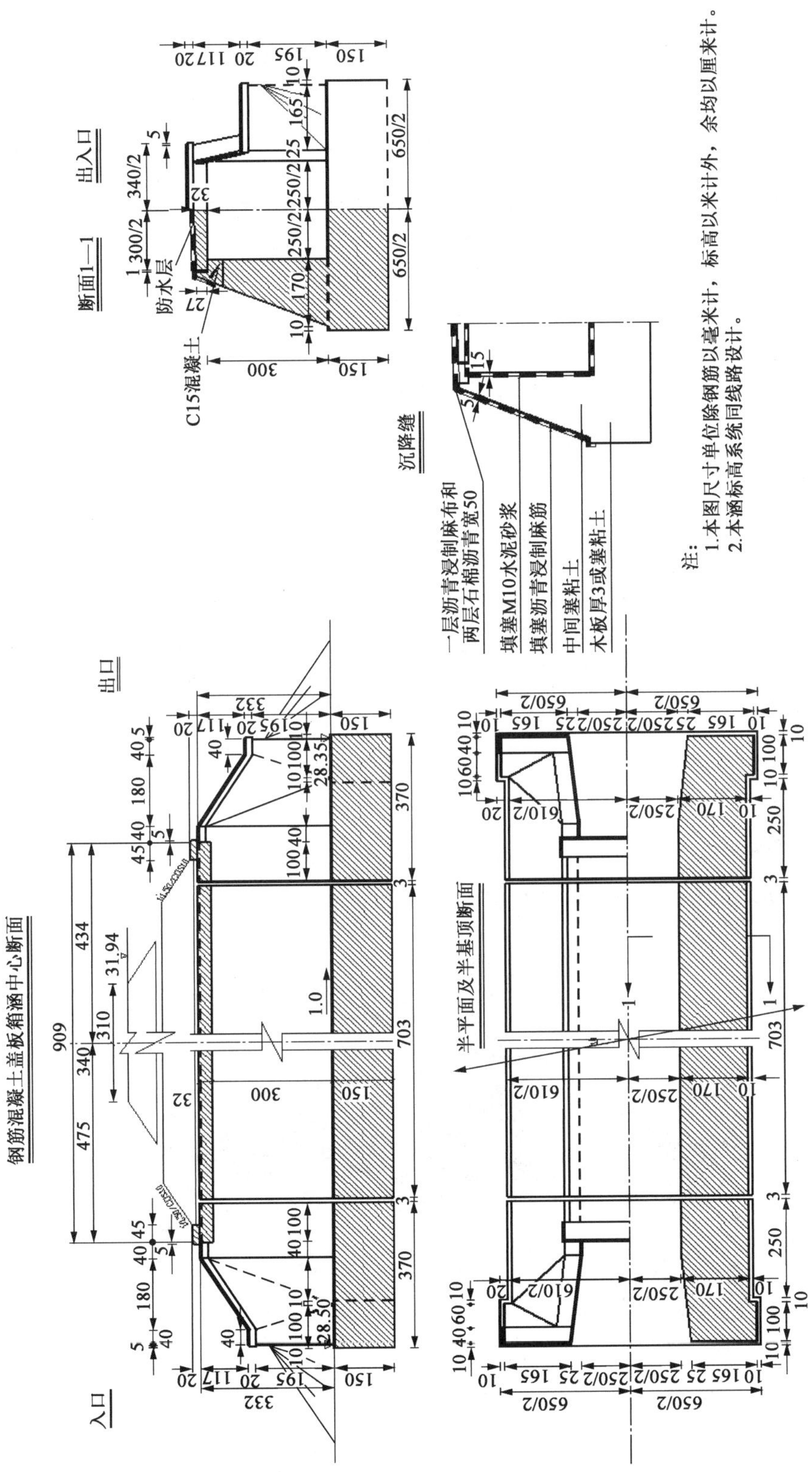

注：
1.本图尺寸单位除钢筋以毫米计，标高以米计外，余均以厘米计。
2.本涵标高系统同线路设计。

图9-19 学习任务第1题图(尺寸单位：cm)

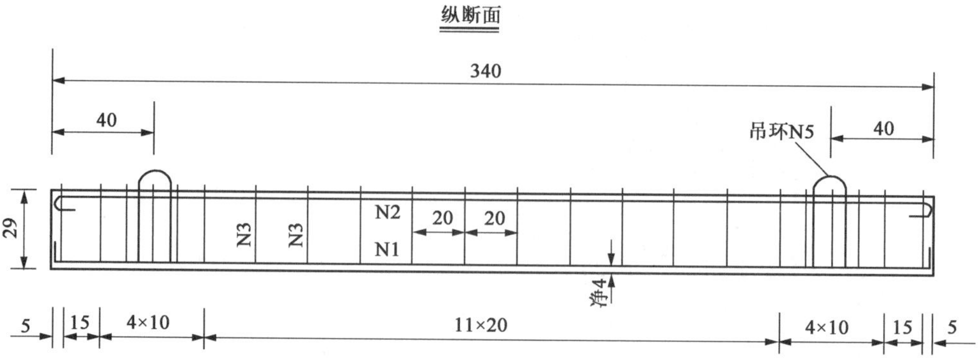

图 9-20 学习任务第 2 题图(尺寸单位:cm)

拓展任务

请查阅相关资料,熟悉盖板涵的施工流程。

任务四 识读箱涵构造图

引导问题

1. 如图 9-21 所示的箱涵,应该如何识读其工程图?

图 9-21 箱涵工程图

2. 箱涵适用于什么情况?

相关知识

箱涵又称矩形涵,洞身采用钢筋混凝土封闭薄壁结构,由一个或多个正方形或矩形断面组成,具有良好的整体性和抗震性能。

箱涵可用来排水、过人、通过小型机具和车辆。当新建道路必须从铁路、道路路基下通过时,对原有路线采取必要的加固措施后,可采取箱涵顶进施工技术。箱涵一般采用现浇的形式施工,也可分段预制后吊装拼接或现场预制后顶推安装。

一、箱涵构造图

图 9-22 为箱涵构造图。

(一) 立面图

立面图采用沿箱涵中心轴线剖切的纵剖面图。该箱涵为单孔 2.5m × 2.6m 明涵,设置了两道沉降缝,涵底铺设了防磨层。

(二) 平面图

从平面图中看出涵洞与路线交角为 90°,平面图中上半部分揭去覆土,表示洞顶及洞口的水平投影;下半部分以涵洞中心线为界,从涵洞基础与箱身相交位置剖切,绘制出涵洞箱壁与基础截面。

(三) 侧面图

箱涵为左右对称结构,为节约图纸幅面,侧面图采用半洞口和半Ⅰ—Ⅰ组合表示洞口的立面投影,用半Ⅱ—Ⅱ和半Ⅲ—Ⅲ组合表示了洞身的形状尺寸。从侧面图中还看出,箱身为整体结构,为提高箱身的整体强度,同时方便浇筑混凝土和拆除模板,箱身内侧上下都设置了倒角。

特别提示

有的箱涵跨径较大或为多孔,甚至可以供车辆同行,但箱涵不论跨径大小、孔数多少,均归为涵洞,不归为桥梁。

二、箱涵钢筋构造图

箱涵配筋需经结构计算。箱涵的配筋与盖板涵或预制板不同,其视图表达也不同,如图 9-23所示。由于箱涵为左右对称结构,图中将左半箱身的结构图与右半箱身正面钢筋图进行组合。为了清晰表示钢筋排列布置情况,在侧墙和箱中心位置进行剖切,绘制出了 1m 长箱身的钢筋布置图。数量表中所列的钢筋与混凝土用量也为 1m 长箱身的用量。

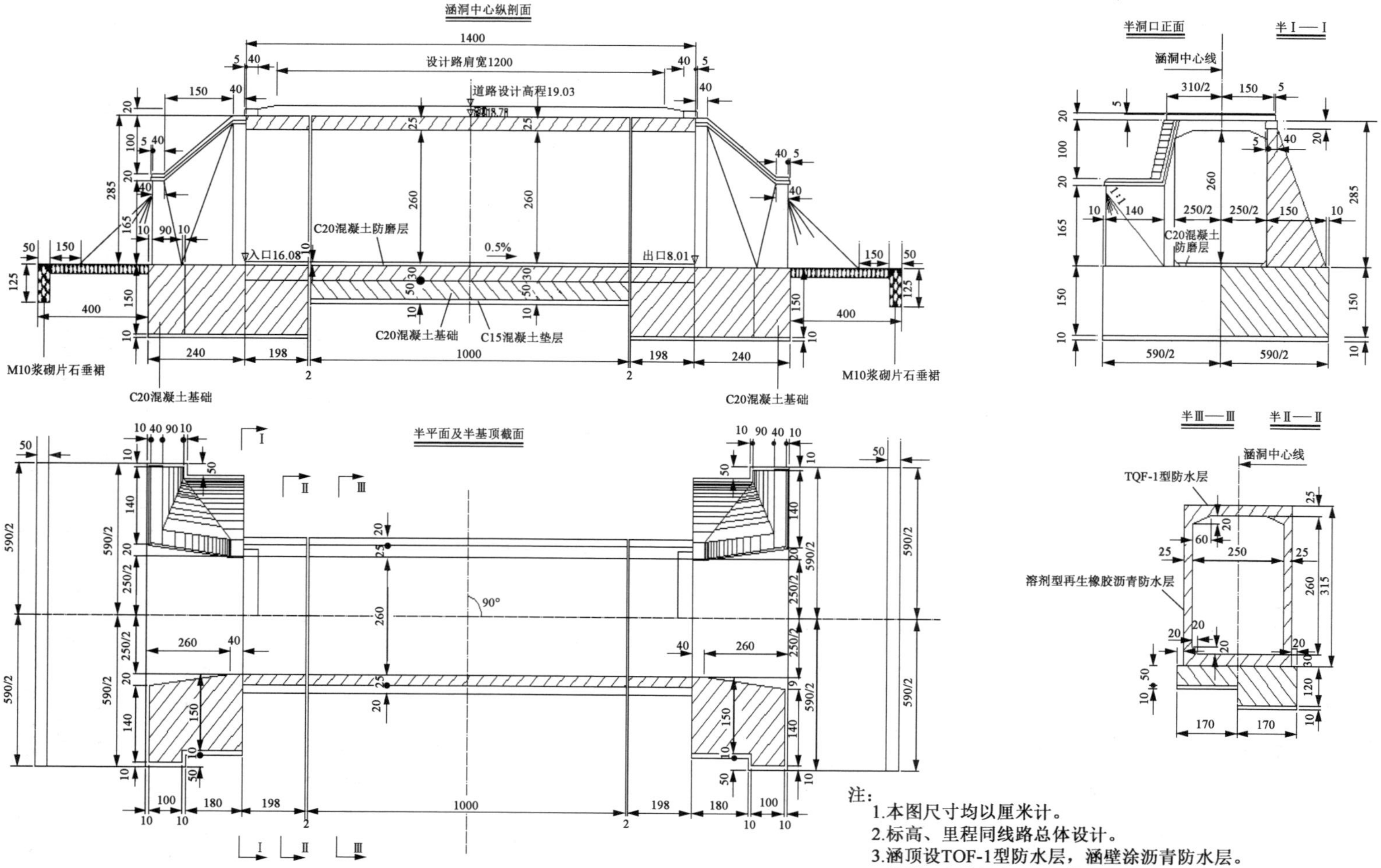

注：

1.本图尺寸均以厘米计。

2.标高、里程同线路总体设计。

3.涵顶设TOF-1型防水层，涵壁涂沥青防水层。

4.材料：主体涵身C40混凝土出入口挡，墙基础及墙身C20混凝上。

图 9-22 箱涵构造图(尺寸单位：cm)

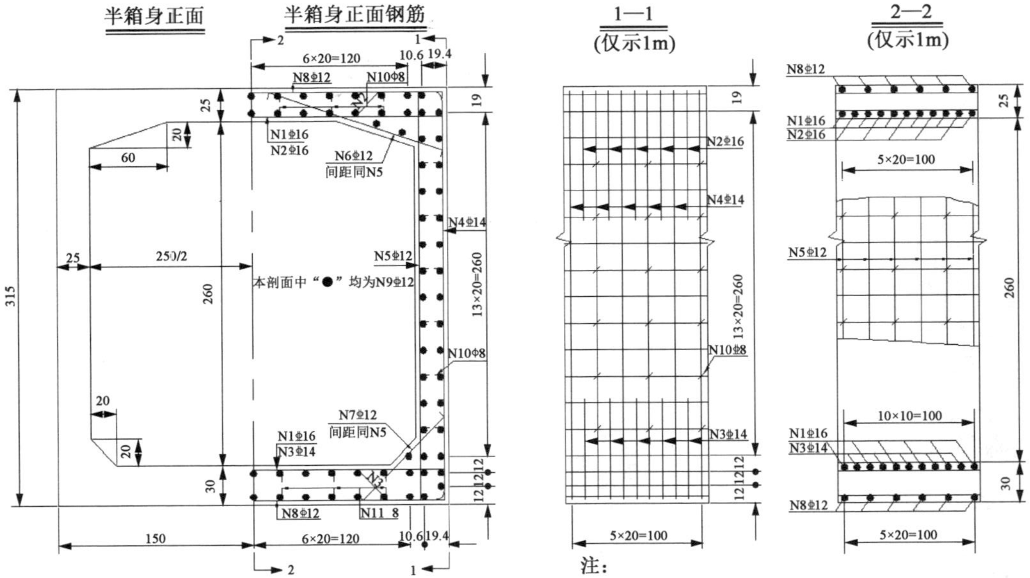

钢筋数量表(1m箱身)

编号	直径(mm)	图式	每根长 mm	根数	总长 m	单位重 kg/m	总重 kg
N1	⌀16	68 2930	3070	10	30.70	1.578	89.4
N2		r=86 965 151 238 151 R 162 229 R 69 151 68 162 1600/2 对称中线 R=192 T=80	5190	5	25.95		
N3	⌀14	r=84 463 60 212 171 132 R 300 R 160 132 1700/2 对称中线 R=168 T=74	4200	5	21.00	1.208	74.5
N4		上端 396 60 R R=84 2894 60 R 396 132 下端	4070	10	40.70		
N5	⌀12	51 3080	3190	10	31.90	0.888	187.0
N6		51 1363	1470	10	14.70		
N7		51 852	960	10	9.60		
N8		51 2930	3040	10	30.40		
N9		1000	1000	124	124.00		
N10	Φ8	50 196	300	45	13.50	0.395	7.4
N11		50 246	350	15	5.25		
钢筋总重							358.3
箱身C40混凝土：3.11m³			含筋率：115.2kg/m³				

注：

1.图中尺寸钢筋直径以毫米计，其余均以厘米计。
2.表列数量不包括搭接及损耗，抗渗等级P8。
3.钢筋数量表为任意截取1m箱身钢筋数量，计算整个箱身钢筋数量时。N1～N11根数随箱身长度调整，单根长度不变。N9长度改为箱身长度减去净保护层70mm，根数不变。

图 9-23 箱涵钢筋构造图(尺寸单位：cm)

小贴士——箱涵顶进施工(图 9-24)

首先在需顶进的地方挖掘工作坑,并在需要顶进的路基一侧修建竖井(称为工作坑),作为顶进箱涵的工作基地。在坑内铺设滑板,在滑板上预制钢筋混凝土箱涵。箱涵前端及侧墙作成向前突出的刃脚,在其上安装钢刃。在离箱涵尾部不远的地方修筑一个后背,然后在后背与箱涵底板之间安设千斤顶,同时对其上面铁路进行必要的加固,以确保顶进时箱涵上面线路的安全。最后利用千斤顶并借后背的反力将箱涵顶入路基。顶进时,在涵体端部刃角处不断挖土,随顶随挖,直至箱涵按设计要求的位置全部顶入路基为止。

图 9-24 箱涵顶进施工

学习任务

1. 根据图 9-25 的箱涵断面图,完成填空。

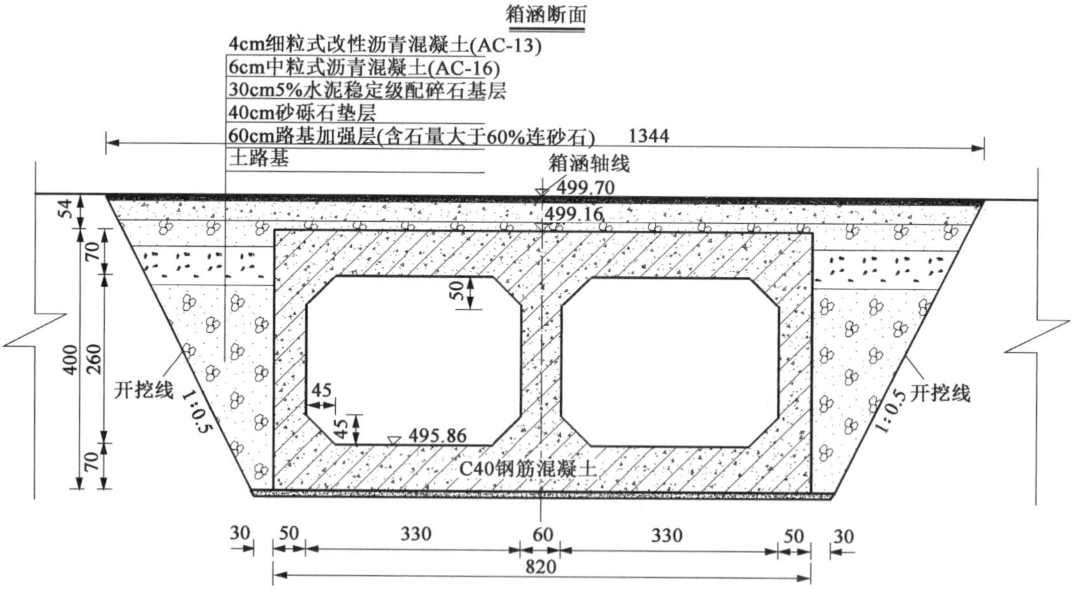

图 9-25 学习任务第 1 题图(尺寸单位:cm)

(1)从箱涵断面图可知,单孔净跨径为________,总宽________,净高________,顶、底板均厚________,两侧壁板厚________,中隔板厚________,箱涵总高________。

(2)箱涵底板顶标高为________,涵顶标高为________,路面标高为________,按填土厚度划分类型,该箱涵属于________。

(3)洞身外侧路面结构,沥青混凝土厚________,水泥稳定级配碎石基层厚________,砂砾石垫层厚________,路基加强层厚________。

2. 根据下述的箱涵施工方法,完成填空。

箱涵可采用明挖基坑就地浇筑混凝土的施工方法,全箱涵采用两次浇筑,第一次浇筑底板内壁至以上倒角 10 ~ 20cm,第二次浇筑余下侧墙及顶板部分。

(1)箱涵就地浇筑法施工工序:测量放线→垫层施工→绑扎________和侧墙下部钢筋→安装底板模板→浇筑____________→安装侧墙内侧模板和顶板模板→绑扎________和侧墙钢筋→安装侧墙外部模板→绑扎牛腿钢筋→浇筑____________→防水工程。

(2)盖板涵与箱涵的区别:盖板涵的台身与________是分开浇筑的(台身也可以采用砌石圬工),构成的是________结构。箱涵是涵身与顶板________浇筑的,构成了刚性结构。

拓展任务

请查阅相关资料,熟悉箱涵的顶推法施工流程。

学习情境小结

涵洞是渲泄路堤下水流的工程构筑物,它与桥梁的主要区别在于跨径的大小和填土的高度。涵洞在公路工程中占较大比例,是公路工程的重要组成部分。涵洞根据不同的标准,可以分为很多种,尽管涵洞的种类很多,但涵洞的组成均主要由洞口、洞身、基础三部分组成,且图示方法基本相同。

涵洞工程图主要由立面图(纵剖面图)、平面图、侧面图和必要的构造详图(如涵身断面图、构件钢筋图、出入口翼墙断面图)、工程数量表、注释等组成。各种图形表达出涵洞的形状与尺寸,工程数量表则给出涵洞构件的所用材料与数量,注释部分则说明一些图中无法直接表达的内容,如施工方法、注意事项等。

识读涵洞图纸,应首先明确涵洞的类型,概括了解涵洞的所处位置、里程桩号、与道路的交角情况等,再根据涵洞的类型分析涵洞的构造特点;可把涵洞沿长度或宽度方向分为几部分进行识读,然后对每一部分进行分析。在进一步识图分析时,对照涵洞各个方向的投影图、剖面图、断面图、局部放大图等全面综合,明确各组成部分的细部形状与尺寸以及相互之间的关系,考虑涵洞的特点想像出涵洞的整体。读图的过程中,还要特别注意结合材料表和注释部分认真识读。

复习思考题

1. 涵洞如何分类？其主要组成部分有哪些？
2. 涵洞工程图的图示特点是什么？试与桥梁工程图作比较？
3. 如何套用涵洞标准图？

参考文献

[1] 中华人民共和国建设部. 道路工程制图标准:GB 50162—1992[S]. 北京:中国计划出版社,1993.

[2] 中华人民共和国标准. 国家基本比例尺地图图式　第 1 部分:1∶500 1∶1 000 1∶2 000 地形图图式:GB/T 20257. 1—2017[S]. 北京:中国标准出版社,2017.

[3] 中华人民共和国交通运输部. 公路工程技术标准:JTG B01—2014[S]. 北京:人民交通出版社,2014.

[4] 中华人民共和国交通部. 公路工程基本建设项目设计文件编制办法[S]. 北京:人民交通出版社,2007.

[5] 樊琳娟. 道路工程识图与绘图[M]. 北京:人民交通出版社,2011.

[6] 赵云华. 道路工程识图与绘图[M]. 北京:人民交通出版社股份有限公司,2016.